Georg Denzler · Die verbotene Lust

Georg Denzler

Die verbotene Lust

2000 Jahre christliche Sexualmoral

Piper
München Zürich

ISBN 3-492-02534-X
2. Auflage, 8.–12. Tausend 1988
© R. Piper GmbH & Co. KG, München 1988
Gesetzt aus der Sabon-Antiqua
Gesamtherstellung: Clausen & Bosse, Leck
Printed in Germany

Für
meine Frau Irene
und
unsere Kinder Paul und Pia

Inhalt

7

8

9

oder in der Welt (S. 293) – Die Beginen als erste christliche Frauenbewegung (S. 296) – Was ist die Frau wert? (S. 298)

Vorwort

»Was mich beschäftigt hat, von meiner Jugend an bis auf den heutigen Tag in gleicher Weise, ist die Verbindung von Ehe, Sexualität, Erotik und Religion und der Ausdruck dafür im Alten und Neuen Testament« (Heinrich Böll).[1]

Als Kirchenhistoriker interessierte mich schon früh und interessiert mich immer mehr – weit über den Schriftsteller Heinrich Böll hinaus –, wie meine Kirche, die römisch-katholische, im Laufe von Jahrhunderten mit der Sexualität des Menschen umgegangen ist. Zuerst suchte ich in den klassischen Handbüchern der Moraltheologie, stets darauf bedacht, die geschichtliche Entwicklung bestimmter Themen kennenzulernen. Doch die Geschichte wird meist nur knapp aufgezeigt; viel wichtiger erschienen den Autoren die theologischen Begründungen und praktischen Weisungen. Dann stürzte ich mich in den nicht zu durchsegelnden Ozean einschlägiger Quellen- und Literaturwerke. Vor dem Ertrinken bewahrte mich der oft wiederholte Entschluß zur Beschränkung, geäußert als Stoßseufzer: Man kann nicht alles lesen und muß auch nicht alles wissen!

War es nicht vermessen, eine so komplizierte Materie über einen Zeitraum von fast zweitausend Jahren ganz alleine aufzeigen zu wollen? Wäre nicht Teamwork geboten gewesen? Ja und nein. Ohne Zweifel weiß der auf eng begrenztem Gebiet tätige Gelehrte viel gründlicher Bescheid. Dem Spezialisten dagegen droht die Gefahr der Vereinsamung, der Einigelung, der Engführung, weil er zwangsläufig kaum nach vorne oder hinten, selten nach rechts oder links schaut, sondern immer nur auf seinen Ausschnitt aus dem Ganzen konzentriert bleibt.

Mein Bestreben ging dahin, die gesicherten Resultate vieler Detailstudien zusammenzustellen, um so leichter sichtbar zu machen, ob bei bestimmten Punkten oder Linien Zusammenhänge (Kontinuitäten) oder Unterbrechungen bestehen, und vor allem dies, ob da, wo wir heute stehen, noch etwas vom biblischen Ursprung zu finden ist. Um die Entwicklungslinien, sozusagen die roten Fäden der christlichen Sexualmoral deutlicher in den Blick zu bekommen, bevorzugte ich stets die chronologisch-historische Betrachtungs- und Darstellungsweise, auch wenn sich deshalb Überschneidungen nicht immer vermeiden ließen.

Die vielen und oft ausführlichen Quellenzitate sollen ein tieferes Eindringen in das Denken und Handeln einzelner Personen und ganzer Gruppen ermöglichen. Wenn wir die kirchliche Vergangen- heit mit kritischem Sinn studieren, geht es nicht darum, »ein Urteil über die zu fällen, welche unter schwierigen Umständen der Kirche gedient haben, so gut sie konnten, sondern vielmehr darum, aus ihrer Erfahrung Lehren zu ziehen, damit wir nicht in dieselben Feh- ler verfallen«.[2]

Nach einem kurzen Blick auf alte Kulturvölker und die grie- chisch-römische Antike wird im ersten Teil die Sexualität in der Ehe behandelt. Grundlegend sind die Aussagen der Bibel und der kirch- lichen Tradition zum Wesen und Zweck der Ehe; von aktueller Bedeutung ist der historische Befund zu Fragen der Eheschließung, der Ehescheidung und der Geburtenregelung.

Im zweiten Teil geht es um die Sexualität außerhalb der Ehe. Dem Kapitel über vorehelichen Geschlechtsverkehr folgt ein weiteres über sogenannte Abnormitäten (Onanie, Kastration, Homosexua- lität, Prostitution, Illegitimität, Polygamie) und ein Exkurs über Gefahrenzonen (Baden, Tanzen, Turnen).

Der dritte Teil ist der Sexualität der Frau gewidmet. Untergebene oder Partnerin des Mannes, sündige Eva oder heilige Maria, Jung- frau oder Mutter, Hexe oder Priesterin – zwischen diesen Polen bewegen sich die Einschätzungen der Kirche.

Viele Beweise und Beispiele amüsieren den Leser von heute nur noch, andere wieder stimmen ihn nachdenklich, wenn er sieht, mit welcher Leichtigkeit das Lehramt der Kirche moralische Forderun- gen als göttliches Gesetz ausgibt und ihre Verwirklichung mit rigo- rosen Mitteln durchzusetzen sucht. Und dies alles letztlich nur des- halb, weil die dem Menschen von Gott geschenkte sexuelle Lust in den Augen der Kirche wegen der erbsündlichen Verderbtheit des Menschen eine verbotene Lust sein soll.

Dieses Buch will zu einem selbstbewußten Urteil über die Kirche und ihre Sexualmoral verhelfen und somit für viele Christen befreiend wirken.

Herzlich danke ich meinen Bamberger Studentinnen Andrea Deyerling und Katharina Schilling für die bereitwillige Unterstützung bei der Erstellung des Manuskripts sowie Frau Claudia Negele für ihre redaktionelle Mitarbeit. Ein besonderer Dank gilt meinem Lektor im Piper Verlag, Herrn Ulrich Wank, der das Entstehen des Buches mit freundlichem Interesse begleitet und das Manuskript mit Blick auf den Leser verbessert hat. Ohne sein vornehmes Drängen läge das Buch noch nicht vor.

Breitbrunn am Ammersee, im September 1987   Georg Denzler

Einführung

Alte Kulturvölker

Bei den alten Kulturvölkern galt als ungeschriebenes Gesetz, daß geschlechtliche Betätigung zwangsläufig Befleckung oder Verunreinigung, in einem gewissen Sinn sogar Schuld zur Folge habe. Deshalb mußten die alten Babylonier, wie der griechische Geschichtsschreiber *Herodot* († ca. 430 v. Chr.) überlieferte, nach dem Geschlechtsakt ein Bad nehmen und ein Weihrauchopfer darbringen. Dieselbe Verpflichtung bestand bei den alten Ägyptern und Arabern. Die Priester der Chewsuren in Kleinasien durften sechs Wochen vor der Feier eines Festes keinen ehelichen Sexualverkehr ausführen. War einem Kuzi (Priester) eine Frau auch nur im Traum erschienen, mußte er, selbst im strengsten Winter, im Fluß baden und durfte den heiligen Ritus dennoch nicht vollziehen, weil er infolge des bösen Traumes schwere Schuld auf sich geladen hatte.[1]

Viele der alten Völker witterten in der ungestümen Macht des Geschlechtstriebes etwas Dämonisches, zumindest eine von bösen Geistern beherrschte Kraft. Besonders die Frau galt wegen ihrer ausgesprochenen Triebhaftigkeit als bevorzugte Einbruchsstelle des Teufels. Vorsicht vor dem weiblichen Geschlecht war daher gleichbedeutend mit Distanzierung von dämonischen Einflüssen, die vor allem bei der sexuellen Vereinigung, insbesondere beim ersten Geschlechtsakt wirken konnten.

Diese Geringschätzung oder gar Verachtung der Sexualität verhinderte jedoch nicht, daß der Geschlechtsverkehr als ein heiliger Akt angesehen wurde. Sie konnte aber andererseits auch in religiöser Prostitution enden. Im Gegensatz dazu praktizierte man die sakrale Entmannung – ein Brauch, der von Kleinasien in das nördliche Syrien eingedrungen war und von dort aus immer weiter um sich griff.

Noch Jahrhunderte später ließ sich der christliche Schriftsteller Origenes kastrieren, um alle Zweifel an seiner jungfräulichen Lebensweise zu zerstreuen. Die Ambivalenz des Sexuellen trat offen zutage. Während beispielsweise im Tempel der Göttin Vesta in Rom zur Keuschheit verpflichtete Jungfrauen ihr Amt ausübten, verrichteten in einem anderen Tempel Prostituierte denselben Dienst. »Es ist verkehrt, in solchen Fällen nach einer höheren einheitlichen Idee zu suchen.«[2]

Griechische und römische Antike

Ein charakteristisches Merkmal des Hellenismus, der unsere abendländische Religion, Kultur und Zivilisation grundlegend geprägt hat, besteht in der scharfen Trennung zwischen Leib und Seele (Dualismus). Dieses dualistische Prinzip, das seinen Ursprung im alten Persien hat, erzeugte jenen Spiritualismus, der den Leib als den größten Feind des Geistes betrachtet und deshalb alles Körperliche zutiefst verachtet.

Platon († 348), Gründer einer Philosophenschule (Akademie) in Athen, propagierte als eine Hauptlehre, daß die Seele des Menschen lange Zeit vor dem leiblichen Leben existiere und diesem gegenüber den unbedingten Vorrang besitze: »Der Leib ist eine Fessel, geradezu ein Übel für die Seele, also etwas, das nicht sein sollte und deshalb besser nicht wäre. Der Gebrauch des Körpers hat bei nahezu allen Menschen eine Verunreinigung der Seele im Gefolge.«[3] Doch nicht einmal er selbst vermochte diesem vergeistigten Ideal des Menschen zu entsprechen. Platon blieb zwar unverheiratet, er hatte aber eine geistig hochstehende Gefährtin (Hetäre), um, wie er selbst bekannte, seiner Natur zu genügen.

Verwunderlich ist, daß Platons genialster Schüler *Aristoteles* († 322) zu einer gegenteiligen, positiven Sicht der Körperlichkeit gelangen konnte. Er bezeichnete die Seele als die Form des Leibes und behauptete damit eine enge Zusammengehörigkeit von Leib und Seele, wobei die Seele aber in allem den Vorrang besitze. Nach seiner Überzeugung läßt sich Glückseligkeit (Eudämonie) keinesfalls in der Lust oder im Genuß erlangen. Wenn nämlich das Glück tatsächlich in der Lust bestehe, dachte er in Übereinstimmung mit Heraklit, dann seien auch Erbsen fressende Ochsen glücklich zu preisen.

Gut und glücklich ist nach Aristoteles allein der tugendhafte Mensch. Was die Lust betrifft, die Platon völlig ablehnte, weil sie dem Geist widerstreite, wußte Aristoteles genau zu unterscheiden zwischen der Begierde als Lust auf etwas und der Zufriedenheit als Lust über etwas. Er stellte sogar eine Rangordnung der Lüste auf: an der Spitze die Lust am reinen Denken, dann die Lust an sittlichen Tugenden und zuletzt die sinnlich-körperliche Lust. Bei allem aber komme es entscheidend darauf an, daß der Mensch naturgemäß lebt.

Einen anderen Weg als Aristoteles ging *Epikur* († 271), der, wie Platon und Aristoteles, in Athen eine Schule eröffnete, die sich großen Zulaufs erfreute. In dieser Philosophenanstalt spielten die Begriffe Lust und Unlust eine zentrale Rolle, jedoch in dem vergeistigten Sinn, daß höchste Einsicht auch höchsten Lustgewinn garantiere. Nachfolger Epikurs interpretierten diese Lust-Philosophie allzu grobsinnlich und sind deshalb verantwortlich dafür, daß ihr Lehrmeister fälschlicherweise Vater des materialistischen Atheismus genannt werden konnte.

Mit fortschreitender Erkenntnis erlangte der Naturbegriff für das Gesamtgebiet der Moral eine immer höhere Bedeutung. Während die Ältere Stoa der menschlichen Natur einen absoluten Rang zubilligte, bahnte sich in der Mittleren Stoa (2.–1. Jh.) eine spezielle Einschätzung an. Vor allem der römische Rhetor und Staatsmann *Marcus Tullius Cicero* († 43 v. Chr.), durch den die stoische Weisheitslehre in der römischen Welt bekannt wurde, gab die Parole aus, der Mensch müsse sein Leben nach der Vernunft einrichten. Das dem Menschen mit der Geburt gegebene Gesetz der Natur hielt er für gleichbedeutend mit der Stimme des Gewissens.

Die Stoiker rechneten das Freisein von Leidenschaften zu ihren höchsten Zielen, weil der im Menschen wirksame Dualismus, der Widerstreit zwischen Körper und Geist, auf diesem Weg am radikalsten überwunden werden könnte. Infolgedessen richteten sie ihr ganzes Sinnen und Trachten darauf, wie die unvernünftigen Triebe der Lust und Leidenschaft zu bändigen oder zu verdrängen seien – immer nach der Devise: Nichts um der Lust willen!

Im Laufe von Jahrhunderten drangen griechisch-antike Ideen über die Entstehung der Welt, die Herkunft des Bösen und die Bedeutung des Sexuellen immer weiter in das Judentum ein und führten auch dort zur Änderung mancher Grundanschauungen.

Unter den Stoikern der römischen Antike ragen Seneca, Philon, Epiktet und Mark Aurel hervor. Doch keiner beeinflußte die frühchristliche Sexualethik so tiefgehend und so dauerhaft wie der jüdisch und hellenistisch gleichermaßen gebildete Philosoph und Theologe *Philon von Alexandrien* († ca. 50 n. Chr.), Sproß einer von Palästina nach Ägypten eingewanderten Priesterfamilie. Er interpretierte die sexuellen Kultvorschriften des Alten Testaments in Analogie zu der stoischen Ethik und machte sie zu Gesetzen, die jedem vernünftigen Menschen einleuchten sollten. Der von ihm propagierte Grundsatz, der Geschlechtsverkehr dürfe nur der Erzeugung von Nachkommen dienen, durchzieht die katholische Sexualmoral bis in unsere Zeit und wurde damit indirekt zum Hauptauslöser ungezählter Gewissenskonflikte und Ehetragödien. Wie fast alle bedeutenden Philosophen der antiken Welt hielt Philon es eines Weisen für unwürdig, die sinnliche Lust zu genießen. Wer solches tut, beweist nach seiner Meinung, daß er kein vollkommener Mensch ist.

Wie schon Zenon, der Urheber der Stoa, erhob auch *Epiktet von Hierapolis* († 138) die Leidenschaftslosigkeit zur Lebensmaxime. An das gesamte Volk richtete sich sein Aufruf: »Wenn du dir einen sinnlichen Genuß vorstellst, so hüte dich ebenso wie bei den anderen Vorstellungen, dich davon hinreißen zu lassen. Laß vielmehr die Sache auf dich warten und gewinne dir noch einen Aufschub ab. Dann stelle dir die beiden Zeitpunkte vor, den des Genusses und den danach, wo dich die Reue packt und du dir selbst Vorwürfe machen wirst. Und dem stelle gegenüber, wie du dich freuen und mit dir selbst zufrieden sein wirst, wenn du dich enthalten hast. Wenn dir aber der Zeitpunkt des Genusses gekommen scheint, dann gib Obacht, daß dich das Einschmeichelnde, die Reize und das

Verführerische der Lust nicht zu Falle bringen, sondern stelle dir dagegen vor, wieviel schöner das Bewußtsein für dich ist, einen solchen Sieg errungen zu haben.«[4] Solchen und ähnlichen Überlegungen begegnen wir bei kirchlichen Schriftstellern, insbesondere bei Kirchenvätern, und auch noch bei Autoren asketischer Werke der Neuzeit auf Schritt und Tritt.

Dieselbe negative Bewertung alles Körperlichen und Sinnlichen nahm der in Ägypten geborene *Plotin* (†270), der genialste Kopf des Neuplatonismus, vor. In seine Fußstapfen trat *Porphyrios*, einer seiner namhaftesten Schüler, dem eine strenge Abtötung des Körpers zugunsten des Seelenheils als unerläßlich erschien.

Von dieser Auffassung war nur ein kleiner Schritt zu der besonders bei Neupythagoräern und Gnostikern anzutreffenden Doktrin, die freiwillige Ehelosigkeit sei höher einzuschätzen als das Eheleben. Dies ging so weit, daß der römische Rechtsanwalt und christliche Apologet *Minucius Felix* (3. Jh.) die Tatsache, daß viele Christen seiner Zeit freiwillig auf die Ehe verzichteten, als schlagenden Beweis für die hohe Moral der Kirche ins Feld führte. So konnten Heiden und Christen in der Verachtung des Körperlichen und Geschlechtlichen miteinander wetteifern.

Als theologisches Moment kam hinzu, daß das Verhältnis der Geschlechter immer stärker belastet wurde »von der einseitigen Betonung, ja dem falschen Verständnis der Paradieserzählung und ihrer Versuchungsgeschichte: Adam muß sterben wegen Evas Schuld, die Frau hat die Sünde in die Welt gebracht.«[5]

Was das Verständnis der Ehe anging, richtete sich die junge Kirche nach dem Römischen Recht, für das *Ulpian* die prägnante Formel aufstellte: »Heirat oder Ehe heißt die Verbindung eines Mannes und einer Frau zu ungeteilter Lebensgemeinschaft.«[6]

Hinsichtlich des eigentlichen Zweckes einer solchen Lebensgemeinschaft von Mann und Frau bezog die frühchristliche Theologie vielfältige Anleihen bei jüdischen und griechischen Denkern. Nur für die lebenslange Dauer der Einehe (Monogamie) konnten sich die kirchlichen Obrigkeiten auf Jesus und den Apostel Paulus als Kronzeugen berufen.

Allgemein läßt sich sagen, daß die Theologie der frühen Kirche sich bei ihren Lehren und Vorschriften über die christliche Ehe nicht so sehr von neutestamentlichen Aussagen leiten ließ, sondern vielmehr einer stoischen Sexualethik folgte, die gerade zur Zeit Jesu und kurz danach unter Philon von Alexandrien einen betont rigorosen Kurs steuerte. In juristischen Fragen nahm die Kirche der ersten Jahrhunderte meist römische Rechtsbestimmungen zum Maßstab ihrer Kanones.

Religion und Sexualität

Die Frage, ob religiöses Leben und sexuelle Aktivität grundsätzlich miteinander vereinbar sind oder ob zwischen beiden ein unüberbrückbarer Gegensatz bestehen muß, ist so alt wie die Menschheit.

Der kurze Blick in die Geschichte alter Völker und Religionen ließ wenigstens ahnen, daß religiöse Ansichten nicht ohne Einfluß auf das Geschlechtsleben geblieben sind.[7] Die Meinungen und Lebensweisen bewegten sich zwischen Verachtung der Sexualität auf der einen und Vergötzung derselben Sexualität auf der anderen Seite. Freilich müßte man näher unterscheiden, ob diese Bejahung oder Ablehnung ganz oder nur teilweise, dauernd oder nur für bestimmte Zeiten gemeint war.

Bei den Semiten trug, wie der Historiker *Eduard Meyer* konstatierte, »besonders das Geschlechtsleben einen geheimnisvoll-religiösen Charakter. Der Geschlechtsakt wird daher als eine sakrale Handlung aufgefaßt, die besonderer Weihen und Reinigungszeremonien bedarf.«[8]

Im Blick auf Christentum und Kirche betonte der katholische Theologe *Josef Goldbrunner*, wie entscheidend es »für die Realisierung des Glaubens« sei, »ob Eros und Religion, Liebesfähigkeit und Gottesverhältnis in einem feindlichen Dualismus getrennt sich gegenseitig stören oder ob eine Synthese gefunden wird, in der sie einander fördern«.[9]

In diesem Sinn plädierte auch der Biologe *Joachim Illies* zugunsten einer harmonischen Verbindung von Eros und Religion: »Theologie als das Sprechen von Gott ist immer auch das Sprechen von Liebe. Muß es verstummen, wenn von Sexualität die Rede ist? Es sollte gerade die Religion, die von der Liebe in ihrer umfassendsten Form kündet, sich bereithalten, auch die Sexualität in ihrer ganzen Weite als einen Ausdruck gottgewollter Geschöpflichkeit des Menschen anzunehmen... Denn eine ›Theologie der Sexualität‹ wird alle geschöpflichen Seinsweisen des Menschen auf Ihn, der die Liebe ist, zu beziehen haben.«[10]

Wie kaum ein zweiter hat der Religionssoziologe *Walter Schubart* das Verhältnis zwischen Religion und Erotik studiert, und zwar in der Überzeugung, daß es sich dabei um Fragen von bleibender Aktualität handelt. »Wenn es nicht gelingt«, prophezeite er angesichts einer die christliche Kirche belastenden Tradition, »Religion und Erotik in eine neue, nahe und glückliche Beziehung zu setzen und die Menschenwürde mit der Geschlechtlichkeit auszusöhnen, wird es nicht zu jener Wiedergeburt der Religion kommen, auf die heute viele hoffen und von der sie alles erwarten.«[11] Geschrieben im Jahre 1941.

Ob sich diese Hoffnung heute, anno Domini 1988, erfüllt hat?

I. Teil
Sexualität in der Ehe

I. Wesen und Zweck der Ehe

Liebe und Sexualität im Alten Testament

Die Menschen im Alten Israel betrachteten den Bereich des Geschlechtlichen in der Hauptsache als etwas Natürliches und keineswegs als etwas Rätselhaftes, das wie ein böses Tabu ängstlich gehütet werden muß. Ein eindrucksvolles Beispiel dafür bietet uns das Hohelied (Canticum), eine kleine Schrift des Alten Testaments.

Das Hohelied, auch Lied der Lieder genannt, schildert in blumiger Sprache die erotische Beziehung zwischen Mann und Frau. So beginnt es auch ganz direkt: »Mit Küssen seines Mundes bedecke er mich. Süßer als Wein ist deine Liebe. Köstlich ist der Duft deiner Salben, dein Name hingegossenes Salböl; darum lieben dich die Mädchen. Zieh mich her hinter dir! Laß uns eilen! Der König führt mich in seine Gemächer. Jauchzen laßt uns, deiner uns freuen, deine Liebe höher rühmen als Wein. Dich liebt man zu Recht« (Hl 1,1–4). Kurz darauf heißt es: »Ich bin krank vor Liebe. Seine Linke liegt unter meinem Kopf, seine Rechte umfängt mich. Bei den Gazellen und Hirschen auf der Flur beschwöre ich euch, Jerusalems Töchter: Stört die Liebe nicht auf, weckt sie nicht, bis es ihr selbst gefällt« (Hl 2,5–7).

Wie schon im 2. vorchristlichen Jahrhundert wurden bald auch in christlichen Kreisen Stimmen laut, die besorgt fragten, ob eine solche Verherrlichung der geschlechtlichen Liebe einen Platz im Kanon der heiligen Schriften verdiene. Ein rettender Ausweg – zur Rechtfertigung des Heiligen Geistes, der nach kirchlicher Lehre als Inspirator der gesamten Bibel gilt! – fand sich, indem man diese Liebesliteratur symbolisch interpretierte: als Bild der Liebe zwischen Jahwe und Israel bzw. zwischen Christus und der Kirche oder auch zwischen Christus und der einzelnen Seele oder noch spezieller zwischen Christus und Maria. Solche Versuche zeugen von einem tiefgehenden Sexualpessimismus.

Der katholische Exeget *Vinzenz Hamp* hielt es noch 1971, wie seiner knappen Einleitung zur Bibelübersetzung dieses Liedes zu ersehen ist, für »sehr wahrscheinlich, daß schon das vorchristliche Judentum das Hohelied als Umschreibung (Allegorie) für die Liebe Gottes zu seinem Volk auffaßte«. Unter diesem Aspekt erschien das Liebesgedicht sozusagen als bibelwürdig, und so konnte es auch von der Kirche als »heilige« Schrift akzeptiert werden. Hamp erklärte weiter: »Das Christentum hat von Anfang an die allegorische oder wenigstens die typologische Deutung übernommen und den Text auf Gott(Christus)–Kirche oder Gott–Seele oder Christus–Maria übertragen.« Und um keinerlei Mißverständnisse aufkommen zu lassen, betonte er mit Nachdruck: »Nimmt man mit Recht an, daß nur wegen dieser Deutung das Buch in die Heilige Schrift kam, so kann dieser Sinn sogar als der eigentlich inspirierte, das heißt für die Bibel und den religiösen Gebrauch maßgebende, genannt werden.« Abschließend stellte Hamp warnend fest: »Praktisch muß man sagen, daß unser Buch für körperlich und geistig unreife Menschen nicht geeignet ist.«[1] Eine Warnung, der man sonst nur bei pornographischer Literatur begegnet! So verfällt selbst Gottes Wort heute noch der Zensur durch sexualängstliche »Schriftgelehrte«.

Glücklicherweise gibt es aber auch andere Bibelwissenschaftler, denen das Hohelied keine moralischen Bedenken bereitet. *Herbert Haag* zählte es vielmehr »zu den schönsten Liebesdichtungen der Weltliteratur«. Nach seiner Meinung handelt es sich bei diesen Versen nicht bloß um Hochzeitslieder, sondern ganz allgemein um Liebeslieder: »Es wird dabei bleiben müssen, daß im Hohenlied die erotische Liebe in sich und ohne Bezug zu Ehe und Nachkommenschaft besungen wird.« Als Beweis zitierte Haag die Worte: »Komm, mein Geliebter, wir gehen hinaus aufs Feld... dort schenke ich dir meine Liebe.« Spricht so, fragte Haag, eine Ehefrau zu ihrem Ehemann? Oder dieser Vers: »Bis der Tag heranweht und die Schatten fliehen, komm her, mein Geliebter.« Wie könnte sich eine Ehefrau mit einer solchen Forderung an ihren bereits fest angetrauten Mann wenden![2]

Daß ein Theologe seine Meinung ändern und, was fast noch wichtiger ist, dies auch eingestehen kann, hat der Passauer Alttestamentler *Günter Krinetzki* († 1986), früher Mitglied des Benediktinerordens, offen gezeigt. Während er nämlich in seiner Dissertation über das Hohelied[3] noch die typologische Auslegung für richtig hielt, wenn auch mehr als Zugeständnis an damalige Kirchenverhältnisse, wollte er einige Jahre später nur noch die unmittelbare Wortdeutung gelten lassen.[4] Demnach umfaßt das Hohelied, das Krinetzki den Weisheitsschriften im Alten Testament zuordnete, eine Sammlung von Hochzeitsliedern und ganz profanen Liebesliedern, in denen die Gefühle und Erlebnisse junger Paare bildhaft zum Ausdruck kommen. Nach seiner Überzeugung hatte der biblische Autor die Absicht, dem Leser Gottes Plan mit der menschlichen Sexualität und dem menschlichen Eros gleichzeitig in lehrhafter und poetischer Weise nahezubringen. Dabei werde »jeder Isolierung des Sexus zuungunsten der vollpersonalen Liebe und Zärtlichkeit zwischen den Geschlechtern« eine ebenso klare Absage erteilt wie jeder »Minderbewertung des Sexuellen und vor allem der Frau«. Als wesentlich wollte er festgehalten wissen, daß über den Wert der Verbindung von Mann und Frau allein die Liebe entscheide, »ohne daß die eheliche Verbindung, die in den wenigen Hochzeitsliedern mit anklingt, als die einzig mögliche Form, in der die Liebe erlebt werden darf, herausgehoben wird«.[5]

Wenn man das unter katholischen Exegeten immer noch umstrittene Hohelied mit solchen Augen zu lesen versteht, verdient es in der Tat das Prädikat »Schulbuch der erotischen Liebe«, herausgegeben vom liebenden Gott selbst.

Doch von einer derart natürlichen Wertschätzung sind wir heute noch weit entfernt. Dies zeigt sich deutlich, wenn man die offiziellen Verlautbarungen vatikanischer Kongregationen und die Eheauffassung des jetzigen Papstes Johannes Paul II. genauer betrachtet. Bei seiner sich über Jahre erstreckenden Katechesenreihe über die christliche Anthropologie bezog der Papst auch »das Hohelied der Liebe« in seine Konzeption der menschlichen Liebe ein. Allerdings überschritt er schnell das Verständnis dieses Gedichtes als eines menschlichen Liebesliedes, wie es die Exegeten Haag und

Krinetzki bejahen, als er in der Generalaudienz vom 23. Mai 1984 diese hochtheologische Deutung vorlegte: »Das Hohelied liegt mit Sicherheit auf der Linie jenes Sakraments, in dem durch die Sprache des Leibes das sichtbare Zeichen der Teilhabe von Mann und Frau am Bund der Gnade und Liebe gesetzt wird, den Gott dem Menschen anbietet.«[6] Von dieser theologischen Sichtweise dürfte der gewöhnliche Leser des Hohenliedes kaum etwas ahnen. Er wird dieses Gedicht eher als Ausdruck der Freude zweier Menschen über die von Gott geschaffene und gesegnete menschliche Liebe auffassen.

Obwohl die Israeliten der Geschlechtlichkeit im allgemeinen unbefangen begegneten, empfanden sie dennoch eine geheimnisvolle Angst vor dem sexuellen Verkehr. Der Geschlechtsakt erschien ihnen als ein Geschehen, bei dem der Körper verunreinigt wird: »Liegt ein Mann bei einer Frau und erfolgt Samenerguß, so müssen sie sich in Wasser baden; sie sind unrein bis zum Abend« (Lev 15,18). Bereits die männliche Pollution bewirkte Unreinheit: »Hat ein Mann einen Samenerguß, so bade er seinen ganzen Leib; er ist unrein bis zum Abend« (Lev 15,16; vgl. 1 Sam 21,5). Die Frau galt als unrein bei der Menstruation (Lev 15,19–24) und bei der Geburt eines Kindes, und zwar für eine Woche bei einem Knaben und für zwei Wochen bei einem Mädchen (Lev 12,2–5).

Diese Reinheitsvorschriften beschränkten sich aber nicht nur auf Hygiene oder Ästhetik; sie erlangten, wenn auch vielleicht nicht immer bewußt, als kultische Weisungen noch religiöse Bedeutung. Dafür waren vor allem zwei Gründe maßgebend: Zum einen verursacht der Geschlechtsakt körperliche und religiöse Verunreinigung, und zum anderen setzt die Verbindung mit Gott oder mit den Göttern sexuelle Abstinenz voraus – eine Forderung, die in erster Linie für die Feier der heiligen Mysterien gilt.

Vor diesen Verunreinigungen mußten sich allen anderen voran die Priester hüten, weil sie sonst nicht würdig waren, mit Gott in Verbindung zu treten. Erst kultische Reinheit befähigte die Priester in vorzüglicher Weise zum Umgang mit dem Göttlichen und ermächtigte sie um so mehr zum segensreichen Vollzug religiöser Handlungen.

An dieser Stelle ist darauf hinzuweisen, daß die levitischen Reinheitsgesetze des Alten Testaments weithin übereinstimmten mit den Sexualdoktrinen stoischer Philosophen. Hier wie dort lag das Ziel menschlicher Sexualität in der Fortpflanzung, so daß für die bloße Geschlechtslust kaum mehr Platz und Berechtigung blieben. So ist auch verständlich, daß Geschlechtsverkehr während der monatlichen Regelblutung der Frau nicht stattfinden durfte (Lev 15), weil in diesen Tagen eine Kinderzeugung von Anfang an ausgeschlossen ist.

Doch blieb das Alte Testament von der für die griechisch-römische Antike charakteristischen Verachtung des Leibes und einer dementsprechenden Überschätzung des Geistes frei.

Eine Sonderstellung nahm die Sekte der Essener am Toten Meer ein. Für die heute als Qumran-Gemeinde bezeichnete Mönchskolonie am Toten Meer war eine extreme Leibfeindlichkeit kennzeichnend, die großenteils auf außerjüdische, speziell griechische Einflüsse zurückging. Aus Protest gegen die Lebensweise der jüdischen Priester blieben die Mitglieder der Sekte dem Gottesdienst im Tempel fern, ja, sie mieden sogar grundsätzlich jeden Umgang mit diesen »Menschen des Verderbens«. Zu ihren Riten gehörte eine Vielzahl von Waschungen. Unverheiratet blieb aber nur der enge Kern der Gemeinde. Eine Verbindung Jesu mit den Qumran-Jüngern läßt sich bis heute nicht erweisen. Als die Römer im Jahre 68 n. Chr. Palästina eroberten, endete bald auch das Dasein der Mönche von Qumran.

Über das Wesen der Ehe enthält das Alte Testament zwei Haupttexte. Im älteren, um das Jahr 1100 entstandenen Schöpfungsbericht, dessen Autor heute als Jahwist bezeichnet wird, erscheint der Mensch als ein Wesen, das für die Gemeinschaft geschaffen ist: »Dann sprach Gott, der Herr: Es ist nicht gut, daß der Mensch allein bleibt. Ich will ihm eine Hilfe machen, die ihm entspricht... Gott, der Herr, baute aus der Rippe, die er vom Menschen genommen hatte, eine Frau und führte sie dem Menschen zu. Und der Mensch sprach: Das endlich ist Bein von meinem Bein und Fleisch von meinem Fleisch. Frau soll sie heißen; denn vom Mann ist sie genommen. Darum verläßt der Mann Vater und Mutter und bindet sich an seine Frau, und sie werden ein Fleisch« (Gen 2,18–24). Im

Mittelpunkt steht hier also der starke Drang zweier Menschen nach leiblicher Vereinigung, ohne daß auch gleich der Aspekt der Kinderzeugung berücksichtigt werden muß.

Sooft in diesen ältesten Bibeltexten von »Fleisch« und »Geist« die Rede ist, bezeichnet Fleisch den ganzen Menschen in seiner Vergänglichkeit und Geist das individuelle Menschenleben.[7] Die sexuelle Hingabe bedeutet einen den ganzen Menschen durchdringenden Erkenntnisvorgang. Während wir heute prosaisch sagen: »Sie schliefen miteinander«, heißt es in der Bibel vergeistigt: »Sie erkannten einander«. Allein an dieser unterschiedlichen Ausdrucksweise wird schon die Verschiedenheit der Betrachtungsweise offenkundig.

Den ungefähr sechshundert Jahre jüngeren Schöpfungsbericht schreibt man der Priesterschaft zu. Hier steht der Mensch als zweigeschlechtliches Wesen, das Gottes Bild widerspiegelt, im Vordergrund: »Gott schuf also den Menschen als sein Abbild; als Abbild Gottes schuf er ihn. Als Mann und Frau schuf er sie. Gott segnete sie, und Gott sprach zu ihnen: Seid fruchtbar und vermehrt euch, bevölkert die Erde, unterwerft sie euch« (Gen 1,27f.). Die Zusammengehörigkeit zweier Menschen wird hier mit der Zeugung von Nachkommen sowie der Beherrschung der Erde begründet.

Beide Texte sagen jedoch nichts darüber aus, daß es sich bei der Beziehung zwischen Mann und Frau immer um Monogamie handeln müsse. Das Gegenteil scheint sogar wahrscheinlicher, wenn wir an die zahlreichen Berichte des Alten Testaments über Polygamie und Konkubinat denken (vgl. S. 221 ff.). Dies erklärt vielleicht auch, warum die hebräische Sprache kein spezielles Wort für die uns heute geläufige Form der Ehe aufweist. Gewiß ist oft vom Zusammengehen und Zusammenleben zweier Menschen die Rede, doch dieses »zusammen« ist in erster Linie als eine private Angelegenheit aufzufassen, die über die Familien des Bräutigams und der Braut hinaus kaum jemanden interessiert.

Verheiratetsein war im Alten Testament wie im späten Judentum die normale Lebensform. Für Ehelosigkeit hatte man im allgemeinen nur Verachtung übrig. Dasselbe galt für Kinderlosigkeit.

Beim Thema Geschlechtlichkeit wird besonders deutlich, daß die Bibel des Neuen Testaments nicht aus einem einzigen, einheitlichen Buch besteht, sondern aus einer Vielzahl einzelner, oft recht unterschiedlicher Schriften zusammengesetzt ist. Eine eigene Kategorie bilden dabei die vier Evangelien als jeweils voneinander abweichende Berichte über das Leben Jesu, eine andere die echten Briefe des Paulus, von denen die ihm nur zugeschriebenen genau unterschieden werden müssen.

Fundament des christlichen Glaubens sind Jesu Leben und Lehre. Was den Bereich der Sexualität betrifft, gab *Jesus*, von seinem entschiedenen Auftreten gegen Ehescheidung abgesehen, nahezu keine Auskunft. Es ist vielmehr sein Leben, dem wir wertvolle Hinweise verdanken. Obwohl von Geburt ein Jude, hob Jesus sich durch seine unbefangene Art im Sexuellen, am klarsten erkennbar an seinem Verhalten gegenüber Frauen, von den Anschauungen und Lebensformen seiner jüdischen Zeitgenossen ausnehmend positiv ab. Für ihn bestand kein wesentlicher Unterschied zwischen Mann und Frau; beide Geschlechter waren ihm gleichviel wert.

»Es gibt«, so faßte Herbert Haag den Befund des Neuen Testaments über Jesus zusammen, »keinen Ausspruch Jesu gegen die Prostitution, kein Wort über Homosexualität, kein Wort über Unzucht, Masturbation, vor- und außerehelichen Geschlechtsverkehr, kein Wort über Reinheitsvorschriften in Zusammenhang mit dem Geschlechtsleben oder auch nur über die rechtliche Stellung der Frau.«[8]

Der Jude Jesus zeigte auch keinerlei Respekt vor den rituellen Reinheitsgeboten, wie sie ihm aus der Heiligen Schrift, dem Alten Testament, bekannt waren (Lev 11–15; Dtn 14,4–21); im Gegenteil, er schob sie mit der ausdrücklichen Erklärung beiseite, daß der Mensch nicht durch das verunreinigt werde, was er in sich aufnimmt, sondern umgekehrt durch die bösen Gedanken und Taten, die aus seinem Herzen kommen. Damit ist der Kirche und allen Christen ein innerer Maßstab gegeben, der eigentlich vor jeder äußeren Kasuistik bewahren müßte.

So zahlreich die Untersuchungen über Aussagen des Apostels *Paulus* zu Fragen der menschlichen Sexualität, speziell zu seiner Ansicht über die Ehe auch sind, in allen Punkten übereinstimmende Beurteilungen ließen sich nicht erzielen.

Unbestritten ist, daß viele Äußerungen des Paulus einen eschatologisch-apokalyptischen Geist atmen – ein Umstand, der bei dem einer streng jüdischen Familie entstammenden Saulus nicht überrascht. Allerdings erhielten seine Ansichten über Sexualität und Ehe nach der Bekehrung zum christlichen Glauben eine starke Prägung durch griechisch-heidnische Ideen. Heidnische Promiskuität bildete den Hintergrund für eine Anschauung, die er im Brief an die Christen in Rom so ausdrückte: »Darum lieferte Gott sie durch die Begierden ihres Herzens der Unreinheit aus, so daß sie ihren Leib durch ihr eigenes Tun entehrten« (Röm 1,24). Deutlicher noch äußerte der Apostel seine Einstellung im Brief an die Galater. Mit dem Appell zur Freiheit eines Christenmenschen wollte Paulus nicht zu Zügellosigkeit ermuntern, sondern zu strenger Zucht anhalten: »Ihr seid zur Freiheit berufen, Brüder. Nur nehmt die Freiheit nicht zum Vorwand für das Fleisch, sondern dient einander in Liebe.« Mit Nachdruck verwies er auf den dauernden Streit zwischen Fleisch und Geist; »denn das Begehren des Fleisches richtet sich gegen den Geist, das Begehren des Geistes aber gegen das Fleisch; beide stehen sich als Feinde gegenüber« (Gal 5,13 ff.).

Im sogenannten Lasterkatalog nannte Paulus unter den Werken oder Früchten des Fleisches, das heißt des rein irdisch oder auch körperlich-sinnlich ausgerichteten Menschen, an erster Stelle »Unzucht, Unsittlichkeit, ausschweifendes Leben«. Daß er »Fleisch« nicht allein sexuell verstand, beweisen die unmittelbar danach angeführten Werke des Fleisches: »Götzendienst, Zauberei, Feindschaften, Streit, Eifersucht, Jähzorn, Eigennutz, Spaltungen, Parteiungen, Neid und Mißgunst, Trink- und Eßgelage und ähnliches mehr«. Seine Mahnung endete mit der Feststellung: »Alle, die zu Christus Jesus gehören, haben das Fleisch und damit ihre Leidenschaften und Begierden gekreuzigt« (Gal 5,24 f.).

Die Morallehre des Paulus wendet sich nur an Christen, an Menschen also, die Gott durch Christus geheiligt hat (1 Kor 1,2). Unter dem Gesichtspunkt der Heiligung verwarf der Apostel die griechische Ethik, derzufolge alles Körperliche im Vergleich zum Geistigen als wertlos erschien und außerhalb jeder menschlichen Verantwortung stand, und betonte dagegen die enge Zusammengehörigkeit von Körper und Geist im Menschen. Weil auch der Leib am Jüngsten Tag zur Auferstehung berufen sei, verbieten sich nach seiner Überzeugung die Trennung des Leibes vom Geist ebenso wie sexuelle Freizügigkeit oder Ungebundenheit. Beide, Geist und Körper, gehörten Christus an, rief Paulus der Christengemeinde von Korinth in Erinnerung: »Wißt ihr nicht, daß eure Leiber Glieder Christi sind? ...Soll ich die Glieder Christi nehmen und sie zu Gliedern einer Hure machen?« (1 Kor 6,11—15). Auf dieser Grundlage ruht die paulinische Theologie der Sexualität.

»Weil der Leib zur Personalität des Menschen gehört, der Geschlechtstrieb mit dem Dasein des Leibes gegeben ist, der Christ in seiner Totalität Christus angehört, ist die Einstellung des Christen zur Sexualität nichts Peripheres und das Geschlechtsleben nicht ein wertfreier, neutraler, privater Bezirk, der mit dem Christsein des Christen nichts zu tun hat.«[9] Bei der sexuellen Liebe sah Paulus den Menschen stets vor die Entscheidung gestellt, ob er sich mit der Dirne oder mit dem Herrn (Kyrios) Jesus verbinden wolle. Denn auch hier gelte: Niemand kann zwei Herren dienen. Folglich lehnte er die Hurerei entschieden ab.

Es wäre gewiß falsch, Paulus der Leibfeindlichkeit zu bezichtigen, weil er sexuelle Freizügigkeit streng verurteilte. Seine Mahnungen und Warnungen richteten sich in erster Linie an die sogenannten Pneumatiker, die den Leib für wertlos hielten und ihn deshalb einem sexuellen Libertinismus preisgaben. In Wirklichkeit achtete gerade Paulus den Leib hoch und wollte ihn deshalb bei allen sexuellen Aktivitäten vom Geist beherrscht sehen.

Dies alles klingt sehr positiv. Trotzdem ist nicht zu überhören, daß Paulus, der wahrscheinlich unverheiratet blieb, die Ehelosigkeit höher schätzte als das Verheiratetsein. Den Ausschlag für diese Beurteilung gab allerdings die Erwartung des baldigen Weltenendes, aus der heraus der Apostel, wie schon erwähnt, seine moralischen Grundsätze formulierte.

Die geschlechtliche Aktivierung hielt Paulus nur innerhalb der legitimen Ehe für erlaubt. Die Ehe betrachtete er als eine Einrichtung für jene, die ein Leben in sexueller Enthaltsamkeit nicht führen konnten. So ist auch sein Rat an die Christen in Korinth zu verstehen: »Den Unverheirateten und den Witwen sage ich: Es ist gut, wenn sie so bleiben wie ich. Wenn sie aber nicht enthaltsam leben können, sollen sie heiraten. Es ist besser zu heiraten, als sich in Begierde zu verzehren« (1 Kor 7,8–9). An dieser Argumentation wird deutlich, daß das ehelose Leben für ihn eine viel höhere moralische Qualität besaß als das Leben in der Ehe und der damit verbundene Geschlechtsverkehr – letzteres ein Zugeständnis an die Schwachen, die Unenthaltsamen.

Allerdings konnte sich Paulus für diese Bewertung nicht auf eine spezielle Weisung Jesu berufen. Die Wurzeln seiner Lehre über die Geschlechtlichkeit des Menschen liegen vielmehr im Platonismus und Stoizismus. Von ausschlaggebender Bedeutung wurde für ihn der stoische Grundsatz, daß die sexuelle Kraft einzig und allein der Zeugung von Kindern dienen sollte. So wurde der zudem von der jüdischen Geisteswelt geprägte Paulus für die meisten Schriftsteller der frühen Kirche zu einem der wichtigsten Transformatoren heidnisch-antiker Sexualnormen. Daran änderte sich nichts, bis der nordafrikanische Bischof und Kirchenvater Augustinus († 430) in Anlehnung an den Judenchristen Paulus ein System kirchlicher Sexualmoral entwarf, das auf Jahrhunderte bestimmend bleiben sollte.

Im ersten Brief an die Christen in der Hafenstadt Korinth beantwortete Paulus um das Jahr 54 von Ephesus aus einige Fragen nach dem Wesen der Ehe so: »Der Mann soll seine Pflicht gegenüber der Frau erfüllen und ebenso die Frau gegenüber dem Mann. Nicht die Frau verfügt über ihren Leib, sondern der Mann. Ebenso verfügt nicht der Mann über seinen Leib, sondern die Frau. Entzieht euch einander nicht, außer im gegenseitigen Einverständnis und nur eine Zeitlang, um für das Gebet frei zu sein. Dann kommt wieder zusammen, damit euch der Satan nicht in Versuchung führt, wenn ihr euch nicht enthalten könnt« (1 Kor 7,3–6).

Diese Worte erwecken den Eindruck, als handle es sich bei der Ehe in erster Linie um eine rein sexuelle Angelegenheit, die jeder Partner als sein Recht einfordern könne. Der für das Denken des Paulus aufschlußreiche Begriff »debitum« (Pflicht) fand schnell Eingang in die Ehemoral, in das Eherecht und in den allgemeinen theologischen Sprachgebrauch. Zum Wesen der Ehe gehört demnach die beiderseitige Übertragung des Rechts auf den Leib (ius in corpus). Das Neuartige dieser sexuellen Sicht wird in seiner Tragweite jedoch erst dann deutlich, wenn man weiß, daß die gesamte Antike in diesem Punkt keine Gleichberechtigung zwischen Mann und Frau kannte. Der Mann spielte auch hier als Herr oder Beherrscher eine übergeordnete Rolle.

Neben dem positiven Moment der »ehelichen Pflicht« ist aber deren negative Seite nicht zu übersehen. Paulus hielt nämlich den innerehelichen Sexualakt, von der Kinderzeugung abgesehen, für ein Mittel gegen die menschliche Schwäche und deshalb auch für erlaubt, ja, für eine Pflicht, um jeden unzüchtigen Verkehr außerhalb der Ehe zu verhindern.

Die ganz anders orientierte Ehedoktrin im Brief an die Epheser, für den man jahrhundertelang Paulus als Autor annahm – der Brief wurde vermutlich von einem Schüler des Paulus verfaßt –, gab den Theologen immer wieder Stoff zu neuen Spekulationen und Schlußfolgerungen. Die liebende Vereinigung von Mann und Frau bis zum Ein-Fleisch-Werden ist hier als Abbild des Verhältnisses zwischen Christus und die Kirche gedeutet: »Dies ist ein großes Geheimnis; ich beziehe es auf Christus und die Kirche« (Eph 5,32). So wurde die Theologie der Ehe im Handumdrehen zu einem Bestandteil der Ekklesiologie. Diese theologische Einbindung schloß freilich nicht aus, daß allein die gegenseitige Bekundung des Ehewillens die Ehe konstituierte. Erst in späterer Zeit benutzten Theologen diese Stelle als Beweis für den sakramentalen Charakter der christlichen Ehe (vgl. S. 117 ff.).

Zeugnisse über das Verständnis der Ehe bei den Christen der nach-apostolischen Zeit sind nur spärlich erhalten. Bischof *Ignatius von Antiochien* († ca. 110), Martyrer wie sein Amtskollege Polykarp von Smyrna († 156), belehrte diesen in einem kurzen Brief über die Pflichten eines Pastors. Dazu gehöre es auch, wie ein Amboß unter den Schlägen des Hammers standzuhalten. Die Ehefrauen sollte Polykarp ermahnen, »sich mit ihren Lebensgefährten zu begnügen in Fleisch und Geist«, und an die Ehemänner richtete sich die Aufforderung, ihre Frauen zu lieben, wie Jesus die Kirche liebt.[10]

Polykarp gab die an ihn gerichteten Ignatiusbriefe an die Christengemeinde in Philippi weiter. In einem Begleitschreiben rief er die Frauen zu einem Leben in Glauben, Liebe und Keuschheit auf. Nach Keuschheit sollten auch die Jünglinge streben, denn, so argumentierte Polykarp ganz im Geist des Apostels Paulus, »es ist gut, sich zurückzuhalten von den Begierden in der Welt, weil jede Begierde wider den Geist kämpft und weder Hurer noch Weichlinge noch Knabenschänder das Reich Gottes erben werden noch (überhaupt) die das Unstatthafte tun«.[11] Als Ziel setzte er also ein zuchtvolles Leben in der Ehe und völlige Enthaltsamkeit außerhalb der Ehe. Diese wenigen Sätze enthalten bereits eine Auffassung von Sexualität und Ehe, wie sie für lange Zeit als unumstößlicher Grundsatz gelten sollte.

Zu den einflußreichen kirchlichen Schriftstellern mit apologetischer Tendenz gehört *Quintus Septimius Florens Tertullian* († ca. 220). Als Sohn eines heidnischen römischen Hauptmanns in Karthago geboren, studierte er in Rom und wurde dort Rechtsanwalt. Bald nach der Taufe kehrte er in die nordafrikanische Heimat zurück. In späteren Jahren wandelte er sich zum ethischen Rigoristen, der mit der Kirche brach, um der sittenstrengen Sekte der Montanisten beizutreten. Diese Abkehr verhinderte allerdings nicht, daß der enorm große Einfluß des einst katholischen Tertullian in der Großkirche anhielt.

Die eheliche Verbindung von Mann und Frau ließ Tertullian einzig und allein unter dem Aspekt der Nachkommenschaft gelten, denn »sie ist von Gott gesegnet als die Pflanzstätte des Menschengeschlechts und erfunden, um den Erdkreis zu bevölkern und die Zeit des Bestehens der Welt auszufüllen, und deshalb ist sie auch erlaubt«.[12] Er gilt als der erste christliche Autor, der die bis in unsere Zeit gültige Lehre vertrat, daß der Hauptzweck der Ehe in der Zeugung von Nachkommenschaft bestehe.

In seiner Schrift über die Schauspiele steht die für Tertullians Sexualauffassung charakteristische Frage: »Welche Lust kann größer sein als der Ekel an der Lust selbst?«[13] Verheiratete Frauen bezeichnete er einmal geringschätzig als solche, »die bereits ihre Jungfrauschaft der Begierlichkeit zum Opfer gebracht haben«.[14]

Da Tertullian die mit dem ehelichen Akt verbundene Lust als Sünde ablehnte, war die logische Konsequenz, daß er für weitestgehende Unterdrückung allen natürlichen Lustempfindens plädierte. Am besten schien ihm völlige Enthaltsamkeit, weil die »böse Begierlichkeit« sich dann überhaupt nicht auswirken könnte. Mit dieser Auffassung folgte er gewiß nicht der Bibel, vermutlich auch nicht dem Denken und Empfinden der Christen seiner Zeit, sondern vor allem einer platonischen und stoischen Gedankenwelt. Es ist deshalb auch nicht verwunderlich, daß er sich dem Montanismus zuwandte, dem die Jungfräulichkeit als höchstes Ideal galt und der die Ehe in Erwartung des baldigen Weltendes ganz ausgemerzt sehen wollte. Schon in seiner katholischen Zeit hatte Tertullian das jungfräuliche Leben, die »Brautschaft mit Gott«, höher geachtet als das Eheleben, obwohl auch dieses von sexuellen Begierden frei bleiben sollte.

Mit der Forderung einer vernünftigen, das heißt einer von sexuellen Regungen losgelösten Ehe wandte Tertullian sich in erster Linie an die Priester, damit sie als reine Diener Gottes angesehen werden könnten. Unter Berufung auf Lev 19,2 (»Seid heilig, denn ich, der Herr, euer Gott, bin heilig«) hielt er Gebet – hier gleichbedeutend mit offiziellem Gottesdienst – und Geschlechtsverkehr für unvereinbar. Von da war dann nur noch ein kleiner Schritt zum Heiratsverbot für alle Kleriker, die dem Altar dienten.

Nach dem Tod eines Ehepartners war eine zweite Ehe nur ungern gesehen. Aus diesem Grund riet Tertullian seiner Frau, falls er zuerst sterben würde, von einer Wiederverheiratung ab und stimmte sogleich ein Loblied auf alle frommen Witwen an: »Sie wollen lieber mit Gott vermählt sein, lieblich vor Gott. Mägde Gottes sind sie. Mit diesem leben sie in Gemeinschaft, mit ihm unterhalten sie sich, mit ihm gehen sie Tag und Nacht um, ihm bringen sie ihr Gebet als eine Art Mitgift zu, von ihm begehren sie oftmals sein Wohlgefallen als Brautgeschenk und erhalten es.«[15] Um seiner Frau einen solchen Lebenswandel näherzubringen, verwies er sie auf viele enthaltsam lebende Christen, ledige ebenso wie verheiratete: »Wie viele sind es doch, die nach der Taufe ihr Fleisch versiegeln!«[16] »Wie viele, die in gleicher Weise mit beiderseitiger Einwilligung auf die ehelichen Leistungen verzichten, die sich aus Begierde nach dem Himmelreich selbst verschneiden!«[17] Kaum zu überhören ist dabei die Erinnerung an das berühmte Eunuchenwort im Evangelium des Matthäus: »Manche sind von Geburt an zur Ehe unfähig, manche sind von den Menschen dazu gemacht, und manche haben sich selbst dazu gemacht – um des Himmelreiches willen. Wer das erfassen kann, der erfasse es« (Mt 19,12).

Klemens von Alexandrien († ca. 217), ein Zeitgenosse Tertullians, führt die Reihe der griechisch schreibenden Theologen an. Seine Studien waren hauptsächlich darauf gerichtet, wie christlicher Glaube und antike Philosophie miteinander verbunden werden könnten. Um dieses Ziel zu erreichen, mußte er einen doppelten Kampf führen: auf der einen Seite gegen seine eigenen Glaubensgenossen, die nur die Heilige Schrift gelten ließen, und auf der anderen gegen die Gnostiker, deren Denken auf religiöse Erkenntnis zielte. Weil Klemens stets auf Ausgleich und Vermittlung bedacht blieb, waren mehrdeutige und auch gewagte Äußerungen unvermeidlich. Dies traf zuallererst auf den Bereich der Geschlechtlichkeit zu, da die Gnosis aufgrund ihres religiösen Erkenntnisprinzips erosfeindliche Züge trug. Der gnostische Haß gegen die Welt schloß den Haß gegen den Körper ein. Solche Gedanken verteidigte Klemens in seinen beiden Hauptwerken »Paidagogos« und »Stromata«, womit auch schon seine Wirkung auf die abendländisch-lateinische Theologie angedeutet ist.

Trotzdem bewies Klemens bei seinen zahlreichen Äußerungen

über die Ehe weniger Ängstlichkeit und Prüderie als im 19. Jahrhundert der Bamberger Kaplan Lorenz Hopfenmüller, dem wir die erste Übersetzung wichtiger Schriften des alexandrinischen Kirchenlehrers ins Deutsche verdanken und der in einer Bemerkung zum 10. Kapitel des 2. Buches von »Paidagogos« seiner Zeit und sich selbst ein charakteristisches Zeugnis ausstellte, wenn er zu seiner Entschuldigung bemerkte: »Von diesem Kapitel geben wir aus leicht begreiflichen Gründen nur Bruchstücke und Auszüge.«[18]

»Das nächste Ziel der Eheleute sind Kinder«, begann Klemens seine Ausführungen über die Ehe und fügte die Erklärung an: »Auch beim Landmann ist die Sorge für die Nahrung das Motiv zum Ausstreuen des Samens; das Ziel des Landbaues ist das Einernten der Früchte. Viel höher aber steht der Landmann, der einen beseelten Acker bebaut; der eine bestellt das Feld im Hinblick auf vergängliche Nahrung, der andere wirkt an der Erhaltung des Weltalls mit; der eine pflanzt für sich, der andere im Gehorsam gegen Gott; denn Gott hat befohlen: ›Vermehret euch!‹«[19] In demselben Buch »Paidagogos«, einer Anleitung zum christlichen Leben, nannte Klemens das Zeugungsmotiv als alleinigen Zweck des ehelichen Geschlechtsverkehrs: »Zu einem anderen Zweck aber als zum Kinderzeugen den Beischlaf pflegen, ist ein Unrecht gegen die Natur. Die Zeitabschnitte, welche diese Lehrerin festgestellt hat, muß man beobachten, das Greisen- und Knabenalter nämlich; diesen ist es noch nicht, jenen nicht mehr gestattet zu heiraten. Auch will sie nicht, daß der Mensch immerfort der Ehe pflege.« Und mit letzter Deutlichkeit erklärte er, daß die Ehe im Streben nach Kindern bestehe, »nicht in ungesetzlichem und vernunftwidrigem Geschlechtsgenuß«.[20]

Daß Klemens den sexuellen Genuß in der Ehe sogar für sündhaft hielt, überrascht nun nicht mehr. »Man muß also jegliches schmutzige und befleckte Betragen von der Ehe fernhalten, damit man uns nicht zu unserer Schande nachsagen kann, daß die Paarung der unvernünftigen Tiere entsprechend dem allgemein zugestandenen Zweck besser mit der Natur übereinstimme als die eheliche Vermählung der Menschen.«[21] Einem echten Stoiker gleich, gab Klemens die Maxime aus: »Über die Begierde herrschen, gegen den unteren Menschen ein Despot sein, das ist die edelste Herrschaft.«[22]

Klemens von Alexandrien begründete mit dem Ideal der allein auf Nachkommen orientierten und auf jede Form der Leidenschaft verzichtenden Ehe am Ende des 2. Jahrhunderts eine Tradition, die in der Patristik ebenso wie in der Scholastik und selbst in der Neuzeit ohne wesentliche Veränderungen fortbestand. Am erstaunlichsten daran ist, daß diese in das persönliche Leben der Eheleute so spürbar eingreifende Doktrin nicht neutestamentlicher Geistigkeit verpflichtet war, sondern stoisch-gnostisches Gedankengut mit einer christlichen Note versah, ohne dessen ursprünglichen Sinn zu verändern.

Ebenfalls aus der ägyptischen Hafenstadt Alexandrien stammte *Origenes* († ca. 254), der wohl größte griechische Theologe der Kirche im Altertum. Er war ein Schüler des Klemens von Alexandrien und trat dessen Nachfolge als Leiter der berühmten alexandrinischen Katechetenschule an. Das strenge Leben eines Asketen führend, entschloß sich Origenes zur Entmannung, weil er das Wort Jesu von der Beschneidung um des Himmelreiches willen (Mt 19,12) wörtlich interpretierte. Jetzt mußte er auch nicht mehr befürchten, der Unzucht verdächtigt zu werden.

Der kirchlichen Dogmatik hinterließ Origenes ein verhängnisvolles Erbe mit der Lehre, daß der Sündenfall von Adam und Eva im Paradies ein sexuelles Vergehen gewesen sei, welches als Erbsünde alle ihre Nachkommen belaste. Konkret hieß dies, daß jeder neugeborene Mensch durch den elterlichen Zeugungsakt als eine unreine, sündige Frucht auf die Welt komme. Zwei Jahrhunderte später begegnen wir derselben Ansicht bei Papst *Leo I.*, der sich dafür auf Psalm 50 berief, dessen Vers 7 lautet: »Ich bin in Schuld geboren; in Sünde hat mich meine Mutter empfangen!« Der Papst verstand den Psalmisten hier so, als ob jede geschlechtliche Vereinigung aufgrund der mit ihr verbundenen sinnlichen Lust nur sündhaftes Tun sein könne.

Die sexuelle Veranlagung des Menschen gehört nach Origenes wie Krankheit und Tod zu den bösen Folgen der Ursünde. Folglich teilte er die Menschen in zwei Stände ein: die Verheirateten als Stand der Unvollkommenen und die Ehelosen als Stand der Vollkommenen.

Die gesamte Sexualethik des Origenes war bestimmt von dem Grundsatz, daß jede sexuelle Betätigung außerhalb der Ehe sündhaft sei. Er vermengte die kultischen Reinheitsvorschriften des Alten Testaments mit einem sexualethischen Pessimismus, was zur Folge hatte, daß alles Geschlechtliche als schlecht und schmutzig erscheinen mußte. Am Ende stand bei ihm die Überzeugung, daß der Heilige Geist sich jeweils für die Dauer des ehelichen Aktes verabschiede. Geschlechtsverkehr unmittelbar vor dem Gottesdienst lehnte er konsequent ab.

Das origeneische Moralkonzept fand zahlreiche Anhänger und gewann – anders als sein dogmatisches Lehrgebäude – fast die Autorität einer kirchlichen Doktrin. Sein Schüler *Dionysius* (†264), der um 231 zum Vorsteher der Katechetenschule in Alexandrien ernannt und 247 zum Bischof dieser Stadt gewählt wurde, schloß jede menstruierende Frau vom Empfang des Abendmahls aus, weil der Empfänger an Leib und Seele rein sein müsse.

Einen Schritt weiter noch ging *Timotheus*, ebenfalls Bischof von Alexandrien, wenn er, um die rituelle Reinheit zu garantieren, die Taufe einer Frau zur Zeit ihrer Menstruation nicht erlaubte. Den Geschlechtsakt am Wochenende hielt er für unzulässig, weil die Eheleute sonst nicht würdig gewesen wären, am darauffolgenden Sonntag zur Kommunion zu gehen.

Nach einem Bischof Cyprian von Karthago fälschlich zugeschriebenen Sermon, der aber zu dieser Zeit in nordafrikanischen Asketenkreisen entstanden ist, gestattete der Prediger nur unverheirateten Gläubigen den täglichen Kommunionempfang. Unter dieser Voraussetzung war es folgerichtig, wenn man in erster Linie von den Priestern als Dienern der Geheimnisse erwartete, daß sie ehelos lebten. Auf diese Weise, hieß es in Kreisen der Kirchenhierarchie, sei am besten die Gewähr gegeben, daß die Priester die tägliche Eucharistie, die im 4. Jahrhundert allmählich zur Regel wurde, auch würdig feierten.

Der wegen seines asketischen Lebens bekannte Mönch und Kirchenvater *Hieronymus* (†420) sah nur noch diese Alternative: »Entweder beten wir allzeit und sind Jungfrauen, oder wir hören mit dem Gebet auf und dienen der Ehe.«[23] Damit war schon eine wesentliche theologische Grundlage für das erst Jahrhunderte später in Kraft getretene Zölibatsgesetz für Priester gegeben.

Bei einer derart allgemeinen Verachtung der Sexualität mußte die Kirche andererseits darauf bedacht sein, nicht die Ehe selbst, im Neuen Testament unmißverständlich als eine göttliche Einrichtung ausgewiesen, in Verruf zu bringen oder ganz abzulehnen. Die kirchlichen Schriftsteller hielten die Ehe hauptsächlich aus diesen zwei Gründen für gestattet: Vermehrung des Menschengeschlechts und Beruhigung der sinnlichen Leidenschaft.

Weil der griechische Kirchenvater *Johannes Chrysostomus* († 407), dessen literarisches Werk an Bedeutung vielleicht nur noch von Augustinus übertroffen wird, den Fortbestand der Menschheit als wichtigstes Ziel schon zu seiner Zeit für erreicht hielt, blieb die göttliche Institution der Ehe nur noch für jene übrig, die ihre sexuellen Begierden nicht bewältigen konnten. Eine zweite Heirat nach dem Tod des Ehepartners – Digamie zum Unterschied von Bigamie – sollte ganz unterbleiben. Auch wenn die Kirche der ersten Jahrhunderte diese Haltung keineswegs allgemein billigte, so machte sie sich diesen Standpunkt doch zunutze, indem sie Männern, die ein zweites Mal geheiratet hatten, den Eintritt in den geistlichen Stand verweigerte.

Ein Aspekt der Ehe fand bei Chrysostomus besondere Erwähnung, als er den heute noch bei Hochzeitsmessen vielzitierten Vers »Ihr Männer, liebet eure Frauen, wie auch Christus die Kirche geliebt hat« (Eph 5,25) kommentierte. Um nämlich zu verhindern, daß die unmittelbar vorausgehende Mahnung an die Frauen, sie sollten ihren Männern untertan sein wie Christus dem Herrn, allzu sklavisch gedeutet werde, erinnerte er mit fast überschwenglichen Worten alle Ehemänner an ihre Liebespflicht: »So sorge auch du für sie, wie Christus für die Kirche sorgt! Müßtest du auch dein Leben für sie hingeben, müßtest du dich auch in tausend Stücke zerreißen lassen, müßtest du auch alles Erdenkliche ertragen und leiden: weigere dich dessen nicht! ... Auch wenn du sehen mußt, daß sie dich verschmäht, spröde behandelt und verachtet, so kannst du sie doch dir unterwerfen durch zahlreiche Beweise deiner Sorge, Liebe und Freundschaft ... Denn was ist das für eine Ehe, wenn die Frau vor dem Manne zittert?«²⁴ So erfreulich diese Paränese in den Ohren der in vielerlei Hinsicht benachteiligten Ehefrauen auch geklungen haben mag, es blieb doch bei einem Appell zur Erfüllung des allgemeinen Liebesgebotes, auch wenn die Ehefrau vielleicht besondere Erwartungen hegen durfte. Der Gedanke jedoch, daß zur ehelichen Liebe auch sexuelles Begehren und Gewähren gehören könnten, lag dem Presbyter Chrysostomus, der zehn Jahre vor seinem Tod noch auf den Bischofsstuhl der Reichsstadt Konstantinopel gezwungen werden mußte, wie allen Theologen dieser Zeit völlig fern, da sie sich Sexualität nicht ohne mehr oder minder schwere Vergehen denken konnten.

Chrysostomus nahm insofern eine Sonderstellung ein, als er die menschlichen Begierden nicht nur körperlich verstand. Bei der Auslegung des Paulus-Wortes vom Widerstreit zwischen Fleisch und Geist (Gal 5,17) unterstrich er, daß es sich beim Begehren des Fleisches um eine Seelen- und nicht um eine Fleischeskraft handle, denn Paulus verstehe unter Fleisch »nicht diesen physischen Leib, sondern den bösen Willen« des Menschen.²⁵

Tatsächlich zählte Paulus, wie Chrysostomus richtig erkannte, bei den Werken des Fleisches auch geistige Laster wie Götzendienst, Zauberei, Streit und Neid auf. Er dachte also, wenn er vom Fleisch (sarx) des Menschen redete, an den Menschen als ein Geschöpf, das sich gegen Gott versündigen könne. Jede Sünde nehme im Geist des Menschen ihren Anfang und nur in bestimmten Fällen im Körper ihr Ende. Erst in unserer Zeit entdeckten Bibelexegeten dieses differenzierte Verständnis des paulinischen Sarx-Begriffes wieder und zogen daraus wichtige Folgerungen für die Theologie (vgl. S. 30).

Sexuelle Begierde als Erbsünde

Der größte Einfluß auf die im Hochmittelalter entstandene Theologie der Ehe ging neben den Paulusbriefen des Neuen Testaments von *Aurelius Augustinus* († 430) aus, wenngleich auch sein umfangreiches theologisches Opus zum großen Teil einen Kommentar zu den biblischen Schriften darstellt. Uns interessieren hier vor allem die Abhandlungen über das Gut der Ehe (De bono coniugali) und über die Jungfrauen (De virginibus).

»Nicht so sehr ein Freund der Ehe als ein Sklave meiner Begierde«. Dies gestand Augustinus von sich in seinen »Confessiones«;[25] gleichzeitig machte er seinen Eltern zum Vorwurf, daß sie ihn nicht schon mit 15 Jahren, beim Eintritt der Geschlechtsreife, zur Ehe gezwungen hätten. Seine fromme Mutter Monnika duldete es, daß er vom 17. Lebensjahr an mit einer Freundin – von ihr hatte er schon im ersten Jahr einen Sohn mit Namen »Adeodatus« (»Von Gott gegeben«) – 14 Jahre lang zusammenlebte.

Nach einem ausschweifenden Leben in Karthago fand Augustinus zunächst bei den Manichäern eine geistige Heimat. Erst im Alter von 33 Jahren empfing er die christliche Taufe. Welche philosophischen Irrwege der suchende Geist begehen und welche Seelenkämpfe er durchstehen mußte, kann man in den »Bekenntnissen«, der ersten christlichen Autobiographie, nachlesen. Den letzten Anstoß zur völligen Änderung seines Lebens erhielt der angesehene Professor für Rhetorik in Mailand bei der Lektüre des Paulusbriefes an die Römer, konkret bei dieser Stelle: »Laßt uns ehrenhaft leben wie am Tag, ohne maßloses Essen und Trinken, ohne Unzucht und Ausschweifung, ohne Streit und Eifersucht. Legt (als neues Gewand) den Herrn Jesus Christus an, und sorgt nicht so für euren Leib, daß die Begierden erwachen« (Röm 13,13–14). Plötzlich fühlte er sich wie verwandelt, daß er »nach keinem Weibe noch sonst einer weltlichen Hoffnung mehr Verlangen trug«.[27]

Grundlegend für Augustins Verständnis der menschlichen Geschlechtlichkeit blieb seine Interpretation des paradiesischen Sündenfalls. Demnach kannten die ersten Menschen Adam und Eva, so wie sie von Gott gedacht und geschaffen waren, keinerlei böse Begierlichkeit. »Warum sollten wir nicht glauben«, schrieb Augustinus in seiner Abhandlung über die Genesis, »jene Menschen hätten vor dem Sündenfall derart über ihre Geschlechtsorgane zur Erzeugung von Kindern verfügen können wie über alle anderen Glieder, die die Seele doch bei jedem beliebigen Wink in Bewegung setzt ohne jede Belästigung und gleichsam Geilheit des Vergnügens? ...Warum sollte es unglaubhaft erscheinen, daß die Beschaffenheit der ersten menschlichen Körper von der Art gewesen sei, daß die Menschen mit dem Wink über die Geschlechtsorgane verfügten, mit dem man über die Füße verfügt, wenn man spazierengeht, so daß weder mit Liebesglut gezeugt noch unter Schmerzen geboren würde?«[28] Weil also der Mensch ursprünglich von jeder Geschlechtslust frei gewesen sei, habe es für ihn keinen Widerstreit zwischen Geist und Fleisch gegeben. Dieser beneidenswerte Zustand sei jedoch verlorengegangen durch die erste Sünde, deren Charakter Augustinus hauptsächlich in einer stolzen Auflehnung des ersten Menschenpaares gegen Gottes Willen sah. Als Strafe für diese Sünde sei nun in Adam und Eva ein sexuelles Begehren erwacht, das sie an alle ihre Nachkommen weitergegeben hätten (Erbsünde), so daß jeder neugeborene Mensch schon aufgrund des Zeugungsaktes mit der bösen Konkupiszenz auf die Welt komme und sie ein ganzes Leben lang nicht mehr verliere: Die Konkupiszenz als das in den Gliedern dieses sterblichen Leibes wohnende Sündengesetz wird mit dem Säugling geboren.[29]

Diese Deutung der Ursünde, die als Erbsünde fortdauert, zeitigte in der christlichen Theologiegeschichte die verheerendsten Auswirkungen, weil sie zur offiziellen Lehre der Kirche erklärt wurde und als solche heute noch geglaubt werden muß. Die Lehre blieb allerdings schon damals nicht ohne Widerspruch: Der Priester Caelestius vertrat wie sein großer Lehrer Pelagius die Meinung, die Sünde Adams habe diesem allein geschadet, nicht aber dem ganzen Menschengeschlecht, und die Kinder kämen in demselben Zustand zur Welt, in dem Adam sich vor dem Sündenfall befunden habe. Augustinus trug entscheidend dazu bei, daß die Synode von Karthago im Jahre 416 Caelestius als Häretiker verurteilte.

Mehr als tausend Jahre später verwarf das Konzil von Trient Luthers Auffassung von der Erbsünde, die der Reformator als böse, auch durch die Taufe nicht zu tilgende Begierlichkeit deutete. Das Konzil wollte nur einen einzigen Menschen, »die selige, unbefleckte Jungfrau und Gottesgebärerin Maria«, von der Erbsünde ausgenommen wissen, wie es schon Papst Sixtus IV. verkündet hatte.[30]

Die katholische Dogmatik begründet bis heute die allen Menschen anhaftende Erbschuld mit dem lapidaren Satz des Apostels

Paulus im Brief an die Römer: »Durch einen einzigen Menschen kam die Sünde in die Welt und durch die Sünde der Tod, und auf diese Weise gelangte der Tod zu allen Menschen, weil alle sündigten« (Röm 5,12). Erst in jüngster Zeit wagten einzelne Theologen neue Interpretationsversuche der Erbsündenlehre.

Augustins Sicht der Erbsünde entspricht in wesentlichen Zügen seiner Auffassung von Ehe und Sexualität. Da er sexuelle Betätigung grundsätzlich für etwas Böses hielt, war die logische Folge, daß ihm das Streben nach völligem Freisein von geschlechtlichen Wünschen und Handlungen als Tugend erschien. Nur so bestehe Hoffnung, den Idealzustand des Menschen im Paradies, ein geschlechtsloses Leben, zurückzugewinnen. Dieses Ziel hielt Augustinus für besonders begehrenswert, weil er das wegen des Sündenfalls und der Erbsünde im Menschen herrschende sinnliche Begehren mit animalischen Regungen (bestiarum motus) gleichsetzte. Dadurch aber stellte er den Menschen noch unter das Tier. Während nämlich das Tier bei seinen sexuellen Regungen einem natürlichen Instinkt folgt und deshalb ganz natürlich handelt, versündigt sich der Mensch nach Augustins Meinung gegen sein geistiges Erkennen und Wollen. Er bezeichnete die Geschlechtsorgane sogar als »häßliche Teile« (obscoenae partes), weil sie, anstatt dem menschlichen Willen zu gehorchen, von der verwerflichen Libido gesteuert würden.

Um nun den hier drohenden Versuchungen zur Sünde zu entgehen, plädierte Augustinus für eine jungfräuliche Lebensweise, die dem Leben in der Ehe weit überlegen sei. Aus diesem Grund wählte er selbst, wenn auch verhältnismäßig spät, ein Leben in völliger sexueller Enthaltsamkeit: »Um der Freiheit meiner Seele willen habe ich mich entschlossen, keine Frau zu begehren, zu suchen oder zu ehelichen.«[31] Wie stark er dabei von manichäischer Leibfeindlichkeit infiziert blieb, läßt sich auch an vielen anderen Äußerungen nachweisen.

Die Aktivierung der Sexualität, immer nur im Rahmen der Ehe, hielt Augustinus aus zwei Gründen für erlaubt: zur Zeugung von Kindern und zur Leistung der ehelichen Pflicht. Allerdings sei selbst die Erfüllung der ehelichen Pflicht nie ganz frei von Sünde.

Aufgrund dieser Überlegungen kam Augustinus zu der Überzeugung, daß der Ehe, an deren Einsetzung durch Gott er unbeirrt festhielt, drei Güter (bona) zu eigen seien: Nachkommenschaft (bonum prolis), Treue (bonum fidei) und Unauflöslichkeit (bonum sacramenti). Diese Güter allein könnten das mit dem Geschlechtsverkehr verbundene Übel der bösen Lust einigermaßen rechtfertigen. An der Spitze der Gütertrias stand für ihn die Zeugung und Erziehung von Nachkommen. Wenn der eheliche Akt einzig und allein zur Zeugung eines Kindes gewollt und vollzogen werde, sei er nicht sündhaft. In diesem Fall, und nur in diesem, dürfe die mit dem Geschlechtsakt verbundene sinnliche Lustempfindung hingenommen werden. Diese Auffassung gehörte bis in die jüngste Vergangenheit zur Ehetheologie der Kirche.

Rein ist, wer enthaltsam lebt

Im Dekalog des Alten Testaments lautet das 6. Gebot lapidar: »Du sollst nicht die Ehe brechen« (Ex 20,14). Kirchliche Katechismen aber machten daraus die Version: »Du sollst nicht Unkeuschheit treiben.« Es fragt sich jedoch, ob das Verbot des Ehebruchs hier nicht unzulässigerweise in ein weitreichendes Gebot sexueller Enthaltsamkeit umgedeutet wurde.

Wenn im Alten und Neuen Testament von Unkeuschheit die Rede ist, stehen Unzucht und Ehebruch im Mittelpunkt. Nur Paulus verstand unter Unkeuschheit, gleichbedeutend mit Unreinheit, jegliches gottwidrige Tun des Menschen. Mit seinen Appellen zu einem keuschen Leben wollte er die Christen allgemein zu einem gewissenhaften und tadellosen Leben auffordern.

Für eine spezielle Interpretation des Reinheitsbegriffes gab im Matthäus-Evangelium die Seligpreisung »Selig, die ein reines Herz haben, denn sie werden Gott schauen« (Mt 5,8) den Ausschlag. Jesus verwarf die kultische Reinheit als ein Mittel, das den Menschen Gott näherbringen sollte. Herzensreinheit wollte er auch nicht als sittliche Reinheit verstanden wissen, sondern als die Aufrichtigkeit, mit der ein Mensch sich Gott ganz hingibt. Trotzdem legten schon Kirchenschriftsteller der ersten Jahrhunderte die Reinheit des Herzens in eingeengtem Sinn als sexuelle Reinheit aus. So wurde die Ethik aufrichtiger Gottesliebe mehr und mehr zu einer mit Angstgefühlen gespeisten Sexualmoral. Und als schlimme Folge davon rückte das später erweiterte 6. Gebot, als Forderung geschlechtlicher Enthaltsamkeit außerhalb der Ehe, auf weite Strecken aber auch in der Ehe selbst erhoben, in das Zentrum christlicher Sittlichkeit.

Die Kirchenväter im Osten wie im Westen führten literarisch einen energischen Kampf gegen das »Fleisch« (caro) und sein sündhaftes Aufbegehren. Fast jeder von ihnen fühlte sich verpflichtet, eine Schrift über die Jungfräulichkeit zu verfassen, worin er das ehelose Leben als die ideale Lebensform des Christen weit über die Ehe erhob. Manichäisch-gnostische Leib- und Geschlechtsfeindlichkeit trat jetzt in christlichem Gewand auf.

Allen voran *Augustinus* konnte in Sexualität und Eros nichts anderes als eine schmutzige Flut erblicken, die sich unaufhörlich über alle Menschen ergieße und vor der man die Christen bewahren müsse. Selbst in der Ehe wollte er den Genuß sexueller Lust soweit wie möglich ausgeschlossen wissen: »Je besser die Ehegatten sind, desto eher hören sie in gegenseitigem Einverständnis mit der Vermischung ihres Fleisches auf.«[32]

Bischof *Ambrosius von Mailand*, der Jesu jungfräuliche Mutter als Vorbild der Sittenreinheit rühmte und ihr Leben als eine Schule der Tugend vorstellte, unterschied genau, ob es sich um die Keuschheit einer Verheirateten, einer Witwe oder einer Jungfrau handelte. Die keusche Jungfrau genoß bei ihm eindeutig den Vorrang, weil sie lebenslange Enthaltsamkeit versprochen hatte.

Im Grunde konnte man sich Keuschheit nur als Enthaltsamkeit denken. Im Römischen Katechismus von 1566 wurden die Ordensleute, »welche jenen schönen und wahrhaft göttlichen Entschluß der Jungfräulichkeit heilig und gewissenhaft halten«, als hervorragende Gestalten der Keuschheit empfohlen. Gleichzeitig hieß es aber, daß die Tugend der Keuschheit auch jenen Gläubigen zuerkannt werde, »welche entweder ein eheloses Leben führen oder verehelicht sich von verbotener Lust rein und unbefleckt bewahren«.[33]

Hier ist klar ausgesprochen, daß die Lust des Geschlechtlichen das eigentlich Böse und Unkeusche ist.

Aufschlußreich wäre in dieser Hinsicht ein Blick in die Geschichte der kanonischen Heiligsprechungen. Im kirchlichen Kalender der Seligen und Heiligen treffen wir in der überwiegenden Mehrheit Unverheiratete, Männer und Frauen. Die junge Italienerin Maria Goretti († 1902) wurde einzig und allein deshalb zur Ehre der Altäre erhoben, weil sie sich ihrer Vergewaltigung widersetzte und dabei den Tod fand. Bei der Heiligsprechung durch Papst Pius XII. im Jahre 1950 war der Mörder, inzwischen Mitglied des Kapuzinerordens, persönlich anwesend. Als ein Vorbild der Keuschheit sprach Johannes Paul II. erst jüngst die Nonne Marie Clementine Anwarite selig. Bei dem feierlichen Akt in Kinshasa (Zaire) erklärte der Papst, die im Bürgerkrieg ermordete Ordensfrau habe durch ihre mutige Haltung den ursprünglichen Wert der Jungfräulichkeit anschaulich gemacht.

Bei allem Respekt vor dem Gut der Reinheit ist doch zu fragen, was höher zu schätzen ist: das eigene Leben oder die Jungfräulichkeit?

Die Legende von der Josephsehe

Sosehr die Kirche auch auf Vergeistigung der Ehe drängte – freilich nicht ohne die Sexualität im selben Maß herabzumindern –, ließ sie doch keinen Zweifel daran, daß die geschlechtliche Vereinigung, biblisch gesprochen das Ein-Fleisch-Werden, zum Wesen der Ehe gehört und die eheliche Gemeinschaft ohne diese Copulatio sexualis nicht vollkommen ist. Wenn die sexuelle Aktivierung grundsätzlich ausgeschlossen wird, ist dies heute noch ein ausreichender Grund für die Annullierung einer Ehe (vgl. S. 139 ff.).

Unter dieser Voraussetzung bereitete es den Theologen, in erster Linie den Kanonisten, immer schon erhebliche Mühe, die Gemeinschaft zwischen Joseph und Maria einerseits als vollgültige Ehe anzuerkennen und andererseits, da die Sündenlosigkeit der Gottesmutter unangetastet blieb, als frei von jedem sexuellen Umgang zu behaupten. Folglich durfte Joseph höchstens als Bräutigam Marias und Pflegevater des Jesus figurieren; sobald er aber als Ehemann auftrat, geriet die Jungfräulichkeit Marias in Gefahr (vgl. S. 270 ff.).

Origenes löste das Dilemma, indem er das Verhältnis zwischen Joseph und Maria eben nicht als Ehe bezeichnete. Nach seiner Auffassung lag hier eine Verbindung besonderer Art vor, die allein für dieses heilige Paar gelte. Der Kirchenvater *Ambrosius* dagegen sprach von einer wirklichen Ehe, schränkte indes sogleich ein, daß eine fleischliche Vereinigung niemals stattgefunden habe. Auf diese Weise sollten das Freisein Jesu von der Erbsünde und die Jungfräulichkeit Marias unangefochten bleiben. Damit war auch schon die andere Frage, ob Jesus leibliche Geschwister hatte, negativ beantwortet.

Die älteste kirchliche Überlieferung hielt, wie der Neutestamentler Hugo Koch in einer Studie zu beweisen suchte, die Ehe Josephs und Marias nicht für eine rein platonische Verbindung, wie sie der Terminus » Josephsehe« zum Ausdruck bringen soll. Koch ging noch weiter: »Auch die Vorstellung von der virginitas in partu ist trübster Herkunft, ihre ältesten Zeugen sind lauter Apokryphen.«[34]

Die Lehre von der Jungfräulichkeit Marias wäre in diesem Zusammenhang nebensächlich, wenn nicht eine andere Theorie dahinterstünde, die wichtige Aufschlüsse über die Sexualmoral gibt. Es fehlt bis heute nicht an Theologen, welche die Reinheit und Sündenlosigkeit Jesu und Marias gefährdet sehen, wenn die Zeugung Jesu auf natürliche Weise, also durch einen mit sexuellem Lustempfinden verbundenen Geschlechtsakt, erfolgt wäre. Und weil dies eben nicht sein durfte, war es einfach auch nicht so! In solchem Denken offenbart sich wieder einmal ganz deutlich die Ablehnung der menschlichen Sexualität, die zu den sündhaften Dingen gezählt wird. Verfolgt man die Wurzel, aus der die negative Sicht des Sexuellen im Menschen entspringt, dann treffen wir wieder auf die uns schon bekannte Lehre vom Sündenfall der ersten Menschen im Paradies, den vor allem Augustinus als ein sexuelles Vergehen deutete, dessen sträfliche Folgen nach seiner Meinung in allen Menschen als Erbsünde fortdauern.

Überblickt man die christliche Literatur im Altertum, insbesondere das umfangreiche Werk des Kirchenvaters Augustinus, dann läßt sich mit Derrick Sherwin Bailey zusammenfassend feststellen: »Bei der patristischen Behandlung sexueller und ehelicher Fragestellungen fällt ein Zug besonders ins Auge – nämlich ein merkwürdiges und zuweilen nahezu morbides Gebanntsein von der physischen Sexualität und besonders vom Koitus, demgegenüber die meisten Kirchenväter eine Haltung an den Tag legten, die man nur als eingewurzelten emotionalen Widerwillen bezeichnen kann.«[35]

Askese als Weltflucht

Zu den besonderen Früchten frühchristlicher Frömmigkeit gehört das asketische Mönchtum. Mehr von dualistischen Ideen der hellenistischen Welt beeinflußt und nur wenig von christlicher Mentalität erfüllt, verzichtete der Mönch auf alles Weltliche, speziell auf Ehe und Familie, und lebte entweder als Eremit in der Wüste oder als Koinobit in Gemeinschaft mit Gleichgesinnten. Diese weltfremden Asketen, Männer und Frauen, übten auf ungezählte Christen eine derart starke Faszination aus, daß viele der Ehe entsagten und, obwohl sie weiterhin in ihren Familien und Gemeinden verblieben, sich von weltlichem Treiben so weit wie möglich fernhielten. Sexualfeindliche Theologen gaben diesem weltflüchtigen Lebensideal, das besonders in Ägypten Tausende von Christen anzog, immer wieder neue Nahrung, die sie teils heidnischen Autoren, teils – nicht ohne Verfälschung mancher Aussagen – der Heiligen Schrift entnahmen.

Hauptbegründer der Mönchskolonien in der Nitrischen Wüste war der Eremit *Ammun* († ca. 330). Nach achtjähriger Ehe baute er im Eremos zwei Zellen, die ihm für den Rest des Lebens, immerhin 22 Jahre, als Wohnstätte dienen sollten. Seine Braut hatte nicht wenig gestaunt, als Ammun sie schon vor der Hochzeit zu überreden versuchte, ihr jungfräuliches Leben auch in der Ehe fortzusetzen. Selbst im Ehebett las der Mann seiner jungen Frau aus der Bibel vor, mit Vorliebe Worte Jesu und des Apostels Paulus, um auf diese Weise vom Geschlechtsverkehr abzulenken. Sie lebten, wenn wir dem Historiker Palladius glauben dürfen, als Ehepaar zwar unter demselben Dach, schliefen aber in getrennten Betten, bis sie sich entweder beide oder Ammun allein zu einem entsagungsvollen Leben in der Wüste entschlossen.

Dieselbe strenge Lebensweise wählte der (hl.) Antonios († 356). Wie in fast allen Heiligenviten nimmt auch in seiner Lebensbeschreibung – die erste stammt von Athanasius – die Keuschheit eine zentrale Stelle ein.

Christliche Apologeten werteten die hohe Zahl christlicher Asketen als glänzenden Beweis für das hohe Niveau des christlichen Glaubens. Das jungfräuliche Leben erschien ihnen, wie zahlreiche Schriften der Alten Kirche bezeugen, als ideale Lebensform des Christen, als »Blüte der Mutter Kirche«.[36] Theologisch erlangte die Virginität eine Aufwertung durch den Gedanken von der Brautschaft der Seele mit Jesus Christus. Der Asket galt als »Braut Christi« (Tertullian) und als enger Freund der Heiligen. Ungewöhnlich hohe Achtung wurde ihm zuteil von seiten der sogenannten Weltchristen, die ihr Eheleben, verglichen mit dem enthaltsamen Leben der sogenannten Himmelschristen, als minderwertig einschätzen mußten. Noch entscheidender für das Ansehen der Asketen wirkte die Meinung, daß der Gott und Christus in Jungfräulichkeit hingegebene Christ auf derselben Stufe stehe wie der Blutzeuge (Martyrer). Nach den blutigen Christenverfolgungen wurde er gar als der eigentliche Martyrer gefeiert. Im Mittelalter unterschieden die Theologen zwischen einem blutigen und unblutigen Martyrium. Der Mönch galt jetzt als der unblutige Martyrer.

Die Asketen organisierten sich in Mönchsgemeinschaften und begründeten bald einen eigenen Stand in der Kirche: den »Mittelstand« zwischen Klerikern und Laien. »Die Gelübdeablegung des Mönches wird als zweite Taufe gewertet, sein Leben als geistliches Martyrium, das ihn ebenso wie den wirklichen Märtyrer zum athleta Christi macht, seine geschlechtliche Enthaltsamkeit reiht ihn in die Schar der Bräute Christi ein.«[37]

Vom Osten aus fanden Askese und Mönchtum allmählich Eingang in die abendländische Kirche, und mit ihnen aber auch sexualfeindliche Ansichten, die sich hauptsächlich im Denken und

Schreiben des Augustinus niederschlugen und die Theologie auf Jahrhunderte entscheidend bestimmten. Wie schon die Kirchenväter rühmten auch die mittelalterlichen Theologen das enthaltsame oder jungfräuliche Leben als das höchste Lebensideal des Christen. Im Hinblick auf die geschlechtslosen Engel im Himmel galt es als »engelsgleiches Leben« oder auch als eschatologische Lebensweise, weil es im Himmel, wie schon Paulus lehrte, weder Mann noch Frau, weder verheiratet noch ledig, gebe.

Weil das jungfräuliche Leben die ideale Lebensform des Christen darstellte, war es selbstverständlich, in erster Linie vom Priester ein solches Leben zu verlangen. So wurde das frühchristliche Jungfräulichkeitsideal des Asketen und Mönchs anfangs zu einer Erwartung und später zu einer strengen Forderung an alle höheren Kleriker.

»Mit Entsetzen gleitet der kundige Blick über das Trümmerfeld der Verwüstung, das die christliche Askese geschaffen.«[38] Dieses vernichtende Urteil stammt nicht von einem libertinistischen Irrlehrer, auch nicht von einem kategorischen Kirchenfeind, sondern von dem Religionswissenschaftler *Walter Schubart*, dessen Buch »Religion und Eros« noch immer als ein Standardwerk gilt.

Die Askese töte nicht den Sexus, sondern den Eros, meinte Schubart, den Sexus könne sie überhaupt nicht töten. »Daher ist die Geschichte der Askese eine Geschichte sterbender Erotik und zugleich ein Verzeichnis schwelender Begierden.« Zum Beweis dieser vielsagenden Behauptung wandte Schubart seinen Blick zurück in die wechselvolle Geschichte der Kirche: »Man muß endlich erkennen, daß die Askese den Sittenverfall mitverschuldet hat, durch den sich der päpstliche Hof im späten Mittelalter ebenso auszeichnete wie die Mehrzahl der Klöster. Die Bildung der Bettelorden und die Bewegung der Geißler war die Mahnung der ehrlichen unter den Christen an die abtrünnigen unter ihnen. Einige Nonnenklöster trieben es so toll, daß sich die staatlich genehmigten Freudenhäuser wegen dieses unlauteren Wettbewerbs beschwerten und keine Abgaben mehr zahlen wollten. Wechselweiser Besuch von Mönchen und Nonnen war an der Tagesordnung. (Manche Männer- und Frauenklöster waren miteinander durch unterirdische Gänge verbunden, um sich den sündhaften Verkehr hinter dem Rücken der Öffentlichkeit zu erleichtern. Nicht wenige Mönche hielten sich Konkubinen. Priester lebten sich mit ihren Haushälterinnen aus. Bissig geißelt der Decamerone die Verwahrlosung in den Klöstern seiner Zeit. Ein grauenhaftes Bild der Verkommenheit – im Schatten des Kreuzes!«[39]

Buße nach Tarif

Als iroschottische Mönche im frühen Mittelalter die einst nur in Klöstern für die Gewissensbildung bestimmte Privatbeichte im Frankenreich zu einem wirksamen Instrument der Seelsorge machten, verlangten die Pfarrer schon bald nach einheitlichen Bußauflagen. Es entstanden sogenannte Bußbücher (libri poenitentiales), in denen für jede Sünde die entsprechende Strafe verzeichnet war.

Der auf die Ehe bezogene Teil der Bußbücher ist besonders umfangreich. Raymund Kottje, ein vorzüglicher Kenner dieser wichtigen Quellenwerke, ist der Meinung, »daß die Bibel, besonders das Alte Testament, in frühmittelalterlicher Auslegung vor allem durch die Umdeutung von kultischen Vorschriften in Forderungen christlicher Moral eine wichtige Quelle des Eheverständnisses gewesen ist, wie es in den vorgratianischen Bußbüchern Ausdruck gefunden hat.«[40]

Gemäß den Bußbüchern lag der Hauptzweck der Ehe in der Zeugung von Nachkommen. Doch selbst in diesem Fall galt der Geschlechtsakt wegen der damit verbundenen Lust als eine leichte Sünde. Wer dagegen nicht die Empfängnis eines Kindes, sondern nur die sinnliche Lust erstrebte, lud eine schwere Schuld auf sich.

Selbst Eheleute sollten in der Enthaltsamkeit ein hohes Ideal sehen, das nur noch vom Jungfräulichkeitsgelübde übertroffen wurde. Unverheiratete besaßen keinerlei Recht auf sexuelle Betätigung; bei ihnen war jedes geschlechtliche Tun sündhaft.

Obwohl der eheliche Geschlechtsakt nicht unbedingt verboten war – als Heilmittel gegen die böse Begierlichkeit (remedium concupiscentiae) erfuhr er sogar eine gewisse Rechtfertigung –, so schrieben die Bußbücher doch genaue Zeiten vor, in denen die geschlechtliche Vereinigung der Eheleute streng untersagt war. Dazu gehörten jeweils vierzig Tage vor Weihnachten, Ostern und dem Herbstfasten, außerdem alle Nächte zum Samstag und Sonntag, zumindest aber die Nacht vor dem Sonntag, und grundsätzlich drei Nächte vor dem nächsten Kommunionempfang. Rechnet man alle Tage zusammen, mußten die Eheleute zwei Drittel des Jahres auf den Geschlechtsverkehr verzichten. Übrigens auch eine Form der Geburtenregelung!

Für Frauen gab es noch zusätzliche Zeiträume, in denen kein sexueller Verkehr stattfinden durfte: Menstruation, Schwangerschaft und vierzig Tage nach der Geburt eines Kindes. Mit dieser Regelung machte sich die Kirche alttestamentliche Vorschriften zu eigen.[41]

Sexuelle Abstinenz war ferner allen öffentlichen schweren Sündern unter den Eheleuten als Bußstrafe auferlegt. Da vollständige sexuelle Abstinenz als eine dauernde Folge der Buße noch nach Ableistung der normalen Buße eingehalten werden mußte, lag es nahe, daß die davon betroffenen Ehepartner sich erst in höherem Alter und nur mit Zustimmung des Ehepartners der Kirchenbuße unterzogen. Kirchliche Obrigkeiten sahen sich allerdings schon bald zu Konzessionen genötigt, weil eine derart rigorose Bußpraxis nicht nur zu ethischer Resignation führen konnte, sondern in manchen Fällen sogar mit Selbstmord endete.

Daß der geschlechtliche Umgang auch noch in der Ehe als Sünde angesehen wurde, bezeugt die Aufforderung des Bischofs Caesarius von Arles (5. Jh.) an Neuvermählte, der Kirche nach jedem Geschlechtsakt einen ganzen Monat fernzubleiben. Wer beim Gottesdienst die Kommunion empfangen wollte, sollte prinzipiell wenigstens einige Tage vorher sexuell enthaltsam gelebt haben. An dieser Stelle wird die Unverträglichkeit von Sexualität als unreinem Geschehen und der Kommunion als heiliger Seelenspeise sichtbar.

Größere Bedeutung als die Bußbücher erlangten die Sammlungen normativer Texte aus Bibel, Konzilskanones, Kirchenväterschriften und Papstverlautbarungen. Weil es aber bis in die Neuzeit kein einheitliches Kirchenrecht gab, gestaltete sich die allgemeine Seelsorgepraxis nach Ort und Zeit verschieden.

Das Dekret des Bischofs *Burchard von Worms* († 1025) fand vor allem in Deutschland, Italien und Frankreich weite Verbreitung, bis der Mönch und Kanonist Gratian im 12. Jahrhundert mit seinem umfangreichen Dekret, das einem Gesetzbuch nahekam, die Rechtslage der Kirche maßgebend bestimmte. In Burchards Sammlung beziehen sich 23 Fragen auf Ehe und Unzucht. Mit einer Bußstrafe von zehn Fasttagen bei Wasser und Brot – sexuelle Enthaltsamkeit gehörte ganz selbstverständlich dazu – wurden kleinere Übertretungen geahndet: beispielsweise Onanie, Unzucht eines ledigen Mannes mit einer ledigen Frau, Unkeuschheit in der Ehe wegen Verkehrs zur Zeit der Menstruation und Schwangerschaft. Die zweite Kategorie, beginnend mit einjähriger Bußstrafe, betraf fast nur Frauen: weibliche Onanie (1 Jahr), Abtreibung, bevor sich das Kind bewegt hat (3 Jahre), Prostitution (6 Jahre) und Kindsmord (12 Jahre). Ähnliche Strafen wurden Männern wegen Sodomie und Unzucht mit Verwandten auferlegt. Die schlimmsten Strafen aber standen auf Frauenraub und Ehebruch. Wenn der Ehebrecher selbst verheiratet war, verdoppelte sich die Strafe. Als höchst verabscheuungswürdiges Vergehen galt der sexuelle Verkehr unter Verwandten (Inzest) bis zum siebten Grad. Die Beichte allein genügte in diesem Fall nicht zur Absolution von der schweren Sünde; der Delinquent mußte sich dem Bischof stellen und folgenden Eid ablegen: »Von diesem Tag an werde ich unter keinerlei Vorwand mit dieser meiner Verwandten NN Gemeinschaft haben, mit der ich gegen das Gesetz und meinen rechten Christenglauben Ehebruch und Inzest begangen habe. Weder in Ehe noch Ehebruch werde ich mit ihr Gemeinschaft haben; ich werde mit ihr nicht an einem Tisch essen und trinken und mich nicht unter einem Dach mit ihr aufhalten, es sei denn vielleicht in der Kirche oder an einem anderen öffentlichen Ort, wo kein böser Verdacht aufkommen kann... vor Zeugen.«[42]
Was das Wesen der Ehe betrifft, verteidigte Bischof Burchard die Einehe und deren Unauflöslichkeit. Trotz vieler Verbote und Einschränkungen ließ er die Ehe aber als Heilmittel gegen die sexuelle Begierde und als Hilfe für ein diszipliniertes Zusammenleben der Menschen gelten.
Seit dem Decretum Gratiani stehen der Ehekonsens und der Ge-

schlechtsakt als die beiden wesentlichen Elemente einer vollgültigen Ehe fest. Damit war in dem Streit der Theologenschulen von Paris und Bologna ein Kompromiß gefunden, an dem sich auch die kirchliche Rechtsprechung und Gerichtsbarkeit der folgenden Jahrhunderte orientierte. Ausdrückliche theologische Äußerungen über Sexualität im allgemeinen und die Ehe im besonderen sucht man freilich bei *Gratian* vergebens; sein Interesse blieb auf die rechtliche Seite der Eheproblematik beschränkt, wie es bei Kanonisten bis heute üblich ist.

Körper gegen Geist

Im Frühen Mittelalter begegnen wir Cassiodor und Gregor als zwei hervorragenden Gestalten, die bei vielen Unterschieden doch auch viele Gemeinsamkeiten aufweisen. Nach längerer Tätigkeit an führender Stelle im römischen Staat entschlossen sie sich zum Mönchtum. Beide waren hochgebildet in den Wissenschaften ihrer Zeit, stets darauf bedacht, das klassische Bildungsgut mit dem Offenbarungsgut der Bibel in Einklang zu bringen.

Der geborene Römer *Cassiodor* († ca. 580) kündigte im Alter von ungefähr fünfzig Jahren seinen Dienst als Minister des Ostgotenkönigs Theoderich. Des bunten Hoflebens in Ravenna überdrüssig, zog er sich in das Privatleben zurück. Auf seinem Besitz in Kalabrien errichtete er die Klöster Castellum und Vivarium, von denen letzteres schnell Berühmtheit erlangte wegen seiner hervorragenden Bibliothek und Schreibschule.

Einer früheren Lebensphase gehört sein Büchlein »Über die Seele« an, in dem neben christlichen Lehren auch Ideen der griechischen Stoa verarbeitet sind. Auf die Frage eines Mönchs, wie es denn mit der menschlichen Sexualität stehe, gab Cassiodor diese Antwort: »Wer dürfte ferner bezweifeln, daß uns auch die Geschlechtsorgane als ein großes Geheimnis verliehen sind? Durch sie schreitet die fruchtbare Fortpflanzung des Menschen mit Gottes Hilfe voran. Die Sterblichen brauchen ihren Untergang nicht zu befürchten: Personen vergehen, das Geschlecht aber wird sich immer weiter erhalten.« Nach dieser positiven Wertung folgte jedoch die betont sexualfeindliche Aussage: »Ein schönes, ehrenvolles Glied, würde es nicht durch schändliche Leidenschaft befleckt! Welches wäre wohl kostbarer, wenn das Menschengeschlecht damit schuldlos fortgepflanzt werden könnte? So ist alles lobwürdig erschaffen worden und wird erst durch befleckende Sünden anstößig.«[43] In solchen Urteilen offenbart sich der starke Einfluß des Augustinus, der ja im Geschlechtsakt eine der bösen Folgen des Sündenfalls sah.

Obwohl *Gregor* zur selben Zeit wie Cassiodor lebte und neben einem Kloster in Rom noch ein zweites auf Sizilien gründete, begegneten sich die beiden Mönche vermutlich nie persönlich. Schon als Leiter der Stadtverwaltung in Rom und als päpstlicher Gesandter (Apokrisiar) in der Kaiserstadt Konstantinopel hatte Gregor großes politisches Talent bewiesen, das ihn dann auch als Papst Gregor I. († 604) auszeichnen sollte.

Mit großer Klugheit bediente sich Papst Gregor I. des Mönchtums, indem er fähige Mönche und Äbte zu Bischöfen erwählte, die als Missionare unter den Langobarden oder bei den Angelsachsen erfolgreich wirkten. Am bekanntesten ist der nach England entsandte Abt-Bischof Augustin. Auf konkrete Fragen erteilte ihm Gregor praktische Anweisungen, die über seine religiöse Einstellung und sein pastorales Programm wichtige Aufschlüsse geben. »Weil sogar der erlaubte eheliche Verkehr nicht ohne Fleischeslust vollzogen werden kann«, heißt es im Responsum, »soll man sich danach das Betreten heiliger Stätten versagen. Denn Geschlechtslust kann keineswegs ohne Schuld erfahren werden.«[44] Wie sehr der Papst die Sexualität als Hort der Sünde und die Geschlechtslust als sündhafte Befleckung bewertete, ist auch seinem Kommentar zum Buch Job zu entnehmen.

In der zu Beginn seines Pontifikats verfaßten Pastoralregel (regula pastoralis) zeigte Gregor der Große das Ideal eines guten Seelenhirten im einzelnen auf: Hinsichtlich der sexuellen Betätigung muß zwischen Verheirateten und Ledigen streng unterschieden werden. Die körperliche Vereinigung der Eheleute ist als »Mittel der Fortpflanzung« erlaubt; geschieht sie aber einzig und allein aus

Wollust, liegt stets ein sündhaftes Tun vor. Dies gilt besonders für ledige Personen, weil sie überhaupt kein Recht haben, Kinder zu zeugen; ihnen ist jeglicher sexueller Verkehr unter Strafe der ewigen Verdammnis untersagt. Papst Gregor hielt es für wichtig, daß bei Ledigen genau unterschieden werde, ob sie trotz Verbot bereits sexuelle Erfahrungen gemacht hätten oder ob sie in diesem Punkt noch völlig unerfahren seien. Die ersteren müsse man zu reuiger Umkehr bewegen, die letzteren vor etwaigem Fall bewahren. Obwohl der Papst das jungfräuliche Leben höher schätzte als das Eheleben, sollten sich die Zölibatären nicht von Stolz und Hochmut gegenüber Eheleuten hinreißen lassen.

Von Cassiodor und mehr noch von Papst Gregor I., die sich beide in ihren Ansichten über das Wesen der Sexualität auf alttestamentliche und heidnisch-antike Gedanken stützen, läßt sich eine direkte Linie zu den Theologen der Scholastik im 12. und 13. Jahrhundert ziehen. Dazwischen gab es nur spärliche Versuche zu neuen anthropologischen Überlegungen.

Im frühen Mittelalter schrieb Bischof *Isidor von Sevilla* († 633), dessen theologisches Hauptwerk »Sententiarum libri tres« lange Zeit die Kirchenlehre bestimmte, der Ehe in Anlehnung an Augustinus drei Güter zu: Zeugung von Nachkommen, gegenseitige Hilfe und Befriedigung der sexuellen Leidenschaft. Unter den dreien gebührte der Fortpflanzung des Menschengeschlechts der Vorrang. An dem dreifachen Zweck der Ehe hielten auch die scholastischen Theologen im Hohen Mittelalter fest, stets darauf bedacht, die bibeltheologische Begründung mit philosophischen und naturwissenschaftlichen Argumenten zu bereichern. Manichäisches Denken zeigte sich bei ihnen immer wieder, wenn sie das Körperlich-Sexuelle im Vergleich zum Geistig-Seelischen abwerteten, ja, als eine Gefahr für das geistige Schaffen des Menschen ausgaben.

Hier ist daran zu erinnern, daß es sich bei den führenden Theologen dieser Zeit fast ohne Ausnahme um Mönche handelte, die neben Armut und Gehorsam sexuelle Enthaltsamkeit geloben mußten. Und ausgerechnet sie, die keine sexuellen Erfahrungen haben durften, sollten über allgemeine und spezielle Fragen der Sexualität und der Ehe befinden. Aus diesem Grund sprach der Philosoph

Max Scheler († 1928) von »alter falscher Priestermoral, die... die Geschlechtsliebe möglichst zum bloßen Trieb und libidinösen Lustverlangen herabzudrücken sucht, zum Teil aus Standesressentiment, das herabdrückt, worauf man selbst verzichten muß, teils aus Sorge um die mögliche Störung des bloßen Reproduktionsgeschäftes«.[45]

Während die Theologen der Patristik anscheinend noch überzeugt waren, daß sie mit vielen ihrer ethischen Anschauungen nichtchristlichen Autoren folgten, erweckten die Scholastiker im Hochmittelalter eher den Eindruck, als hätten sie sich mit ihren moraltheologischen Thesen fest auf dem Boden der Heiligen Schrift befunden. Um ein vom Heiligen Geist erfülltes Leben führen zu können, so lautete gewöhnlich ihre Argumentation für eine christliche Askese, sei das Freisein von körperlichen Affekten, zumindest aber die Unterwerfung der fleischlichen Begierden unter die Herrschaft des Verstandes, eine unerläßliche Voraussetzung. Eine solche Grundhaltung mußte am Ende dazu führen, daß tiefsinnige Theologen wie *Petrus Damiani* und Mystiker wie *Bernhard von Clairvaux* einem Reinheitsbegriff huldigten, dem alles Körperlich-Sexuelle fremd blieb.

Wie mächtig die Spannungen zwischen theologischem Anspruch und persönlichem Leben werden konnten, wissen wir aus der bewegten Lebensgeschichte des Philosophen und Theologen *Peter Abaelard* († 1142). Nach seinem Liebesabenteuer mit Héloise (vgl. S. 189 f.) bewog er die Frau, die er heimlich geheiratet hatte, in ein Kloster einzutreten, und wurde selbst ein Mönch. Abaelard meinte, aus Liebe zur Philosophie auf die Ehe verzichten zu müssen. Wie antike Weisheitslehrer rechnete auch er Keuschheit, mäßige Lebensführung und Zurückgezogenheit zu den Bedingungen eines wirklichen Philosophen. Ohne Leidenschaftslosigkeit konnte er sich ein Leben in vollkommener geistiger und seelischer Konzentration auf die reine Idee (Gott) nicht vorstellen.

Die Katharer oder die Reinen

Die mittelalterliche Kirche ließ, was geschlechtliche Dinge betraf, oft genug ernste Warnungen und strenge Verbote ergehen. Andererseits sah sie sich aber auch gezwungen, religiöse Eiferer mit leib- und ehefeindlichen Anschauungen als Irrlehrer zu verdammen. Gefährlicher noch als deren moralischer Rigorismus war die Tatsache, daß diese sektenähnlichen Gemeinschaften die kirchliche Hierarchie ablehnten und ein Christentum des freien Geistes predigten.

Neben den Bogomilen, benannt nach dem bulgarischen Dorfpriester *Bogomil* (9. Jh.), wurden vor allem die Katharer in Norditalien, Südfrankreich und Nordspanien zu einer riesigen Herausforderung für die Großkirche. Die »Reinen«, wie sie sich selbst nannten, betrachteten jeden Geschlechtsakt, ja, schon den Wunsch nach sexuellen Handlungen als schwere Sünde. Folglich mußten alle noch unverheirateten Mitglieder auf die Ehe verzichten, und die bereits verheirateten sollten jeden Geschlechtsverkehr meiden. Weil sich aber derart einschneidende Vorschriften nur selten verwirklichen ließen, unterschieden die Katharer innerhalb ihrer eigenen Reihen zwei Gruppen: auf der einen Seite die Vollkommenen (perfecti), die auf Heirat verzichteten, und auf der anderen die Unvollkommenen (imperfecti), denen die Ehe gestattet blieb.

Lokale Kirchenautoritäten und schließlich die römische Kirchenzentrale richteten zur Verfolgung dieser und anderer Häretiker Inquisitionsbehörden ein, die mit rücksichtsloser Strenge zu Werk gingen. Katharer mußten zu Tausenden ihr Leben lassen. Nach jahrelangem zähen Widerstand fanden die im Gebiet von Albi ansässigen Katharer, Albigenser genannt, in den gegen sie mit letzter Grausamkeit geführten Kreuzzügen – auch als Albigenserkriege (1203–1233) bekannt – ein blutiges Ende. Die letzte Verbrennung eines Katharers erfolgte noch hundert Jahre später.

Ein ähnlich furchtbares Schicksal mußten die nach *Petrus Waldes* († 1206) benannten Waldenser erleiden. Der reiche Kaufmann Waldes aus Lyon verwendete einen Teil seines Vermögens zur Versorgung seiner Frau und Töchter, den anderen größeren Teil verschenkte er aus religiösen Motiven an Arme. Dann zog er als Wanderprediger durch die Lande, um die Menschen für ein Leben nach dem Vorbild des armen Jesus zu begeistern. Unter dem Einfluß von Katharern bekämpften auch Waldes und seine Gefolgsleute (»Die Armen von Lyon«) die Hierarchie und die Sakramente der Kirche. Wie jene unterschieden sie bei ihren Anhängern zwischen den Vollkommenen (perfecti), die sexuell enthaltsam leben mußten, und den Gläubigen (fideles), die ein gemäßigtes Eheleben führen durften. Die dualistische Doktrin machten sie sich aber nicht zu eigen. Bei der Laienpredigt ließen sie sogar Frauen zu.

Unter den Beginen und Begarden, einer einflußreichen Laienbewegung mit monastischen Idealen (vgl. S. 296 f.), traten ebenfalls häretische Gruppen auf, gegen die sich die Amtskirche auf dem Konzil von Vienne (1311–1312) entschieden zur Wehr setzte. In ihren Reihen wurde nämlich die vom Konzil verurteilte These propagiert, der Mensch dürfe dem Drängen seiner fleischlichen Begierden jederzeit folgen, weil alle Sinnlichkeit durch den »Geist der Freiheit« verklärt werde.[46]

Neben diesen in kleineren und größeren Sekten auftretenden Irrlehrern gab es noch Einzelkämpfer wie *Konrad Kannler* in Eichstätt und *Hans Becker* in Mainz, die als vom Heiligen Geist besonders Befähigte die paulinische Parole von der Freiheit des Christen wiederum in libertinistischer Weise mißdeuteten und sich deshalb vom Sittengesetz entbunden fühlten.

Sexualfreundliche Mönchsstimmen

Nicht alle Mönche unter den Theologen des Mittelalters waren, was die menschliche Natur angeht, so verständnislos, wie man gemeinhin annimmt. Der Zisterzienserabt *Bernhard von Clairvaux* († 1153), Theologe und Kirchenpolitiker in einer Person, betrachtete eine Ehe, in welcher der Geschlechtsakt auf Kinderzeugung beschränkt bleiben sollte, als ein Ding der Unmöglichkeit. Bei einer Predigt über das Hohelied des Alten Testaments stellte er darum die rhetorische Frage: »Mit einer Frau immer zusammenleben, ohne mit ihr auch geschlechtlich zu verkehren, heißt das nicht mehr, als

einen Toten zum Leben zu erwecken?«[47] Trotzdem kam er noch
nicht auf den Gedanken, daß das sexuelle Geschehen in der Ehe
etwas mit Liebe zu tun haben könnte.

Der Benediktinerabt *Eckbert von Schönau* († 1184) hielt den Geschlechtsakt in der Ehe für gut und bezeichnete ihn sogar als eine
Pflicht (officium), weil der Mensch nicht aus Eisen geschaffen sei.
Dabei berief er sich ausdrücklich auf Jesus und die Apostel, die sehr
wohl gewußt hätten, »daß nicht alle Männer und Frauen so eisern«
seien, um gemeinsam miteinander zu leben und dennoch sexuelle
Abstinenz zu üben.[48] Ein Widerspruch zeigt sich allerdings auch bei
ihm; denn obwohl er an der Notwendigkeit des ehelichen Aktes
keinen Zweifel hegte, vertrat er doch die Ansicht, daß dieses Tun
zumindest eine leichte Sünde sei. Frei von jeglicher Schuld bleibe
der Coitus in der Ehe nur dann, wenn die Zeugung eines Kindes
wirklich beabsichtigt werde. Von einer schweren Sünde wollte er
indes bei der Befriedigung der sexuellen Begierde nicht reden, weil
die übrigen Ehegüter, insbesondere die gegenseitige Treue, sogar
eine gewisse Berechtigung dazu gäben.

Hugo von St. Viktor († 1141), ein angesehener Lehrer der Theologie im Kloster St. Viktor bei Paris, entwickelte die Doktrin der
Ehe weiter durch die Unterscheidung zwischen dem Wesen der Ehe
(conjugium), das eine geistige Lebensgemeinschaft umfaßt, und
dem Zweck der Ehe (officium), der in der Zeugung neuen Lebens
besteht. Die sexuelle Vereinigung ist nach seiner Meinung für die
Ehe nicht wesentlich. Das Wesen der Ehe bestehe vielmehr im gegenseitigen Eheversprechen, das Ausschließlichkeit und Untrenn-
barkeit zum Inhalt habe. Deshalb hielt Hugo auch die Verbindung zwischen Joseph und Maria für eine vollkommene Ehe, wie
seine Schrift über die Jungfräulichkeit der seligen Maria zeigt.[49]
Es ist möglich, daß der Mönch erst im Zusammenhang mit der Frage, ob Joseph und Maria in einer richtigen Ehe gelebt hätten, zum
Ausschluß alles Sexuellen vom Wesen der Ehe kam. Andererseits
aber bezeichnete derselbe Hugo von St. Viktor die Zeugung von
Nachkommen als den ersten und hauptsächlichsten Zweck der
Ehe. Wie es scheint, vermochte er diesen Widerspruch selbst nicht
aufzulösen.

Im folgenden Jahrhundert überraschten einige wenige Theologen mit der These, die eheliche Hingabe müsse sich nicht in der Zeugung neuen Lebens erschöpfen. So deutete *Alexander von Hales* († 1245) den Geschlechtsakt in der Ehe als »Sinnbild der innigen Liebe Gottes zum Menschen« und als »Bindekraft der Eheleute« zu inniger Lebensgemeinschaft.

Der Dominikaner *Albert der Große* († 1280), als Theologe und Naturwissenschaftler gleichermaßen berühmt, vertrat in der Ehelehre zwar grundsätzlich die augustinische Tradition, ließ sich aber nicht abhalten, in einzelnen Fragen neue Wege einzuschlagen. Als einer der ersten Theologen erkannte er dem ehelichen Akt über den Zeugungszweck hinaus ein personales Moment zu. Wie sehr er mit diesem Gedanken alleine stand, macht seine im Sentenzenkommentar niedergeschriebene Definition deutlich: »Der menschliche Geschlechtsakt ist mehrschichtig: er ist ein sinnlich-animalischer Zeugungsakt und gehört als solcher der grundlegenden generischen Natur des Menschen an (actus naturae); er ist aber auch ein spezifisch menschlicher Akt und als solcher Ausdrucksmittel des Geistigen (actus hominis); und insofern er innerhalb der Ehe, d. h. im Gegensatz zum außerehelichen Geschlechtsverkehr nach der geistig-sittlichen Bindung im Konsens erfolgt, ist er eher als ein von fides und sacramentum formierter menschlicher Hingabeakt denn als animalische Zeugungstat zu betrachten.«⁵⁰ Freilich wäre noch näher zu untersuchen, ob Albert den ehelichen Akt nicht doch völlig spiritualisiert und dadurch wieder seines biologischen Charakters beraubt hat.

Wie alle Theologen der Scholastik legte auch ihr hervorragendster Kopf, *Thomas von Aquino* († 1274), in der Ehelehre den Hauptakzent auf die Zeugung und Erziehung von Nachkommen. Das Ja zur Ehe schloß bei ihm das Ja zum Geschlechtsakt notwendigerweise ein. Thomas hielt die körperliche Vereinigung der Eheleute für gut, weil Gott die ganze Natur des Menschen als etwas Gutes geschaffen habe. Allerdings dürfe die sexuelle Aktivierung nur in einer legitimen Ehe erfolgen und müsse selbst dort immer auf Zeugung ausgerichtet bleiben: »Es gibt nur zwei Weisen, in denen die Eheleute ohne jede Sünde zusammenkommen können, nämlich um Nachkommenschaft zu zeugen und um Schuld zu büßen. Jeder andere Geschlechtsakt ist immer Sünde, zumindest läßliche.«⁵¹ Unter der zu büßenden Schuld verstand er, daß ein Ehepartner dem fleischlichen Verlangen des anderen pflichtgemäß folgt, also ohne es selbst zu verspüren.

Obwohl Thomas den ehelichen Akt als solchen nicht verteufelte, fiel es ihm doch schwer, ihn ohne jede Einschränkung gutzuheißen. Den dualistischen Gnostikern und Manichäern gleich sah er nämlich im geschlechtlichen Verkehr eine Gefahr für den menschlichen Geist. Um dieser Bedrohung zu entgehen, müsse der Mensch auch in sexueller Hinsicht vernunftgemäß handeln und dürfe eben nicht, auf Geist und Gott vergessend, wie ein Tier hemmungslos seinen bösen Trieben nachgeben. Wenn dies geschehe, nehme der Sexualakt, den auch Thomas als Heilmittel gegen die böse Begierlichkeit (remedium concupiscentiae) gelten ließ, die Qualität des Bösen an.

Wenn die sexuelle Betätigung allein schon wegen nur zeitweiliger Trübung des Verstandes nicht vollkommen gut sein kann, so stellt sie nach Thomas erst recht eine Eignung für geistliche Funktionen in Frage und hat deshalb zu bestimmten Zeiten ganz zu unterbleiben. Diese Auffassung mußte sich besonders im kultischen Bereich auswirken, da Geschlechtsakt und unmittelbar danach folgender Gottesdienst mit Kommunionempfang sich nicht vereinbaren ließen, wie Thomas behauptete. Zu den Leidtragenden dieser Meinung gehörten in erster Linie die Priester als die Vorsteher gottesdienstlicher Handlungen. Das zu dieser Zeit bereits geltende Zölibatsgesetz war also auch aus liturgischen Gründen gefordert. Thomas befürwortete es, wenn die Laien die Messe eines Priesters, der wegen Unzucht (fornicatio) verurteilt war oder als öffentlicher Konkubinarier galt, nicht besuchten. Damit folgte er jenen fanatischen Kirchenreformern des 11. Jahrhunderts, die nach strengen Maßnahmen gegen unenthaltsam lebende Kleriker gerufen hatten.

Bezeichnenderweise behandelte Thomas das Problem, wie ein unfreiwilliger Samenerguß (Pollution) zu beurteilen sei, im Traktat über die Eucharistie. Die konkrete Frage, ob eine nächtliche Befleckung jemanden am Empfang des Leibes Christi hindere, beantwortete er nach einigen Pro und Contra so, daß im Normalfall von einer schweren Sünde nicht die Rede sein könne.

Es überrascht nicht, daß der Ordensmann und Theologe Thomas den Stand der Ehelosen über alles schätzte. Die Tugend der Enthaltsamkeit, in und außerhalb der Ehe, rangierte auf seiner Werteskala an erster Stelle. Als eigentliche Sieger rühmte er jene Männer und Frauen, welche sich durch ein Gelübde zur Jungfräulichkeit, zum Verzicht auf jegliche sexuelle Aktivitäten, verpflichten.

Wenn Thomas von Aquino, dessen imposantes theologisches Opus bis in die Gegenwart nachwirkt, gerade bei der Erörterung sexualmoralischer Themen oftmals zwischen Tradition und Aufbruch zu neuen Wegen schwankte, erklärt sich dies vielleicht mit einer Begebenheit aus seiner Jugendzeit. Alle Biographen berichten, daß Thomas kurz nach seiner Aufnahme in den Dominikanerorden mit 19 Jahren auf dem Weg von Neapel nach Paris von seinen Brüdern entführt worden sei, um ihn dem Orden abspenstig zu machen. Als ihnen dies nicht gelungen sei, starteten sie einen letzten Versuch, indem sie ein entzückendes, aufreizend gekleidetes Mädchen in seine Zelle schickten. Doch der Bruder habe sich nicht verführen lassen, sondern das Mädchen mit einem brennenden Stück Holz aus dem Zimmer vertrieben.

Es dauert stets einige Zeit, bis neue theologische Ideen, vorausgesetzt, daß sie die Anerkennung durch das kirchliche Lehramt finden, in die seelsorgerische Praxis eingehen. Zu diesem Zweck gab es schon im Mittelalter eigene Hilfsmittel, meist für den Gebrauch der Beichtväter bestimmte Handbücher.

Berthold von Freiburg, Lektor des Freiburger Dominikanerkollegs, bearbeitete um das Jahr 1300 in deutsch die »Summa confessorum« seines Ordensbruders Johannes und lieferte damit eine nützliche Schrift für die als Pfarrer tätigen Kleriker. Was Rechte und Pflichten der Eheleute betraf, zeichneten sich seine Weisungen, verglichen mit den oft allzu theoretischen Abhandlungen scholastischer Theologen, durch Einfachheit der Gedankenführung und Lebensnähe der Beurteilungen aus. Der Geschlechtsakt sei nur dann eine schwere Sünde, lautete ein Urteil, wenn er mit übergroßer Wollust und unkeuscher Bosheit ausgeführt werde, so daß all jene, die solche Dinge treiben, eher Hurer als Eheleute genannt zu werden verdienten. Für verwerflich hielt es der Autor, wenn dieser Akt in unmenschlicher, das heißt tierischer Weise erfolgte. Von einer grundsätzlichen Ablehnung der Sexualität in der Ehe ist bei Berthold also nichts zu sehen; es ging ihm vor allem um einen menschenwürdigen Vollzug der geschlechtlichen Vereinigung.

Einer überraschend positiven Haltung zur Sexualität begegnen wir bei dem auch als Luthers verständnisvollem Gesprächspartner in Augsburg (1518) bekannten Dominikanertheologen und späteren Kardinal *Thomas Cajetan* († 1534). In seinen Augen war die sexuelle Verbindung der Eheleute etwas Gutes. Im Kommentar zur Summa theologica des Thomas von Aquino erklärte er sogar, die Freude am ehelichen Akt sei keine Sünde, sondern ein Geschenk Gottes. Deshalb brauche man die dabei empfundene Ergötzung (delectatio) weder bedauern noch bereuen, im Gegenteil, Mann und Frau sollten Gott dafür dankbar sein.

Kirchlicher Ehesegen

Bis in das 16. Jahrhundert war die kirchliche Trauung zur Gültigkeit der Ehe nicht notwendig. Nur Kleriker sollten, solange es das Zölibatsgesetz nicht gab, ihre Ehe einsegnen lassen. Wer sonst noch den Segen des Priesters für das gemeinsame Leben wünschte, konnte ihn erhalten.[52]

Die Kirche ließ die im weltlichen Bereich üblichen Eheschließungsformen auch für ihre Mitglieder gelten, wenn ihnen nicht heidnischer Aberglaube anhaftete. So konnten Christen auch privat heiraten, das heißt, ihren Ehewillen nur im Kreis der Familie oder Sippe bekunden. Wer wollte, heiratete sogar ganz geheim, unter vier Augen also, da das gegenseitige Ja-Wort zum Abschluß einer auch kirchlich gültigen Ehe ausreichte. Auf Wunsch erhielten Braut und Bräutigam eine Weihe, die gewöhnlich in der Eucharistie (mit Brautsegen), der Verschleierung (velatio) und der Krönung oder Bekränzung (coronatio) des Hochzeitspaares bestand. Die Heirat selbst aber war schon vorher mit dem beiderseitigen Eheversprechen zustandegekommen (vgl. S. 104 ff.).

Geheime Ehen mißfielen der Kirchenobrigkeit immer mehr, weil sie leicht zum Eingehen einer zweiten oder gar dritten Heirat mißbraucht werden konnten. Um die Zahl dieser unerwünschten Geheimehen zu verringern, erwarteten die Pfarrer, daß die Eheleute ihnen ihre privat vorgenommene Verheiratung freiwillig anzeigten. Im Laufe des Mittelalters bürgerte sich der Brauch ein, den Ehekonsens nicht mehr im Haus des Vormundes, sondern vor der Kirchentür (in facie ecclesiae) auszutauschen, um so der ehelichen Verbindung eine öffentliche Note zu verleihen. Jetzt war es nicht mehr so leicht, den Abschluß der Ehe zu bestreiten.

Was die Hochzeitsfeier betraf, gab es nach Zeit und Gegend höchst unterschiedliche Sitten und Gebräuche, denen die Kirche gewöhnlich neutral gegenüberstand. Es mutet uns heute seltsam an, wenn wir in mittelalterlichen Berichten lesen, die Hochzeitsgesellschaft habe, durch Musik und Alkohol animiert, das neuvermählte Paar zu vorgerückter Stunde in das Schlafzimmer geleitet und dort auch noch die Entkleidung abgewartet. Dieser Brauch ist wohl in erster Linie als Beweis für den zur vollen Gültigkeit der Ehe geforderten ersten Geschlechtsverkehr zu deuten.

In germanischen Landen gab es die als »ius primae noctis« (Recht auf die erste Nacht) bekannte Sitte. Dem Lehns- oder Grundherrn stand das Recht zu, den ersten Sexualverkehr mit der neuvermählten Braut selbst auszuführen. Besonders skandalös mußte diese Praxis erscheinen, wenn dieses »Recht« von einem geistlichen Grundherrn, den sein Zölibatsversprechen zu völliger Enthaltsamkeit verpflichtete, in Anspruch genommen wurde. Vermutlich handelte es sich bei diesem Vorgang um eine Hochzeitssteuer, welche die Braut auf solch kuriose Weise entrichten mußte. Vielleicht offenbaren sich hier aber auch männliche Besitz- und Herrschaftsträume, die selbst vor dem Intimbereich nicht haltmachten.

Dieser Sitte, die freilich nur in manchen Regionen und nur zu gewissen Zeiten nachzuweisen ist, entzog der Römische Katechismus von 1566 im Kapitel über das Ehesakrament die theologische Grundlage, wenn er lehrte, »daß außer der... Einwilligung zum

Bestehen einer wahren Ehe der Beischlaf nicht notwendig gefordert wird«.[53] Die Begründung für diese Lehre lautete, daß die ersten Menschen schon vor dem Sündenfall in einer wahren Ehe verbunden gewesen seien, ohne eine fleischliche Vereinigung gekannt zu haben.

Wenn auch die Eheschließung auf verschiedene Art und Weise erfolgen konnte, so blieben die entscheidenden Zeremonien doch stets gewahrt. Ein Beispiel aus Oberitalien zur Zeit des späten Mittelalters soll für viele andere stehen.

Francesco di Marco Dantini (1335–1410), ein reicher Kaufmann, versprach Leonardo, dem Vater des Bräutigams, unter zahlreichen Zeugen in der Franziskanerkirche in Prato seine Tochter, ohne daß sie selbst anwesend war. Dieser Handschlag (impalmatura) bildete sozusagen den letzten Akt der Unterzeichnung des Ehevertrages, in dem auch die Höhe der Mitgift für die Braut vereinbart wurde. Die Handlung erfolgte entweder in der Kirche oder auf den Stufen vor der Kirche, meist in Gegenwart des Notars, des Heiratsvermittlers sowie zahlreicher Verwandter und Freunde. Beim eigentlichen Vermählungsakt stellte der Vater der Braut dem Bräutigam seine Tochter vor, die daraufhin vom Bräutigam den Ehering angesteckt bekam. Die Brautmesse, die einzige religiöse Zeremonie, konnte vor oder nach dem Hochzeitsessen stattfinden.[54]

Nachdem die Trauungsmesse in der Neuzeit zur Regel geworden war, blieb von dem früher selbständigen Ritus des Brautsegens nur noch ein Segensgebet, das im Rahmen der Meßfeier besonders über die Braut gesprochen wurde, da auf ihren Schultern die Hauptlast des gemeinsamen Lebens lag. Für das Sakrament der Ehe hat der Brautsegen auch heute keine Bedeutung, da der sakramentale Charakter der Ehe mit dem Konsensaustausch, früher zu Beginn der Messe und heute meist nach dem Evangelium vorgenommen, zusammenfällt. Wird eine Trauungsmesse nicht gewünscht, dann beschränkt sich die ganze Zeremonie auf die Bekundung des beiderseitigen Ehewillens im Rahmen eines Wortgottesdienstes.

Bis in die Neuzeit legten weniger einzelne Päpste, sondern vielmehr Bischofsversammlungen unter Beratung angesehener Theologen die Lehre der Kirche über die Ehe fest.

Das Konzil von Florenz bezeichnete im Dekret für die zur römisch-katholischen Kirche zurückkehrenden Armenier (1439) den beiderseitigen Ehewillen als die Wirkursache der Ehe und rief die bekannten drei Güter der Ehe in Erinnerung: »Das erste ist die Zeugung des Nachwuchses und seine Erziehung zum Dienst Gottes, das zweite die Treue, die der eine Gatte dem andern wahren muß, das dritte die Unauflöslichkeit der Ehe, weil sie die unlösliche Verbindung Christi und der Kirche darstellt.«[55] So konnte man es schon bei Augustinus am Ende des 4. Jahrhunderts lesen. Zum ersten Mal aber wurde die Ehe jetzt in einem offiziellen Dokument der Kirche als eines der von Jesus Christus eingesetzten sieben Sakramente aufgezählt. Augustinus hatte unter »sacramentum«, dem Terminus für den römischen Fahneneid, eine feste Treuezusage der Ehepartner verstanden.

Im 16. Jahrhundert brauchte die Kirchenversammlung von Trient, um Luthers Meinung von der Ehe als einem »weltlichen Ding« abzuwehren, nur zu wiederholen, was seit dem Florentiner Konzil zum festen Bestand des Glaubens gehörte. Den Konzilsvätern ging es bei der 24. Hauptsitzung (1563) hauptsächlich darum, die Übernatürlichkeit der Ehe als Sakrament zu betonen und die Zuständigkeit der Kirche in Eheangelegenheiten zu behaupten. Gegen die als »betörte Menschen« apostrophierten Reformatoren richtete sich der folgende Lehrsatz: »Wer sagt, die Ehe sei nicht wahrhaft und eigentlich eines der sieben Sakramente des evangelischen Gesetzes, das von Christus dem Herrn eingesetzt wurde, sondern es sei von Menschen in der Kirche erfunden worden und teile keine Gnade mit, der sei ausgeschlossen.«[56] Verwunderlich ist immerhin, daß dieses Konzil über Zweck und Güter der Ehe keinerlei Aussagen machte.

Das Trienter Konzil traf jedoch eine grundlegende Entscheidung, indem es eine alle Gläubigen verpflichtende Form der Eheschließung vorschrieb. Von jetzt an konnten Katholiken, mit Ausnahme der in protestantischen Territorien lebenden, nur noch dann eine gültige Ehe eingehen, wenn sie ihren Ehewillen vor dem zuständigen Pfarrer und zwei Zeugen erklärten. Diese Verpflichtung galt selbst für den Fall, daß ein Ehepartner einer anderen Konfession oder Religion angehörte (vgl. S. 120 ff.).

Die Ehelehre des Römischen Katechismus

Mit dem von Papst Pius V. 1566 in Ausführung eines Beschlusses des Konzils von Trient herausgegebenen »Catechismus Romanus« lag erstmals ein offizielles Glaubensbuch vor, das für die gesamte katholische Kirche galt.

Im Römischen Katechismus wurden alle Christen, die den »schönen und wahren göttlichen Entschluß der Jungfräulichkeit heilig und gewissenhaft halten«, mit höchstem Lob bedacht. Außerdem dürften auch jene, »die verehelicht sich von verbotener Lust rein und unbefleckt bewahren«, die also in der Ehe sexuell enthaltsam leben, wie es schon der Apostel Paulus geraten habe, »die Tugend der Keuschheit für sich in Anspruch nehmen«.[57] Damit war eine wichtige Unterscheidung zwischen vollkommener und unvollkommener Keuschheit getroffen.

Am Anfang wie am Schluß des Traktats über das Sakrament der Ehe lag die Betonung unverkennbar auf der Enthaltsamkeit. Die Jungfräulichkeit sei eine Tugend, durch die das Leben des christlichen Volkes erst selig und vollkommen werde, und müsse deshalb höher geschätzt werden als die Ehe. »Es kann den Gläubigen in diesem Leben nichts Seligeres begegnen, als daß ihr Geist, durch keine weltliche Sorge abgezogen und nach Beschwichtigung und Dämpfung jeder Lust des Fleisches, allein in dem Eifer der Gottseligkeit und in der Betrachtung himmlischer Dinge ruht.«[58] Diese Beurteilung menschlicher Sexualität könnte durchaus dem Werk eines antiken Philosophen, namentlich aus Kreisen der Stoiker, entnommen sein.

Die Ehe selbst war im Katechismus als »Verbindung von Mann

und Frau unter berechtigten Personen mit der Verpflichtung zu dauernder Lebensgemeinschaft« definiert. Während das Trienter Konzil mit keinem Wort auf die seit der Scholastik, streng genommen bereits seit Augustinus bekannten Ehezwecke zurückgriff, nannten die Autoren des Katechismus drei Gründe (causae) für die eheliche Verbindung: Hoffnung auf gegenseitige Hilfe, um »die Mühseligkeiten des Lebens leichter zu tragen und die Schwächen des Alters auszuhalten«, Verlangen nach Fortpflanzung, »um Verehrer des wahren Glaubens und der wahren Religion zu erziehen«, und Vermeidung von Sünden der Wollust. Bemerkenswert ist, daß das Motiv der Vermehrung den beiden anderen Gründen gleichgeordnet erscheint. Schließlich bezeichnete der Katechismus, über Jahrhunderte das Vorbild für viele andere landessprachlichen Glaubensbücher, Nachkommenschaft, Treue und Sakrament als die drei Güter der Ehe, welche die mit dem Eheleben verbundenen Strapazen wenn nicht ausgleichen, so doch erleichtern sollten.

Die Ausführungen über das Ehesakrament endeten mit der Mahnung an die Eheleute, sich bisweilen der ehelichen Pflicht zu enthalten, «vor allem wenigstens drei Tage vor dem Empfang der heiligen Eucharistie, öfters aber, wenn die feierlichen vierzigtägigen Fastenzeiten gehalten werden.» [59]

Bei der Behandlung der Zehn Gebote fällt auf, daß der Katechismus, wie Augustinus, das heute in zwei Gebote aufgeteilte Begehrensverbot (Dtn 5, 21: »Du sollst nicht nach der Frau deines Nächsten verlangen. Du sollst nicht das Haus deines Nächsten begehren, nicht sein Feld, seinen Sklaven oder seine Sklavin, sein Rind oder seinen Esel, nichts, was deinem Nächsten gehört«) noch in eines zusammenfaßte. Nach alttestamentlichem Verständnis fiel die Frau als eine bloße Sache unter das Eigentum des Mannes. Folglich gehörte der Ehebruch, der schon mit dem bloßen Begehren seinen Anfang nahm, zur Kategorie des Diebstahls. Dies bedeutete aber auch, daß das Begehren des Mannes nicht in erster Linie von der erotisch-sexuellen Attraktivität der Frau her verstanden wurde.

Die Beichte als Disziplinierungsinstrument

Nach dem Allgemeinen Konzil von Trient (1545–1563), dessen Glaubensdefinitionen und Reformdekrete in vielen Punkten gegen die von Martin Luther ausgelöste neue Glaubensbewegung gerichtet waren, ohne daß aber der berühmte Reformator auch nur einmal beim Namen genannt wurde, setzte eine allgemeine Uniformierung der Kirche im Glauben und Leben ein.

Vor allem im Bereich der Moral zielte man auf eine vorher nicht gekannte Enge und Strenge. Was die Sexualität betraf, lagen zwei widersprüchliche Tendenzen miteinander im Streit: Tabuisierung auf der einen und Konkretisierung auf der anderen Seite. Obwohl kirchliche Autoritäten alles Geschlechtliche, besonders das Körperlich-Sexuelle, mit dem Mantel der Schamhaftigkeit zudeckten, sollten die Gläubigen doch jede sexuelle Sünde, bis in die geheimsten Gedanken hinein, dem Beichtvater bekennen. Dahinter stand die für das Bußwesen jetzt generell geltende Forderung, daß alle schweren Sünden nach Zahl und Umständen im Beichtstuhl, der nach dem Rituale Romanum von 1614 an einem sichtbaren, passenden Ort in der Kirche aufzustellen war, angezeigt werden müssen. Und da man im 6. Gebot fast nur mit Todsünden rechnete, konzentrierte sich die Beicht- und Bußpraxis einseitig auf das Geschlechtsleben.

Der Jesuitengeneral *Claudio Aquaviva* schärfte 1612 allen Angehörigen des Ordens unter Androhung der Exkommunikation und Entlassung aus dem Lehramt ein, daß es sich bei Verstößen gegen die Keuschheit stets um eine schwerwiegende Materie handle und deshalb in jedem Fall nur Todsünden anzunehmen seien. Dementsprechend lauteten dann auch die Weisungen für Beichtväter und die sogenannten Beichtspiegel, nach denen die Beichtenden ihr Gewissen bis ins einzelne erforschen sollten.

In seinem viel benutzten Buch mit dem Titel »Unterricht für Beichtende« ermahnte der italienische Jesuit *Paolo Segneri* († 1693) zu gründlicher Gewissensprüfung: »Erforsche alle deine Geisteskräfte, Gedächtnis, Verstand und Willen; erforsche alle deine Sinne, und besonders die beiden ersten: dein Sehen und dein Hören, und noch viel mehr dein Berühren. Erforsche in dieser Hinsicht die Gedanken, die Worte und die Werke. Erforsche sogar die Träume, ob du nicht vielleicht beim Erwachen daran irgendwie Wohlgefallen gehabt hast... Halte endlich in dieser Sache keinen Fehler für gering.«[60]

Kein Wunder, daß die Beichtpraxis mehr und mehr zu einem Instrument der Angst, speziell der Sexualangst, wurde. Nicht die eigentlichen Sünden gegen die Gottes- und Nächstenliebe standen im Mittelpunkt des Bußaktes, sondern der weite Komplex des Sexus: von den geheimen Wünschen und halbbewußten Träumen bis hin zu den vollendeten Handlungen. Die schlimmen Folgen zeigten sich teils in prüder Tabuisierung der Sexualität in der Öffentlichkeit, teils im pedantischen Aufspüren aller Verfehlungen gegen das 6. Gebot, das jetzt lautete: »Du sollst nicht Unkeuschheit treiben.«

Von der psychologischen Lage vieler Beichtenden gab *Walter Schubart* diese plastische Schilderung: »Man denke an das schwüle, mit geschlechtlicher Stimmung geladene Gewölk, das manchen Beichtstuhl umlagert... Man denke an die theologische Spekulation über das sigillum virginitatis, an die wollüstige Ausmalung der anatomischen Einzelheiten, hinter denen sich das Geheimnis der übernatürlichen Gottesgeburt verbirgt – ein Vorstellungsgebiet, auf dem die überreizte Phantasie der Unbeweibten unbehelligt umherschweifen konnte. Man denke vor allem an die Moraltheologie und die Pastoralmedizin, die sich oft unter dem Vorwand wissenschaftlichen Ernstes an den ausgefallensten Perversionen ergötzte. Welch riesenhafte kasuistische Geschlechtsliteratur gedieh auf dem faulen Boden, den die Askese vergiftet hatte!«[61]

Der genannte Segneri stellte in seinem Beichtunterricht eine Reihe konkreter Fragen. Nur beim 6. Gebot verspürte er gewisse Hemmungen, weshalb er folgende Bemerkung vorausschickte: »In dieser Sache will ich keine weitere Auseinandersetzung machen: denn sie gleicht einem Peche, das beschmutzt, man mag es berühren, wie man will; auch sogar, wenn man es wegzuschaffen gedenkt. Wer gegen diese beiden Gebote sündigt, kennt seine Sünden wohl.« Zum Schluß brachte er seine grundsätzliche Einstellung mit deutlichen Worten zum Ausdruck: »Halte in dieser Sache keinen Fehler für gering. Dies ist eine abscheuliche Grube, aus der jeder Hauch verpestend und tödlich ist; ich will damit sagen: jede Lust und jedes Wohlgefallen, wenn es vollkommen freiwillig ist, ist eine Todsünde.«[62]

Von derselben Befangenheit zeugen Leben und Werk des Redemptoristengründers und Moraltheologen *Alphons von Liguori* († 1787), den Papst Gregor XVI., selbst ein Ordensmann, 1839 heiligsprach und den dessen Nachfolger Pius IX. 1871 zum Kirchenlehrer ernannte. Leo XIII. rühmte den hl. Alphons 1902 als »den hervorragendsten und mildesten unter den Moraltheologen«. Und nach dem Urteil des Historikers Jean Delumeau war Alphons »ein Gigant der Geschichte der Spiritualität und der Geschichte überhaupt«.[63]

Alphons, Sohn eines neapolitanischen Adeligen, wurde mit 16 Jahren Rechtsanwalt, wandte sich aber bald dem geistlichen Beruf zu. Ein Mann von aufbrausender Natur und autoritärer Mentalität, verfuhr er auch gegen sich selbst äußerst streng. Täglich geißelte er sich zwei Stunden vor Tagesanbruch und oft auch nachts, um die sinnlichen Regungen, die ihn selbst als alten und gebrechlichen Mann noch quälten, zu bekämpfen.

Alphons' »Theologia moralis«, von der zu seinen Lebzeiten 9 Auflagen und nach seinem Tod 73 Auflagen erschienen – eine Kurzfassung mit dem Titel »Homo apostolicus« brachte es vom 18. Jahrhundert bis heute sogar auf 118 Auflagen! –, diente als Vorbild für ähnlich große Kompendien mit kanonistisch-kasuistischer Zielsetzung. Auch wenn er, ein Gegner des Jansenismus, nicht unbedingt zu den Rigoristen der Moraltheologie zu zählen ist, so gehörte er doch zu den Vertretern eines gemäßigten Probabilismus, dessen Anhänger in Zweifelsfällen der »wahrscheinlich« richtigen Auffassung folgten.

Wie schon in der italienischen, blieb auch in der deutschen Übersetzung seines »Homo apostolicus«[64] das Kapitel über das 6. Gebot im lateinischen Originaltext stehen. Um sich zu rechtfertigen, bemerkte der deutsche Herausgeber: »Im italienischen Texte gibt der hl. Alphonsus den Grund an, warum er diesen Abschnitt lateinisch schreiben wollte, nämlich diesen, damit er nicht so leicht von andern als von den Beichtvätern gelesen werde. Aus dem nämlichen

Grunde wurde auch hier keine Übersetzung gegeben, sondern der lateinische Text belassen.«[65] Ebenso verfuhr der anonyme Übersetzer beim Abschnitt über das Ehesakrament, um ahnungslose Laien vor unnötigen Versuchungen zu bewahren. Nur die des Lateinischen kundigen Leser, in der Mehrzahl Kleriker, konnten die von Alphons ausgegebene Maxime verstehen, »daß jede fleischliche Ergötzung, wenn sie mit voller Hinwendung und Zustimmung erfolgt, eine schwere Sünde ist«.[66]

Wie im Catechismus Romanus nannte Alphons von Liguori drei Ehezwecke, allerdings in dieser veränderten Reihenfolge: dauernde Lebensgemeinschaft, Kinderzeugung und Heilmittel gegen die Begierlichkeit. Wenn er die lebenslange Gemeinschaft der Eheleute an die Spitze stellte, wollte er damit entgegen der augustinischen Tradition behaupten, daß die Zeugung von Nachkommenschaft nicht als das erste Ziel der Ehe zu betrachten sei. Folglich lag nach seiner Meinung eine gültige Ehe auch dann vor, wenn ein Ehepaar die Bereitschaft zur Zeugung von Kindern nicht aufbrachte. Auf diesen gewichtigen Widerspruch zum offiziellen Kurs der Kirche seiner Zeit soll hier hingewiesen werden, zumal da Alphons heute noch als Patron der Beichtväter und Moralisten verehrt wird.

Gewiß nicht ohne Beeinflussung durch die Aufklärung im weltlichen Bereich regten sich auch in der Kirche vereinzelt Kräfte, die gegen die nach dem Konzil von Trient entstandene Kasuistik in der Moraltheologie zu Felde zogen. Mit Recht machte man dieser kasuistischen Moral zum Vorwurf, daß sie in Wirklichkeit eine Beichtstuhlmoral sei. Seelsorger konnten jetzt mühelos feststellen, wie viele Sünden ein Beichtkind begangen habe, wie schwer sie gewesen seien und welcher Kategorie, ob schwere oder leichte Sünde, sie zugeordnet werden müßten. Es bildeten sich Moralsysteme wie der Probabilismus und der Tutiorismus – letzterer verlangte, daß man immer nur der »sichereren« und nicht bloß der »wahrscheinlichen« (probabilis) Lehre Folge leistete –, die kluges Berechnen und genaues Abwägen der Sünden in die christliche Sittenlehre einführten. Das Kalkulieren des Einzelfalles konnte so weit gehen, daß der Mönch Caramuel von Lobkowitz († 1682), den Alphons von Liguori verächtlich als »princeps laxistarum« titulierte, aus Prinzipien der Probabilisten die Meinung ableitete, ein Ordensmann dürfe eine von ihm verführte Frau sogar töten, wenn auf diesem Weg sein Vergehen nicht offenkundig werde und somit eine Schädigung seines Rufes ausgeschlossen bleibe.

Auf die Spitze trieb die kasuistische Methode in unserem Jahrhundert der Kapuziner *Heribert Jone*, dem in den Moraltheologen E. Génicot, A. Lehmkuhl und H. Noldin, um nur diese drei Jesuiten zu nennen, ausgezeichnete Gesinnungsgenossen vorausgegangen waren. Jones »Katholische Moraltheologie«,[67] ein knapp gefaßtes Kompendium, diente mehreren Studentengenerationen und ungezählten Seelsorgern als Maßstab für die Lösung von »Gewissensfällen« im Beichtstuhl. Das folgende Beispiel zeigt, daß der geistliche Autor sich scheute, bestimmte Ausdrücke in deutscher Sprache wiederzugeben. Es sei erlaubt, führte er zur indirekten Pollution aus, »zu baden, Waschungen vorzunehmen, zu reiten usw., auch wenn man voraussieht, daß infolge besonderer Veranlagung Pollution eintritt. Ebenso ist es gestattet, sehr lästiges Jucken in verendis durch Reiben zu vertreiben, modo pruritus non ex semine superfluo et ardore libidinis proveniat. Im Zweifel über die Ursache des Juckens ist Reiben erlaubt. Auch bei leichtem Jucken ist Reiben erlaubt, wenn nur geringe geschlechtliche Regungen eintreten. Dabei ist aber immer vorausgesetzt, daß man in die unkeusche Lust nicht einwilligt.«[68] Eine derart detaillierte Betrachtung und Bewertung kennzeichnet vor allem die Ausführungen über das 6. Gebot.

Innerkirchliche Auseinandersetzungen um die von neuscholastischem Geist geprägte Moraltheologie hatten schon zu Beginn des Jahrhunderts im Zusammenhang mit dem sogenannten Modernismusstreit stattgefunden und damit geendet, daß kirchenamtliche Kreise und ihre Parteigänger keinerlei Neuorientierung zuließen. Auch spätere Reformversuche scheiterten kläglich. Erst das II. Vatikanische Konzil eröffnete einer Neubesinnung die Tür.

Auch geistliche Schriftsteller beschäftigten sich mit dem Thema Liebe und Ehe, so zum Beispiel der savoyische Adelige *Franz von Sales* († 1622). Er ließ sich 1594 nach juristischen und theologischen Studien in Paris zum Priester weihen und wurde später Bischof von Genf. Der 1665 heiliggesprochene und 1877 zum Kirchenlehrer ernannte Franz von Sales ist bis heute aus zwei Gründen bekannt: zum einen wegen seiner mystischen Freundschaft mit Franziska von Chantal, die ihn nach dem plötzlichen Tod ihres Mannes zum Seelenführer erwählte und mit ihm den Orden von der Heimsuchung Mariens gründete, und weiterhin durch sein in viele Sprachen übersetztes Buch »Philothea oder Anleitung zum gottseligen Leben« [69], das aus einer Sammlung von Briefen entstand, die der Priester Franz an seine Cousine Louise de Charmoisy geschrieben hatte.

Wenn auch in erster Linie ein Mann der Kirche, so schätzte Franz doch von der Vernunft eingegebene Weisungen für eine christliche Lebensführung ebenso hoch wie aus der Bibel geschöpfte Ratschläge. Außerdem besaß der gelehrte Bischof eine mystische Begabung, die sein pastorales Wirken stark befruchtete.

Zu den Früchten der ehelichen Liebe rechnete Franz von Sales Unauflösbarkeit der Ehe, unverbrüchliche Treue der Eheleute und Fortpflanzung des Menschengeschlechtes. Obwohl er die Zeugung und Erziehung von Kindern als den Hauptzweck der Ehe ausgab, dessen gänzliche Vernachlässigung eine Todsünde sein könne, verstand er die sexuelle Vereinigung, wie der Apostel Paulus, doch als eine Pflicht, und zwar als eine so strenge Pflicht, daß man die Enthaltsamkeit eines Gatten nur mit gern gegebener Zustimmung des Partners billigen könne. Selbst aus Gründen der Frömmigkeit wollte er keine Rechtfertigung gelten lassen, ganz zu schweigen von der Verweigerung des ehelichen Verkehrs aus launenhaften Tugendanwandlungen, aus Zorn oder Verachtung. Darin wird eine christliche Anthropologie oder auch humanistische Frömmigkeit sichtbar, als deren Begründer Franz von Sales gelten kann.

Dennoch versäumte der bischöfliche Ratgeber im Kapitel über

die eheliche Keuschheit nicht – bei allem Verständnis für die Forderungen der menschlichen Natur –, vor Maßlosigkeit zu warnen: »Durch Übertreibung können die Seelen der Gatten erkranken an läßlicher Sünde, ja sie können dadurch sogar sterben an der Todsünde, wenn die von Gott bestimmte Ordnung des Kindersegens verletzt oder in das Gegenteil verkehrt wird. Je nach dem Grad der Naturwidrigkeit sind diese Sünden mehr oder minder fluchwürdig, auf jeden Fall aber sind sie Todsünden.« Wie Papst Paul VI. Jahrhunderte später in seiner Enzyklika »Humanae vitae« (1968), so nahm schon Bischof Franz von Sales zur Problematik der Geburtenregelung (vgl. S. 148 ff.) ganz konkret Stellung: »Der Kindersegen ist der erste und wichtigste Zweck der Ehe; deshalb ist es nie gestattet, sich dieser von Gott gesetzten Ordnung zu entziehen; selbst wenn dieser Zweck aus irgendeinem Grund nicht erreicht wird, z. B. wenn Unfruchtbarkeit oder schon eingetretene Schwangerschaft ihn augenblicklich verhindern.« Ohne die mit dem Geschlechtsakt verknüpfte Lust grundsätzlich abzulehnen, riet Franz allen Eheleuten dringend, »nach Erfüllung ihrer ehelichen Pflichten ihre Gedanken von jeder sinnlichen Lust zu lösen, Herz und Seele sogleich davon zu reinigen, um sich in voller Freiheit des Geistes Reinerem und Höherem zuzuwenden«. Um diese von stoisch-manichäischem Geist getragene Auffassung von der sexuellen Lust zu illustrieren, machte sich Franz die augustinische Unterscheidung zwischen Genuß und Gebrauch zunutze und kam zu einer spiritualistischen Einschätzung: »Die geistlichen Dinge sollen wir genießen, die irdischen nur gebrauchen; wenn ihr Gebrauch zum Genuß wird, dann entartet unsere vernunftbegabte Seele brutal und bestialisch.«[70] Er konnte sich dabei mit Recht wiederum auf Paulus berufen, der im 1. Brief an die Korinther (7,31) den Rat gab, alle irdischen Dinge, auch die Frau, so zu gebrauchen, als gebrauche man sie nicht. Die Tatsache, daß die sinnliche Lust nur in der legitimen Ehe gestattet ist, obwohl sie auch dort ein »seelisches Abgleiten« verursachen kann, bedurfte bei Franz keiner Begründung: »Außerhalb (der Ehe) ist es ihm nicht einmal gestattet, daran zu denken und freiwillig an unreinen Vorstellungen festzuhalten.«[71]

Eine andere wichtige Quelle neben asketischen und mystischen

Werken, um Gedanken und Vorstellungen von Theologen über Geschlechtlichkeit und Ehe kennenzulernen, sind Predigttexte und Gebetbücher. Bei der Vielzahl von Mahnungen und Warnungen, Vorschriften und Gesetzen verwies man zunächst auf die alltäglichen Mühen eines Lebens zu zweit und mit Kindern, sodann auf die Gefahren, die einem keuschen Leben in der Ehe drohen.

Aufschlußreich für die Ehespiritualität in neuerer Zeit ist das vielbenutzte Gebetbuch »Goldener Himmel-Schlüssel«, das der Kapuzinerpater *Martin von Cochem* († 1712), Verfasser von mehr als dreißig Gebetbüchern unterschiedlichster Art, am Ende des 17. Jahrhunderts »zum besonderen Gebrauch des andächtigen Weibergeschlechts« veröffentlichte. Darin empfahl er einer Braut als Gebet vor und an ihrem Hochzeitstag: »Ich weiß, daß ich in einen sehr schweren Stand trete, darin ich viel leiden und große Gefahren werde ausstehen müssen... Du mein Gott weißt, daß ich nicht aus Geilheit, sondern vielmehr aus Notwendigkeit in diesen Stand trete, damit ich nämlich der Schwachheit meiner Natur zu Hilfe komme und auch die zeitliche Nahrung in diesem Stand erwerbe... O Christe Jesu! der du dem Ehestand zu Ehren auf die Hochzeit zu Cana gegangen und allda Wasser in Wein verwandelt hast, würdige dich auf unsere Hochzeit zu kommen und das Wasser der Trübseligkeit unseres Ehestandes in den Wein der Fröhlichkeit zu verwandeln.«[72]

Im Gebet einer Ehefrau wurde der Heilige Geist angefleht, er möge die Eheleute in »wahrer ehelicher Liebe« erhalten und »alle unziemliche Liebe« von ihnen fernhalten. Und der hl. Engel Raphael sollte den »Ehe-Teufel« wie einst aus dem Haus von Tobias und Sara so auch aus ihrem Haus verscheuchen, damit er weder Zank noch Haß noch Uneinigkeit zwischen den Eheleuten anspinnen könne.[73] Fast alle Belehrungen und Gebete enthielten Warnungen vor Freude an sexuellen Empfindungen und forderten zu einem reinen, nichtsexuellen Zusammenleben in der Ehe auf.

Solchen frommen Anweisungen begegnen wir auch noch in späteren Andachtsbüchern. »Führer der Jugend« nannte Pfarrer Johann Diefenbach sein Gebet- und Betrachtungsbuch für die katholische Jugend, das 1908 zum ersten Mal gedruckt wurde. Die

Meditation über die Sünde der Unzucht eröffnete er mit der Feststellung, daß die Sünden gegen das 6. und 9. Gebot am häufigsten begangen würden und für die meisten Verdammten der Grund ihrer Höllenstrafe seien. Damit junge Menschen von unkeuschem Denken, Reden und Tun abgehalten würden, sollten sie beherzigen, daß Unkeuschheitssünden ihnen schon auf Erden den Stempel der Hölle aufdrückten, und zwar auf dreifache Weise: im Feuer der Leidenschaft, in der Finsternis des Verstandes und in der Besessenheit vom Satan.

Die Andachtsbücher enthielten fast immer auch Gebete zum hl. Aloysius, dem Patron der Jugend, und zum hl. Stanislaus Kostka, dem Patron der Studierenden. Beide Jesuitennovizen, der eine ein Italiener, der andere ein Pole, wurden 1726 von Papst Benedikt XIII. kanonisiert. Junge, in der Entwicklung stehende Menschen, sollten so beten: »Heiliger Aloysius, Du Jüngling von englischer (engelgleicher) Reinigkeit, zu dir nehme ich Unwürdiger meine Zuflucht und empfehle Dir inständig die Reinigkeit meiner Seele und meines Leibes. Ich beschwöre Dich bei Deiner englischen Keuschheit, empfehle mich Jesus Christus, dem unbefleckten Lamme, und seiner allerseligsten Mutter, der Jungfrau aller Jungfrauen. Bewahre mich vor jeder schweren Sünde und laß nicht zu, daß ich mich jemals mit einer Unreinigkeit beflecke.«[74] Ähnlich lautete das folgende Gebet: »O heiliger Stanislaus, mein reiner Schutzpatron, Engel der Reinigkeit, ich erfreue mich mit Dir über jene ganz besondere Gabe jungfräulicher Reinigkeit, die Dein unbeflecktes Herz geschmückt hat, und bitte Dich demütigst, mir Kraft und Stärke gegen alle unreinen Versuchungen zu erlangen, und mir eine beständige Wachsamkeit einzuflößen, um die Reinigkeit, diese in sich so glorreiche und Gott wohlgefällige Tugend zu bewahren.«[75]

Der Grafensohn Luigi (Aloysius) Gonzaga (1568–1591) legte bereits als zehnjähriger Page am Hof von Florenz das Gelübde der Jungfräulichkeit ab. Um sein Reinheitsstreben zu bezeugen, berichteten Biographen, der »engelgleiche Jüngling« Luigi habe weder die Hofdamen der Kaiserin Maria in Madrid noch seine eigene Mutter angeblickt. Aloysius starb im Alter von 23 Jahren, Stanislaus Kostka gar schon mit 17 Jahren.

Alle Moraltheologen in neuerer Zeit bezeichneten die Zeugung von Kindern als den Hauptzweck der Ehe, demgegenüber die Liebe von Mann und Frau zurücktreten mußte. Deshalb konnten sexuelle und emotionale Harmonie für Partnerwahl und Heirat nicht als entscheidende Beweggründe in Betracht kommen.

Eine allmähliche Änderung dieser Sichtweise erfolgte im europäischen Raum erst mit zunehmender Industrialisierung im 19. Jahrhundert. Jetzt galten Ehe und Familie immer seltener als Grundlage eines mehr oder weniger selbständigen Wirtschaftsbetriebes. Im selben Maß konnte die Liebe zu einem ausschlaggebenden Faktor bei der Wahl des Ehepartners werden.

Für eine betont personale Sicht der Ehe trat vielleicht erstmals in der Geschichte der Kirche der Tübinger Moraltheologe *Johann Baptist Hirscher* († 1865) ein. Er gab der Lebensgemeinschaft eindeutig den Vorzug vor Nachkommenschaft und Triebbefriedigung. Den Geschlechtakt selbst verstand er als eine Frucht der gegenseitigen Liebe. Die von vielen Autoren verdammte Geschlechtslust war nach seiner Meinung nur dann sündhaft, wenn der eheliche Akt roh-sinnlich, tierisch-unbeherrscht vollzogen wurde.

Hirscher allein war freilich nicht imstande, die traditionelle Ehedoktrin der Kirche grundsätzlich zu verändern. Zu seiner Zeit huldigte die neuscholastische Theologie unter der Protektion des päpstlichen Lehramtes dem Autoritätsprinzip und machte sich damit gleichzeitig zum Handlanger der obersten Kircheninstanz. Diese erwartete, ja, forderte von den Lehrern der Theologie, daß sie sich den Lehrentscheidungen des Papstes und der päpstlichen Kongregationen widerspruchslos unterwarfen und in deren Sinn ihr theologisches Lehramt ausübten. So konnte es geschehen, daß die Moraltheologie im Wettlauf mit anderen Wissenschaften den Anforderungen der Zeit nicht mehr genügte und ihre Rückständigkeit sprichwörtlich wurde. Hirschers Nachfolger auf dem Lehrstuhl in Tübingen, *Franz Xaver Linsenmann* († 1898), der gegen eine Verrechtlichung der Moral auftrat, urteilte zutreffend: »In der casuistischen Methode liegt... der tiefste und letzte Grund für die Rückständigkeit der Moraltheologie als Wissenschaft; hier ist der Sitz allen Übels... Sie verlegt den Schwerpunkt der Sittlichkeit nicht in das Gewissen des einzelnen, sondern in den Gesetzesbuchstaben und in die äußere Autorität.«[76]

Diese Einschätzung der Situation ist nur zu verständlich, wenn man bedenkt, daß in diesen Jahren die »Moraltheologie« des Alphons von Liguori von vielen Kathedern und Kanzeln verkündet wurde. Der Stettiner Buchhändler R. Grassmann publizierte 1894 eine Schrift mit dem überaus bezeichnenden Titel »Auszüge aus der von den Päpsten Pius IX. und Leo XIII. ex cathedra als Norm für die römisch-katholische Kirche sanktionierten Moraltheologie des Heiligen Dr. Alfonsus Maria de Liguori und die furchtbare Gefahr dieser Moraltheologie für die Sittlichkeit der Völker«. Diese als Manuskript gedruckte Broschüre sollte, wie es ebenfalls im Titel hieß, vor allem Staatsmännern, Richtern, Offizieren, Geistlichen, Lehrern und Familienvätern als Information dienen.

Die Rangordnung der Ehezwecke

Der Codex Iuris Canonici, mit dem die römisch-katholische Kirche 1918 zum ersten Mal ein für alle geltendes Kirchenrecht erhielt, regelte auch den Ehebereich mit einer Vielzahl von Verordnungen und Gesetzen. Der Ehekonsens, das Wesentliche beim Zustande-kommen der Ehe (vgl. S. 104 ff.), galt als »ein Willensakt, mit dem jeder Teil das immerwährende und ausschließliche Recht auf den Körper des andern bezüglich der an sich zur Erzeugung von Nach-kommenschaft geeigneten Handlungen gibt und empfängt« (can. 1081). Als besonders folgenreich erwies sich die Definition der Ehezwecke oder Ehegüter: »Der erste Zweck (finis primarius) der Ehe ist die Zeugung und Erziehung von Nachkommenschaft; der zweite Zweck (finis secundarius) sind gegenseitige Hilfe und Heilmittel gegen die Begierlichkeit« (can. 1013).

Um die hier festgelegte Rangordnung des doppelten Ehezweckes zu begründen, führte der Kanonist Kardinal *Pietro Gasparri*, in dessen Händen die Vorbereitungsarbeiten des Gesetzbuches hauptsächlich gelegen waren, acht Quellenbelege an. Viele Jahre später jedoch kam *Ulrich Navarrete* in einer Dissertation[77] zu dem Ergebnis, daß keines dieser Traditionszeugnisse dazu berechtige, ein erstes und zweites Eheziel im Sinne einer Über- und Unterordnung zu unterscheiden: Bei sechs Texten findet sich überhaupt keine Erwähnung der copula carnalis als Ehezweck, und die beiden anderen Stellen beziehen sich auf eheliche Sonderformen (z. B. Joseph und Maria; Jakob und Lea). Nach Navarretes Meinung gibt es keinen Beweis dafür, daß Ehe und Geschlechtsakt unbedingt zusammengehören müssen. Wenn also das neue Kirchenrechtsbuch den Fortpflanzungsakt der Ehe höher bewertete als andere Aspekte des Ehelebens, dann lag damit eine über die kirchliche Tradition hinausgehende Neuerung vor.

Vor allem die beiden letzten Pius-Päpste verteidigten die hierarchische Ehezwecklehre. Die Enzyklika »Casti connubii« (1930) von *Pius XI.* – nach Papst Leos XIII. Enzyklika »Inter plurimis« (1888) das zweite große Rundschreiben über die Ehe – enthielt die fundamentale Aussage, daß der eheliche Coitus »naturgemäß zur Weckung neuen Lebens« bestimmt sei. Daraus zog der Papst dann die Konsequenz: »Die Eheleute müssen sich in allem nach der Norm Gottes und des Naturgesetzes (norma Dei naturaeque legis) richten.« Unmißverständlich hieß es weiter: »Wer den ehelichen Akt bei seinem Vollzug absichtlich der ihm eigenen natürlichen Kraft beraubt, handelt gegen die Natur (contra naturam).«[78] Damit war der bis heute umstrittenste Punkt der Frage nach der Geburtenregelung (vgl. S. 148 ff.) eindeutig fixiert.

Sein unmittelbarer Nachfolger *Pius XII.* († 1958), der wie kaum ein anderer Papst zu drängenden Fragen der Zeit Stellung nahm, äußerte sich oft zu Problemen der Sexualität, der Ehe und des Familienlebens. Klarer als in feierlichen Rundschreiben brachte er die Lehre der Kirche vom Sinn und Zweck der Ehe in einer Audienz für italienische Hebammen am 29. Oktober 1951 zum Ausdruck. Er verwahrte sich zunächst entschieden gegen Bestrebungen, die den Geschlechtsakt »der Persönlichkeit der Ehegatten dienstbar machen« wollten, weil es sich dabei »um eine schwerwiegende Verkehrung der Wertordnung der Zwecke, die der Schöpfer selbst gesetzt hat«, handle. Seine Definition der Ehezwecke lautete: »Die Wahrheit ist, daß die Ehe als natürliche Einrichtung nach dem Willen des Schöpfers nicht die persönliche Vollendung der Gatten zum ersten und innersten Zweck hat, sondern die Zeugung und Heranbildung neuen Lebens. Die anderen Zwecke, wie sehr auch sie von der Natur beabsichtigt sind, sind nicht von demselben Wertrang wie der erste, und noch weniger stehen sie über ihm, sondern sie sind ihm wesentlich untergeordnet.« Um die große Bedeutung dieser Ehezwecklehre zu demonstrieren, erinnerte Pius XII. an die Verurteilung neuerer Autoren durch den Hl. Stuhl. Diese sei erfolgt, weil sie leugneten, daß der Hauptzweck der Ehe in der Zeugung und Erziehung von Nachkommen liege, und statt dessen behaupteten, die sekundären Zwecke seien ihrem Wesen nach dem ersten nicht untergeordnet, sondern diesem gleichwertig und von ihm unabhängig.[79]

Wenn ein Theologe diesen Lehren öffentlich zu widersprechen wagte, mußte er in der Tat mit empfindlichen Strafen (Index der verbotenen Bücher, Exkommunikation) rechnen. So wurde das Büchlein »Vom Sinn und Zweck der Ehe« des deutschen Priesters *Herbert Doms* unter die vom Hl. Offizium, der obersten Kirchenbehörde in Glaubens- und Sittenfragen, verbotenen Bücher eingereiht, weil er die Zeugung von Kindern nicht als den Hauptzweck der Ehe sehen wollte.[80] Doms zog daraufhin die Schrift reumütig zurück, um nicht dem Kirchenbann zu verfallen.

In einem Dekret vom 1. April 1944 verwarf das Hl. Offizium jede Auffassung, die den Hauptzweck der Ehe durch einen anderen ersetzte und den Nebenzweck dem Hauptzweck gleichstellte oder von ihm unabhängig machte.[81]

Einige Jahre später, am 12. September 1958, referierte Pius XII. in einer Ansprache vor dem 7. Internationalen Kongreß der Internationalen Gesellschaft für Hämatologie die Doktrin der Kirche vom Wesen und Zweck der Ehe erneut und erklärte unmißverständlich, daß die Zeugung der Hauptzweck der geschlechtlichen Vereinigung sei und bei keinem einzelnen Akt behindert oder ausgeschlossen werden dürfe. Wörtlich sagte der Papst: »Die Ehegatten, die von ihrem ehelichen Recht Gebrauch machen, haben die positive Pflicht, Kraft des für ihren Stand geltenden Naturgesetzes, die Zeugung nicht auszuschließen.[82]

Bei den Verlautbarungen des päpstlichen Lehramtes spielte neben der seit Jahrhunderten bestimmenden aristotelisch-thomasischen Zeugungsmetaphysik die Argumentation mit Naturgesetz und Naturrecht eine hervorragende Rolle, obwohl das Verständnis dessen, was unter Naturrecht zu begreifen ist, keineswegs eindeutig war, ja, immer wieder neuen Anstoß zu heftigen Debatten und Kontroversen gab. Erst bei Papst Johannes XXIII. († 1963) ist eine Zurückhaltung gegenüber dieser naturrechtlichen Begründung unverkennbar, ohne daß er sich aber ausdrücklich vom Weg seiner Vorgänger distanzierte.

Mit geistreicher Ironie übte *Kurt Tucholsky* († 1935) scharfe Kritik an der erwähnten Eheenzyklika Pius' XI. Als wunden Punkt empfand auch er die naturrechtliche Argumentation der Kirche: »Die Kirche beweist alles, was sie anordnet, mit der schärfsten Logik, es stimmt scheinbar alles, Schritt für Schritt, Stufe für Stufe – und wenn sie am Ende der Kette angekommen ist, dann macht sie einen kleinen Hopser, der Denker beginnt zu fliegen und entschwindet den erstaunten Augen ins Himmelblau. Er zieht sich nämlich auf den göttlichen Willen zurück, den er ja kennt: der liebe Gott hat ihm den unzweideutig mitgeteilt, und hier hört jede Diskussion auf. Die Natur will es so! Gott will es so! Der göttliche Wille hat es also verordnet!« In bissigem Ton behauptete Tucholsky, die Kirche mache sich stark für das »Karnickelsystem – von ihr aus zwei Junge pro Jahr; wofür hätten die Frauen denn den Uterus!« Er machte aus seiner Sympathie für die Proletarierfrauen kein Geheimnis, wenn er den Wunsch aussprach, die Töchter der Arbeiter möchten »frei von Kirche und wirtschaftlicher Sklaverei« sein.[83]

Es bedeutet schon einen tiefen Einschnitt in die Tradition, daß das seit 1983 geltende revidierte Kirchenrecht, in Übereinstimmung mit der pastoralen Konstitution »Gaudium et spes« des II. Vatikanischen Konzils, die alte Lehre von den Ehezwecken nicht mehr kennt, sondern statt dessen von Einheit und Unauflöslichkeit als den Wesenseigenschaften der Ehe spricht, ohne dabei eine Abstufung vorzunehmen (can. 1056). Nach dem neuen Codex Iuris Canonici stellt die Ehe in erster Linie eine personale Gemeinschaft dar; sie wird auch nicht mehr von ihrem Vertrags-, sondern von ihrem Bundescharakter her gesehen, wie die Begriffsbestimmung der Ehe erkennen läßt: »Der Ehebund, durch den Mann und Frau miteinander die Gemeinschaft des gesamten Lebens begründen, die aufgrund ihrer natürlichen Eigenart auf das Wohl der Gatten wie auf Zeugung und Erziehung von Nachkommenschaft hingeordnet ist, wurde von Christus dem Herrn unter Getauften zur Würde eines Sakramentes erhoben« (can. 1044).

Manche Äußerungen der Päpste seit Paul VI. legen allerdings die Vermutung nahe, daß die hierarchische Ehezwecklehre noch nicht ganz in Vergessenheit geraten ist. *Johannes Paul II.* wird nicht müde zu betonen, daß jeder eheliche Akt für die Weitergabe des Lebens offen bleiben müsse. Er räumt zwar ein, daß diese sittliche Norm nicht direkt in der Bibel nachzuweisen sei, beansprucht aber für sein höchstes Lehramt die alleinige Kompetenz zur Auslegung des Naturgesetzes, das gerade in diesem Punkt eine entscheidende Weisung gebe: »Die Kirche lehrt diese Norm, obwohl sie nicht formell (d. h. buchstäblich) in der Heiligen Schrift enthalten ist.« Wenn diese sittliche Norm auch nicht wörtlich in der Heiligen Schrift enthalten sei, erklärte der Papst in der Generalaudienz vom 18. Juli 1984 weiter, so sei sie doch durch die Überlieferung bekannt und stehe so »im Einklang mit der Gesamtheit der geoffenbarten Lehre, die in den biblischen Quellen enthalten ist«.[84] Daß dies sehr zweifelhaft ist, haben wohl die angeführten Zeugnisse aus der Theologiegeschichte bewiesen.

Papst Johannes Paul II. scheint in diesem Punkt von einer ganzheitlichen Sicht des Menschen, an der ihm sonst so viel gelegen ist, weit entfernt zu sein, denn sonst könnte er nicht das Zeugungsmoment beim ehelichen Coitus als unerläßliche Bedingung für dessen Erlaubtheit bezeichnen. So läßt sich doch auf einen gewissen Vorrang des biologischen Geschehens vor allen übrigen Komponenten der geschlechtlichen Vereinigung schließen, womit ein Festhalten an der im alten Kirchenrecht von 1918 enthaltenen Rangordnung der Ehezwecke wenigstens indirekt zum Ausdruck kommt. Und ge-

nau dies ist der Punkt, an dem heute Moraltheologen und ungezählte Katholiken dem Papst nicht mehr folgen wollen.

Rigorose Moraltheologen als Sprachrohr des Lehramts

Wenn man von einzelnen Theologen, die schnell als Häretiker ge-
brandmarkt wurden, absieht, arbeiteten kirchliches und theologisches Lehramt bis in unser Jahrhundert einträchtig zusammen. So
konnte gerade in moralischen Belangen eine Tradition wachsen, die
viele Generationen geprägt hat und noch heute, trotz vielfältigem
Wandel in der Gesellschaft, bewußt oder unbewußt nachwirkt.
Kirchliche Autoritäten zeigten sich meist außerstande, auf traditionelle Anschauungen, deren Begründungen und Berechtigungen
zweifelhaft waren, zu verzichten. Als schlimme Folge eventueller
Revisionen fürchteten sie einen empfindlichen Verlust ihrer eigenen
Autorität und Glaubwürdigkeit.

Wie in anderen Disziplinen der Theologie gab es auch in der
Moraltheologie zu jeder Zeit Standardwerke, die den offiziellen
Kurs der Kirche propagierten. Moraltheologen, die sich auch nur in
einer einzigen wesentlichen Frage ablehnend äußerten, riskierten
Verurteilung und Absetzung.

Das dreibändige, in lateinischer Sprache verfaßte Lehrbuch der
Moraltheologie des Jesuiten *Hieronymus Noldin* († 1922), der von
1890 bis 1909 an der Universität Innsbruck unterrichtete, gehörte
lange Zeit zu den am meisten verwendeten Studienbüchern. [85] Als
Ergänzung schrieb er das Buch »De sexto praecepto et de usu matrimonii«, von dem G. Heinzel noch 1961 eine 37. Auflage mit dem
Titel »De castitate« besorgte. Noldin vertrat den Grundsatz, daß es
im Bereich des 6. Gebotes eigentlich nur schwere Sünden geben
könne.

Einen ebenso rigorosen Kurs steuerte *Theodor Slater* († 1928)
mit seinem in der englischsprachigen Welt weit verbreiteten Moral-
handbuch. Für die Grundeinstellung des Verfassers ist allein schon
das Vorwort charakteristisch, in dem er schrieb: »Manualien der
Moraltheologie sind technische Werke... wie die Texte des

Anwaltes und des Arztes... Sie handeln davon, was unter Strafe der Sünde Pflicht ist. Sie sind Bücher der Moralpathologie.«[86]

Mühelos ließe sich die Liste jener Autoren fortsetzen, die eine offene Sprache vermeiden wollten, weil sie überzeugt waren, daß es sich bei der Sexualität um ein Tabu handelt, hinter dem nur schwere Versuchungen lauern, die zwangsläufig mit Todsünden enden.

Besonders verhängnisvoll war der Einfluß, den der bereits erwähnte Kapuziner *Heribert Jone* mit seiner »Katholischen Moraltheologie« ausübte. Wie nicht anders zu erwarten, nahm das 6. Gebot ungewöhnlich breiten Raum ein. In einer Vorbemerkung zu diesem Abschnitt konzedierte der Autor zwar, daß im 6. Gebot »ausdrücklich nur der Ehebruch verboten« sei, fügte aber hinzu, daß zugleich alles verboten sei, »was der menschenwürdigen Fortpflanzung des Menschengeschlechtes entgegengesetzt ist, also jede äußere Sünde gegen die Keuschheit.« Unter dieser Voraussetzung stellte Jone lapidar fest: »Jede direkt gewollte geschlechtliche Lust ist außerhalb der Ehe immer eine schwere Sünde. Dies gilt auch, wenn die Lust noch so unbedeutend und kurz ist. Es gibt also hier keinen geringfügigen Gegenstand.« Unter Unkeuschheit (luxuria) verstand der Verfasser »das ungeordnete Begehren oder den ungeordneten Genuß der geschlechtlichen (fleischlichen) Lust«. Entsprechend der offiziellen Finis-primarius-Doktrin bestimmte er als Unordnung, »daß man die geschlechtliche Lust entweder außerhalb der Ehe sucht oder in der Ehe, aber so, daß der von der Natur beabsichtigte Zweck nicht erreicht werden kann«. Zur Vorstufe der Unkeuschheit rechnete Jone die Unschamhaftigkeit mit ihren vielen Möglichkeiten (Gedanken, Blicke, Berührungen, Küsse, Reden, Lieder). Um Einzelurteile fällen zu können, teilte er die Körperteile des Menschen hinsichtlich der Erregung geschlechtlicher Lust ein in »ehrbare (Gesicht, Hände, Füße), sog. weniger ehrbare (Brust, Rücken, Arme, Schenkel), sog. unehrbare (Geschlechtsteile und Partien, die ihnen sehr nahe sind)«. Die Lektüre schlechter Bücher, »auch wenn sie nicht ganz schlecht sind«, sollte für gewöhnlich eine schwere Sünde sein.[87]

Wenn man bedenkt, daß ein solches Buch noch vor einer Generation mit Druckerlaubnis des Generalministers des Kapuzinerordens und des bischöflichen Generalvikars in Paderborn erscheinen konnte, dann erkennt man den Wandel, der immerhin inzwischen bei der Einschätzung der Sexualität und der Ehe durch heutige Kirchenobrigkeiten eingetreten ist.

Umstrittene Bekehrung zur Geschlechtlichkeit

Wachsendes Unbehagen vieler Katholiken, vor allem der jungen Generation, über die offizielle Sexualmoral brachte in den sechziger Jahren unseres Jahrhunderts eine vorsichtige Revision traditioneller Morallehren und Moralpraktiken in Gang. Dies war unvermeidlich, wollte die Hierarchie nicht noch einen weiteren Verlust ihres Ansehens in Kauf nehmen.

Hoch waren die Erwartungen an das von Papst Johannes XXIII. einberufene II. Vatikanische Konzil, das eine allgemeine Kurskorrektur (aggiornamento) in der Lehre wie im Leben der Kirche vornehmen sollte. Während Kirchenkritik früher nur hinter vorgehaltener Hand erfolgte, konnte man jetzt kritische Stimmen sogar aus den Reihen der Konzilsväter vernehmen.

Sexualfeindliche Töne lassen sich in Konzilsdokumenten nirgends finden. Die Konstitution »Gaudium et spes« machte im Gegenteil darauf aufmerksam, daß dort, »wo das intime eheliche Leben unterlassen wird, nicht selten die Treue als Ehegut in Gefahr geraten« könne. Zu den Gütern der Ehe zählte man die altbekannte Trias Treue, Unauflöslichkeit und Nachkommenschaft, jedoch jetzt ohne Rangordnung. Ehe und eheliche Liebe, hieß es allgemein, müßten grundsätzlich auf die Zeugung und Erziehung von Nachkommen ausgerichtet bleiben und sollten darin gleichsam ihre Krönung finden. Mit dieser Formulierung wollte das Konzil zum Ausdruck bringen, daß nicht jeder einzelne Geschlechtsakt auf die creatio prolis abzielen müsse. Diese Unterscheidung ist deshalb so wichtig, weil sie einen offensichtlichen Bruch mit einer zuletzt noch von Pius XI. in der Enzyklika »Casti connubii« (1930) bestätigten Tradition bedeutet und von Anhängern einer neuen Einschätzung des einzelnen Eheaktes zur Rechtfertigung herangezogen wird.[88]

Nachdem aber Paul VI. ein Ende der kontroversen Diskussion unter den Konzilsvätern befohlen hatte, konnte die Versammlung die konkrete Frage, wie die gewünschte Kinderzahl zu erreichen sei, nicht mehr selbst klären, sondern mußte dem Papst hier das letzte Wort überlassen.[89] Es dauerte dann einige Jahre, bis Papst Paul VI. nach langem Zögern und Zaudern mit der Enzyklika »Humanae vitae« (1968) zur Methodenfrage der Geburtenregelung konkret Stellung nahm (vgl. S. 161 f.).

Angesichts vielfältiger Meinungen über spezielle Moralprobleme im Kirchenvolk wie im Klerus haben vor allem Moral- und Pastoraltheologen, sozusagen als Vermittler zwischen dem mehr der Tradition anhängenden Lehramt der Kirche und der auch den neuesten Erkenntnissen der Wissenschaft verpflichteten Theologie, eine schwere und verantwortungsvolle Aufgabe zu erfüllen. Der Redemptorist *Bernhard Häring*, jahrzehntelang Professor der Moraltheologie an der Hochschule seines Ordens in Rom und Autor zahlreicher Bücher, zeigte, wie er in der Konfrontation mit der kirchlichen Tradition und bestimmten Resultaten der Humanwissenschaften zu einer Urteilsänderung kam. In seinem bald nach dem Konzil veröffentlichten dreibändigen Standardwerk »Das Gesetz Christi« heißt es noch ganz im Stil alter Lehrbücher: »Nach der heute allgemeinen Lehre der Autoren ist nicht nur die volle Befriedigung, sondern jede völlig frei gewollte direkte Erregung der Geschlechtslust außerhalb der geordneten ehelichen Liebe der ganzen Art nach schwer sündhaft. Wo es sich um ein direktes Suchen der geschlechtlichen Lust handelt, entschuldigt also keine Geringfügigkeit des Grades (keine parvitas materiae) von schwerer Sündhaftigkeit.«[90] Zehn Jahre später verzichtete Häring auf diese pauschale Bewertung sexueller Aktivitäten mit der Begründung, die Bedingungen und Umstände in personaler und sozialer Hinsicht seien häufig zu unterschiedlich, um eine generelle Einschätzung vornehmen zu können. Deshalb urteilte er jetzt differenzierend: »In voller Bejahung der traditionellen Norm, daß der Geschlechtsverkehr seine Wahrheit und Würde nur innerhalb der Ehe findet, dürfen wir doch nicht übersehen, daß der Grad der Abweichung von dieser Norm nicht nur quantitativ, sondern auch qualitativ Unterschiede aufweist.«[91] Lebensfremde Theoretiker und unbewegliche Traditionalisten werden einem solchen Theologen schwankende Haltung oder gar Standpunktlosigkeit zum Vorwurf machen. Das erwähnte Beispiel ist jedoch ein Beweis dafür, wie ein Moraltheologe redlich bemüht ist, Wandelbares und Unwandelbares in der Moral zu erkennen und miteinander zu vereinbaren.

Wie schwer heute auch Bischöfen die Vermittlerrolle zwischen päpstlichem Lehramt und Kirchenvolk fallen kann, wurde bei der Gemeinsamen Synode der Bistümer in der Bundesrepublik Deutschland (1972–1975), deren Mitglieder fast zur Hälfte Laienchristen waren, offenkundig. Das Arbeitspapier »Sinn und Gestaltung menschlicher Sexualität« enthält das Eingeständnis, daß die Bewertung der Sexualität des Menschen heute, mitbedingt durch soziale Veränderungen, einen grundlegenden Normenwandel erfahren habe. Um dieser neuen Situation nicht allein mit herkömmlichen bibeltheologischen Argumenten zu begegnen, sollten darum auch die einschlägigen Erkenntnisse der Human- und Sozialwissenschaften, einschließlich der philosophischen Anthropologie, berücksichtigt werden. Schließlich folgte eine unverblümte Kritik an der traditionellen Einstellung zur Geschlechtlichkeit: »Innerhalb der Kirche wurde die überwiegend negative, mindestens aber skeptische Bewertung der Sexualität durch eine positive Sicht abgelöst.« Das Präsidium der Synode gab diesen aufschlußreichen Text,[92] der aber weder diskutiert noch verabschiedet worden ist und deshalb auch nicht als offizielles Synodendokument gelten kann, zur Veröffentlichung frei, um eine breite Erörterung der Problematik zu ermöglichen. Mehr war wohl mit Rücksicht auf den allgemeinen Stand der Kirche in diesem Fragenkomplex nicht zu erreichen.

Die fruchtbringenden und verheißungsvollen Diskussionen über die Sexualitätsproblematik innerhalb der Kirche erfuhren jedoch einen jähen Schlag durch die Erklärung der Glaubenskongregation zu einigen Fragen der Sexualethik vom 29. Dezember 1975 – vermutlich eine rasche Reaktion auf die angedeuteten Absichten und Unternehmungen der Würzburger Gesamtsynode. Die allgemeine Entwicklung in der pluralistischen Gesellschaft, so hieß es in der

Direktive aus dem Vatikan, trage die Hauptschuld daran, »daß auch unter Christen sittliche Lehren, Normen und Lebensweisen, die bisher treu beobachtet wurden, innerhalb einiger Jahre stark erschüttert worden sind«. Die Kongregation sah sich daher verpflichtet, der »geistigen Verwirrung« und dem »Verfall der Sitten« entgegenzuwirken, indem sie die geltenden Lehren mit aller Kompromißlosigkeit verteidigte. Daß die gewandelten Verhältnisse trotz mancher bedenklich stimmender Momente auch positive Züge tragen könnten, kam den Autoren anscheinend nicht in den Sinn. Folglich wußten sie dem heutigen Christen wieder nur jene altbekannten Heilmittel zu empfehlen, die ihm schon lange suspekt und wenig hilfreich sind: »Die Gläubigen müssen auch in unserer Zeit, ja heute noch mehr als früher, zu den Mitteln greifen, welche die Kirche schon immer empfohlen hat, um ein keusches Leben zu führen: Zucht der Sinne und des Geistes, Wachsamkeit und Klugheit, um die Gelegenheit zur Sünde zu meiden, Wahrung des Schamgefühls, Maß im Genuß, gesunde Ablenkungen, eifriges Gebet und häufiger Empfang der Sakramente der Buße und der Eucharistie. Besonders die Jugend soll die Verehrung der unbefleckt empfangenen Gottesmutter eifrig pflegen und sich ein Beispiel nehmen am Leben der Heiligen und anderer, besonders junger Glaubensbrüder, die sich durch keusche Reinheit ausgezeichnet haben. Vor allem sollen alle die Tugend der Keuschheit und ihren strahlenden Glanz hochschätzen.«[93] Allein schon diese hoffnungslos antiquierte Sprache wird den modernen Menschen von der Lektüre einer solchen Unterweisung abhalten, ja, abschrecken.

Die vatikanische Erklärung enthielt auch noch den Hinweis, daß »zunehmend ein Sittenverfall um sich greift, dessen ernstes Kennzeichen die maßlose Verherrlichung des Geschlechtlichen ist«. Wie sehr aber die Kirche selbst seit Jahrhunderten an einer Geringschätzung der Sexualität mitschuldig ist, steht nirgends zu lesen. Anstatt mit einem offenen Schuldbekenntnis verlorenes Vertrauen zurückzugewinnen, wird so die Kluft zwischen Amtsträgern und Laien nur noch vergrößert.

Nach diesem Dokument der Glaubenskongregation geriet der deutsche Episkopat erneut in die Schußlinie scharfer Kritik. Weil

Widersprüche zwischen dem Arbeitspapier der Würzburger Gesamtsynode und der Stellungnahme des Vatikans offensichtlich waren, blieb den Bischöfen kaum etwas anderes übrig, als sich auf die Seite der höchsten Kirchenautorität zu stellen, auch wenn sie dadurch die Mehrheit der in Würzburg versammelten Synodenmitglieder mißachteten. Der Ständige Rat der Deutschen Bischofskonferenz erklärte am 13. Dezember 1976 lakonisch, viele Aussagen des Arbeitspapiers bedürften einer sorgsamen Prüfung, andere einer gründlichen Korrektur. Um jedoch keinen Zweifel an der bestehenden Lehre und Praxis der Kirche aufkommen zu lassen, erinnerte das Gremium an die kirchenamtlichen Publikationen zum Thema des Arbeitspapiers, darunter die umstrittene Erklärung der Glaubenskongregation vom Dezember des vorhergehenden Jahres.

Kein Wunder, daß sich Unzufriedenheit und Empörung bei den betroffenen Gläubigen ausbreiteten. Selbst Moraltheologen, obwohl zum Gehorsam gegenüber der offiziellen Kirchenlehre verpflichtet, machten aus ihrer Mißbilligung kein Hehl. Bernhard Häring empfand als besonders ärgerlich die Behauptung, das kirchliche Lehramt habe in Fragen der moralischen Ordnung zu allen Zeiten irrtumsfrei gesprochen. Ausdrücklich negativ kritisierte er jede vorschnelle und mangelhaft begründete Berufung auf Bibelstellen und Aussagen zum natürlichen Sittengesetz.

Der amerikanische Theologieprofessor *R. A. McCormick* begrüßte zwar die positiven Aspekte der römischen Leitlinien, bezeichnete es aber hinsichtlich der Gesamtheit des Problems als einen grundlegenden Mangel, daß die Sexualität nicht genügend in den Zusammenhang eines umfassenden Strebens nach größerer Humanität gestellt und damit letzten Endes isoliert und überbetont werde. Jahre später traf ihn als Strafe für weitere kritische Äußerungen die Enthebung von seinem Lehrstuhl auf Weisung der Glaubenskongregation.

Alfons Auer, emeritierter Professor für Moraltheologie an der Universität Tübingen, äußerte in einem Interview die Überzeugung, jene Erklärung der Glaubenskongregation von 1975 stehe in ihrem Argumentationsstil wie in einigen sachlichen Aussagen so isoliert in der wissenschaftlichen Diskussion, daß die Moraltheologen eigentlich nur noch dieses sagen könnten: »Dazu haben wir keinen Zugang mehr, das ist für uns nicht mehr diskutabel.« Eine schlimmere Absage läßt sich wohl nicht mehr denken. Angesichts neuerer Versuche, die alte Position um jeden Preis zu behaupten, wußte Auer keine andere Lösung, als »zu der Tagesordnung überzugehen, die uns durch die bedrängenden Probleme der Gegenwart diktiert ist, der wir nicht ausweichen und zu der wir etwas Förderliches beitragen können«.[94]

Wenn schon Reaktionen aus dem kirchlichen Lager so negativ und resigniert klingen, dann überrascht es nicht, daß der kirchlich ungebundene Sexualexperte *Günter Amendt* die Position der katholischen Kirche in einem öffentlichen Vortrag ungewöhnlich scharf attackierte: »Wenn wir Sexualwissenschaften als humanwissenschaftliche Disziplin verstehen wollen, dann sind andererseits wissenschaftsfeindliche Positionen, wie sie noch jüngst von der Kongregation für die Glaubensfragen in Rom veröffentlicht wurden, in der Bedeutung des Wortes inhuman. Sie tragen zur Psychopathologisierung eines Phänomens bei, das dem Glück und der Entfaltung der Menschen dienen sollte. Sie machen das Sexuelle krankhaft. Ich scheue mich nicht, erneut Verfasser und Vertreter solcher traditionalistischer Positionen der Moraltheologie als Sexualverbrecher zu bezeichnen, wenn der Begriff, mit dem ich normalerweise nicht arbeite, einen Sinn haben soll.«[95]

Die deutsche Bischofskonferenz verwahrte sich gegen dieses vernichtende Urteil, versäumte aber die günstige Gelegenheit, um eine überzeugende Begründung für den offiziellen Standpunkt der Kirche vorzulegen. Mit einer bloßen Verurteilung anderslautender Auffassungen ist heute niemand mehr zum Schweigen zu bringen. Die besseren Argumente werden siegen.

Kirchenführer und Kirchentheologen sollten sich heute längst bewußt sein, daß sittliche Normen nicht ohne Humanwissenschaften gefunden und begründet werden können.

Als sich *Johannes Paul II.* im November 1980 für einige Tage in der Bundesrepublik Deutschland aufhielt, kamen ihm einmal von seiten der katholischen Jugend bittere Klagen zu Ohren. Bei einem Gottesdienst, den der Papst im Rahmen des Deutschen Katholikentages zelebrierte, erklärte die 29jährige Barbara Engl als Sprecherin des Bundes der Deutschen Katholischen Jugend in der Erzdiözese München-Freising vor vielen tausend Jugendlichen auf der Münchner Theresienwiese, nur wenige Meter vom Papst entfernt: »Für Jugendliche ist die Kirche in der BRD oft schwer zu verstehen: Sie haben den Eindruck, daß sie ängstlich an den bestehenden Verhältnissen festhält, daß sie wieder mehr die Unterschiede zwischen den beiden Konfessionen betont, statt die Gemeinsamkeiten herauszustellen, daß sie zu den Fragen der Jugendlichen zu Freundschaft, Sexualität und Partnerschaft zu sehr mit Verboten reagiert; daß ihr Suchen nach Verständnis und Gesprächsbereitschaft zu wenig Antwort findet. Viele können nicht verstehen, warum die Kirche trotz des Priestermangels so unumstößlich am Zölibat festhält; eine Menge Jugendseelsorger fehlt uns heute: Viele fragen, ob nicht eine stärkere Beteiligung der Frauen am kirchlichen Leben möglich ist.«[96] Der Heilige Vater hörte tiefgebeugt zu, blieb aber jede sehnlichst erwartete Antwort schuldig. Statt die verpaßte Gelegenheit zu bedauern, erhoben Kirchenvertreter später den Vorwurf, der respektlose Auftritt einer Jugendvertreterin sei für den Papst eine ungeheure Zumutung gewesen. Ist dies so zu verstehen, daß der Papst immer nur Worte des Lobes hören möchte und vor jeder negativen Kritik verschont bleiben soll?

Als die in den Reihen der Jugend lautgewordenen Stimmen der Enttäuschung über den schweigenden Papst auch später nicht verstummen wollten, entschlossen sich Weihbischof Wolfgang Rolly (Mainz), Leiter der Unterkommission Jugend der Deutschen Bischofskonferenz, und Bundespräses Walter Böcker, Vorsitzender der Arbeitsstelle für Jugendseelsorge der Deutschen Bischofskonferenz, zu einem Brief an vatikanische Behörden, um für die Mißverständnisse um Entschuldigung zu bitten und zu versichern, daß die

Vertreter der Jugend »Fragen vortragen wollten, die in der Kirche der BRD immer wieder gestellt werden und die auch im Bericht des Zentralkomitees der deutschen Katholiken zum Papstbesuch genannt wurden«. Zwei Tage später schon, am 28. April 1981, gab Kardinalstaatssekretär Agostino Casaroli im Auftrag des Papstes eine Antwort. Wie kaum anders zu erwarten, betonte »die rechte Hand« des Papstes, die Kirche bestehe in ihrer Lehre und Pastoral auch heute auf manchem scheinbar Unzeitgemäßen, »nicht weil sie zu starr und unnachgiebig ihrer Vergangenheit verhaftet ist, sondern aus Treue zu Christus und dem von ihm empfangenen Auftrag für das wahre Heil des Menschen«.[97] Damit war wieder einmal bewiesen, was viele Katholiken schon längst von der höchsten Kirchenautorität denken und was ihnen die Zugehörigkeit zur Kirche immer fragwürdiger erscheinen läßt: hoffnungslos veraltet! Die Kontroverse offenbarte außerdem deutlich, wie weit doch Kirchenspitze und Kirchenbasis voneinander getrennt sind – ein Trennungsvorgang, der noch lange nicht abgeschlossen ist.

Bei der Begegnung Johannes Pauls II. mit Vertretern der Evangelischen Kirche in Deutschland, die in Mainz stattfand, wurde die Gründung einer »Gemeinsamen Ökumenischen Kommission« vereinbart, die wesentliche Kontroversfragen studieren und die Ergebnisse dann beiden Kirchenleitungen zur Kenntnis bringen sollte. Zu den Beratungsgegenständen der aus römisch-katholischen und protestantischen Theologen zusammengesetzten Kommission gehörte auch die Ehe als ein seit Martin Luther bekanntlich heikles Thema. Während nun katholische Theologen die Ehe bisher hauptsächlich der Erlösungsordnung zuteilten, öffnete sich ihr Blick jetzt mehr für den weltlichen Aspekt der Ehe, was zur Folge hat, daß die Scheidung einer Ehe nicht mehr grundsätzlich verneint werden muß. Bei den evangelischen Kollegen dagegen, die die Ehe bisher vor allem im Rahmen der Schöpfungsordnung beurteilten, wächst nunmehr eine Respektierung des Erlösungscharakters der Ehe, wodurch allerdings die Trennung einer Ehe stark erschwert wird. Gewiß trägt die hohe und immer noch steigende Zahl der Ehescheidungen nicht wenig dazu bei, daß Theologen unterschiedlicher Konfessionen bereit sind, von der Auffassung der anderen Seite zu lernen, um so zu bibelgetreuen und zugleich zeitgemäßen Weisungen im Bereich der Ehe zu gelangen. Die Arbeiten der Kommission führten insgesamt zu erstaunlichen Resultaten, die inzwischen, was fast noch erstaunlicher ist, auch schon die Billigung der Deutschen Bischofskonferenz und des Rates der Evangelischen Kirche gefunden haben. Nur die zuständigen Behörden im Vatikan enthielten sich bisher jeder Stellungnahme. Der Papst schweigt also auch hier.

Die »sexuelle Revolution« und die Kirche

Verglichen mit der fast zweitausend Jahre alten Sexualmoral der Kirche wird die im Abendland erst seit dem 19. Jahrhundert ständig voranschreitende Emanzipation im Bereich der Sexualethik mit Recht als »sexuelle Revolution« (W. Reich) bezeichnet.

Ungewöhnlich großes Aufsehen erregten 1976 *Klaus Eichner* und *Werner Habermehl* mit ihrem sogenannten »RALF-Report«, das heißt der ersten, auf ungefähr zweitausend Antworten gestützten »Repräsentativen Analyse sexueller Lebensformen« (RALF).[98] Die Tatsache aber, daß die römisch-katholische Konfession nur mit einem Anteil von 33 Prozent vertreten war, nahmen kirchliche Autoritäten zum willkommenen Anlaß, um den repräsentativen Charakter dieser Untersuchung für ihren Bereich zu leugnen.

Aufmerksame Beobachter in Führungskreisen der Katholischen Jugend warnten indes vor gefährlicher Selbsttäuschung, da ihnen die tiefe Kluft zwischen den kirchlichen Sexualnormen und dem tatsächlichen Verhalten unzähliger Katholiken, vor allem der jüngeren Generation, nicht verborgen blieb. Eine Bestätigung erfuhren sie wenige Jahre danach durch eine Umfrage, die der Würzburger Diplom-Theologe *Hans-Georg Liegener* 1978 unter Mitgliedern verschiedener Verbände des Bundes der Deutschen Katholischen Jugend durchgeführt hatte. [99] Auch wenn es sich bei den 328 Katholiken zwischen 16 und 25 Jahren aus den Bistümern Würzburg und Münster nur um einen winzigen Prozentsatz der gesamten Jugend handelt, haben die Resultate doch eine nicht zu unterschätzende Aussagekraft über die wirkliche Situation der jungen Katholiken.

Erschreckend mußte auf die Kirchenführer allein schon die Feststellung wirken, daß fast die Hälfte der Jugendlichen keine oder nur geringe Kenntnis der kirchlichen Sexualvorschriften besitzt. Die jungen Leute fragen also schon gar nicht mehr danach, was ihre Kirche in diesen wichtigen Lebensfragen wie Liebe vor der Ehe und Leben in der Ehe zu sagen weiß. 68 Prozent von ihnen sind überzeugt, daß die Kirche zu sexuellen Problemen überhaupt keine hilfreiche Auskunft geben könne. Und die Mehrzahl der Antwortenden verspürt keinerlei Bedenken gegen Geschlechtsverkehr vor der Ehe. Die Umfrage ergab weiterhin, daß die meisten Jugendlichen nicht einmal die Eheschließung für notwendig halten, wenn zwei Liebende zusammenleben wollen; sie akzeptieren also die »Ehe ohne Trauschein« und damit einen Zustand, der bis vor wenigen Jahren noch mit der Exkommunikation bestraft wurde und jetzt »nur noch« mit dem Ausschluß von den Sakramenten geahndet wird. Empfängnisverhütung, gewöhnlich durch Gebrauch der »Pille«, erscheint fast allen, die sich an der Umfrage beteiligt haben, als selbstverständlich. Trotzdem, und dies überrascht andererseits wieder, bejaht die Mehrzahl von ihnen die Ehe als Ziel.

Es wäre zu billig, wenn die Kirchenobrigkeit solche Mentalitäten und Phänomene mit dem Verdikt »Aufweichung jeglicher Moral« abstempeln wollte. Und genauso unverantwortlich wäre es, die neuesten Ergebnisse der hier in Betracht kommenden Wissenschaften beiseite zu schieben. Ein tiefgehender Wandel in der Beurteilung menschlicher Sexualität konnte erst einsetzen, als neue Erkenntnisse über das physische und psychische Geschehen im Menschen die Moraltheologen zu neuem Nachdenken bewogen. »Man hatte früher z. B. keine Kenntnis von dem zerebrospinalen und dem sympathischen Nervensystem, von inneren Sekretionen und Hormonen, von der eigenmächtigen Regulierung der Herztätigkeit und des Blutkreislaufes oder der Lenkung der Verdauungsorgane.« Entscheidender noch wirkte sich die Entdeckung der mit dem Geschlechtstrieb verbundenen physiologischen Momente aus. »Man hatte ja keine Ahnung davon, daß die libidinöse Reizbarkeit ebenfalls physiologisch bedingt sein kann, daß durch einen Überschuß von Sexualhormonen im Blut, durch Ansammlung einer großen Samenmenge oder bei der Frau durch den bevorstehenden Eisprung eine erhöhte Geneigtheit zu sexueller Betätigung erzeugt wird.«[100]

Doch anstatt hier zunächst einmal ganz natürliche Vorgänge zu sehen, witterten früher Theologen und Seelsorger sofort immer etwas Naturwidriges, Böses, Sündhaftes. Wie anders wäre sonst zu deuten, was der scholastische Theologe *Stephan Langton* († 1228), von Papst Innocenz III. zum Kardinal und Erzbischof von Canterbury erhoben, in die prägnante Formel faßte: »Die erste Regung zur eigenen Frau ist Sünde.«[101] Oder käme je ein Ehemann von selbst auf ein solches Urteil?

Heute ist man auch in kirchlichen Kreisen bereit zuzugeben, daß der einst so viel geschmähte *Sigmund Freud* († 1939) fundamentale Erkenntnisse über die Vielschichtigkeit und Ganzheit der menschlichen Sexualität gewonnen hat. Ohne ihn deshalb schon zum Kirchenlehrer zu krönen, sollte die Theologie heute keine falsche Scheu mehr empfinden, um die gesicherten Resultate der Psychoanalyse in ihr Moralsystem einzubauen. Dies würde gewiß eine Korrektur mancher Thesen und Doktrinen zur Folge haben, andererseits aber auch der kirchlichen Geschlechtsmoral zu neuer Glaubwürdigkeit verhelfen, derer sie so dringend bedarf.

Beim II. Vatikanischen Konzil sprach Bischof *Sergius Mendez Arceo* von Cuernavaca (Mexiko) lobende Worte über Sigmund Freud. Der »psychoanalytischen Revolution«, betonte der Oberhirte, komme dieselbe Bedeutung zu wie der technischen Revolution oder Veränderung. Wörtlich erklärte der mexikanische Prälat in der Konzilsaula von St. Peter: »Die geniale Erfindung Sigmund Freuds ist ähnlich hoch einzuschätzen wie die Erfindungen von Kopernikus und Darwin.«[102]

Niemand wird bestreiten, daß unter den Psychologen und Soziologen der verschiedensten Schulen auch solche Meinungen anzutreffen sind, die von der Kirche abgelehnt werden müssen. Doch steckt nicht in jedem Irrtum stets auch ein Körnchen Wahrheit, das man, um der ganzen Wahrheit willen, nicht zertreten darf? So beispielsweise, wenn der Sozialwissenschaftler *Herbert Marcuse* sich zum Verteidiger der Sinnlichkeit gegen die Herrschaft der Vernunft machte. War es denn so völlig falsch, daß er die Erniedrigung der Sinnlichkeit durch den Geist als Ausdruck einer repressiven Gesellschaft deutete? Die Geschichte der Kirche ist wahrhaftig voll von Beweisen für die Tötung der Leiblichkeit, insbesondere des Eros, durch den Geist, sogar durch den Heiligen Geist.

Die theologischen Wissenschaften sind zuerst aufgerufen, überkommene Begriffe und Vorstellungen von unchristlichem Zierat zu befreien, damit das spezifisch Christliche zur Geltung kommen kann. Versuche dazu auf regionaler Kirchenebene verdienen Beachtung. Während die böse Begierlichkeit (Konkupiszenz) in jahrhundertelanger Tradition fast ausschließlich auf die sexuelle Sphäre eingegrenzt wurde, enthält der von der Deutschen Bischofskonferenz herausgegebene »Katholische Erwachsenen-Katechismus« (1985) eine veränderte Begriffsinterpretation, hinter der eine ganzheitliche Sicht des Menschen sichtbar wird: »Die böse Begierlichkeit... darf nicht auf die sexuelle Begierlichkeit eingeschränkt werden. Es gibt auch die geistige Begierlichkeit, den Hochmut. Gemeint ist die Desintegration des Menschen, das Auseinanderstreben der verschiedenen Antriebskräfte, die Widerspenstigkeit des Leibes wie des Geistes gegen die Grundausrichtung der Person, die Geneigtheit zum Bösen.«[103] Bei dieser erweiterten Betrachtungsweise darf man gespannt sein, wie die Autoren in dem noch ausstehenden zweiten Teil des Katechismus die Problematik der sexuellen Lust im menschlichen Leben sehen und bewerten.

Doch die höchste Kirchenautorität, der Papst und die päpstlichen Kongregationen, zeigen sich weiter entschlossen, an der traditionellen Ehe- und Sexualmoral der Kirche um jeden Preis, auch um den Preis der Emigration von immer mehr Gläubigen aus der Kirche, festzuhalten. Die Reden, die der Papst bei seinen vielen Auslandsreisen gehalten hat, beweisen diese Entschlossenheit an der Spitze der Kirche überdeutlich.

Ein anderer Weg, um keine Veränderung der kirchlichen Sexualmoral zuzulassen, besteht in der Maßregelung andersdenkender Theologen. Es genügt, hier stellvertretend für andere an den amerikanischen Theologen *Charles E. Curran* zu erinnern. Curran, zu dessen Lehrern der Moraltheologie auch Bernhard Häring gehörte, dozierte viele Jahre an der Katholischen Universität von Amerika in Washington, bis er 1986 auf Betreiben der Kongregation für die Glaubenslehre unter ihrem Präfekten, dem deutschen Kurienkardinal und Erzbischof Joseph Ratzinger, seinen Lehrstuhl für Moraltheologie verlor. Der Konflikt hatte sich schon kurz nach Erscheinen der vielgeschmähten und nur von wenigen Gläubigen verteidigten Enzyklika »Humanae vitae« (1968) angebahnt, als Curran zusammen mit mehreren amerikanischen Theologen eine Erklärung unterzeichnete, die besagte, das Verbot künstlicher empfängnisverhütender Mittel könne nicht absolut und allgemein verpflichten. Curran vertrat auch noch zu anderen Fragen (Masturbation, Homosexualität, Abtreibung, Unauflöslichkeit der Ehe u. a.) Meinungen, die im Widerspruch stehen zur offiziellen Lehre der Kirche. Er verteidigte sich mit dem Argument, daß es dabei nicht um unfehlbare Lehren der Kirche gehe und somit kein absoluter Gehorsam gefordert werden könne. Doch die Glaubenskongregation in Rom ließ diese Unterscheidung zwischen fehlbarer und unfehlbarer Lehräußerung nicht als Milderungs- oder Entschuldigungsgrund gelten. Weil Curran die geforderte Unterwerfung nicht leistete, wurde ihm kurzerhand die kirchliche Lehrerlaubnis (missio canonica) entzogen. Mit solchen Maßnahmen, wie sie schon vorher der Freiburger Moraltheologe *Stephan Pfürtner*[104] wegen ähnlicher Thesen erfahren hatte und wie sie erst 1987 die Theologieprofessorin *Uta Ranke-Heinemann* wegen Dissens über die Jungfräulichkeit der Gottesmutter Maria zu spüren bekam (vgl. S. 279 f.), wird aber der Freiheit in der theologischen Lehre und Forschung ein schlechter Dienst erwiesen.

Starres Festhalten an der Tradition kann aus mancherlei Gründen geschehen. Verhängnisvoll aber ist ein solches Verhalten dann, wenn pure Verliebtheit in bestimmte Überlieferungen, Angst wegen Verlusts an Amtsautorität und Unentschlossenheit zum Erkunden neuer Wege als treibende Motive dahinterstehen. Allen, die so denken und handeln, könnte *Niccolò Machiavelli* († 1527) ein hilfreicher Ratgeber sein: »Dabei ist zu bedenken, daß für einen eben zur Herrschaft gelangten Fürsten nichts so schwierig zu betreiben, so unsicher im Hinblick auf den Erfolg und so gefährlich in der Durchführung ist als die Vornahme von Neuerungen. Er hat hierbei alle die zu Feinden, für welche die alte Ordnung vorteilhaft ist, und findet nur laue Verteidiger an denen, welchen die neue Vorteile bringen könnte. Diese Lauheit erklärt sich teils aus der Furcht vor den Gegnern, die die Gesetze auf ihrer Seite haben, teils aus dem Mißtrauen der Menschen, die an das Neue nur glauben, wenn es eine lange Erfahrung für sich hat.«[105]

II. Eheschließung

In der Heiligen Schrift suchen wir vergebens nach einer vorgeschriebenen Form für den Abschluß einer Ehe. Weder im Alten noch im Neuen Testament erscheint die Eheschließung als ein religiös-kultischer Akt. Wir dürfen darum annehmen, daß sich die Christen der ersten Jahrhunderte den Gepflogenheiten ihrer jüdischen, hellenistischen oder römischen Umwelt anpaßten.

Dieser allgemeinen Behauptung scheint zu widersprechen, was Bischof *Ignatius von Antiochien* († ca. 110) seinem Amtskollegen Polykarp in Smyrna mitteilte: »Es ziemt sich für die Männer, die heiraten, und die Frauen, die verheiratet werden, die Vereinigung mit Zustimmung des Bischofs einzugehen, damit die Ehe dem Herrn entspreche und nicht der Begierde. Alles soll zur Ehre Gottes geschehen.«[1] Es handelt sich dabei aber nicht um eine strenge Vorschrift, sondern nur um eine fromme Erwartung, die wohl meist unerfüllt blieb.

Freiwillige Entscheidung für die Ehe

Die Ehe kam stets durch das gegenseitige Ja-Wort (Konsens) zustande, mochte es im Rahmen der Familie oder vor einer weltlichen bzw. kirchlichen Instanz gegeben werden. So entsprach es dem Römischen Recht mit seinem auf Ulpian zurückgehenden Grundsatz: »Consensus facit nuptias« (Die Zustimmung bewirkt die Ehe).[2] Daran änderte sich auch in der christlichen Kaiserzeit seit Konstantin dem Großen (306–337) nichts. Kaiser *Iustinian I.* († 565), dem nach zahlreichen Kriegen die Wiederherstellung des Imperium Romanum gelang, bekräftigte in den Novellen zu der in seinem Auftrag erstellten Sammlung des Römischen Rechts (Codex Iustinianus, 529), daß »zur Eingehung einer Ehe die bloße Konsenserklärung ohne Rücksicht auf die Bestellung einer dos oder donatio propter nuptias (Heiratsgabe) und auch ohne Vornahme irgendeiner Hochzeitsfeierlichkeit genügen soll«.[3]

Der Austausch des Ehewillens konnte also ohne Beteiligung einer kirchlichen Institution privat oder öffentlich erfolgen, bis in den Ostkirchen spätestens seit Kaiser *Leon VI.* (886–912) die kirchliche Trauung zum konstituierenden Element der Ehe wurde. So ist es dort heute noch.

Im lateinischen Westen hingegen erfuhr die kirchliche Trauung erst im Laufe von Jahrhunderten eine Aufwertung, bis sie gegen Ende des Mittelalters nahezu auf derselben Stufe rangierte wie die Bekundung des Ehewillens, die bis dahin die Gültigkeit der Ehe besiegelte. Jetzt erst, nach zähen Auseinandersetzungen zwischen weltlichen und kirchlichen Behörden, verschmolzen beide Akte, Konsenserklärung und Ehesegen, zu einer Einheit dadurch, daß der Ehewille innerhalb der kirchlichen Trauung kundgetan wurde.

Bis also die lateinische Kirche den gesamten Ehebereich allein nach ihren Gesetzen regeln konnte, blieb die Ehe – und dies immerhin anderthalb Jahrtausende – in rechtlicher Hinsicht eine weltliche Angelegenheit.

In den Antworten auf einen Fragenkatalog von Missionaren in Bulgarien, das der orthodoxen Kirche abspenstig gemacht und für die römisch-katholische Kirche gewonnen werden sollte, brachte Papst *Nikolaus I.* (858–867) klar zum Ausdruck, daß allein der Konsens des Brautpaares eine gültige Ehe bewirkt und die Beteiligung der Kirche nicht erforderlich ist: »Es genügt nach den Gesetzen hierzu einzig das Einverständnis derer, um deren Verbindung es sich handelt. Allein wenn diese Zustimmung bei der Heirat fehlen sollte, ist auch alles übrige, was im Zusammenhang mit dieser Vereinigung gefeiert wird, sinnlos, wie der große Lehrer Chrysostomus bezeugt. Er sagt: ›Nicht die geschlechtliche Vereinigung macht die Ehe, sondern der Wille‹«.[4]

Die Streitfrage, ob die Erklärung des Ehewillens zur Eheschließung genügt oder ob diese erst mit der geschlechtlichen Vereinigung ganz vollzogen ist, entschied derselbe Papst wiederum mit Berufung auf Johannes Chrysostomus zugunsten der Konsenstheorie, wie sie bereits im Römischen Recht galt und von der frühen Kirche übernommen wurde.

Allerdings blieb die bei germanischen Stämmen übliche Kopulatheorie nicht ohne Einfluß auf kirchliche Kreise. *Hinkmar von Reims* (845–882) war wohl der erste Bischof, der die Meinung vertrat, die Ehe werde erst mit der copula carnalis, also mit dem ersten Geschlechtsverkehr, unauflöslich geschlossen.

Von solchen Ausnahmen abgesehen, betrachteten aber die meisten Theologen der Scholastik, eigentlich schon Petrus Damiani († 1072), den Konsens der Heiratswilligen als den einzigen ehebegründenden Faktor. *Hugo von St. Viktor*, neben Petrus Lombardus der führende Kopf der Pariser Hochschule, verwies ausdrücklich darauf, daß das Ja zur Ehe nicht gleichzeitig auch ein Ja zur körperlichen Vereinigung bedeute, sondern daß diese einer eigenen Willenserklärung bedürfe. Ein solcher Konsens »kann, muß indes nicht begleitende Folge sein. Wenn die Gatten ihn nicht geleistet haben, unterliegen sie auch nicht der Verpflichtung zum Ehevollzug. Ihrer Ehe aber fehlt dadurch nichts. Im Gegenteil, sie ist wahrer und heiliger, da sie allein in der Liebe, nicht aber in der Begehrlichkeit gründet.«[5] Bei dieser Argumentation ist unschwer zu erkennen, wie der Mönch Hugo die jungfräuliche Ehe zwischen Joseph und Maria als eine vollgültige Ehe ausgeben (vgl. S. 49f.) und gleichzeitig die sexuell enthaltsame Ehe nicht bloß als eine gültige, sondern als die ideale Eheform darstellen wollte. Wie er sah auch Petrus Lombardus († 1160) das Wesen der Ehe vorrangig in einer seelischen Einheit der Partner, in einer wahren Liebesgemeinschaft[6] (vgl. S. 62f., 82f.).

Der Camaldulensermönch *Gratian* (12. Jh.) kam beim Vergleich der Konsens- und der Kopulatheorie, die eine hauptsächlich von Pariser und die andere mehr von Bologneser Theologen verfochten, zu folgender Kompromißlösung: »Man muß wissen, daß eine Ehe mit dem Eheversprechen beginnt und durch die Vereinigung vollendet wird. Deshalb besteht zwischen Braut und Bräutigam eine Ehe, aber eine, die erst begonnen hat, und zwischen denen, die die copula vollzogen haben, eine gültige Ehe.«[7] Hier war auch schon eine Lösung angedeutet für das Problem, ob eine Ehe lebenslänglich dauern muß oder unter besonderen Umständen doch geschieden werden kann.

Papst *Alexander III.* (1159–1181) beendete den langwierigen Streit der Theologen mit dem Urteil, daß die Konsenserklärung – vor welcher Instanz auch immer – für die Gültigkeit der Ehe voll und ganz ausreiche. Ausführlich äußerte er sich dazu in einem Antwortschreiben an den Bischof von Norwich und regelte einen konkreten Ehefall folgendermaßen: »Wenn sich der erste Mann und die Frau in übereinstimmenden Erklärungen (per verba de praesenti) angenommen haben, indem der eine zum anderen sagte: ›Hiermit nehme ich dich zu meinem Ehemann‹ beziehungsweise ›hiermit nehme ich dich zu meiner Ehefrau‹, dann muß die Frau dem ersten Mann zugesprochen werden, selbst wenn die üblichen kirchlichen Feierlichkeiten nicht stattgefunden haben und die Verbindung auch nicht vollzogen worden ist, weil die Frau nach einem derartigen Ehekonsens einen anderen Mann weder heiraten kann noch heiraten darf.«[8] Diese päpstliche Stellungnahme ist um so bedeutsamer, als die bereits geschlossene zweite Ehe, die noch dazu kirchlich eingesegnet und auch körperlich vollzogen war, der »einfachen« ersten Ehe gegenüber keine Anerkennung fand. Hier haben wir übrigens wieder einen deutlichen Beweis dafür, daß die kirchliche Einsegnung zur Gültigkeit der Ehe nicht notwendig war, auch wenn sie von kirchlicher Seite gerne gesehen und oft dringend empfohlen wurde. Bemerkenswert ist schließlich noch, daß eine freiwillig geschlossene Ehe ohne körperliche Vereinigung nicht bloß gültig, sondern auch unauflöslich war. Diese Auffassung fand aber keine Aufnahme in das Kirchenrecht.

Seit dem 12. Jahrhundert begann man zu unterscheiden zwischen dem Verlöbnis einerseits, das nach kanonischem Recht schon mit vollendetem 7. Lebensjahr von den Eltern geschlossen und zum Zeitpunkt der erlangten Ehefähigkeit widerrufen werden konnte, und der eigentlichen Heirat andererseits, für die ein Mindestalter von 12 (bei Mädchen) und 14 Jahren (bei Jungen) gefordert war.

Solange die gegenseitige Konsensabgabe für eine gültige Ehe genügte, konnte die Kirche geheime Eheschließungen nicht verhindern. Wegen der Vielzahl solcher Fälle ist es leicht verständlich, daß Bischöfe und Pfarrer im Interesse der Rechtssicherheit der Ehe wissen wollten, ob im Einzelfall eine gültige Ehe vorlag oder ob diese Ehe vielleicht wegen eines schwerwiegenden Hindernisses keine Rechtsgültigkeit besaß. Solche Überlegungen veranlaßten Erzbischof *Odo von Paris* († 1208), unter Strafe der Exkommunikation zu verordnen, daß jede beabsichtigte Eheschließung an drei vorausgehenden Sonn- oder Feiertagen in der Kirche angekündigt werden müsse. Er war gewiß nicht der einzige Oberhirte, der sich zu diesem Schritt genötigt sah.

Eine erste gesamtkirchliche Regelung brachte das IV. Laterankonzil im Jahre 1215. Nach der Einschränkung des Eheverbots bei Verwandtschaft bestimmte das Konzil in Kanon 51: »Beabsichtigte Ehen sollen von den Priestern in den Kirchen öffentlich unter Angabe einer bestimmten Frist bekanntgemacht werden. Dann soll, wer will und kann, ein etwaiges Rechtshindernis vorbringen.«[9] Mit einem öffentlichen »Aufgebot«, wie es heute noch Vorschrift ist, sollte die Ehe also in rechtlicher Hinsicht abgesichert werden. Der zuständige Pfarrer mußte in erster Linie prüfen, ob ein großes Hindernis vorlag, das eine Eheschließung von vornherein ungültig machte oder vielleicht auf dem Weg der Dispens beseitigt werden konnte. Um von geheimen Ehen abzuschrecken, erklärte die Versammlung die solchen Ehen entstammenden Kinder für illegitim. Außerdem hofften die Konzilsteilnehmer, geheim verheiratete Paare mit Bußstrafen dazu zu bringen, ihre klandestinen, aber dennoch gültigen Verbindungen öffentlich bekanntzugeben. Amtsenthebung auf drei Jahre traf den Pfarrer, der ein Paar nicht bewegen konnte, das Eheversprechen mit dem kirchlichen Segen publik zu machen. Die Anweisung, daß der Pfarrer an einer Hochzeit, die privat, etwa im engen Familienkreis, stattfand, nicht mehr teilnehmen durfte, unterstrich den Ernst der neuen Regelung.

Verwundert fragen wir heute, warum das Konzil die für Mißbrauch offenstehende Geheimehe nicht prinzipiell verbot und nicht jeden Verstoß gegen ein solches Verbot mit Ungültigkeitserklärung der Ehe ahndete. Wahrscheinlich wußten Papst und Bischöfe gut genug, daß sich eine jahrhundertealte Tradition nicht mit einem Schlag abschaffen läßt. Entscheidender aber dürfte gewesen sein, daß manche Theologen ernste Zweifel hegten, ob die Kirche zu einer derart revolutionären Änderung, wie sie die Annullierungserklärung bedeutet hätte, überhaupt berechtigt sei. Zweihundert Jahre später noch führte die Kirchenversammlung in Trient lange Debatten über die Kompetenz der Kirche in diesem speziellen Punkt.

In der patriarchalischen Gesellschaft des Mittelalters mußte vor allem die Frau schwere Nachteile hinnehmen, wenn der Mann sein Eheversprechen leugnete und sie selbst keine Zeugen für ihre Behauptung beibringen konnte. So geschah es nicht selten, daß ein Mann seiner Geliebten die Heirat im Bett versprach, um dadurch leichter zur Erfüllung seiner sexuellen Wünsche zu kommen. Fast die Hälfte aller von Frauen in dieser Zeit angestrengten Eheprozesse zielte darauf ab, den Beklagten als legitimen Ehemann zugesprochen zu bekommen. Wenn die Klägerinnen dies nicht durchsetzen konnten, verlangten sie zumindest eine angemessene Entschädigung wegen Defloration (Entjungferung) oder die Zahlung von Alimenten für illegitime Kinder. Doch endeten kaum mehr als zwanzig Prozent aller Verfahren für die Frau positiv.[10]

Um ihre Kinder vor Täuschung und Enttäuschung zu bewahren, gestatteten vorsichtige Eltern ihren Töchtern das intime Zusammensein mit einem Liebhaber erst dann, wenn sich dessen Eheversprechen beweisen ließ. Unterstützung gewährten ihnen bereitwillig Pfarrer, denen die Nöte betrogener Mädchen und Frauen nur zu gut bekannt waren.

Besonders die Volksprediger im Spätmittelalter waren mit diesem Problem vertraut und bemühten sich, vor allem Frauen vor unbedachten Handlungen zu bewahren. Der berühmte Franziskaner *Berthold von Regensburg* († 1272), dessen erschütternden Predigten Tausende von Gläubigen in Kirchen und auf öffentlichen Plätzen lauschten, warnte die Frauen vor Heiratsschwindlern, weil späteren Klagen vor dem weltlichen oder geistlichen Gericht meist kein Erfolg beschieden war: »Man soll auch in den Winkeln keine Ehe haben oder machen. Darum, ihr Frauen, durch den allmächtigen Gott, so hütet euch vor der Winkelehe. Wer euch vor den Leuten die Ehe nicht geloben will, dessen Gelübde sollt ihr in dem Winkel nimmer annehmen... denn er will euch betrügen.« Eine Frau, die in dieser Hinsicht kein Risiko eingehen wollte, mußte auf Zeugen bedacht sein, und dies bedeutete ein Mindestmaß an Öffentlichkeit der Eheschließung. »Hättest du Zeugen«, meinte Berthold, »so wäre es eine gar feste Ehe, wie sie selbst der Papst nicht zerbrechen könnte.«

Der Franziskanerprediger ließ keinen Zweifel daran, daß jedes nachweisbare Ehegelöbnis, auch wenn einer der Partner es leugnet, Gültigkeit besitzt und infolgedessen für den betrogenen Teil eine neue Ehe nicht mehr in Betracht kommt: »Du kannst nimmermehr einen Ehemann nehmen, derweil der lebt, der dich betrogen hat... Ihm war's nicht ernst... Er hat dich für alle Zeit zur Ehelosigkeit verdammt und dir deine ›Freunde‹ geraubt und deine Ehre genommen.«[11] Auch diese Aussage beweist, daß zum Abschluß einer gültigen Ehe die Mitwirkung des Pfarrers nicht erforderlich war. Selbst die von der Kirchenobrigkeit verabscheute Geheim- oder Winkelehe behielt das ganze Mittelalter hindurch Gültigkeit und Unauflöslichkeit.

Erst das Konzil von Trient zog einen Schlußstrich unter alle klandestinen Ehen, indem es durch das Dekret »Tametsi« vom 11. November 1563 alle heiratswilligen Katholiken verpflichtete, ihr Eheversprechen dem zuständigen Pfarrer und zwei Zeugen zu bekunden. Andernfalls entbehrte die Heirat jeder Gültigkeit. Auf diesem Weg wurde die Eheschließung dem weltlichen Bereich entzogen und gleichzeitig mit dem Mantel kirchlicher Feierlichkeit umgeben. Von dieser allgemein geltenden Verpflichtung blieben zunächst die in protestantischen Territorien lebenden Katholiken ausgeschlossen, weil Konzilsbeschlüsse dort nicht offiziell bekanntgemacht werden durften.

Papst *Pius X.* dehnte in der Konstitution »Provida« vom 15. April 1906 die vom Trienter Konzil vorgeschriebene Trauungsform auf alle katholischen Gläubigen im Deutschen Reich aus. Doch erst seit Inkrafttreten des Codex Iuris Canonici im Jahre 1918 hat die römisch-katholische Kirche auf der ganzen Erde ein und dasselbe Eherecht. Damit sind auch alle Katholiken zu der Eheschließungsform verpflichtet, wie sie erstmals das Konzil von Trient vorgeschrieben hat. Das revidierte Kirchenrecht von 1983 brachte eine Änderung nur insofern, als die aus der Kirche ausgetretenen Katholiken ebenso wie alle Nichtkatholiken nicht mehr an die kanonische Eheschließungsform gebunden sind und somit auch ohne Kirche eine gültige Ehe eingehen können.

Die Ehe als Vertrag

Die Kirche hielt zu allen Zeiten am vertraglichen Charakter der Ehe fest, gleichgültig, ob die Ehe den kirchlichen Segen hatte oder nicht. Allein entscheidend war das freiwillige Ja von Braut und Bräutigam zu einer lebenslangen Bindung. Deshalb wird auch die Entführung einer Frau zum Zweck der Heirat als ein trennendes Ehehindernis angesehen (can. 1089). Dasselbe gilt für den Fall, daß eine Heirat unter Zwang und Furcht erfolgt (can. 1103).

Wenn auch die Zeugung von Nachkommen zum dreifachen Gut der Ehe gehörte (vgl. S. 83 ff.), so entschied dieser Aspekt doch nie über die Gültigkeit einer Ehe. In Übereinstimmung mit den Konzilien von Florenz (1438–1445) und Trient (1545–1563) nannte der für die ganze Kirche bestimmte Catechismus Romanus (1566) die gegenseitige Willenserklärung von Mann und Frau »die bewirkende Ursache der Ehe«.[12] Daß zur Gültigkeit der Ehe ein erster Geschlechtsverkehr gefordert sei, ist hier nirgends ausgesprochen. Nur wenn Nachkommen grundsätzlich ausgeschlossen würden, liege ein wesentlicher Mangel für einen gültigen Eheabschluß vor.

Nach dem Codex Iuris Canonici von 1918 erlangte die Ehe mit einem Konsensualvertrag, den Christus zur Würde eines Sakraments erhoben habe (can. 1012, can. 1081), rechtliche Gültigkeit. Der Ehewille war definiert als »Willensakt, mit dem jeder Teil das immerwährende und ausschließliche Recht auf den Körper des andern bezüglich der an sich zur Erzeugung von Nachkommenschaft geeigneten Handlungen gibt und empfängt« (can. 1081).

Katholiken können jedoch spätestens seit Inkrafttreten des Allgemeinen Kirchenrechts im Juni 1918 nur noch in der Form gültig heiraten, daß sie den Ehekonsens vor einem mit Traugewalt ausgestatteten Priester und zwei Zeugen bekunden (can. 1094). Mit dem Sakrament der Ehe, das sich die Brautleute durch ihr Ja-Wort selbst spenden, fällt in eins der kanonistische Vertrag, so daß beide Elemente in den Augen der Kirche eine untrennbare Einheit darstellen.

Diese Zusammengehörigkeit bestätigt das neue Kirchenrecht (1983) mit der Feststellung: »zwischen Getauften kann ein ehelicher Vertrag gültig nicht bestehen, ohne daß er auch ein Sakrament ist« (can. 1055). Beachtenswert ist dabei aber, daß der frühere Codex von »matrimonialis contractus« (Ehevertrag) sprach, während der neue Codex, im Geist von Aussagen des letzten Konzils, den Ausdruck »matrimoniale foedus« (Ehebund) gebraucht und damit auf einen Vertrag besonderer Art hinweisen will.

Hindernisse für die Ehe

Enge Verwandtschaft und Schwägerschaft gehörten schon im Alten Testament zu den Hindernissen für eine gültige Ehe, wenn auch der Grad, bis zu dem das Verbot reichen sollte, nach Zeiten stark variierte. Unzucht unter Blutsverwandten (Inzest) galt als Greueltat und wurde entsprechend hart bestraft (Lev 18). Kinder aus blutschänderischen Beziehungen besaßen gegenüber ihrem Vater keinerlei Folge- und Erbrecht (Ri 11,2); der Zugang zum Priesteramt blieb ihnen versperrt.

Die Kirche nahm die auf Unfruchtbarkeit (Impotenz) und Blutsverwandtschaft bezogenen Ehehindernisse sehr ernst. Wenn sie später für die Öffentlichkeit der Heirat eintrat, geschah es hauptsächlich aus dem Grund, daß vorher geprüft werden konnte, ob ein Hindernis für eine gültige Heirat vorlag (vgl. S. 108 ff.).

Das Hindernis der Verwandtschaft spielte auch in der Gesetzgebung der christlichen Kaiser eine bedeutende Rolle. Während aber

Kaiser *Theodosius I.* († 395) die Verbindung zwischen Geschwister-
kindern untersagte – Dispens war dennoch möglich –, erkannte Kaiser *Iustinian I.* in den Institutiones von 533 solche Ehen als völlig
rechtmäßig an. Bischof *Augustinus von Hippo* bemerkte zu dem
wechselhaften Kurs des Zivilrechts in dieser Frage, von Gott liege
keine konkrete Verordnung vor. Trotzdem zog die Kirche den Kreis
des Verbotes bald enger, indem sie über Ehen zwischen Verwandten
im 3. Grad, das heißt zwischen Kindern mit gemeinsamem Urgroßel-
ternteil, den Kirchenbann verhängte. Später dehnte man das Verbot
kirchlicherseits auf den 4. Grad und im 11. Jahrhundert sogar auf
den 7. Grad aus, was zur Folge hatte, daß die Kirche viele Ehen als
ungültig betrachtete. Das IV. Laterankonzil (1215) konstatierte mit
Besorgnis, die weitreichenden Eheverbote hätten »häufig zu Schwierigkeiten« geführt und die Seelen »bisweilen in Gefahr« gebracht,
und schränkte deshalb das Ehehindernis der Blutsverwandtschaft
und der Schwägerschaft wieder auf den 4. Grad ein.[13]

Unter den Einwänden, die *Thomas von Aquino* im 13. Jahrhundert gegen die Ehe mit Blutsverwandten anführte, stand neben der
Ehrfurcht und Achtung vor Eltern und Verwandten die enorme Zu-
nahme der natürlichen Zuneigung durch die geschlechtliche Liebe;
»es wäre dann ein zu großer Antrieb der Begierde vorhanden, was
der Keuschheit widerstreitet«.[14] Mit dieser Ansicht war er wieder
einmal Aristoteles gefolgt.

Ein anderes Verbot bezog sich auf die Ehe mit einer Nonne oder
einem Priester, mit Personen also, die durch ein Keuschheitsversprechen bzw. durch den Empfang der höheren Weihe auf die Ehe freiwillig verzichtet haben und darum keine Ehe mehr eingehen dürfen.

Am Ende des Mittelalters zählte der Franziskanertheologe *Ange-
lus Carlett* († 1495) in seiner »Summa angelica casuum conscien-
tiae« insgesamt 18 verschiedene Ehehindernisse auf. Dies war für
Martin Luther, dem die Vielzahl der kirchlichen Ehehindernisse großen Ärger bereitete, einer der Gründe, um die von vielen Seelsorgern
benutzte, von ihm aber als teuflisch qualifizierte Summa Carletts
zusammen mit anderen theologischen und kanonistischen
Büchern ins Feuer zu werfen.

Nach dem neuen Kirchenrecht besteht das Hindernis der Blutsverwandtschaft in gerader Linie bei allen Verwandtschaftsgraden und in der Seitenlinie bis zum 4. Grad, wobei es im ersten Fall überhaupt keine und im zweiten für den 1. und 2. Grad keine Befreiungsmöglichkeit gibt (can. 1091). Bei der Schwägerschaft umfaßt das Ehehindernis heute nur alle Grade der geraden Linie (Schwiegervater – Schwiegertochter), wobei Dispens in jedem Fall möglich ist (can. 1092).

Das heutige Eherecht der katholischen Kirche kennt neben den bereits erwähnten Ehehindernissen noch mehrere andere von durchaus unterschiedlicher Qualität: Eheunmündigkeit, geschlechtliches Unvermögen, bestehendes Eheband, Religionsverschiedenheit, höhere Weihe, Gelübde, Entführung, Verbrechen (Tötung des eigenen Gatten oder des für die neue Heirat gewünschten Partners), öffentliche Ehrbarkeit (can. 1083–1094). In den meisten Fällen kann der zuständige Bischof dispensieren, nur wenige Fälle sind dem Papst vorbehalten.

Die Zivilehe

Wer nur die neueste Geschichte der Kirche kennt, muß der Meinung sein, die staatliche oder zivile Eheschließung sei seit dem Ende des 18. Jahrhunderts in den einzelnen Ländern gegen den Willen der Kirche durchgesetzt worden, weil sie das Recht auf Ehegesetzgebung schon immer für sich allein beansprucht habe. In Wirklichkeit verlief die rechtliche Entwicklung genau umgekehrt (vgl. S. 104 ff.).

In Deutschland, und bald auch in anderen Ländern Europas, mußten staatliche Behörden den Eheabschluß regeln, weil die reformatorischen Kirchen nicht mehr so wie die katholische Kirche die Ehe als eine rein kirchliche Angelegenheit behandelten. Außerdem wuchs im Lauf der Zeit die Zahl jener Bürger, die überhaupt keiner Kirche oder Konfession angehörten und deshalb gar keine kirchliche Trauung haben konnten und wollten. Im Deutschen Reich wurde die Zivilehe, bei der ein staatlicher Beamter mitwirken muß, durch das Personenstandsgesetz vom 6. Februar 1875 verpflichtend eingeführt.

Die katholische Kirche beharrte diesem Wandel zum Trotz auf der engen Verbindung von Ehevertrag und Ehesakrament, was zur Folge hatte, daß katholische Christen, denen die sogenannte Zivilehe genügte, kirchlich ungültig verheiratet waren. Solche Ehepaare wurden in der Kirche als öffentliche Sünder eingestuft und waren deshalb sogar exkommuniziert.

Auch staatliche Behörden stellten bei der Gesetzgebung im Ehebereich Ehehindernisse auf, die allerdings meist wirtschaftlich motiviert waren. Um mit dem Problem steigender Armut (Pauperismus) fertigzuwerden, beschränkten einzelne Länder die Freiheit zur Heirat auf vermögende Leute. Obwohl für die Kirche kein triftiger Grund bestand, ärmeren Gesellschaftsgruppen die Ehe zu verweigern, tolerierten Bischöfe um der Harmonie zwischen Kirche und Staat willen solche staatlichen Gesetze und verwehrten den davon betroffenen Heiratswilligen auch noch die kirchlich-sakramentale Trauung.

Kompliziert wurde die Lage in Deutschland zu Beginn des 19. Jahrhunderts, als weltliche Obrigkeiten die Eheschließung als eine polizeilich geregelte Angelegenheit handhabten. Die kirchliche Trauungszeremonie durfte erst nach der standesamtlichen oder zivilen Heirat erfolgen, und aus diesem Grund mußte die Kirche die von staatlichen Behörden festgelegten Bedingungen für eine Ehe (Alter, Vermögen, Beruf, Leumund) akzeptieren.[15]

Die geistlichen Abgeordneten in den Landtagen und Parlamenten kannten die aus manchen Polizeiverordnungen erwachsenden moralischen Schwierigkeiten für viele Heiratswillige; dennoch gaben sie den Interessen des Staates den Vorrang vor moralischen und pastoralen Überlegungen. In dem Votum, das der katholische Priester und Dekan Münch im Jahre 1833 der Zweiten Kammer der württembergischen Landstände vorlegte, hieß es: »Es geschieht wohl nicht im Interesse der Sittlichkeit, wenn man die Ehen ohne Not erschwert; aber die Vernunft und das bürgerliche Wohl fordern, daß das Heiraten an gewisse Bedingungen geknüpft werde. Wer sich zum Ehestand entschließt und im Begriffe steht, eine Familie um sich her zu bilden, übernimmt auch die Pflicht für Ernährung und Erziehung derselben, daß sie weder dem Staate noch der Gemeinde zur Last fallen«.[16] Wirtschaftliche Erwägungen gaben also hier den Ausschlag. Von einer besonderen Verantwortung des Seelsorgers für moralische Nöte einzelner Christen und von einer speziellen Einschätzung der Ehe als eines innigen Bundes zweier Menschen war auch bei anderen Abgeordneten im geistlichen Gewand kaum etwas zu spüren.

Erst als infolge der staatlichen Gesetzgebung die Zahl der sogenannten Konkubinate und illegitimen Geburten anstieg, reagierten einige Kirchenmänner mit Protest bei staatlichen Behörden. Es gab freilich auch genügend andere Geistliche, die zur Überwindung der wirtschaftlichen Schwierigkeiten noch rigorosere Polizeimaßnahmen für richtig hielten. Interessant ist, daß es schon zu dieser Zeit Juristen und Theologen gab, die zwischen der Ehe als bürgerlichem Vertrag, der zum gültigen Eheabschluß ausreicht, und der kirchlich-sakramentalen Trauung genau unterschieden. Angesichts vieler nicht kirchlich geschlossener Ehen (Zivilehen) wurden, wie schon früher in Frankreich, verschiedene Vorschläge gemacht, um den exkommunizierten Katholiken wieder Heimatrecht in der Kirche zu geben. Dabei stützte man sich vornehmlich auf die alte Konsenstheorie, nach der allein die Bekundung des Ehewillens eine gültige Ehe bewirkt.

Die katholische Kirche jedoch wollte zu keiner Zeit vom tridentinischen Ehedekret abweichen. Deshalb betonte Papst *Leo XIII.* in der Enzyklika »Arcanum divinae sapientiae« (1880), »daß sich in der christlichen Ehe der Vertrag vom Sakrament nicht scheiden läßt. Hier kann es keinen wahren, gesetzmäßigen Vertrag geben, der nicht eben dadurch schon Sakrament wäre. Denn Christus der Herr hat die Ehe zur Würde des Sakraments erhoben, die Ehe aber ist der rechtmäßig abgeschlossene Vertrag selbst.« Und in völliger Verkennung oder Verkehrung der bis in das 16. Jahrhundert bestehenden Tradition behauptete der Papst weiter, es gebe »keinen Beweis aus der Vernunft oder aus der Geschichte, daß die rechtliche Vollmacht über die Ehe der Christen auf die weltliche Gewalt übergegangen sei«.[17]

Pius XI. zog später mit seiner vielzitierten Eheenzyklika »Casti connubii« (1930), die bis heute von grundlegender Bedeutung geblieben ist, die neuscholastische Linie weiter. Weil die Ehe eine göttliche Einrichtung sei, argumentierte der Papst, stehe es allein in der Gewalt der Kirche, die Gesetze der Ehe zu bestimmen. Für das Zustandekommen einer gültigen Ehe bleibe der freie Willensentschluß eine unerläßliche Bedingung. Was Wesen und Zweck der Ehe betraf, erinnerte Pius XI. zuerst an die Berufung der christlichen Eltern zur Ausbreitung des Menschengeschlechtes sowie der Kirche Christi, »damit das Volk, das dem Dienst Gottes und unseres Heilands geweiht ist, von Tag zu Tag wachse«. Im Zusammenhang mit der Treue als dem zweiten Gut der Ehe – nach der Kinderzeugung als primärem Zweck – verwies der Papst in Anlehnung an den Apostel Paulus auf »die Pflicht, die sich die Ehegatten aufgrund des durch Gottes Gesetz geheiligten Vertrags ausschließlich schulden«. Schließlich sprach er noch vom Sakrament der Ehe, das die Ehe unauflöslich und zu einem Gnadenzeichen mache: »Da nun Christus den rechtsgültigen Ehevertrag zwischen Gläubigen zum Zeichen der Gnade bestimmte, so ist das Sakrament so eng mit der christlichen Ehe verknüpft, daß es zwischen Getauften keine wahre Ehe geben kann, die nicht eben dadurch schon Sakrament wäre.«[18]

Diese Auffassungen der Päpste Leo XIII. und Pius XI. sowie ihrer Nachfolger bis zum jetzigen Papst Johannes Paul II. sind heute, da die Kirche sich inmitten säkularisierter Staaten und pluralistischer Gesellschaften behaupten muß, mehr als fragwürdig. In dem Dilemma zwischen der Ehe als einem bloßen Rechtsgeschäft und der Ehe als einer geistlichen Wirklichkeit – diese wird heute aber nur noch von einem Teil der Kirchenmitglieder auch so verstanden – muß man nach solchen Lösungen suchen, die den gewandelten Verhältnissen entsprechen.

Die Ehe als Sakrament

Im Neuen Testament gibt es nicht ein einziges Wort, das für ein sakramentales Verständnis der Ehe spräche. Jesus und seine Apostel scheinen sich um die Institution der Ehe wenig gekümmert zu haben. Im Epheserbrief, den man früher dem Apostel Paulus zuschrieb, ist die Ehe zwar als »ein tiefes Geheimnis« (5,32) gerühmt, weil sie ein Abbild der Verbindung zwischen Christus und der Kirche sei, der Verfasser des Briefes weiß aber nichts von der Ehe als einem gnadenhaften Geschehen.

Wenn Bischof *Augustinus* die Ehe als »sacramentum« bezeichnete, dachte er dabei an die naturhafte Unauflöslichkeit der ehelichen Vereinigung. Als theologischer Terminus wurde das Wort Sakrament erst im 12. Jahrhundert gebräuchlich. Unter den Theologen steht heute außer Zweifel, daß die Lehre von der Unauflöslichkeit der Ehe dem Glauben an die Sakramentalität der Ehe hinsichtlich der geschichtlichen Entwicklung weit vorausgegangen ist.

Erst die Theologen der Scholastik begründeten mit ihrer Definition des sakramentalen Charakters der Ehe eine bis heute fortdauernde Tradition. Das II. Laterankonzil (1139) zählte die Ehe zusammen mit Taufe, Eucharistie und Priestertum zu den vier Sakramenten der Kirche. Dasselbe geschah beim II. Konzil von Lyon (1274), das jedoch die Zahl der Sakramente auf sieben festsetzte. Die Lehre, die Ehe unter Christen sei als heiligmachend und gnadenvermittelnd anzusehen, trug entscheidend dazu bei, daß die Kirche den gesamten Bereich der Ehe, vor allem die Eheschließung, als ihre ureigene Sache behauptete.

Nachdem schon das Allgemeine Konzil von Florenz den Sakramentscharakter der Ehe im Dekret für die Armenier (1439), die zur katholischen Kirche zurückkehrten, klar hervorgehoben hatte, bekräftigte das Konzil von Trient (1545–1563) im Hinblick auf die Reformatoren, die die Sakramentalität der Ehe leugneten, die Übernatürlichkeit der Ehe als Sakrament und behauptete die Zuständigkeit der Kirche in allen Eheangelegenheiten. Gestützt auf das Neue Testament, erklärten die Konzilsväter in der 24. feierlichen Sitzung: »Da nun die Ehe im Gesetz des Evangeliums durch Christus aufgrund der Gnade einen Vorrang hat vor den ehelichen Verbindungen der früheren Zeit, so lehrten unsere heiligen Väter, die Kirchenversammlungen und die gesamte kirchliche Überlieferung stets mit Recht, daß sie zu den Sakramenten des Neuen Bundes zu zählen ist.« Und weil ihnen das Thema so wichtig und so heilig erschien, holten sie auch gleich zu einer heftigen Attacke gegen die protestantische Glaubensneuerung aus: »Dagegen haben in unseren Tagen betörte Menschen nicht nur falsch von diesem ehrwürdigen Sakrament gedacht, sondern nach ihrer Art unter Berufung auf das Evangelium eine falsche Freiheit des Fleisches eingeführt und vieles in Schrift und Wort verkündet, was der Auffassung der katholischen Kirche und den bewährten Überlieferungen aus der Zeit der Apostel fremd ist, nicht ohne großen Nachteil der Gläubigen.«[19]

Um nun die Katholiken nicht im Ungewissen zu lassen, verwarf dieselbe Kirchenversammlung zwölf Thesen über das Sakrament der Ehe, darunter diese: »Wer sagt, die Ehe sei nicht wahrhaft und eigentlich eines der sieben Sakramente des evangelischen Gesetzes, das von Christus dem Herrn eingesetzt wurde, sondern es sei von Menschen in der Kirche erfunden worden und teile keine Gnade mit, der sei ausgeschlossen.«[20]

Als die Bischöfe genau vierhundert Jahre später beim II. Vatikanischen Konzil über das Wesen und die Würde der Ehe diskutierten, hielten sie zwar am Sakramentscharakter der Ehe unverändert fest, doch ihre Argumentation klang jetzt theologisch wesentlich überzeugender: Christus der Herr begegnet den christlichen Eheleuten durch das Sakrament der Ehe, und er bleibt bei ihnen, damit sie sich »in gegenseitiger Hingabe und ständiger Treue lieben, so wie er selbst die Kirche geliebt und sich für sie hingegeben hat«. Die Eheleute sollten »in den Pflichten und der Würde ihres Standes durch ein eigenes Sakrament gestärkt und gleichsam geweiht« werden.[21]

Heute fragen viele Pfarrer, was denn von der Ehe jener Christen zu halten sei, die, da sie dem christlichen Glauben nahezu völlig entfremdet sind, die liturgische Trauung nur noch aus konventionellen oder folkloristischen Gründen vornehmen lassen. Das Problem liegt vor allem darin, daß der vor dem Pfarrer geschlossene Ehevertrag gleichzeitig auch als Sakrament gewertet wird. Verantwortungsvolle Seelsorger erörtern deshalb schon längst die Frage, ob Rechtsvertrag und Sakrament der Ehe weiterhin verbunden bleiben müssen, auch wenn der persönliche Glaube der Nupturienten an das Sakrament fehlt.

Anders als im Alten Testament, das die Heirat mit Personen, die nicht dem jüdischen Stamm angehören, strengstens untersagt, enthalten die Schriften des Neuen Testaments keine Vorschrift, die eine eheliche Verbindung zwischen Christen und Nichtchristen verbieten würde.

In der frühen Kirche sind spezielle Bedingungen, die für den Abschluß einer Ehe erfüllt werden müßten, allein schon deshalb nicht anzutreffen, weil die Heirat als eine rein familiäre oder gesellschaftliche Angelegenheit betrachtet wurde. Im übrigen heirateten die Gläubigen in den überschaubar kleinen Christengemeinden wohl meist untereinander.

Erst vom 4. Jahrhundert an befaßten sich einzelne Bischofssynoden mit der Frage, ob Christen auch Häretiker, Juden oder Heiden ehelichen dürften. Von detaillierten Bestimmungen wollten sie aber absehen. Die Ehe mit einem (christlichen) Irrgläubigen war gewöhnlich ungültig.

Auf strikte Ablehnung stieß dagegen die eheliche Verbindung mit Juden, weil dadurch der christliche Glaube in größte Gefahr gerate. Dieses Verbot bestand umgekehrt auch bei den Juden. Weil solche Mischehen meist die Konversion eines Partners, entweder Taufe oder Übertritt zum Judentum, zur Folge hatten, wehrten sich kirchliche wie jüdische Gemeindeleitungen mit Verboten gegen derlei »Verluste«. Bei fast allen Synoden vom 4. bis in das 12. Jahrhundert begegnet uns die Forderung nach Bekehrung des jüdischen Eheteils als Bedingung für die Gültigkeit einer Heirat zwischen Juden und Christen.

Wie bereits gesehen, war die Ehe im abendländischen Raum bis zur Neuzeit auch ohne kirchliche Zeremonie gültig, so daß das Problem der rechtlichen Gültigkeit einer »glaubensverschiedenen« Ehe im Grunde nicht entstehen konnte. Dies änderte sich erst mit der Glaubensspaltung (Reformation) im 16. Jahrhundert und der vom Trienter Konzil vorgeschriebenen Form der Eheschließung (vgl. S. 110). Der katholische Christ konnte einen evangelischen nur dann heiraten, wenn dieser zum katholischen Glauben konvertierte und auch einverstanden war, daß alle künftigen Kinder katholisch getauft und erzogen wurden. An dieser Vorschrift änderte der Codex Iuris Canonici (1918) wenig. Für den nichtkatholischen Eheteil bestand jetzt zwar nicht mehr ein Zwang zum Kirchenübertritt, er mußte aber fest versprechen, den katholischen Partner in der Religionsausübung nicht zu behindern und die Kinder nur katholisch taufen und erziehen zu lassen. Der Katholik mußte seinerseits das Versprechen ablegen, daß er alles daran setzen werde, um den nichtkatholischen Ehepartner für den katholischen Glauben zu gewinnen (can. 1061, can. 1062).

In der Zwischenzeit hatte es nicht an Geboten und Verboten gefehlt, ohne daß aber deshalb die Praxis überall gleich gewesen wäre. Selbst Päpste, die nach Hadrian VI. († 1523) ausnahmslos Italiener waren und als solche die konfessionelle Problematik nicht direkt zu spüren bekamen, verrieten bei ihren Maßnahmen mitunter persönliche Neigungen. *Benedikt XIV.* bezeichnete in der Bulle »Matrimonia« vom 4. November 1741 die konfessionsverschiedene Ehe als eine »sakrilegische Verbindung« und ermahnte die Seelsorger mit Nachdruck, ihre Schäflein von einer solchen, das Heil der Seele gefährdenden Ehe abzuhalten. Trotzdem wollte er Ehen, die vor einem nichtkatholischen Religionsdiener geschlossen wurden, die Gültigkeit nicht absprechen. Die Seelsorger sollten freilich mit ernsten Mahnungen darum bemüht sein, ihre Gläubigen von der verdammenswerten Ehe mit einem nichtkatholischen Christen abzuhalten. Wenn eine solche Ehe aber nicht zu vermeiden sei, dann müsse sich der katholische Gläubige verpflichten, für das »überaus schwere Vergehen« (pro gravissimo scelere) Buße zu tun und alle Anstrengungen zu unternehmen, damit der andersgläubige Ehepartner für die katholische Kirche gewonnen werde. Diese Erklärung beschränkte sich jedoch auf die Katholiken in den einst zum spanischen Königreich gehörenden Ländern Holland und Belgien, die Untertanen in katholischen Grafschaften ausgenommen.[22]

Eine gewisse Erleichterung brachte erst über zweihundert Jahre später die Glaubenskongregation mit der Instruktion »Matrimonii sacramentum« vom 18. März 1966. Das im vorangegangenen Jahr abgeschlossene II. Vatikanische Konzil hatte zwar eine eigene Vorlage über das Sakrament der Ehe beraten; diese war aber nicht zur Verabschiedung gelangt, weil die ganze Materie dem Papst zur Stellungnahme überlassen bleiben sollte. Gemäß der Instruktion traf einen Katholiken, der sich von einem protestantischen Pfarrer trauen ließ, jetzt nicht mehr die Strafe der Exkommunikation. Allerdings erkannte die katholische Kirche eine solche Trauung weiterhin nicht als gültig an.

Einen entscheidenden Schritt machte Papst *Paul VI.* mit dem Motu proprio »Matrimonia mixta« vom 31. März 1970, dessen Bestimmungen 1983 in das neue Kirchenrecht eingingen. Konfessionsverschiedene Paare haben jetzt die Möglichkeit, von einem katholischen oder nichtkatholischen Pfarrer getraut zu werden. Da die für die nichtkatholische Trauung notwendige Genehmigung (Dispens von der Formpflicht) durch die zuständige Obrigkeit eine Routineangelegenheit darstellt, ist das frühere Ehehindernis der Konfessionsverschiedenheit im Grunde hinfällig. Der katholische Partner muß bereit sein, eventuelle Gefahren für den Glauben abzuwenden, und darüber hinaus das Versprechen ablegen, daß er für die katholische Taufe und Erziehung der Kinder sorgen will. Allgemein vorausgesetzt wird, daß beide Brautleute über Zweck und Wesen der Ehe belehrt werden. Erstaunlicherweise gilt auch die nichtkatholische kirchliche Trauung als Sakrament und damit als unauflöslich.[23]

Die Leitungen beider Kirchen in Deutschland betonen heute immer wieder, an die Stelle früherer Bekämpfung sei ein enges Zusammenwirken getreten. Im täglichen Leben sieht es allerdings oft betrüblich aus. Schuld daran tragen vor allem die Verwaltungsbehörden in den bischöflichen Ordinariaten. Wer als Bewerber für den haupt- und nebenberuflichen pastoralen Dienst in einer konfessionsverschiedenen Ehe lebt, hat von vornherein weniger Chancen zur Anstellung. Der Generalvikar des Bistums Augsburg erließ für diesen Personenkreis am 23. Februar 1977 eine Reihe von Richtlinien, nach denen auch praktische Seelsorger verfahren müssen, wenn sie beispielsweise eine Kindergärtnerin einstellen wollen. Der katholische Teil einer sogenannten Mischehe kann grundsätzlich nicht im pastoralen Dienst eingesetzt werden. Das gilt auch für solche Personen, die entweder nicht katholisch getraut sind oder, obwohl katholisch gültig verheiratet, die katholische Taufe und Erziehung ihrer Kinder oder auch nur eines von ihnen nicht garantieren. Es geschieht nicht selten, daß Pastoral- oder Gemeindereferenten sowie Religionslehrer bzw. Religionslehrerinnen im kirchlichen Dienst aus den genannten Gründen ihre berufliche Stellung in der Kirche verlieren. Ein Mann, der eine evangelische Ehefrau hat, wird zum ständigen Diakonat, den auch verheiratete Katholiken erlangen können, überhaupt nicht zugelassen.

Wer die konfessionsverschiedene Ehe heute noch als Ärgernis empfindet, wie es in früheren Jahrhunderten die Regel gewesen ist, und eine beiden Teilen entsprechende Lösung immer noch nicht als dringend empfindet, möge sich diese Zahl vergegenwärtigen: Im Jahre 1984 wurden in der Bundesrepublik Deutschland von 364 000 neuen Ehen ungefähr 60 000, jede sechste Ehe, mit Partnern geschlossen, von denen mindestens einer überhaupt keiner Kirche oder Religionsgemeinschaft angehörte. Müßte man angesichts dieser Situation, die sich in nächster Zeit sicher noch zum Nachteil der christlichen Kirchen entwickeln wird, statt von konfessionsverschiedenen Ehen nicht eher von »konfessionsverbindenden Ehen«[24] sprechen, um das gemeinsame Christliche dieser Gemeinschaften deutlich zu machen?

III. Ehescheidung

Scheidungsbrief im Alten Testament

Nach mosaischem Gesetz gab es mehrere Gründe, die eine Scheidung der Ehe erlaubten. Weil die Ehe in erster Linie unter dem Aspekt der Kinderzeugung gesehen wurde, galt Kinderlosigkeit als ein selbstverständlicher Grund zur Trennung. Der Mann war bei Unfruchtbarkeit seiner Frau sogar verpflichtet, eine zweite Frau zu suchen, um mit ihr Kinder zu zeugen. Dies berechtigte aber nicht auch dazu, die rechtmäßige Ehefrau zu verstoßen. Die Bigamie (Doppelehe) ergab sich sozusagen aus einer Notlage. So bat die unfruchtbare Sarah ihren Mann Abraham, die Dienerin Hagar zur Frau zu nehmen. Und die kinderlose Rachel übergab ihrem Mann Jakob die Leibmagd Bilha, um durch sie weiterzuleben (Gn 30,3). Damit war auch das eigentliche Motiv für Nachkommenschaft ausgesprochen: über den Tod hinaus weiterleben!

Der wohl häufigste Scheidungsgrund hieß Ehebruch. Dabei ist zu bedenken, daß die Frau als reeller Besitz des Mannes angesehen und behandelt wurde. Folglich konnte der Mann nur mit einer verheirateten Frau die Ehe brechen, da diese eben zum Besitz eines anderen Mannes gehörte. Bei der Frau dagegen bedeutete der sexuelle Verkehr mit jedem anderen Mann, ob verheiratet oder nicht, einen Ehebruch. So steht es im 5. Buch Mose, dem sogenannten Zweiten Gesetz: »Wenn ein Mann ertappt wird, daß er bei einer verheirateten Frau liegt, dann sollen beide sterben, der Mann, der bei der Frau gelegen hat, und die Frau« (Dtn 22,22). Es ist jedoch zweifelhaft, ob die tödliche Steinigung überhaupt jemals ausgeführt wurde.

Neben Kinderlosigkeit und Ehebruch als den gravierendsten Gründen konnte der Mann seiner Frau schon dann eine Scheidungsurkunde ausstellen, wenn er an seiner Frau »etwas Anstößiges« (Dtn 24,1–4) entdeckt hatte. So allgemein lautete die Empfehlung von Jesus Sirach an den Mann: »Geht sie (die Frau) dir nicht zur Seite, trenn' sie von deinem Leib!« (Sir 25,26). Scheidung und Wiederheirat waren so Tür und Tor geöffnet.

Nur ausnahmsweise stoßen wir auf Texte (Mal 2,13–16; Spr 5,15–19), in denen die Ehescheidung streng verurteilt wird. Der Prophet Malachias sah das Treueverhältnis zwischen Mann und Frau in dem unverbrüchlichen Bund Jahwes mit Israel vorgezeichnet – ein Gedanke, welcher der Auffassung des Apostels Paulus über die Ehe unter Christen verwandt ist.

Jesu Nein zur Ehescheidung

Mit der altjüdischen Tradition der allzu leichten Scheidungsmöglichkeit für Männer brach Jesus, obwohl selbst ein Jude, radikal. Er interpretierte den Brauch der Entlassung per Scheidungsbrief als Zugeständnis an die Hartherzigkeit der Menschen. »Nur weil ihr so hartherzig seid«, antwortete Jesus auf die Frage hinterlistiger Pharisäer, »hat Mose euch erlaubt, eure Frauen aus der Ehe zu entlassen. Am Anfang war das nicht so« (Mt 19,8). Und weil es in dem jetzt angebrochenen Reich Gottes wieder wie am Anfang der Schöpfung sein sollte, erhob Jesus bei einem Streitgespräch eine Forderung, die vielen Israeliten – auch seinen Jüngern! – allzu hart erschien: »Was (aber) Gott verbunden hat, das darf der Mensch nicht trennen« (Mt 19,6). Dieses neue Gebot sollte im Gegensatz zum Alten Testament für Mann und Frau gleichermaßen gelten. Damit erwies sich Jesus als Anwalt einer bisher nicht gekannten Gleichberechtigung von Mann und Frau. In der Bergpredigt verkündete er als neuen Grundsatz: »Wer seine Frau entläßt (obwohl kein Fall von Unzucht vorliegt), liefert sie dem Ehebruch aus; und wer eine Frau heiratet, die aus der Ehe entlassen worden ist, begeht Ehebruch« (Mt 5,32).

Die Urkirche verstand die Aussage Jesu über die Unauflöslichkeit der Ehe als strenge Verpflichtung für alle Christen. Am klarsten brachte dies Paulus im 1. Brief an die Christengemeinde in Korinth zum Ausdruck: »Den Verheirateten gebiete nicht ich, sondern der Herr: Die Frau soll sich vom Mann nicht trennen – wenn sie sich aber trennt, so bleibe sie unverheiratet oder versöhne sich wieder mit dem Mann –, und der Mann darf die Frau nicht verstoßen« (1 Kor 7,10 f.). Bemerkenswert ist, daß der Apostel hier die tatsächliche Trennung zweier Eheleute noch nicht als Verstoß gegen die eindeutige Forderung Jesu betrachtete, wohl aber jede Wiederverheiratung. Damit hätte die Frage der Ehescheidung ein für allemal erledigt sein müssen.

Keine Regel ohne Ausnahme

Das tatsächliche Leben verlangt immer wieder Kompromisse und Konzessionen. So erfolgte gegen Ende des 4. Jahrhunderts eine bedeutende und zugleich folgenreiche Anpassung des absoluten Scheidungsverbotes Jesu an das wirkliche Leben mit den erst jetzt in den Bibeltext eingefügten Worten: »obwohl kein Fall von Unzucht vorliegt« (Mt 5,32; 19,9). Diese sogenannte Unzuchtsklausel löste bis heute immer wieder neue Interpretationen aus. Abgesehen davon, daß es sich dabei um einen späteren Einschub handelt, deuten manche Exegeten den Begriff »Unzucht« (porneia) nicht als einfachen Ehebruch, sondern als sexuelles Fehlverhalten im weiteren Sinn, zum Beispiel als Prostitution oder auch als Ehe unter Verwandten. Der Inhalt der Porneia-Klausel war wohl schon der Gemeinde des Evangelisten Matthäus bekannt, da sie »zumindest in diesem Fall die Ehescheidung und wenigstens für den schuldlosen Mann die Wiederheirat praktizierte«.[1] An dem absoluten Scheidungsverbot Jesu, wie es uns im ältesten Evangelium (Mk 10,9–12) überliefert ist, läßt sich jedenfalls nicht zweifeln.

Neben der speziellen Unzucht gab es schon zur Zeit der Apostel noch zwei andere wichtige Gründe, die eine Auflösung der Ehe rechtfertigen konnten. Dafür berief man sich allerdings nicht auf Jesus, sondern auf Äußerungen der Apostel Petrus und Paulus. Obwohl Paulus am generellen Ehescheidungsverbot Jesu nicht rüttelte, wollte er doch in eigener Verantwortung diese eine Ausnahme zulassen: »Wenn ein Bruder eine ungläubige Frau hat und sie willigt ein, weiter mit ihm zusammenzuleben, soll er sie nicht verstoßen.

Auch eine Frau soll ihren ungläubigen Mann nicht verstoßen, wenn er einwilligt, weiter mit ihr zusammenzuleben…Wenn aber der Ungläubige sich trennen will, soll er es tun. Der Bruder oder die Schwester ist in solchen Fällen nicht wie ein Sklave gebunden; zu einem Leben in Frieden hat Gott euch berufen« (1 Kor 7,15). Höher als das Verbot der Ehescheidung steht also das Gebot eines friedlichen Ehelebens. Wenn dieses aus einem schwerwiegenden Grund, nämlich wegen Glaubensdifferenzen, nicht mehr gewährleistet ist, hielt Paulus die Auflösung der Ehe mit der Möglichkeit zur Wiederverheiratung für ein elementares Recht des Menschen. Deshalb ist die Rede von einem Paulinischen »Privileg« eigentlich nicht zutreffend.

In den ersten Jahrhunderten der Kirche wurde die Ausnahmeklausel des Paulus kaum in Anspruch genommen, obwohl es sicherlich auch schon zu dieser Zeit Ehen gab, für die eine solche Vergünstigung hilfreich gewesen wäre. Erst im 13. Jahrhundert nahm Papst Innocenz III. die Sonderbestimmung des Paulus in die kirchliche Gesetzgebung auf. Infolgedessen waren jetzt besonders in Missionsländern geschiedene und wiederverheiratete Christen keine Seltenheit.

Der alte Codex Iuris Canonici (1918) kannte die paulinische Regelung als Sonderfall für eine legitime Ehescheidung: Eine gültige Ehe kann, auch wenn sie geschlechtlich vollzogen ist, »zum Schutz des Glaubens« (in favorem fidei) gelöst werden, wenn ein Partner sich nach der Hochzeit taufen läßt und der ungetaufte Partner daraufhin jedes friedliche Zusammenleben verweigert. Eine solche Ehe wird im Augenblick der neuen Eheschließung aufgelöst (can. 1123). Auch nach dem neuen Kirchenrecht ist diese Möglichkeit der Auflösung des Ehebandes gegeben (can. 1143–1150).

Komplizierter erscheint der Sachverhalt beim sogenannten Privilegium Petrinum, das besagt, daß der Papst aus eigener Vollmacht eine zwar gültige, aber nicht sakramentale Ehe um des Glaubens willen auflösen kann. Dieser Fall war zum Beispiel schon gegeben, wenn der katholische Partner einer »Mischehe« einen ebenfalls katholischen heiraten wollte. Weil es sich hier aber um einen »Gnadenakt« der Kirche handelte, konnte die päpstliche Dispens gewährt oder verweigert werden, ganz nach dem Ermessen des Papstes. Das revidierte Kirchenrecht von 1983 kennt diese eher verwirrende oder auch ärgerniserregende Möglichkeit nicht mehr. Unwiderrufen blieb jedoch bis heute die »Instruktion zur Auflösung einer Ehe zugunsten des Glaubens« vom 6. Dezember 1973, derzufolge eine halbchristliche Ehe unter Umständen doch geschieden werden kann.

Der päpstlichen Binde- und Lösegewalt unterliegt auch der Fall, daß zwei getaufte Christen eine Ehe zwar rechtmäßig geschlossen, aber sexuell nicht vollzogen (matrimonium ratum non consummatum) haben. Wenn sicher erwiesen ist, daß nach der Heirat überhaupt kein Geschlechtsverkehr stattfand, kann der Papst – wiederum als »Gnadenakt« – die an sich rechtlich gültige Ehe auflösen. Einer neuen Heirat steht dann nichts mehr im Wege (can. 1142).

Bei Schriftstellern der frühen Kirche fällt zunächst auf, daß sie in der Frage der Ehescheidung unterschiedliche, bisweilen auch widersprüchliche Auffassungen vertraten, obwohl Jesus die jüdische und heidnisch-antike Scheidungspraxis eindeutig abgelehnt hatte. Diese Diskrepanz erklärt sich weniger aus nicht immer einheitlichen Aussagen der Bibel als vielmehr aus dem Bemühen, die radikale Forderung Jesu auch unter prekären Umständen zu verwirklichen. Dabei waren Zugeständnisse unvermeidlich.

In der kleinen Schrift »Hirte des Hermas« (Mitte 2. Jh. in Rom) klang das Thema Ehescheidung zum ersten Mal an. Der Autor billigte zwar eine Trennung der Eheleute, wenn das Zusammenleben unerträglich geworden war, lehnte aber jede Scheidung und Wiederverheiratung ab, weil die Fortsetzung der »zerrütteten« Ehe nicht ausgeschlossen werden könne. Ähnlich dachten die einflußreichen Apologeten *Justin* und *Tertullian*, wenn sie mit großem Ernst für die einmalige Eheschließung plädierten und selbst nach dem Tod eines Partners keine neue Ehe sehen wollten. Nachklänge davon waren noch im Codex Iuris Canonici von 1918 zu vernehmen: »Mag auch keusche Witwenschaft ehrenvoll sein, dennoch ist die zweite und weitere Ehen gültig und erlaubt« (can. 1142). Auch durfte eine Frau, die schon einmal den feierlichen Ehesegen empfangen hatte, bei der folgenden Ehe nicht mehr eingesegnet werden (can. 1143).

Spannungen zwischen Lehre und Leben lassen sich mit Vorschriften und Verboten nie ganz aus der Welt schaffen. *Origenes* († ca. 254), einer der maßgebenden Theologen in der Ostkirche, empörte sich einerseits darüber, daß »einige Kirchenvorsteher der Frau zu Lebzeiten ihres Mannes eine zweite Heirat erlaubt haben«, auf der anderen Seite aber billigte er bibelwidrige Weisungen als Zugeständnis an die menschliche Schwäche, um noch schlimmere Taten zu verhindern. Als legitimen Scheidungsgrund akzeptierte Origenes die Tatsache, daß eine Frau die Ehe gebrochen hatte.[2] In dieser Hinsicht wurde seine Meinung sogar richtungweisend für die Ehedisziplin der griechischen Kirche.

Wie weit die Seelsorgepraxis einer bestimmten Ortskirche von der Intention Jesu entfernt sein konnte, bewies der Metropolit *Epiphanius* von Salamis / Cypern († 403) deutlich. In seinem gegen Häresien gerichteten Hauptwerk »Panarion« äußerte er diese Überzeugung: »Wenn ein Mann nach einer wegen Unzucht, Ehebruch oder aus einem anderen Grund vollzogenen Scheidung sich mit einer zweiten Frau verbunden hat, so klagt das Wort Gottes ihn nicht an, es schließt ihn nicht aus der Kirche und aus dem Leben aus, sondern übt Nachsicht mit seiner Schwachheit.«[3] Zu dieser weitreichenden Konzession veranlaßten den Bischof wohl nicht nur einige Ausnahmefälle.

Dieser Einstellung widersprach ein Zeitgenosse des Epiphanius, der griechische Kirchenvater *Johannes Chrysostomus* († 407), indem er die Gültigkeit des Gebots der unauflöslichen Ehe für den Mann und die Frau gleichermaßen behauptete: Jesus »betrachtet Mann und Frau nur wie eine Person und macht darum nie einen Unterschied zwischen den Geschlechtern«.[4] Auch wenn er, der zölibatäre Kirchenmann, wußte, daß das Leben in der Ehe schwierig sein kann, so hielt er dennoch am Prinzip der unauflöslichen Ehe unverrückbar fest: »Mag ein Mann auch an die bösartigste Frau gebunden sein, er muß diese Sklaverei ertragen; es gibt für ihn keine Lösung aus dieser Tyrannei.«[5] Nur bei Ehebruch wollte Chrysostomos die Entlassung des schuldigen Partners gestatten[6] und gleichzeitig wohl auch die Möglichkeit zu einer neuen Ehe offenlassen.

Im lateinischen Kirchenbereich plädierte Bischof *Augustinus*

(† 430) für eine strenge Gesetzgebung. Obwohl er aufgrund einiger Aussagen Jesu (Mt 5,32) und des Apostels Paulus (Röm 7,2 f.; 1 Kor 10,11 f.) die Trennung bei Ehebruch für erlaubt hielt, kam doch eine Wiederverheiratung nicht in Betracht, weil das Eheband selbst bestehen bleibe.[7] In seinen Augen stellte jede neue Ehe eine »verbrecherische Verbindung« dar. Dabei kannte er keinen Unterschied zwischen Mann und Frau, wie es im Alten Testament üblich war: »Ich sehe nicht ein, wie es einem Mann erlaubt sein soll, eine andere zu heiraten, wenn er die ehebrecherische Frau entlassen hat, da es der Frau nicht erlaubt ist, einen anderen zu heiraten, wenn sie den ehebrecherischen Mann verlassen hat.«[8] Eine gewisse Entschärfung des Problems erblickte Augustinus darin, daß der Konkubinat nicht ganz verdammt werden sollte, wenn es sich um eine dauernde Verbindung handelte und die Zeugung von Nachkommen nicht ausgeschlossen blieb.

Synodale und päpstliche Dekrete

Bischofsversammlungen (Synoden bzw. Konzilien) auf diözesaner und regionaler Ebene diskutierten auch die Thesen angesehener Theologen über die Möglichkeit der Ehescheidung und stellten die nötigen Kanones auf. Frühzeitig wurden unterschiedliche Einstellungen zwischen Ost- und Westkirchen sichtbar. Während die spanische Provinzialsynode von Elvira zu Beginn des 4. Jahrhunderts wiederverheiratete Frauen von der Kommunion ausschloß und die Synode von Arles (314) eine zweite Ehe prinzipiell ablehnte – Männer, die ihre ehebrecherische Frau entlassen hatten, erfuhren trotzdem Nachsicht –, erlaubten östliche Synoden unter dem Einfluß weltlicher Gesetzgebung bei Ehebruch fast durchweg die Auflösung der Verbindung und den Abschluß einer neuen Ehe.

Trotzdem fehlte es selbst im Bereich der abendländischen Kirche nicht an Sonderregelungen, um den menschlichen Härtefällen Rechnung zu tragen. Im Frankenreich der Merowinger und Karolinger steuerten Reichssynoden, deren Beschlüsse weltliche und kirchliche Gesetzeskraft erlangten, in Ehefragen einen gemeinsamen Kurs. Die von *Pippin* einberufene Synode von Soissons (744), an der neben 23 Bischöfen noch andere Geistliche teilnahmen, verfügte in Anwendung der bereits früher erwähnten Unzuchtsklausel, daß eine Ehe geschieden werden dürfe, wenn die Frau – wohlgemerkt nur die Frau! – bei Unzucht ertappt worden sei.

Selbst die höchste Kirchenautorität in Rom nahm in prekären Situationen gelegentlich Rücksicht, wie ein Schreiben von Papst *Gregor II.* vom 22. November 726 an den für ganz Germanien eingesetzten Missionsbischof Bonifatius zeigt, der sich mit einem umfangreichen Fragenkatalog an den römischen Pontifex gewandt hatte, um für seine Reformtätigkeit in der fränkischen Kirche genaue Weisungen zu erhalten. Der aus England stammende *Bonifatius* wollte unter anderem wissen, welche Rechte einem Ehemann zustehen, dessen Gattin wegen Krankheit den ehelichen Akt nicht ausführen könne. Der Papst beschied, es wäre zwar gut, wenn der Ehemann seiner Frau trotzdem die Treue hielte und »sich der Enthaltsamkeit befleißigte«. Da aber nur »ein großer Mann« dazu fähig sei, hatte er nichts einzuwenden, wenn ein Mann, »der sich nicht beherrschen kann, lieber heiratet«.[9] Der Mann mußte aber weiterhin für den Lebensunterhalt der kranken Frau aufkommen. Ob dieses salomonisch anmutende Urteil des Papstes als Ehescheidung verstanden werden darf oder eher als Sondererlaubnis für Bigamie zu deuten ist, läßt sich nicht eindeutig entscheiden.

Hundert Jahre später gestattete Papst *Eugen II.* (824–827) einem Ehemann, dessen Frau ihm untreu geworden war, erneut die Heirat. Doch auch hier ist nicht ausdrücklich von einer Lösung oder Annullierung der ersten Verbindung die Rede.

Im 12. Jahrhundert stellte dann der Rechtsgelehrte *Gratian* die Weichen für die gesetzliche Bestimmung, daß eine gültig versprochene und vollzogene Ehe ein Sakrament ist, das heißt ein Zeichen der Verbindung Christi mit der Kirche darstellt und deshalb unauflösbar ist.

Papst *Alexander III.*, ein hervorragender Kanonist, entschied den Streit zwischen den Theologenschulen von Paris und Bologna in dem Sinn, daß die Ehe allein durch den gegenseitigen Konsens Gültigkeit und Unauflöslichkeit besitzt. Als einzige Ausnahme von diesem eisernen Gesetz wollte er nur den Eintritt in ein Kloster gelten lassen.

Erst seit Papst *Martin V.* († 1431) kennen wir Beispiele dafür, daß eine rechtlich gültige, aber sexuell nicht vollzogene Ehe mit päpstlicher Erlaubnis (Dispens) aufgelöst wurde.[10]

Bußstrafen wegen Ehebruch und Bigamie

Die Kirche zählte Ehebruch, Mord und Glaubensabfall schon immer zu den drei Haupt- oder Todsünden, für die vor allem zur Zeit der öffentlichen Kirchenbuße schwere Strafen auferlegt wurden.

Die Synode von Ankara (314) verhängte über Ehebrecher eine siebenjährige Bußstrafe. Die Pönitenten mußten während dieser langen Zeit ein bestimmtes Bußwerk (Fasten, Wallfahrt) verrichten, blieben von der Eucharistiefeier ausgeschlossen und galten als öffentliche Sünder, bis sie mit der Kirche wieder ausgesöhnt waren.

In den mittelalterlichen Bußbüchern, die den Beichtvätern als Hilfsmittel für die Bußpraxis, insbesondere bei der Zuteilung der entsprechenden Kirchenstrafen, dienten, war die Ehe als unauflösliche Gemeinschaft eines Mannes mit einer Frau definiert. Deshalb kam auch bei Ehebruch eine neue Heirat nicht in Betracht. Die Eheleute durften sich in einem solchen Fall zwar trennen, wie auch das berühmte Decretum des Wormser Bischofs Burchard im 11. Jahrhundert bezeugt, jedoch keine neue Verbindung eingehen. Die Scheidung einer gültigen Ehe konnte nur dann erfolgen, wenn die Zeugungsunfähigkeit des Mannes – von einer Unfruchtbarkeit der Frau wußte man tatsächlich noch nichts – sicher feststand und aus diesem Grund der Hauptzweck der Ehe, die Zeugung von Nachkommen, nicht erfüllt werden konnte.

Eine bemerkenswerte Ausnahme enthält das dem Erzbischof *Theodor von Canterbury* zugeschriebene Poenitentiale aus dem 7. Jahrhundert: Der Mann darf bei Ehebruch seiner Frau eine andere Frau heiraten; die ehebrecherische Frau dagegen kann selbst bei entsprechender Reue über ihren Fehltritt erst fünf Jahre später eine zweite Ehe eingehen. Außerdem darf ein Mann, der seine Frau ohne vorliegenden Ehebruch entlassen und eine andere Frau geehelicht hat, ebenfalls nach fünf Jahren harter Buße wieder uneingeschränkt am kirchlichen Leben teilnehmen.

Die Art der Bußstrafen für Ehebruch änderte sich im Laufe der Jahrhunderte erheblich. Doch welche Strafe auch immer verhängt wurde, die Exkommunikation gehörte stets dazu. Manchmal ähnelten die Sanktionen weltlichen Zuchthausstrafen. Papst *Urban VIII.* († 1648) verurteilte in einer Konstitution vom Jahre 1637 alle Männer, die zu Lebzeiten ihrer Ehefrau unter falschem Namen eine weitere Ehe eingegangen waren und deshalb in Bigamie lebten, neben den üblichen Strafen noch zu lebenslanger Galeerenarbeit, das heißt zum Ruderdienst für die Kriegsmarine. Wenn ein Bigamist für diesen Dienst zu schwach war, mußte er eine lebenslange Kerkerhaft verbüßen; und wenn er eine noch härtere Strafe verdient hatte, war sie ihm von der weltlichen Gewalt aufzuerlegen.[11]

In Deutschland sollte einmal zur Zeit des Dreißigjährigen Krieges ein des Ehebruchs schuldiges Paar zuerst eine öffentliche Schandstrafe erleiden und danach ins Exil gehen. Doch der für diesen Fall zuständige Fürstbischof von Augsburg sah von der Verbannung ab. Statt dessen verurteilte er den ehebrecherischen Mann zu 24 Reichstalern Geldstrafe und ließ ihn dreimal in die »Prechen« vor der Kirchtüre schlagen, was bedeutete, daß der Delinquent zum Gespött der Leute Hals und Arme in ausgeschnittene Stellen eines Holzgerüstes stecken und dann Ruten und Kerzen in die Hand nehmen mußte. Um das Maß an Schande vollzumachen, las man vorübergehenden Kirchgängern alle Übeltaten des Ehebrechers vor. Die schuldige Frau kam zur Strafe in die »Geige« und wurde auf dem Marktplatz hin und her geführt.[12]

Scheidungspraxis der Ostkirchen

Bei Unionsgesprächen zwischen den Kirchen gehörte die Frage, ob eine gültig geschlossene Ehe aus einem dringenden Grund geschieden werden könne, häufig zu den Verhandlungspunkten. So war es auch beim Konzil von Florenz, das 1438 in Ferrara eröffnet, ein

Jahr später aber schon, wahrscheinlich aus finanziellen Überlegungen, nach Florenz verlegt wurde. Die Versammlung der Bischöfe verpflichtete die zur Rückkehr in die römische Kirche entschlossenen Armenier in einem Dekret über die entscheidenden Glaubenssätze und eine Reihe ritueller Vorschriften, die Unauflöslichkeit der Ehe zu akzeptieren, weil die Ehe »die unlösliche Verbindung Christi und der Kirche« darstelle. Unmittelbar nach diesem paulinischen Gedanken präzisierte das Konzil: »Wegen Unzucht ist zwar eine Scheidung von Tisch und Bett erlaubt, aber es bleibt dennoch gegen Gottes Gebot, eine andere Ehe einzugehen; denn das Band einer rechtmäßig geschlossenen Ehe ist dauernd.«[13] Diese Lehre stand in klarem Widerspruch zur Auffassung und Praxis der Ostkirchen, die seit jeher bei Ehebruch die Möglichkeit einer Scheidung und Wiederverheiratung einräumten.

Bemerkenswert ist außerdem, daß dasselbe Konzil in den Verhandlungen mit den Griechen das heikle Problem der Ehescheidung ganz ausklammerte; jedenfalls findet sich im Decretum pro Graecis davon keine Erwähnung.

Und knapp hundert Jahre später tolerierte das Konzil von Trient die ostkirchliche Ehegesetzgebung zumindest indirekt. Wichtiger erschien den Bischöfen und Theologen jetzt die Kontroverse mit den Reformatoren. Dies hieß für unser Thema Protest gegen *Luther* und seine Anhänger, weil sie die Sakramentalität der Ehe und damit auch die grundsätzliche Unlösbarkeit der gültigen Ehe leugneten. Wenn die Konzilsväter in einem von zwölf Lehrsätzen über das Ehesakrament die Polygamie verwarfen, mochte ihnen die von Luther selbst gebilligte geheime Doppelehe des protestantischen Landgrafen Philipp von Hessen als warnendes Beispiel vor Augen gestanden haben. Bei der Frage, ob eine Ehe wegen Ehebruchs aufgelöst und eine neue Ehe geschlossen werden dürfe, wie es die umstrittene Unzuchtsklausel im Matthäusevangelium nahelegt, wurden selbst unter Bischöfen und Theologen Meinungsverschiedenheiten offensichtlich. Um nun die griechisch-orthodoxe Kirche, seit Jahrhunderten von der lateinischen Kirche getrennt, nicht direkt zu verurteilen, weil sie bei Ehebruch die Wiederheirat gestattete, wählte das Konzil im Lehrsatz eine vorsichtige Formulierung, in der nur die Rechtmäßigkeit der lateinischen Praxis zum Ausdruck kam, eine ausdrückliche Verwerfung der ostkirchlichen Regelung aber vermieden wurde: »Wer sagt, die Kirche irre, wenn sie gelehrt hat und lehrt: Nach evangelischer und apostolischer Lehre (Mt 19,6 ff.; Mk 10,6 ff.; 1 Kor 7,10 ff.) könne wegen eines Ehebruchs des einen Ehegatten das eheliche Band nicht gelöst werden und beide, auch der unschuldige Teil, der keinen Anlaß zu Ehebruch gegeben hat, können zu Lebzeiten des anderen Ehegatten keine andere Ehe eingehen; und der Mann begehe einen Ehebruch, der nach Entlassung der ehebrecherischen Frau eine andere heirate, ebenso die Frau, die nach Entlassung des ehebrecherischen Mannes sich mit einem anderen vermähle, der sei ausgeschlossen.«[14] Entsprechend diesem komplizierten Entscheid dozierten die Kanonisten und urteilten die Eherichter in den folgenden Jahrhunderten, streng und unnachgiebig, wie das Kirchengesetz es befahl.

In Positionspapieren von Bischöfen und Theologischen Fakultäten an die Adresse der Vorbereitungskommission des II. Vatikanischen Konzils kam das Problem der Ehescheidung häufig zur Sprache. Wie nicht anders zu erwarten, lauteten die Lösungsvorschläge unterschiedlich.

Während des Konzils selbst erregte der griechisch-melchitische Patriarchalvikar *Elias Zoghby* ungewöhnlich großes Aufsehen, als er in der Generalkongregation vom 29. September 1965 die ostkirchliche Praxis, die unschuldig geschiedenen Ehepartnern unter besonderen Umständen eine zweite Trauung gestattet, mit Freimut verteidigte. Er stützte sich dabei auf die biblische Ehebruchsklausel (Mt 5,32) und auf das Konzil von Trient, das trotz enger Interpretation dieser umstrittenen Bibelstelle eine von der römischen Kirche abweichende Gesetzgebung bewußt nicht verurteilt habe. Zoghby verärgerte nicht wenige Konzilsväter mit seiner scharfen Attacke gegen eine verrechtlichte Theologie in der abendländischen Kirche: »Die pastorale Sorge für die schwergeprüften Gatten hat bei den westlichen Kanonisten andere Wege gesucht. Sie haben sich durch eine scharfsinnige, oft an Akrobatik grenzende subtile Kasuistik beflissen, alle Hindernisse aufzuspüren, die imstande wären, den Heiratsvertrag ungültig zu machen. Sie taten es gewiß aus pastoraler

Sorge. Doch ergibt sich daraus bisweilen ein bestimmter Schaden für die Seelen.«[15]

Scharfe Reaktionen von römisch-katholischer Seite folgten. Um sich zur Wehr zu setzen, erklärte Erzbischof Zoghby noch am selben Tag bei einer Pressekonferenz, die östlichen Kirchen hätten die Wiederverheiratung schuldlos Geschiedener schon lange vor Kaiser Iustinian im 6. Jahrhundert praktiziert und könnten sich dafür auf Zeugnisse von Kirchenvätern berufen.

Den Standpunkt der römischen Kirche verteidigte der Theologe *Charles Journet*, den Paul VI. aus persönlicher Hochschätzung in das Kollegium der Kardinäle aufgenommen hatte, mit versöhnlichen, aber deutlichen Worten. Journet behauptete, hier liege eine von Jesus verkündete Lehre vor, an der die katholische Kirche zu allen Zeiten festgehalten habe. Die Unzuchtsklausel im Evangelium des Matthäus gestatte zwar das Auseinandergehen eines unglücklichen Ehepaares, sie berechtige aber keinesfalls zum Abschluß einer neuen Ehe. Wenn die orientalischen Kirchen jenes Bibelwort so deuteten, als sei dem unschuldigen Ehepartner die Wiederverheiratung erlaubt, dann richteten sie sich eben mehr nach menschlichen Erwägungen als nach dem Evangelium. Indem der Kardinal die ostkirchliche Praxis so beurteilte, verurteilte er sie zugleich.

Eine objektive Einschätzung der schwierigen Materie versuchte der Konzilsperitus *Philippe Delhaye*, Professor für Moraltheologie an der Universität Löwen und Mitglied der Internationalen Theologenkommission. Zur Überraschung vieler Konzilsteilnehmer bestätigte er, die lateinische Kirche habe bis in das 12. Jahrhundert hinein die ostkirchliche Auffassung in der Scheidungsfrage nicht nur gebilligt, sondern sogar selbst praktiziert. Erst dann seien lateinische Gesetzgebung und Rechtssprechung der als positiv göttliches Recht ausgegebenen Lehre gefolgt, daß eine gültig geschlossene und sexuell vollzogene Ehe unter keinen Umständen getrennt werden dürfe.

Als in den beiden letzten Jahrhunderten die Zahl der Scheidungen auch unter Katholiken immer mehr anstieg, fühlten sich Päpste und Bischöfe aufgerufen, die Unauflöslichkeit der Ehe als ein göttliches Gebot zu verteidigen. Für die Einehe und ihre lebenslange Dauer beriefen sie sich aber nicht nur auf die Bibel, sondern auch auf das Naturrecht.

Unter den von Papst *Pius IX.* im »Syllabus errorum« (1864) verurteilten Thesen findet sich auch diese: »Nach dem Naturrecht ist das Band der Ehe nicht unauflöslich, und in verschiedenen Fällen kann eine Ehescheidung im eigentlichen Sinne durch die staatliche Autorität (rechtsgültig) vollzogen werden.«[16] Heute dürfte es nur noch wenige Theologen geben, die die Einheit und Unauflöslichkeit der Ehe mit dem Naturrecht zu begründen wagen. Doch abgesehen davon hat die Kirche selbst mit dem in die apostolische Zeit zurückreichenden Privilegium Paulinum bewiesen, daß auch eine naturrechtlich gültige Ehe in einem besonderen Fall aufgelöst werden kann (vgl. S. 126 ff.).

Bei ihren Bemühungen um stabile Ehen machten kirchliche Amtsträger auf die schlimmen Folgen der Ehescheidung aufmerksam. Besonders nachdrücklich verwies Papst *Leo XIII.* in der Enzyklika »Arcanum« vom 10. Februar 1880 auf die vielfältigen Schädigungen, die mit der Möglichkeit einer Scheidung einhergehen: »Durch sie werden die Ehebündnisse wandelbar, wird die gegenseitige Liebe geschwächt, werden verderbliche Anreize zur Untreue geweckt, leidet Schaden die Behütung und Erziehung der Kinder, wird Gelegenheit geboten zur Lockerung der häuslichen Gemeinschaft, wird eine Saat von Zwietracht unter den Familien ausgestreut, wird die Würde der Frauen geschmälert und erniedrigt, da ihnen die Gefahr droht, verlassen zu werden, nachdem sie der Lust des Mannes gedient haben.«[17] Wenn man den Grundsatz der Unauflöslichkeit preisgebe, so warnte der Papst weiter, werde das Übel der Ehescheidung wie eine ansteckende Krankheit um sich greifen oder wie ein gewaltiger Strom die Dämme überfluten. Schnell folge dann der ersten Ehescheidung eine zweite oder gar dritte. In ausweglosen Situationen sei darum lediglich die Trennung von Tisch und Bett zulässig.

Auch das II. Vatikanische Konzil brachte hinsichtlich der Ehescheidung keine Änderung; es machte sich vielmehr zum Anwalt einer jahrhundertealten Tradition. In der pastoralen Konstitution »Gaudium et spes« (1965) heißt es über die Ehe: »Diese innige Vereinigung als gegenseitiges Sichschenken zweier Personen wie auch das Wohl der Kinder verlangen die unbedingte Treue der Gatten und fordern ihre unauflösliche Einheit.«[18] Ungeachtet der personalistischen Sicht hielt das Konzil also prinzipiell an der Unauflöslichkeit der Ehe fest.

Papst *Johannes Paul II.* bezeichnete in seinem umfangreichen Schreiben über die christliche Familie vom 22. November 1981 die Ehe als eine unauflösliche Gemeinschaft, welche die Kirchenobrigkeit gerade in unseren Tagen unmißverständlich lehren und die Eheleute vorbildlich leben müßten, und zwar im Gegensatz zu »denen, die es in unseren Tagen für schwierig oder geradezu unmöglich halten, sich für das ganze Leben an einen Menschen zu binden, und denen, die sich von einer kulturellen Strömung mitreißen lassen, die die Unauflöslichkeit der Ehe ablehnt und die Verpflichtung der Gatten zur Treue offen verlacht«.[19]

Der Papst weiß sehr wohl, daß die Zahl der geschiedenen und wiederverheirateten Katholiken überaus hoch liegt und kein Ende dieser Entwicklung abzusehen ist. Eindringlich mahnte er alle Seelsorger und Laien, »den Geschiedenen in fürsorgender Liebe beizustehen, damit sie sich nicht als von der Kirche getrennt betrachten«. Dies hinderte ihn aber keineswegs, gleichzeitig die »auf die Heilige Schrift gestützte Praxis, wiederverheiratete Geschiedene nicht zum eucharistischen Mahl zuzulassen«, zu bekräftigen.[20] Also bleiben die betroffenen Katholiken weiterhin von den Sakramenten ausgeschlossen.

Einen Ausweg sieht der in dieser Hinsicht unerbittliche Papst nur dann gegeben, wenn beide Partner der neuen Ehe sich verpflichten, »völlig enthaltsam zu leben, das heißt, sich der Akte zu enthalten, welche Eheleuten vorbehalten sind«.[21] Dieser Weg ist aber kein Ausweg, da eine harmonische Ehe, die Leib und Seele gleichermaßen respektiert, in der vom Papst gedachten Weise nicht verwirklicht werden kann. Er könnte sich sogar als ein böser Irrweg herausstellen, an dessen Ende die Zerstörung der neuen Lebensgemeinschaft steht – und damit genau das, was grundsätzlich vermieden werden soll.

Ausweg: Annullierung der Ehe

Auf den ersten Blick mag es so scheinen, als kenne die römisch-katholische Kirche überhaupt keine Scheidung einer gültigen Ehe. Nach dem Kirchenrecht aber ist eine Ehe erst dann vollgültig, wenn der Eheschließung (matrimonium ratum) auch noch die sexuelle Vereinigung (matrimonium consumatum) gefolgt ist. Läßt sich nachweisen, daß eine Ehe in rein platonischer Absicht eingegangen und gelebt wurde, dann kann der Papst diese an sich gültig geschlossene Ehe annullieren, das heißt für ungültig erklären.

Die kirchliche Gerichtsbarkeit kennt noch andere Gründe, aus denen heraus eine als gültig betrachtete, vielleicht sogar mit großer kirchlicher Feierlichkeit vorgenommene Trauung für nichtig erklärt wird. Kanonisten und Richter unterscheiden hier drei Gruppen von Gerichtsverfahren: Eheschließungs-, Ehescheidungs- und Ehetrennungsverfahren.

Wenn heute von Eheprozessen die Rede ist, denken wir meist nur an solche Verfahren, die eine Auflösung der Ehe zum Ziel haben. Bei den Eheprozessen im Mittelalter dagegen sollte in der Mehrzahl der Fälle geprüft und entschieden werden, ob eine Ehe die von einem Partner bestrittene Gültigkeit wirklich nicht besaß.

In unserer Zeit müssen kirchliche Richter hauptsächlich untersuchen, ob eine Ehe von Anfang an ungültig war und deshalb für ungültig erklärt werden kann. Als Gründe für die Nichtigkeit einer Ehe kommen in Betracht: bereits bestehende Ehe, enge Blutsverwandtschaft, Impotenz, Zwang und mangelhafter Ehewille. Im Codex Iuris Canonici von 1983 kam psychisch bedingte Unfähigkeit zu einer unauflösbaren Ehe oder auch zur ehelichen Treue als neuer Annullierungsgrund hinzu. Wenn sich also bei einem Ehepartner beweisen läßt, daß er aus schwerwiegenden psychischen Gründen nicht reif genug war, die für eine Ehe wesentlichen Verpflichtungen zu übernehmen, dann ist diese Ehe null und nichtig.

Bei den Klagen, die auf Ehetrennung abzielten, gaben meist Ehebruch und Grausamkeit den Ausschlag. Wenn das kirchliche Gericht eine solche Ehe trennte, hieß dies allerdings nicht, daß beide Partner wieder heiraten konnten. Der klageführende Teil war meist auch schon zufrieden, wenn er mit dem beschuldigten Teil nicht mehr zusammenleben mußte und sich trotzdem als volles Mitglied der Kirche betrachten durfte.

Das kirchliche Gerichtsurteil konnte sich auch auf die Vermögensverhältnisse auswirken. Dank dem kirchlichen Richter kamen vor allem die gesellschaftlich benachteiligten Frauen leichter zu ihrem Recht.

Allerdings dienten die kanonischen Ehegesetze Päpsten und Bischöfen oft auch als ein Instrument zur Erreichung rein weltlicher, insbesondere politischer Ziele. Dafür wurden selbst Machtmittel eingesetzt. So erzwang Papst *Innocenz III.* die Trennung des französischen Königs Philipp II. August von seiner Ehefrau Agnes (1201) durch ein Interdikt, das heißt durch eine Gottesdienstsperre. Ein Hauptgrund für die Annullierung dieser Ehe lag darin, daß Philipps Urgroßvater und Agnes' Urgroßmutter Geschwister waren. Entscheidender wirkte freilich die Tatsache, daß der König in erster Ehe mit Ingeborg von Dänemark verheiratet war, bis er sie in ein Kloster verbannte.

Im Zusammenhang mit Prozessen, die wegen Ungültigkeit einer Ehe angestrengt werden, kann man oft den Vorwurf hören, reiche Antragsteller könnten eher mit Entgegenkommen und Erfolg rechnen als arme, da auch kirchliche Gerichte nicht frei von Bestechung seien, ganz abgesehen davon, daß ärmere Katholiken allein schon aus Geldmangel einen solchen Prozeß nicht führen könnten. Diese Klagen sind in unserer Zeit gewiß nicht mehr berechtigt. Ungefähr die Hälfte aller Prozesse wird nämlich unentgeltlich geführt, weil die Antragsteller die anfallenden Kosten nicht aufbringen können. Auch ist die Kritik, höhergestellten Personen, vor allem Angehörigen regierender oder adeliger Häuser, werde außergewöhnlich große Nachsicht zuteil, zumindest heute nicht berechtigt. Es verhält sich eher umgekehrt: Gerade weil solche Vermutungen in der Öffentlichkeit schnell auftreten, ist das oberste kirchliche Ehegericht, die Rota Romana, bemüht, schon den bloßen Eindruck einer Begünstigung zu vermeiden.

Natürlich ist für die breite Öffentlichkeit die »Ehescheidung« einer Prinzessin eine besondere Sensation. Erst kürzlich erregte die Nachricht, daß die Ehe zwischen Alfonso de Borbon, einem Vetter des spanischen Königs Juan Carlos, und Carmen Martinez, einer Enkelin des Diktators Franco, vom höchsten Ehegericht der Kirche für ungültig erklärt worden ist, weit über Spanien hinaus Aufsehen und Verärgerung. Als Hauptgrund für die Annullierung dieser seit vielen Jahren bestehenden Ehe wurde psychische Unreife der einstigen Braut anerkannt. Konkret hieß dies, die Braut habe zum Zeitpunkt ihrer Heirat die Rechte und Pflichten der Ehe nicht genügend einschätzen können.

Mit Spannung erwartet man das Urteil im Fall der Prinzessin Caroline von Monaco, die seit Jahren mit Stefano Casiraghi in zweiter Ehe lebt. Die Kirche freilich betrachtet diese Zivilehe als Konkubinat, da Caroline mit Philippe Junot gültig verheiratet ist. Solange das vatikanische Ehegericht diese Ehe nicht annulliert hat, bleibt der Tochter des Fürsten Rainier von Monaco die kirchliche Trauung mit ihrem zweiten Mann verwehrt. Ob es zu einer »Scheidung auf katholisch« – gemeint ist damit die Ungültigkeitserklärung der Ehe – kommen wird? Im Vatikan jedenfalls will man, daß solche prominenten Fälle mit größter Sorgfalt behandelt werden.

Die Zahl der kirchlichen Eheprozesse hat sich in den letzten Jahren laufend erhöht. 1986 wurden allein in den deutschen Bistümern 810 Ehenichtigkeitsprozesse neu eröffnet; entschieden wurden im selben Jahr 759 Verfahren, und zwar 549 Fälle (72 Prozent) positiv, 210 Fälle (28 Prozent) negativ. Die häufigsten Klagegründe zielten auf Ablehnung der Unauflöslichkeit der Ehe (in 239 von 381 Fällen als erwiesen angesehen), auf Ausschluß von Nachkommenschaft (in 191 von 318 Fällen als bewiesen anerkannt) und auf psychische Eheunfähigkeit (in 82 von 158 Fällen als nicht bewiesen abgelehnt). Mit dieser Praxis im Rechtsbereich will die Kirche den tatsächlichen Verhältnissen entsprechen, jedoch ohne zugleich das theologisch-moralische Prinzip der Unauflöslichkeit der Ehe in Frage zu stellen. Es ist aber nicht von der Hand zu weisen, daß das strikte Scheidungsverbot auf diesem Weg viel an Gewicht verliert. Unter diesem Aspekt stellen die Ehenichtigkeitsprozesse an sich schon eine höchst fragwürdige Angelegenheit dar.

Solche theologischen und pastoralen Überlegungen dürften auch für Papst *Johannes Paul II.* Anlaß und Grund gewesen sein, um an der angeblich leichtfertigen Praxis kirchlicher Gerichte in Sachen Ehescheidung deutliche Kritik zu üben. Bei der Audienz für die Mitglieder der Rota Romana am 5. Februar 1987 bezeichnete er es als einen Skandal, daß kirchliche Gerichte relativ viele Ehen aufgrund psychologischer und psychiatrischer Gutachten für nichtig erklärten. Auf diese Weise werde der Wert der christlichen Ehe zerstört und vor allem das Wissen um die Unauflöslichkeit der Ehe verdunkelt. Die Unzufriedenheit des Papstes betraf in erster Linie die diözesanen Ehegerichte, besonders in angelsächsischen Ländern und in Nordamerika. In der Tat wurden 1984 auf der ganzen Erde 46 658 Ehen annulliert, davon allein 36 461 in den USA. Gestiegen ist aber auch die Zahl der vom obersten Ehegericht in Rom ausgehenden Nichtigkeitserklärungen.

Tief beunruhigen den Papst die unvergleichlich höheren Zahlen der Ehescheidungen im weltlichen Bereich. Er wird nicht müde, vor allem in den Reden und Predigten während seiner Besuche in verschiedenen Ländern auf diese skandalöse Entwicklung, in der er nur moralische Dekadenz zu erblicken vermag, hinzuweisen. Als er sich 1986 im Rahmen seiner Asienreise für wenige Stunden auf den Seychellen, einer Inselrepublik mit zwei Dritteln katholischer Bevölkerung, aufhielt, beklagte er den ungewöhnlich hohen Prozentsatz der Ehescheidungen (siebzig Prozent) und der illegitimen Kinder. Für diese traurige Bilanz machte er Treulosigkeit, Leichtlebigkeit und Scheidung verantwortlich.

Die Zivilehe ist heute in allen Ländern der Erde eine Selbstverständlichkeit (vgl. S. 114 ff.). Nicht ganz so selbstverständlich ist es hingegen, daß eine zivil geschlossene Ehe auch geschieden werden kann. Das besondere Verhältnis zwischen Italien und dem Vatikan verhinderte lange die Möglichkeit der Scheidung für italienische Staatsbürger. Erst als sich die Mehrheit der Bevölkerung in einem öffentlichen Referendum für die Scheidungsmöglichkeit ausgesprochen hatte, war der Weg zur Gesetzänderung frei – trotz heftigem Widerstand des Papstes und der italienischen Bischöfe. In Argentinien verabschiedete das Parlament erst 1987 – wenige Wochen nach dem Besuch von Papst Johannes Paul II. – ein Gesetz über die Ehescheidung. Die mit der Entwicklung des pluralistischen Gesellschafts- und Staatswesens Hand in Hand gehende »Säkularisierung« der Ehe ließ sich nirgends aufhalten.

Vor wenigen Jahrzehnten noch wurde die Frage diskutiert, ob ein katholischer Richter an einer zivilen Ehescheidung mitwirken dürfe, da dieser Akt doch im Widerspruch zu seiner religiös-kirchlichen Überzeugung stehe. Ein weiteres Bedenken ging dahin, bei beteiligten Parteien könnte der Eindruck entstehen, als gebe es doch so etwas wie eine kirchliche Ehescheidung. »Was den Fall der Ehescheidung betrifft«, betonte Papst *Pius XII.* vor katholischen Juristen am 6. November 1949, »darf der katholische Richter bei einer vor Gott und der Kirche gültigen Ehe nur aus sehr gewichtigen Gründen ein Urteil auf zivile Scheidung aussprechen.« Ein solches Urteil wirkt sich nach Überzeugung des Papstes nicht nur bürgerlich aus, es könne auch zu der irrigen Meinung führen, als sei das bestehende Eheband jetzt gelöst.[22] Dieses Beispiel zeigt, wie sehr die höchste Kirchenautorität mit Argusaugen darüber wachte, daß die Gültigkeit des von ihr mit Entschiedenheit vertretenen Prinzips der Unauflöslichkeit der Ehe nicht in Zweifel gezogen wurde.

Die katholische Kirche erkennt die zivile Ehescheidung für ihren Bereich nicht an, weil nach ihrer Glaubenslehre jede gültig geschlossene Ehe bestehen bleibt, bis ein Ehepartner gestorben ist. Wer sich darum als Katholik zivil scheiden läßt und abermals zivil heiratet, bleibt vom Empfang der Sakramente so lange ausgeschlossen, als die ursprüngliche Ehe nicht wiederhergestellt ist.

Zivil geschiedene und standesamtlich ein zweites oder drittes Mal getraute Katholiken müssen überdies mit schlimmen Folgen rechnen, wenn sie beruflich im Dienst der Kirche tätig sind. Allein in der Bundesrepublik Deutschland gibt es Hunderte von Fällen, in denen eine kirchliche Behörde das Arbeitsverhältnis gekündigt hat, weil der oder die Angestellte in einer kirchlich ungültigen Ehe lebt. Betroffen sind hier vor allem Katecheten, Pfarrhelfer – von der Sekretärin bis zum Pastoralassistenten – und Kindergärtnerinnen; genauso freilich auch Krankenpfleger und Angestellte in kirchlichen Büros.

Eine Telefonistin im Trierer Generalvikariat verlor ihre Arbeitsstelle, weil sie sich von ihrem Mann, der als Chauffeur im bischöflichen Dienst steht, scheiden ließ und abermals zivil heiratete. Einer beim Caritasverband für die Diözese Passau tätigen Diplom-Sozialpädagogin wurde gekündigt, nachdem sie einen geschiedenen Mann geheiratet hatte. Das katholische Katharinen-Hospital in Frechen bei Köln entließ zwei Krankenschwestern, weil sie kirchlich in ungültiger Ehe lebten, und drohte fünf anderen Pflegerinnen aus demselben Grund mit Entlassung. Diese Beispiele stehen für ungezählte weitere Fälle.

Keine Gnade für wiederverheiratete Geschiedene

Eine Hauptursache für die in vielfacher Hinsicht verhängnisvolle kirchliche Lage der geschiedenen und wiederverheirateten Katholiken – als Leidtragende kommen aber häufig auch nichtkatholische Lebenspartner in Betracht – liegt in der nicht erst in unseren Tagen umstrittenen Identifizierung von Ehevertrag und Ehesakrament (vgl. S. 111 ff., 117 ff.).

Zuerst einmal müßte die Kirche anerkennen, daß die Ehen unter Nichtgetauften grundsätzlich auflösbar sind, da sie nicht durch ein Sakrament unauflöslich verbunden und auch nicht vom Naturrecht zu einer lebenslangen Ehe verpflichtet sind. Wenn dies geschieht, wäre der mit einem geschiedenen Nichtchristen verheiratete Partner kirchlichen Sanktionen nicht mehr ausgesetzt.

Bei der Ehe zweier Katholiken könnte die Kirche, die Entkoppelung von Ehevertrag und Ehesakrament vorausgesetzt, den Nupturienten anheimgeben, ob sie zusätzlich zu ihrem Eheversprechen, das sie bereits bei der zivilen Eheschließung abgelegt haben, auch noch den kirchlichen Trausegen wünschen und damit eine sakramentale Ehe eingehen wollen. Wenn diese Wahlmöglichkeit gegeben wäre, würde die Zahl der kirchlich ungültigen Ehen mit einem Schlag dezimiert werden. Wer sollte sich darüber mehr freuen als kirchliche Autoritäten?

Immer mehr Moral- und Pastoraltheologen – vereinzelt sogar auch Kanonisten! – verspüren an dem Punkt, wo Recht (Ehevertrag) und Gnade (Ehesakrament) aufeinandertreffen, ernste Sorgen. Sie suchen darum nach Lösungen, die der apostolischen Tradition ebenso genügen wie der ehelichen Situation heute.

Der Moraltheologe *Bernhard Häring* übte vor Jahren schon herbe Kritik an der Art kirchlicher Justiz, die in unserem Punkt zur Anwendung kommt: »Eine Nichtigkeitserklärung in einer Frage der Gnadenordnung ist immer eine schwerwiegende Sache, zumal wenn sie verallgemeinert wird. Der Hl. Geist ist so frei! Gott sieht Ehen, die rechtlich ungültig sind, aber mit ehrlichem Gewissen und in dem Bestreben, seinen Willen zu suchen, eingegangen wurden, und er läßt sie in der Liebe wachsen. Die Kirche sollte nicht so kategorische Erklärungen abgeben, die nicht sehr viel Respekt verraten vor der souveränen Freiheit Gottes, aus einer Ehe ein sichtbares Zeichen seiner Liebe auf der Schöpfungsebene und im Bereich der Erlösung zu machen.« Häring ist fest davon überzeugt, »daß die Kirche früher oder später sich verpflichtet fühlen wird, keine Ehe, in der ein wahrer und freier Ehewille vorhanden ist und auch sozial bekundet wurde, für nichtig zu erklären«.[23]

Unter den Kanonisten ist *Matthäus Kaiser*, Professor für Kirchenrecht an der Universität Regensburg, einer der wenigen, die nach neuen Lösungen Ausschau halten. In seinem Buch »Geschieden und wieder verheiratet« hat er neuartige Lösungsversuche unterbreitet, die aber bei seinen Fachkollegen und noch mehr bei der kirchlichen Hierarchie auf Widerspruch und Ablehnung stoßen. Kaiser möchte – ohne das Gesetz der Unauflöslichkeit der Ehe preiszugeben, aber auch ohne kanonistische Hintertürchen aufzutun – einen Weg aufzeigen, der wiederverheirateten Geschiedenen die volle Teilnahme am kirchlichen Leben, also auch am Empfang der Sakramente, ermöglicht. Vom gesamtpersönlichen Aspekt der Ehe ausgehend, formulierte der Kanonist zunächst folgende These: »Die geschlechtliche Vereinigung eines Ehegatten mit einem anderen Partner ist in besonderer Weise als Ehebruch sittlich verwerflich, wenn diese Geschlechtsgemeinschaft Ausdruck einer neben der Ehe bestehenden personalen Bindung an diesen Partner ist.« Die Ehe sei, so präzisierte Kaiser weiter, im Grunde bereits gebrochen, wenn ein Eheteil »eheähnliche personale Beziehungen zu einem anderen Partner aufnimmt«, auch ohne daß schon ein Geschlechtsverkehr stattgefunden habe.[24] Eine solche Beurteilung deckt sich mit dem beim Evangelisten Markus überlieferten Wort Jesu, das schon das ernsthafte Begehren eines anderen Ehepartners als Zerstörung der Ehe bezeichnet. Mit dieser das innere Wesen der Person betreffenden Beurteilung wollte Kaiser jedoch nicht behaupten, daß in solchen Fällen zwangsläufig auch das äußerlich-rechtliche Band der Ehe zerrissen sein müsse. Er hält an der Unauflöslichkeit der gültig geschlossenen Ehe unverrückbar fest und wünscht gerade deswegen, beiden Partnern der neuen Ehe, wenn keine sittliche Schuld vorliegt, in Respektierung ihres neuen personalen Verhältnisses den Empfang der Sakramente (Buße, Eucharistie, Krankensalbung) zu erlauben. Statt einer zweiten kirchlichen Trauung, die Kaiser konsequent ablehnt, solle die neue Ehe beim Pfarramt des Wohnsitzes der Ehepartner mit dem Datum der zivilen Eheschließung eingetragen werden. Dadurch werde bekundet, daß diese neue Lebensgemeinschaft kirchenrechtlich zwar ungültig, moralisch aber nicht als Dauerzustand einer schweren Sünde zu werten sei. Auf diese Weise steht nach Meinung Kaisers auch einer Eingliederung der beiden Eheleute in das kirchliche Leben kein Hindernis mehr im Wege. So neuartig und überraschend dieser Vorschlag eines Kirchenrechtslehrers auch ist und so gefährlich er für das Prinzip der Unauflöslichkeit der Ehe zu sein scheint, all dies dürfte eine ehrliche Diskussion dieses Vorschlags nicht verhindern. Gerade in dieser für viele Eheleute kirchenexistentiellen Frage muß der Grundsatz gelten: »Salus animarum suprema lex« (Das Heil der Seelen ist das oberste Gesetz).

Angesichts der Scheidungspraxis der lateinischen Kirche ist daran zu erinnern, daß die Aussagen des Neuen Testaments keineswegs so eindeutig lauten, wie es nach den kirchlichen Ehegesetzen scheinen mag. Nicht nur Bibelwissenschaftler fragen heute, ob die lapidar klingende Aussage Jesu »Was Gott verbunden hat, darf der Mensch nicht trennen« (Mk 10,9) wirklich als ein Wort Jesu anzusehen ist. Und falls dieses feststeht, fragen sie weiter, ob Jesus damit wirklich ein strenges Gesetz aufstellen oder ein ethisches Ziel angeben wollte. Da legalistisches Denken Jesus fernlag, dürfte die überlieferte Gesetzesformel im Grunde als ein idealer Appell an alle Eheleute zu verstehen sein. Der Neutestamentler Wolfgang Trilling meinte grundsätzlich: »Als ›Gesetz‹ im strikten Sinn kann jedoch kein einziges Wort Jesu, in- und außerhalb der Bergrede, gelten, da das neue Ethos Jesu aus einem anderen Grundansatz als dem gesetzlichen erwächst.«[25]

Bleibt zum Schluß dieses Kapitels nur noch verwundert zu fragen, warum die Kirche gescheiterte Eheleute strenger bestraft als beispielsweise Betrüger und Mörder. Diesen Sündern steht der Weg zu Umkehr und Verzeihung offen, während es für Ehepaare, deren Verbindung zerrissen ist, keine Versöhnung mit der Kirche gibt. Solange Gläubige in kirchlich ungültiger Ehe leben, werden sie als dauernde schwere Sünder behandelt. Wie läßt sich dies mit der Barmherzigkeit Gottes zu allen Sündern vereinbaren?

IV. Geburtenregelung

1. Empfängnisförderung

Bei dem heute oft im Vordergrund stehenden Problem, wie man die Empfängnis eines Kindes verhindern könne, bleibt weithin unbekannt, daß frühere Generationen sich mehr darum sorgten, wie sie möglichst viele Kinder bekommen und am Leben erhalten könnten. Angesichts der niedrigen und noch weiter sinkenden Geburtenrate in vielen Ländern der Erde erscheinen uns Familien mit fünf, sechs und mehr Kindern – in früheren Jahrhunderten eine Selbstverständlichkeit – geradezu als märchenhaft.

Kinderlosigkeit galt nicht allein im Alten Israel als eine Schande. Noch in Gebetbüchern der Neuzeit lesen wir von den Nöten einer unfruchtbaren Frau, die sich hilfesuchend an die hl. Mutter Anna wandte, die noch in hohem Alter ein Kind empfangen hat: »Dem lieben Gott hat es gefallen, dich von der Schmach der Unfruchtbarkeit zu erlösen und dich mit der alleredelsten Frucht schwanger zu machen. O du allerkeuschester Leib der allerkeuschesten Mutter Anna, ich bitte dich, erlöse auch mich von der großen Schmach der Unfruchtbarkeit. O du Ehrwürdige Mutter Anna, ich bitte dich durch die große Ehr, so dir Gott erzeigt hat, erbarme dich über mich und sey meine Fürbitterin bey Gott, laß meinen Leib mit einem Kindt empfangen, meinen Leib gleich dem eines Weibes machen. Amen.«[1]

In manchen Gegenden durfte die Ehefrau erst dann als Frau angeredet werden, wenn sie ein Kind geboren hatte. Aus demselben Grund wurden unverheiratete Frauen lebenslang mit Fräulein tituliert, nicht ohne einen gewissen Ton von Geringschätzung.

Die Forderung einer höheren Kinderzahl ergab sich in früheren Zeiten aus der hohen Kindersterblichkeit und wegen der durchschnittlichen Lebenserwartung von nur dreißig Jahren, die fälschlicherweise heute noch zur Berechnung einer Generation dient. Möglichst viele Kinder zu haben, zählte im Hinblick auf die Altersversorgung in fast allen Schichten der Bevölkerung, bei Adeligen ebenso wie bei Bauern, zu den wichtigsten Lebenszielen. Diese völlig anders gearteten sozialen Verhältnisse machen uns die mannigfachen Bräuche um Schwangerschaft, Geburt, Wochenbett und Taufe eher verständlich. Neben medizinischen Mitteln wurden auch Glaube und Aberglaube genutzt, um vor Kinderlosigkeit verschont zu bleiben. Viele Frauen setzten ihr Vertrauen auf Heilige wie Verena, Odilia und Margarete, nicht minder aber auch auf Amulette oder Opfer von Kröten. Soweit die angewandten Mittel und Methoden human erschienen und nicht nur bösen Aberglauben verrieten, hatte die Kirche nichts einzuwenden. Schwierig wurde es immer dann, wenn sich heidnische und christliche Vorstellungen vermengten. Kirchliche Behörden achteten zwar auf säuberliche Trennung, vermochten sich aber oft nicht durchzusetzen. Selbst weltliche Herrscher erließen Verordnungen, um abergläubische Praktiken abzuschaffen. Herzog Maximilian von Bayern untersagte beispielsweise im »Landgebot« von 1611, solche »Anhängsel« am Hals oder Leib zu tragen oder an Wiegen aufzuhängen, außer wenn es sich um Anhänger mit christlichem Sinngehalt wie Kreuze, Medaillen und Reliquien handelte.

Ein Hauptziel bestand darin, drohende Gefahren von Mutter und Kind abzuwenden. Besonders beliebt war das Amulett, das Frauen vor, während und nach der Geburt zu ihrem Schutz trugen. Häufige Verwendung fanden Gebärbänder und Schutzblätter. Neben geweihten Gnadenpfennigen von Wallfahrtsstätten sollten eine rote Koralle oder ein durchsichtiger Bergkristall in Kindsnöten Hilfe bringen. Mit Vorliebe gebrauchte man festverschlossene Briefchen mit angeblich heil- und wundertätigen Gegenständen. Gebär- oder Geburtsfläschchen konnten sich nur reichere Leute leisten, da es sich dabei um dickwandige, feingeschliffene, in Goldfiligran gefaßte Fläschchen handelte, die eine winzige Berührungsreliquie, meist vom Sarg des hl. Franz Xaver (»Xaveriflascherl«) oder vom hl. Stanislaus aus Polen, umschlossen. Die gebärende Frau hielt ein solches Fläschchen in der Hand, um Linderung bei Schmerzen zu erfahren, und zwar in der linken Hand, wenn ein Mädchen, in der rechten Hand, wenn ein Bub gewünscht war.

In unserer Zeit sind die Möglichkeiten der künstlichen Befruchtung nahezu grenzenlos. Daß die Kirche mit großer Wachsamkeit am Werk ist, um jedwede unmenschlichen Experimente auszuschließen, gehört zu ihren Pflichten. Die Kongregation für die Glaubenslehre hat in ihrer Instruktion über die Achtung vor dem beginnenden menschlichen Leben und die Würde der Fortpflanzung vom 10. März 1987 alle Techniken der künstlichen Befruchtung, welche die eheliche Vereinigung ersetzen, insbesondere die Zeugung im Reagenzglas, verurteilt. Demgegenüber betonte sie getreu ihrer traditionellen Ehelehre, daß für die Zeugung neuen menschlichen Lebens der eheliche Akt unerläßlich und unersetzlich bleibe. Es fehlt jedoch nicht an Moraltheologen, welche eine künstliche Befruchtung bei Eheleuten billigen, da ein auf diesem Weg erzeugtes Kind mit größerer Liebe gewünscht sein könne als ein anderes, das auf natürliche Weise gezeugt werde. Hier zeigt sich wieder einmal, wie schwer oder nahezu unmöglich es ist, ein Prinzip auf alle Fälle des Lebens anzuwenden. Ohne Differenzierung wird man der Vielfalt im Denken und Leben nicht gerecht.

2. Empfängnisverhütung

Im Alten Israel gehörte die Fortpflanzung zu den höchsten Pflichten, weil nur dadurch ein Fortbestehen des auserwählten Volkes Gottes gewährleistet werden konnte. Möglichst viele Kinder bedeuteten eine Ehre; Kinderlosigkeit dagegen galt als Schande, meist sogar als Strafe Gottes.

Im Neuen Testament klingt das Thema Geburtenkontrolle überhaupt nicht an: wiederum ein Zeichen dafür, daß die Bibel der Christen kein Moralkodex mit detaillierten Anweisungen für alle Lebensfragen sein will.

Bei den kirchlichen Schriftstellern der ersten Jahrhunderte herrschte die Meinung, der Hauptzweck der Ehe bestehe in der Zeugung von Nachkommen, und dieses Ziel dürfe auch beim Geschlechtsverkehr, der zur Befriedigung der sinnlichen Leidenschaft dient, niemals ausgeschlossen werden. Weil jedoch solche Gedanken der Heiligen Schrift fremd sind, ist in erster Linie an jüdische und griechisch-römische Einflußfaktoren zu denken. Freilich verbanden die Christen damit die moralische Qualifikation, daß jede Art von Manipulation zur Verhinderung des Kindersegens eine Sünde sei.

»So vielmal die Empfängnis verhütet, so vielmal getötet.« Diese prägnante Formel schrieben Theologen der Universität Löwen noch im 17. Jahrhundert dem Kirchenvater Augustinus zu, obwohl sie vermutlich erst auf den Erzbischof Caesarius von Arles († 542) zurückgeht.[2] Dennoch spiegelt sie die Einstellung des Augustinus genau wider, da auch er jedes Mittel, das geeignet war, die Empfängnis zu vereiteln, als etwas Böses betrachtete. Ebenso bezeichnete Hieronymus die Verhütung der Empfängnis, meist durch Tränke herbeigeführt, als Tötung werdenden Lebens.

Die beiden Kirchenväter hatten damit eine Tradition begründet, wie sie für die Kirche der folgenden Jahrhunderte maßgebend bleiben sollte. Der bereits erwähnte Mönch und Bischof *Caesarius von Arles* verfügte in einem Mahnschreiben an den Klerus, »daß keine Frau einen Trank nehmen darf, der sie unfähig macht zu empfangen oder die Kraft der Natur in ihr beeinträchtigt, die nach dem Willen Gottes fruchtbar sein soll. So oft sie hätte empfangen oder gebären können, so vieler Morde wird sie für schuldig gehalten werden, und falls sie sich nicht einer angemessenen Buße unterwirft, wird sie zu ewigem Tode in der Hölle verdammt sein.«[3] Unfruchtbarkeit hielt Caesarius nur dann für entschuldigt, wenn sie aus dem Willen der Eheleute zur Enthaltsamkeit hervorging.

Aus demselben Grund wurde Empfängnisverhütung in den Bußbüchern, die das ganze Mittelalter hindurch Bewußtsein und Gewissen der Beichtväter sowie der Beichtkinder namentlich in der Geschlechtsmoral entscheidend geprägt haben, als Sünde registriert und mit schweren Strafen geahndet.

Die pastorale Tradition erwies sich in dieser Hinsicht als so stark, daß selbst die vornehmlich rational argumentierenden Theologen der Scholastik, die freilich in naturwissenschaftlichen Belangen weitgehend der Antike verpflichtet blieben, keine Alternative sahen. Weil sie zwischen dem menschlichen Samen und dem wirklichen menschlichen Leben kaum einen Unterschied machten, mußte jede Beeinträchtigung des Samens bereits als Schädigung des daraus zu erwartenden Lebens gelten.

Bei Bischof *Ivo von Chartres* († 1116) kam unter Berufung auf Augustinus als neuer Aspekt hinzu, daß die Verhütung der Empfängnis nicht so sehr einen Verstoß gegen das Leben, sondern vielmehr ein Vergehen gegen die Ehe selbst darstelle, da die Ehe hauptsächlich für die Kinderzeugung eingesetzt sei.

Wenig später verhalfen der Kanonist Gratian und der Theologe Petrus Lombardus dem augustinischen Konzept zum endgültigen Sieg dadurch, daß ihr Nein zur Empfängnisverhütung als offizielle Lehre der Kirche rezipiert wurde. Hier vermochten einzelne Theologen wie Abaelard oder Hugo von St. Viktor, die in der Ehe nicht mehr nur ein Zeugungsinstitut sehen wollten, mit ihrer erweiterten Sicht nicht durchzudringen. »Auf Grund des zentralen augustinischen Standpunktes also, wie ihn die Theologen des zwölften Jahrhunderts übernahmen, wurde sogar der von Paulus zugestandene Zweck, die Unzucht zu vermeiden, als läßliche Sünde behandelt.«[4] Wenn Huguccio, einer der führenden Kommentatoren des Gratian'schen Dekrets, schon jeden aus Lust vollzogenen Geschlechtsakt als Todsünde einschätzte, dann mußte ihm der auf Empfängnisverhütung ausgerichtete Akt als doppelt verwerflich erscheinen.

So trug die seit Augustinus tradierte Theorie über die Ehe und den geschlechtlichen Akt entscheidend dazu bei, daß jede Form der Empfängnisverhütung als ein sündhaftes Tun verurteilt wurde. Rechtliche Verordnungen setzten dieser theologischen Entwicklung im 12. Jahrhundert ein Ende.

Sooft heute von Empfängnisverhütung die Rede ist, denkt man gewöhnlich nur an bestimmte Mittel oder Medikamente, mit denen beim geschlechtlichen Verkehr eine eventuelle Befruchtung ausgeschlossen werden soll. Im Mittelalter dagegen betrachteten die Theologen bereits bestimmte Weisen des Geschlechtsakts als Empfängnisverhütung, weil sie der Überzeugung waren, der männliche Samen dürfe ausnahmslos nur zur Zeugung beansprucht werden.

Nach Meinung des *Thomas von Aquino* umfaßt das »Laster gegen die Natur« nicht nur homosexuelle Handlungen, sondern ebenso Onanie, sexuelle Handlungen mit Tieren (Bestialität) und Akte, welche »die natürliche Art, beieinanderzuliegen, nicht beibehalten«.[5] Bei einem derart ausgedehnten Verständnis der »Sünde wider die Natur« ist es nicht verwunderlich, wenn dieser Aspekt bei der Belehrung der Eheleute und als Folge davon in der Beichte einen wichtigen Punkt darstellte.

Die Unterbrechung des Geschlechtsverkehrs vor dem Samenerguß (coitus interruptus), ebenfalls als Sünde gegen die Natur angesehen, dürfte die gebräuchlichste Methode zur Verhinderung von Nachkommen gewesen sein, bis sich in der zweiten Hälfte unseres Jahrhunderts die ovulationshemmende Pille als ein weitaus wirksameres Mittel durchsetzte.

Der Volksprediger *Bernhardin von Siena* († 1444), bekannt für seine offene Sprache, wenn es galt, moralische Mißstände anzuprangern, fällte in einer Predigt über die Ehe dieses drastische Urteil: »Von tausend Ehen sind neunhundertneunundneunzig meiner Meinung nach des Teufels.«[6] Er dachte dabei aber nicht etwa an Lieblosigkeit unter Eheleuten, sondern meinte den Umstand, daß fast alle Ehepaare bei der sexuellen Vereinigung den coitus interruptus praktizierten, um den Kindersegen zu vereiteln. Daß er die »Sünde wider die Natur« für ein mörderisches Tun hielt, beweist ein anderes Predigtwort: »Jene, die von diesem Laster befallen sind, sind Menschenmörder, zwar nicht mit dem Schwert, doch in der Tat.«[7]

Wenn die Kirche im Hohen Mittelalter schwere Verstöße gegen Kinderzeugung, den Hauptzweck der Ehe, scharf verurteilte, geschah dies auch als Protest gegen die totale Ehefeindlichkeit der Katharer, die konsequenterweise überhaupt keine Nachkommen hervorbringen durften. Diese häretische Bewegung, hieß es, könne am wirkungsvollsten bekämpft werden, wenn die Katholiken viele Nachkommen zeugten.

Die scholastischen Theologen lehnten die Empfängnisverhütung hauptsächlich aus drei Gründen ab: sie sei Tötung, verstoße gegen die Natur und zerstöre die eheliche Beziehung. Wenn Albert der Große und sein Schüler Thomas von Aquino sich weigerten, die

Verhütung der Empfängnis und die Abtreibung der Leibesfrucht mit der Tötung eines Menschen gleichzusetzen, dann stellten sie seltene Ausnahmen dar. Es gab allerdings auch Theologen, die sich um diese Frage gar nicht kümmerten. In späteren Jahren zählte selbst Thomas zu ihnen.

Gegen Ende des Mittelalters stimmten Theologen und Seelsorger darin überein, daß die Geschlechtskraft nicht sinnlos vergeudet werden dürfe. Aus diesem Grund bewerteten sie auch die Selbstbefriedigung (Masturbation) als Sünde.

Beim Konzept des berühmten Theologieprofessor *Jean Gerson* († 1429), der viele Jahre der Universität Paris als Kanzler vorstand, wirkte noch ein Dekret Kaiser Valentinians von 390 nach, das Sodomie – hier als Terminus für jede Form der Empfängnisverhütung – mit dem Feuertod bestrafte. »Unnatürlichen Verkehr« in der Ehe, das heißt die absichtliche Verhinderung einer Befruchtung, hielt er für weitaus schlimmer als ehebrecherischen Umgang. In einer Adventspredigt über die Keuschheit stellte Gerson die konkrete Frage: »Darf ein Mensch überhaupt Verkehr haben und die Frucht der Ehe verhüten?« Seine Antwort lautete: »Ich sage, solches ist oft eine Sünde, die das Feuer verdient... Jedes erdenkliche Verhalten, das bei der Verbindung von Mann und Frau die Nachkommenschaft verhindert, ist ungehörig und muß verurteilt werden.« In einer anderen Predigt unterschied er zwar zwischen Verhütung und Abtreibung: »Verhütung von Kindern entweder vor der Empfängnis durch Mißbrauch der Ehe oder danach, indem man eine Fehlgeburt herbeiführt durch Kleidung, Tanzen, Stöße, Tränke oder auf andere Weise«, verurteilte aber beide Formen.[8]

Während die Erkenntnisse der Theologen hauptsächlich in Fachkreisen diskutiert wurden, darüber hinaus nur einzelne Bischöfe interessierten und vielleicht noch einem kleinen Teil der Seelsorgepriester zu Ohren kamen, wirkten die von Ort zu Ort ziehenden Massenprediger in weiten Kreisen des Volkes meinungsbildend. Bernhardin von Siena nutzte seine Predigten in ganz Italien auch dazu, um Eheleute über ihre Standespflichten aufzuklären und ihr Sündenbewußtsein zu schärfen. Mit einer Deutlichkeit, die nichts zu wünschen übrig ließ, redete er den Verheirateten ins Gewissen:

»Hört: Jedesmal, wenn ihr zueinanderkommt auf eine Weise, daß ihr nicht zeugen könnt, jedesmal ist es eine Todsünde… Jedesmal, wenn ihr euch so vereinigt habt, daß ihr nicht Kinder zeugen und gebären konntet, immer war es eine Sünde. Eine wie schwere Sünde? Oh, eine sehr schwere Sünde! Oh, eine sehr, sehr schwere Sünde!«[9] Wenn der strenge Franziskaner so eindringlich mahnte und warnte, geschah es gewiß nicht grundlos. Als weitgereister Prediger und mehr noch als Beichtvater verfügte er über umfassendere Kenntnisse der wirklichen Verhältnisse bei den sogenannten kleinen Leuten als die Ortspfarrer.

Noch zu Beginn der Neuzeit hielten Theologen die grundsätzliche Ablehnung der Empfängnisverhütung für richtig und verteidigten daher den traditionellen Kurs der Kirche. Der für die ganze Kirche bestimmte Römische Katechismus von 1566 qualifizierte Empfängnisverhütung und Abtreibung als schwere Sünde: »Daher begehen jene ein sehr schweres Verbrechen, welche im Ehestande durch Arzneimittel entweder die Empfängnis verhindern oder die Frucht abtreiben; denn das muß man für einen gottlosen Anschlag von Mördern erachten.«[10]

Theologen wie Franz von Sales († 1622) und Alphons von Liguori († 1787) verdammten die Empfängnisverhütung, weil sie in ihr einen schweren Verstoß gegen den ersten und wichtigsten Zweck der Ehe, die Kinderzeugung, sahen. Solange der Geschlechtsakt allein und unmittelbar auf die Zeugung von Nachkommen ausgerichtet blieb, war auch keine andere Beurteilung zu erwarten.

Die Stellungnahmen vatikanischer Kongregationen zur Geburtenkontrolle lauten bis auf den heutigen Tag negativ, weil die Verwendung künstlicher Mittel unterschiedslos als Mißbrauch des ehelichen Aktes gewertet wird. Gemäß den Dekreten des Hl. Offiziums vom 21. Mai 1851 und 19. April 1853 verletzt die Verhütung der Empfängnis sogar das Naturrecht und ist deswegen strikte abzulehnen. Diesen Standpunkt verteidigten in unserem Jahrhundert Pius XI. und Paul VI., wie es auch der jetzige Papst Johannes Paul II. tut, obwohl immer mehr Moraltheologen die naturrechtliche Begründung dieses Verbotes bezweifeln oder verneinen. Die wichtigste Begründung für die vom päpstlichen Lehramt vorgegebene Richtung lieferte die theologische These, daß der primäre Zweck der Ehe in der Fortpflanzung bestehe und bei keinem Geschlechtsakt etwas gegen diese Zielsetzung unternommen werden dürfe. Folglich muß jede absichtliche Verhinderung des Hauptzweckes, wie er auch im Codex Iuris Canonici (1918) genannt ist, als mehr oder weniger schwere Sünde angesehen werden.

Zur Verteidigung der christlichen Eheauffassung gegenüber Modeströmungen, Irrtümern und Mißbräuchen veröffentlichte *Pius XI.* 1930 die Enzyklika »Casti connubii«. Darin lehnte der Papst, um eine Empfängnis auszuschließen, jeden direkten Eingriff kategorisch ab. Wörtlich heißt es: »Da der eheliche Akt seiner Natur nach zur Weckung neuen Lebens bestimmt ist, so handeln jene, die ihn bei seinem Vollzug absichtlich seiner natürlichen Kraft berauben, naturwidrig und tun etwas Schimpfliches und innerlich Unsittliches.« Und bezugnehmend auf die kurz zuvor bei der Lambeth-Konferenz erfolgte Entscheidung der Anglikanischen Kirche zugunsten einer gezielten Geburtenregelung erklärte Pius XI. unmißverständlich: »Da nun noch vor kurzem einige in offenkundiger Abweichung von der in ununterbrochener Folge von Anfang an überlieferten christlichen Lehre geglaubt haben, amtlich und feierlich über solches Tun anders lehren zu sollen, erhebt die katholische Kirche, von Gott selbst zur Lehrerin und Wächterin der Unversehrtheit und Ehrbarkeit der Sitten bestellt, inmitten dieses Sittenverfalls, zum Zeichen ihrer göttlichen Sendung, um die Reinheit des Ehebundes von solch schimpflicher Makel unversehrt zu bewahren, durch Unseren Mund laut ihre Stimme und verkündet von neuem: Jeder Gebrauch der Ehe, bei dessen Vollzug der Akt durch die Willkür der Menschen seiner natürlichen Kraft zur Weckung neuen Lebens beraubt wird, verstößt gegen das Gesetz Gottes und der Natur: und die solches tun, beflecken ihr Gewissen mit schwerer Schuld.«[11]

Diese rein biologistische Sicht der Ehe blieb außerhalb der Kirche nicht ohne Widerspruch und Ablehnung. Und selbst in der Kirche regten sich Zweifel und Protest. Bezeichnenderweise war es eine Frau, Marianne Weber, die mit scharfen Worten für eine Regulierung der Kinderzahl eintrat.[12] Im Interesse der Kultur hielt sie die Anwendung von Präventivmitteln für notwendig und für sittlich einwandfrei. Um diese Überzeugung auch im Eheleben realisieren zu können und zu dürfen, sollten Änderungen in Gesetzgebung und Rechtsprechung erfolgen.

Der katholische Pfarrer *Matthias Laros*, ein mutiger Schriftsteller zu akuten Kirchenproblemen, bestätigte, daß man dieser Auffassung bis in das Landvolk hinein begegnen könne. Angesichts dessen nütze es nichts, »den Kopf in den Sand zu stecken und dem wachsenden Übel mit Dekretierung der alten Satzungen entgegenzutreten«. Er selbst wollte es nicht bei billiger Kritik belassen, sondern mühte sich um eine »sachliche Begründung aus den Sinngesetzen der Ehe und des Geschlechtslebens mit möglichster Berücksichtigung der ungeheuren Differenzierung, die das heutige Leben mit sich gebracht hat«. Dazu bedürfte es einer Zusammenarbeit der Theologen mit den Eheleuten, »mit Mann *und* Frau, mit Ärzten und Soziologen, mit Wirtschaftlern und Philosophen«. Sein Hauptbedenken richtete sich gegen die naturrechtliche Argumentation, da die kirchliche Tradition hier reich an Übertreibungen und Fehleinschätzungen sei. Als Beispiel nannte Laros die von Kirchenvätern und mittelalterlichen Theologen vertretene Auffassung, daß der eheliche Verkehr *nach* sicherem Eintritt der Empfängnis naturwidrig und schwer sündhaft sei. Heute werde diese Ansicht verneint, und zwar ebenfalls mit Berufung auf das Naturrecht.

Theologiegeschichtliche Kenntnisse ließen Laros grundsätzlich fragen: »Sind die Naturforderungen so allgemein und eindeutig für alle Fälle und Verhältnisse, daß nicht bisweilen die eine gegen die andere aufsteht und so ein Konflikt der Pflichten eintritt, in dem eine vernünftige Abgrenzung nötig ist?« Auf das konkrete Problem angewendet, betonte der praktische Seelsorger Laros, der sexuelle Verkehr sei für Friede und Treue in der Ehe von größter Bedeutung, und bezweifelte deshalb, daß die eheliche Liebesvereinigung der Zeugungsmöglichkeit in jedem Fall nach- und untergeordnet werden müsse. Aus alldem zog er diese Schlußfolgerung: »Wenn jedoch dieser Personalzweck der Ehe erfüllt wird und unter Umständen… erfüllt werden muß, ohne daß der Gattungszweck erfüllt werden kann und darf, so fragt es sich, ob da noch von einer absoluten Naturwidrigkeit gesprochen werden kann.« Weil er mit dieser Auffassung in offensichtlichem Widerspruch zur offiziellen Lehre der Kirche stand, wollte er seine These nur als Frage, richtiger, als Anfrage an das kirchliche Lehramt verstanden wissen. »An ihrer Beantwortung arbeiten, heißt eine der dringendsten Zeitaufgaben erfüllen, und wir wissen, daß der Ruf der Zeit der Ruf Gottes ist.«¹³ Wenn man bedenkt, daß heute, fast fünfzig Jahre später, dieser dringende Ruf vom höchsten Lehramt der Kirche immer noch nicht im Sinn von Pfarrer Laros beantwortet wurde, die Mehrzahl der betroffenen katholischen Eheleute aber längst schon danach handelt, dann wird das Nachhinken des Lehramts hinter den Anforderungen neuer Verhältnisse und Erkenntnisse besonders deutlich.

Matthias Laros erfuhr zwar wegen seines Aufsatzes »Revolutionierung der Ehe« keine Verurteilung, wohl aber wurde sein Buch »Das christliche Gewissen in der Entscheidung« (1941) ein Jahrzehnt später auf den Index der verbotenen Bücher gesetzt.

Laros blieb ein einsamer Rufer in der Kirche seiner Zeit. Vermutlich gab es noch andere Amtsbrüder, die so dachten wie er, doch sie verhielten sich ruhig, um vor Strafmaßnahmen oder gar vor Absetzung sicher zu sein. Erstaunlich ist immerhin, daß die Mehrzahl der Moral- und Pastoraltheologen den offiziellen Kurs der Kirche in dieser heiklen Frage zumindest stillschweigend billigte und Eheleuten, die kein Kind mehr haben wollten, den Verzicht auf sexuelle Vereinigung zumutete. »Das ist sicherlich ohne Opfer nicht möglich«, meinte der Jesuit Max Pribilla verständnisvoll, um aber sogleich anzufügen: »Alle, die Christus angehören wollen, müssen ihr Fleisch mit seinen Leidenschaften und Begierden kreuzigen und auch in der Ehe heilige Zucht und Ehrbarkeit beobachten.«¹⁴ Solche asketischen Ratschläge bedeuteten wohl für die meisten Eheleute, von den Unverheirateten ganz zu schweigen, keine wirkliche Hilfe. Sie boten eher Stoff zur Anklage im Beichtstuhl und zu immer neuen Gewissenszweifeln.

Der Zwiespalt zwischen kirchlicher Forderung und persönlicher Erfüllung vergrößerte sich nur noch, seit die gläubigen Katholiken es wagten, die Stimme ihres Gewissens höher zu achten als eine von der Kirchenautorität vorgeschriebene Sittennorm. »Praktisch alle jungen Paare wünschen keinen zahlreichen Nachwuchs mehr und vermögen es dennoch nicht, sich des ehelichen Aktes in Zucht und Sitte zu enthalten.« Dies konstatierte Bischof Jean-Baptiste Bouvier von Le Mans in einer Statusrelation an Pius IX. im Jahre 1849. Und gestützt auf Mitteilungen einzelner Beichtväter schrieb der Bischof weiter: »Weder enthalten sie sich des ehelichen Aktes, noch sind sie zur unbegrenzten Vermehrung der menschlichen Art zu bewegen. Von Groll gegen ihren Beichtvater erfüllt, verzichten sie auf das Sakrament der Buße und der Eucharistie und geben ihren Kindern, ihren Dienstboten und anderen christlichen Gläubigen ein schlechtes Beispiel.«[15] Auch wenn hier nichts über die genaue Art der angewandten Geburtenkontrolle zu erfahren ist, allein die Tatsache, daß viele Gläubige den Weisungen der Kirche zu dieser Zeit nicht mehr folgen wollten, steht außer Zweifel.

Die zölibatären Seelenführer bewiesen mit ihren allgemeinen Erwägungen nur, wie wenig Einblick sie in die Psychologie des ehelichen Lebens besaßen. Aus diesem Grund ermahnte schon Pfarrer Laros die Theologen zu kooperativer Denkarbeit mit anderen (verheirateten) Wissenschaftlern.

Die Unerfahrenheit der kirchlichen Hierarchie in Fragen ehelicher Sexualität gilt heute noch, und sie wird gelten, solange das Zölibatsgesetz für Priester besteht. »Hier sind die Hierarchie und ein Klerus, der sich ausschließlich aus Männern zusammensetzt, die bereit sind, den Zölibat zu leben, geradezu verpflichtet, keine konkrete, existentielle Erfahrung zu haben von einer Wirklichkeit, über die sie dennoch meinen bestimmen zu müssen.«[16]

Katechismen sind seit ihrem Bestehen im Späten Mittelalter hervorragende Hilfsmittel, zunächst nur in der Hand von Seelsorgern und später auch zum Gebrauch der Gläubigen, um die christliche Lehre genauer kennenzulernen. An diesen Glaubensbüchern läßt sich schnell ersehen, was jeweils als offizielle Doktrin galt. Erst seit neuester Zeit gibt es auch Katechismen, die nicht in allen Punkten vom höchsten Lehramt der Kirche gebilligt werden.

Das bekannteste Beispiel ist der Holländische Katechismus von 1966, obwohl er im Auftrag der Bischöfe von Holland erarbeitet wurde und mit Druckerlaubnis des Utrechter Kardinalerzbischofs Alfrink erschien.[17] Die Kontroverse zwischen der Kongregation für die Glaubenslehre und den Bischöfen in den Niederlanden endete damit, daß der ursprünglichen Ausgabe (auch in Übersetzungen) umfangreiche Korrekturen als richtungweisend beigefügt werden mußten.

Beim Problem der Empfängnisverhütung sah der Holländische Katechismus von jeder pauschalen Verurteilung ab. Das Autorenteam verteidigte zwar den Grundsatz, daß der Wille zum Kind wesentlich zur Ehe gehöre, ja, daß bei bedingungsloser Ablehnung des Kindes die Ehe überhaupt keine richtige Ehe sei, fügte aber sogleich hinzu: »Dies bedeutet selbstverständlich nicht, daß die eheliche Einswerdung nur dann einen Sinn hat, wenn sie unmittelbar die Weckung neuen Lebens beabsichtigt. Nein, es bedeutet, daß in dem Gesamtentwurf einer Ehe das Kind nicht ausgeschlossen werden darf.« Und weil es sich um ein Glaubensbuch für Erwachsene handelte, fehlte nicht eine klare Aussage über die Methoden der Geburtenregelung. Von der Tatsache, daß das II. Vatikanische Konzil in diesem heiklen Punkt auf eine konkrete Bestimmung verzichtet habe, schlossen die Autoren des Katechismus auf eine neue Entwicklung in der kirchlichen Doktrin, die sie selbst so umschrieben: »Geschlechtlichkeit und Fruchtbarkeit werden mehr als Teilaspekte des gesamten menschlichen Lebens gesehen und weniger als Mittel und Zweck.« Was jedoch den individuellen Fall betrifft, überließ es der Katechismus der Gewissensentscheidung der Eheleute, »eine Methode zu wählen, die die Ehrfurcht der Partner voreinander und vor dem Leben wahrt und weder der Gesundheit noch dem Gemütsleben schadet«.[18] Dieses Urteil, das schon im Widerspruch stand zu den Äußerungen der Päpste Pius XI. und Pius XII., wies Paul VI. zwei Jahre später in seiner Enzyklika »Humane vitae« ausdrücklich als unerlaubt zurück.

Trotzdem bagatellisierten die Autoren des französischen Glaubensbuches »La foi des catholiques. Catéchèse fondamentale«[19] die konkrete Frage nach der Erlaubtheit künstlicher Methoden der Geburtenregelung, weil sie in der Gesamtproblematik nicht die erste Stelle beanspruchen könne. In dieser Sache stünden sich zwei

Hauptrichtungen gegenüber, von denen die eine der Natur mit ihren Gesetzen und die andere der menschlichen Vernunft mit ihren Erkenntnissen folge. Angesichts dieses Konflikts appellierten die Verfasser einfach an die gegenseitige Liebe und Verantwortung der Ehepartner.

Im klaren Wissen um die weitreichenden Folgen seiner mit Ungeduld erwarteten Entscheidung in der Frage der Geburtenregelung setzte *Paul VI.* im Jahr 1964 eine aus 65 Wissenschaftlern bestehende Kommission ein, die ein den neuesten Stand der Wissenschaft repräsentierendes Gutachten erarbeiten sollte. Als dann die Mehrheit dieses hochqualifizierten Gremiums für eine Änderung der bisherigen Kirchendisziplin votierte und später eine zusätzlich eingerichtete Kommission von Bischöfen und Kardinälen, die sogenannte Superkommission, zu derselben Ansicht gekommen war, geriet der entscheidungsscheue Papst, der gerne alles beim Alten gelassen hätte, in Bedrängnis. Größte Bedenken bereitete ihm der Umstand, daß die angeratene Revision einen tiefen Bruch mit einer jahrhundertealten Lehrtradition bedeute und infolgedessen bei vielen Katholiken ganz allgemein ernste Zweifel an der Zuverlässigkeit päpstlicher Entscheidungen hervorrufen würde. Inzwischen arbeiteten zwei Jesuiten, Anhänger einer konservativen Theologie, an dem Entwurf eines päpstlichen Rundschreibens, das Lehrsätze und Richtlinien zum Thema Ehe aufzeigen sollte.

Das Interesse der Öffentlichkeit richtete sich höchst einseitig auf das spezielle Problem, ob jeder eheliche Akt mit der Bereitschaft zur Zeugung verbunden sein müsse. Die überwiegende Mehrheit der Kommission hatte, wie schon der Holländische Katechismus, mit Nein entschieden. Um nun in dem umstrittenen Punkt nicht noch mehr Unklarheit und Unsicherheit aufkommen zu lassen, sprach Papst Paul VI. dann in seinem bis heute umstritten gebliebenen Rundschreiben »Humanae vitae« vom 29. Juli 1968, geringschätzig auch »Pillenenzyklika« genannt, das entscheidende Wort.

An dem Rundschreiben fällt zunächst auf, daß es nicht nur an die Katholiken, auch nicht allein an alle Christgläubigen, sondern »an alle Menschen guten Willens« gerichtet ist. Bei aller Kritik übersieht man gewöhnlich, daß dieses Dokument eine Reihe von Gedanken und Anregungen enthält, die Verlautbarungen früherer Päpste fremd sind, so die Forderung, die eheliche Liebe müsse vollmenschlich, also geistig und sinnlich sein. Vor allem aber verzichtete der Papst auf die bisher übliche Unterscheidung von Haupt- und Nebenzwecken der Ehe, so daß die Fortpflanzung nicht mehr als das allein Wesentliche der ehelichen Liebe erscheint. Der entscheidende Punkt ist allerdings, daß die Möglichkeit der Empfängnis bei keinem Akt durch irgendwelche Mittel vereitelt werden darf. Damit war die »Pille« kirchlich verboten. Der Papst berief sich dafür auf eine lange Tradition der Kirche und auf das Naturrecht: »Indem die Kirche den Menschen die Beobachtung der Normen des Naturgesetzes einschärft, das sie durch ihre stets gleichbleibende Lehre auslegt, lehrt sie, daß jeder eheliche Akt offenbleiben muß für die Weitergabe des Lebens.«[20] Als einzige Ausnahme bleibt die empfängnisfreie Periode der Frau gestattet, weil sie von der Natur selbst vorgesehen sei und deshalb auch von den Eheleuten genutzt werden dürfe. Die Mehrzahl der betroffenen Katholiken reagierte mit Enttäuschung und Ablehnung. Dasselbe galt für die meisten Moraltheologen, ja, sogar für einzelne Bischöfe, auch wenn sie nicht mit direktem Protest hervortraten.

In welchem Dilemma sich gerade die Bischöfe befanden, verriet die Erklärung des deutschen Episkopats, beschlossen auf einer Sonderkonferenz in Königstein. Was den wunden Punkt der Enzyklika betraf, einigten sich die Oberhirten auf eine diplomatische Antwort. Die vielen Katholiken, die hinsichtlich der Methoden der Geburtenkontrolle anderer Meinung seien als der Papst, sollten sich gewissenhaft prüfen, ob sie ihren Standpunkt vor Gottes Gericht vertreten könnten. Deshalb müßten sie die Gesetze des innerkirchlichen Dialogs berücksichtigen und darauf bedacht sein, jedes Ärgernis zu vermeiden: »Nur wer so handelt, widerspricht nicht der rechtverstandenen Autorität und Gehorsamspflicht.«[21] Dies bedeutet letztlich, daß der Katholik nach seinem Gewissen entscheiden darf, auch wenn er damit einer offiziellen Lehre widerspricht. Allerdings vermieden es die Bischöfe, ihre Seelsorger darauf hinzuweisen, daß die Gläubigen in dieser Streitfrage letztlich ihrem Gewissen folgen müßten.

Der Kompromißcharakter der gesamtbischöflichen Stellungnahme ergab sich daraus, daß die Bischöfe selbst unterschiedliche Ansichten vertraten. Ausgerechnet der Senior im deutschen Episkopat, Bischof *Simon Konrad Landersdorfer* († 1971) von Passau, zuvor viele Jahre Abt der Benediktinerabtei Scheyern, hatte schon vor der Konferenz in Königstein mit einem Rundbrief an seinen Klerus vom 8. August 1968 versucht, die ihm nicht unbekannt gebliebene Empörung im Kirchenvolk in Grenzen zu halten. Seine entscheidende Aussage lautete: »Soweit sie [die Eheleute] nicht aus Egoismus, sondern aus einem schwerwiegenden Grund eine weitere Empfängnis vermeiden, andererseits zur Vertiefung und Befestigung ihrer Gemeinschaft und zum Reifen ihrer Liebe die innigste Hingabe brauchen, dürfen sie sich auch bei der Wahl einer anderen Methode als nicht von der Liebe Gottes getrennt betrachten und sollten deshalb auf keinen Fall sich von der gemeinsamen heiligen Kommunion ausgeschlossen wissen.«[22] Mit dieser Weisung stand der Oberhirte in klarem Widerspruch zu der vom Papst bestätigten Tradition in der Frage der Empfängnisverhütung. Freilich, andere Bischöfe dachten anders, beispielsweise Erzbischof Schäufele von Freiburg und Bischof Graber von Regensburg, die Dankadressen für die Enzyklika an den Papst schickten, sowie der Paderborner Erzbischof Jaeger, der in einem Brief an den Papst »gewisse Theologen« für die Verwirrung im Kirchenvolk verantwortlich machte.

Weit über die theologische Wissenschaft hinaus übten Vertreter anderer Wissenschaften unter mannigfachen Gesichtspunkten, auch unter bevölkerungspolitischem Aspekt, heftige Kritik an der traditionellen Position der Kirche, wie sie Paul VI. in seiner Eheenzyklika mit höchstem Autoritätsanspruch bekräftigt hatte und wie sie der jetzige Papst Johannes Paul II. mit seltener Hartnäckigkeit verteidigt.

Der an der Universität München lehrende Rechtsphilosoph *Arthur Kaufmann* brachte klar zum Ausdruck, daß die von der Kirche verteidigte Einstellung zur Empfängnisverhütung falsch sei. Seine Argumentation lautete: »Die Kirche hat von jeher mit Recht den Unterschied zwischen der menschlichen Geistnatur und der untergeistigen Natur, namentlich der Natur der Tiere betont. In Sachen eheliche Liebe vertritt sie aber einen ganz abwegigen, rein biologischen Standpunkt, wenn sie sagt, jeder eheliche Akt müsse für die Weitergabe des Lebens offen sein. Das heißt doch: Macht es wie die lieben Tiere. In der Genesis steht: Ihr sollt euch die Erde untertan machen, was bedeutet: Nehmt die Kausalverläufe kraft eurer Geistnatur in den Dienst und lenkt sie auf vernünftige Ziele hin. So soll der Mensch durch seine Vernunft sich auch seine eigene biologische Natur untertan machen, und er tut das ja schon immer beispielsweise dadurch, daß er in Krankheitsverläufe zum Zwecke der Heilung eingreift. Nichts anderes gilt auch für den ehelichen Akt. Der Mensch soll auch hier nicht einfach ›allem seinen Lauf lassen‹, er soll sinnvolle Ziele anstreben, und sinnvolle Ziele sind bei der ehelichen Liebe nicht nur die Zeugung, denn die Zeugung ist nicht, zumindest nicht immer der ›finis primarius‹ der Vereinigung, der nie ausgeschlossen werden dürfte. Gerade gutverheiratete Partner wissen das.«[23]

Trotz aller Gebote und Verbote der Kirche wächst die Zahl jener Katholiken, die eine begründete Empfängnisverhütung bejahen und praktizieren. Dies als einen Beweis für die »moralische Dekadenz« unserer Zeit anzusehen, wie es manche Bischöfe und Theologen tun, ist beschämend. Blamabel auch, daß Papst Paul VI. nur wenige Jahre nach dem II. Vatikanischen Konzil, das zum ersten Mal in der Geschichte der Kirche mit einer Erklärung für die Gewissens- und Religionsfreiheit eingetreten ist, den Gläubigen das Recht nahm, sich in derartigen Moralfragen selbst ein Urteil zu bilden und danach zu handeln. »Aber auf die Dauer wird es auch in Rom nicht verborgen bleiben«, schrieb der Arzt Wolfgang Cyran, »daß das Beharren auf einer Enzyklika, deren Argumentation und deren Forderungen dem modernen Menschen nicht einsichtig zu machen sind, nicht nur der Sache, sondern auch dem Amt abträglich ist.«[24]

3. Abtreibung

Empfängnisverhütung und Abtreibung (abortus) korrespondieren eng miteinander. Solange die Mittel zur Verhütung einer Empfängnis noch selten und unsicher waren, zählte die Abtreibung zu den am häufigsten angewandten Maßnahmen, um die gewünschte Kinderzahl nicht zu überschreiten. Obwohl es heute Verhütungsmittel in Fülle gibt, liegt doch die Zahl der Abtreibungen in vielen Ländern der Erde erschreckend hoch. Ferdinand Menne hat sicherlich recht mit der Behauptung, »daß Einstellung und Verhalten gegenüber der Abtreibung sich wandeln, wenn die Empfängnisverhütung als Teil der Familienplanung hinreichend propagiert und ermöglicht wird«.[25] Was aber sollen Katholiken tun, wenn ihnen künstliche Verhütung der Empfängnis und Abtreibung gleichermaßen verboten sind?

Das 5. Gebot »Du sollst nicht töten« im alttestamentlichen Dekalog gehört zu den Hauptgeboten des Christentums. Deshalb rechnete die Kirche auch Abtreibung der Leibesfrucht und Kindsmord zu den schweren Sünden.

In der am Ende des 1. Jahrhunderts vermutlich in Syrien entstandenen Didache, auch »Lehre der zwölf Apostel« genannt, lautete dieses Verbot: »Du sollst nicht das Kind im Mutterschoße töten und das Neugeborene nicht umbringen.«[26] Auffallend ist freilich, daß es in engem Zusammenhang mit magisch-zauberischen Mitteln stand, vor deren Gebrauch ebenfalls gewarnt wurde.

Kurze Zeit später bekannte *Athenagoras* in seiner »Bittschrift« als allgemeine christliche Überzeugung, daß »auch das Kind im Mutterschoß bereits Leben und Gegenstand göttlicher Fürsorge« sei und jede Abtreibung als Mord gelten müsse.[27] Dieselbe Auffassung verteidigte *Tertullian*, wenn er schrieb: »Da der Mord uns ein für allemal verboten ist, dürfen wir auch das im Mutterschoß Empfangene nicht zerstören…Es macht keinen Unterschied, ob man ein schon geborenes Leben entreißt oder ein in der Geburt begriffenes zerstört.«[28]

Das Abtreibungsverbot findet sich seit dem 4. Jahrhundert unter den Beschlüssen zahlreicher kleinerer und größerer Synoden, so schon in Ankyra und Elvira. Die Kirchenautorität hatte Grund genug, auch in dieser Hinsicht ihre warnende Stimme zu erheben.

Wie die Versammlungen von Bischöfen ließen einzelne Kirchenschriftsteller im Osten wie im Westen keinen Zweifel daran, daß jede Abtreibung, einem wirklichen Mord durchaus vergleichbar, eine schwere Sünde darstelle und die Todesstrafe verdiene. Der Kirchenvater *Basilius* schrieb an Amphilochus: »Eine Frau, die absichtlich die Leibesfrucht abtreibt, macht sich eines Mordes schuldig. Die spitzfindige Unterscheidung zwischen ausgebildeter und gestaltloser Leibesfrucht gibt es bei uns nicht.« Mit dieser Bemerkung deutete er an, daß man die Frage erörterte, ob der Embryo schon vom ersten Augenblick der Zeugung an als vollwertiges menschliches Wesen gelten könne. Seine Argumentation gegen die Abtreibung der Leibesfrucht faßte er in diese zwei Sätze: »Solches Tun rächt sich nicht nur am keimenden Leben, sondern auch an der, die sich damit selbst gefährdet, weil ja solche Versuche den Frauen in der Regel das Leben kosten. Dazu kommt aber noch die Vernichtung des Embryo, ein zweiter Mord, beabsichtigt wenigstens von denen, die solches wagen.« Doch trotz der Schwere des Vergehens stimmte Basilius nicht für eine lebenslängliche Strafe. Eine Buße von zehn Jahren sollte genügen, wobei es nicht so sehr auf die Länge der Zeit, sondern mehr auf die Art der Buße ankomme.[29]

Im Mittelalter und noch zu Beginn der Neuzeit wurden bei Abtreibung und Kindstötung unterschiedlich schwere Strafen verhängt. Dies erklärt sich daraus, daß über dieses Tun keine einheitliche Beurteilung vorlag. Im Gegensatz zu anderen Theologen vertrat Thomas von Aquino die Überzeugung, daß Gott jedem einzelnen menschlichen Fötus die Seele direkt schenke, und zwar dem männlichen am vierzigsten und dem weiblichen am achtzigsten Tage nach der Befruchtung. Folglich hielt er die Abtreibung vor dem Zeitpunkt der Beseelung (Animation) nicht für Mord.

Da unverheiratete Mütter zu allen Zeiten schmerzlichen Diskriminierungen ausgesetzt waren, entschlossen sich viele von ihnen zu Abortion oder Tötung des Neugeborenen. Als schlimmste Strafe bei Kindsmord drohte noch im 18. Jahrhundert die Hinrichtung. Wenn es sich bei dem hier betroffenen Personenkreis in den meisten

Fällen um Dienstmägde handelte, haben wir einen deutlichen Hinweis auf sozial-wirtschaftliche Zusammenhänge.

In der Bundesrepublik Deutschland erfuhr der seit Jahren heftig umstrittene § 218 des Strafgesetzbuches 1976 eine Reform, ohne daß aber die Auseinandersetzung zwischen Kirchen und Parteien danach aufgehört hätte. Die katholische Kirche sieht in den Indikationen – namentlich in der sozialen Indikation –, die einen Abbruch der Schwangerschaft in den ersten drei Monaten gestatten, rechtliche Bestimmungen, die moralisch nicht verantwortet werden könnten, weil jede Form der Abtreibung vom ersten Tag der Empfängnis an sittlich unerlaubt sei und automatisch die Exkommunikation bewirke.

Statistischen Erhebungen ist zu entnehmen, daß die gesetzliche Liberalisierung einen Anstieg der Abtreibungsrate zur Folge hatte. Während vor der Gesetzesreform jährlich ungefähr 32 000 Abtreibungen registriert wurden, waren es im Jahre 1985 um die 85 000 – alle durch soziale Indikation legitimiert. Die wirkliche Zahl der Abtreibungen liegt aber viel höher, schätzungsweise zwischen 200 000 und 250 000 im Jahr.

Bischöfe und Pfarrer sehen in diesen Zahlen Alarmzeichen. Kirchliche Beratungsstellen (Caritas, Diakonisches Werk) sind bemüht, in Not geratenen Frauen und Familien mit Rat und Tat beizustehen. Es fehlt auch nicht an kritischen Stimmen, die eine restringente Reform des § 218 fordern, weil auf diesem Weg das Problem am wirkungsvollsten gelöst werden könne. Andere dagegen meinen, es käme in erster Linie darauf an, die Verantwortung des einzelnen Gewissens zu stärken.

Der katholische Erzbischof *McCarthy* von Miami (Florida) entschloß sich aus pastoralen Erwägungen zu einem aufsehenerregenden Schritt. Nach dem Kirchenrecht muß nämlich jeder Priester, der einen Exkommunizierten vom Kirchenbann absolvieren will, die Erlaubnis seines Bischofs einholen. Dies trifft auch für die wegen vorsätzlicher und erfolgreich herbeigeführter Abtreibung Exkommunizierten zu. Um nun diese unangenehme Einzelprozedur zu vermeiden, erlaubte Erzbischof McCarthy seinen Priestern generell, die Lossprechung von der Exkommunikation wegen Abtreibung nach Beichte und Buße vorzunehmen. Die schuldigen Katholiken sollten so auf unkomplizierte Weise wieder zur Kommunion zugelassen werden und vor Entfremdung von der Kirche bewahrt bleiben. Doch die zuständige Kongregation im Vatikan verurteilte das eigenmächtige Vorgehen des amerikanischen Oberhirten ganz entschieden.

Die Autoren des französischen Glaubensbuches »La foi des catholiques« faßten das Abtreibungsproblem mit größtmöglicher Behutsamkeit an, wohl wissend, daß hier Vernunftgründe und Emotionen stark aufeinander treffen und eine fruchtbringende Diskussion nahezu unmöglich machen. Wie soll schon eine ernste Auseinandersetzung stattfinden, wenn man mit so gegensätzlichen Slogans wie »Mein Bauch gehört mir« und »Abtreibung ist Mord« gegeneinander zu Felde zieht?

Die Verfasser unterschieden bei der Beurteilung dieser diffizilen Frage zwischen ungewollter und gewollter vorzeitiger Beendigung einer Schwangerschaft. Dazu müsse man wissen, was aber viel zu wenig bekannt sei, daß »ein erheblicher Anteil der befruchteten Eizellen...auf natürlichem Wege abgestoßen werde«.[30] Spontane Schwangerschaftsabbrüche seien also von der Natur selbst vorgesehen. Hinsichtlich der gesundheitlichen Indikation gaben sie zu bedenken, daß auch ein behindertes Kind ein Recht auf Leben habe und ein Zeichen des Segens sei. Deshalb sollte man in solchen Notfällen alle Möglichkeiten zur Hilfe ausschöpfen. Persönliche und soziale Verantwortung könnten zusammen wirkliche Nöte erträglich machen.

II. Teil
Sexualität außerhalb
der Ehe

I. Geschlechtsverkehr vor und außerhalb der Ehe

Nach dem Alten und Neuen Testament ist jeder willkürliche Sexualakt zu verwerfen. Das heißt aber noch nicht, daß jeder Gebrauch der Geschlechtskraft außerhalb der Ehe in dieses Verdikt einbezogen werden müßte. Ein Beispiel dafür ist das Hohelied des Alten Testamentes.[1]

Steng verurteilt und bestraft wurde jedoch ein Mann, wenn er ein noch nicht verlobtes Mädchen verführte. Er war dann verpflichtet, dieses Mädchen zu heiraten (Ex 22,15; Dt 22,28). Eine Frau, die nicht als Jungfrau in die Ehe gegangen war, mußte mit Steinigung rechnen; »denn sie hat eine Schandtat in Israel begangen, indem sie in ihrem Vaterhaus Unzucht trieb« (Dt 22,21; vgl. Dt 22,23−24). Das Neue Testament kennt in dieser Hinsicht keine konkreten Weisungen.

Sexualität nur in der Ehe

In der frühen Kirche galt jede Betätigung der Sexualität außerhalb der Ehe als Verstoß gegen das natürliche Sittengesetz, ja, sogar als Verletzung eines positiv göttlichen Gesetzes. Gewiß stand hinter dieser Auffassung die stoisch-gnostische Lehre, daß der Geschlechtsakt wegen der damit verbundenen sinnlichen Lust moralisch schlecht sei. Als Entschuldigung ließ man nur die Zeugung von Nachkommen gelten. Manichäismus und Neuplatonismus trieben dann die Diffamierung und Verteufelung der Sexualität einschließlich des Leibes auf die Spitze. Die meisten Kirchenschriftsteller ließen sich davon so stark beeinflussen, daß ihre Sexualmoral ein widerchristliches Gepräge empfing.

Bischof *Augustinus* verschaffte diesen nichtchristlichen Ideen mit seiner Ansicht vom Sündenfall im Paradies und der daraus folgenden Erbsünde eine theologische Grundlage, die Petrus Lombardus Jahrhunderte später in seinem Sentenzenwerk, das zahlreiche Kommentatoren finden sollte, ausbaute. Wie dieser bewerteten alle großen Theologen der Scholastik jeden nichtehelichen Geschlechtsverkehr, selbst noch den ehelichen Sexualakt, der nicht durch das Gut der Ehe gerechtfertigt werden konnte, als Sünde.[2]

Spärlichen Quellen aus dem Späten Mittelalter ist zu entnehmen, mit welchen Vorkehrungen dem vorehelichen Geschlechtsverkehr Einhalt geboten werden sollte. Der Katalog der Strafen reichte von Geldbußen bis zum Heiratszwang. Wenn zwei solcher »Sünder« einander nicht heiraten wollten, aber versprachen, keine sexuellen Kontakte mehr zu pflegen, konnten sie zu einer bedingten Eheschließung verpflichtet werden; das hieß, daß sie heiraten mußten, wenn sie ihr Versprechen brachen. Vor allem in England bedienten sich kirchliche Obrigkeiten dieser Methode, um das anscheinend weitverbreitete Konkubinat zu bekämpfen.

Eine Besonderheit stellten kirchliche Verfahren dar, die Mädchen und Frauen wegen Defloration anstrengten, um eine Entschädigung oder Alimente zu erhalten. In der Tat boten sich nur Jungfrauen günstige Heiratschancen.

Im niederdeutschen Sprachraum entstand um die Mitte des 14. Jahrhunderts eine Erläuterung der Zehn Gebote, die 1478 unter dem Titel »Großer Seelentrost« erstmals gedruckt wurde. Der Autor wollte vom außerehelichen Sexualverkehr abschrecken, indem er behauptete, daß die unter solchen Umständen gezeugten Kinder häßlich, mißgestaltet und krank zur Welt kämen.

Der aus Münster stammende Franziskaner *Dietrich Kolde* (†1515) stellte in seinem »Christenspiegel«, einer volkstümlichen Darstellung der christlichen Glaubens- und Sittenlehre, den nichtehelichen Geschlechtsverkehr – von gewaltsamer Defloration bis zum erwerbsmäßigen Bordellbetrieb – als Hauptursache für Pest, Trockenperioden und Brandkatastrophen dar. Homosexuellen Verkehr, Empfängnisverhütung und sexualstimulierende Mittel beschwor er mit Bildern vom Untergang Sodoms.[3]

War bei diesen unerlaubten Beziehungen ein Verheirateter beteiligt, trafen ihn noch schwerere Strafen wegen Ehebruchs. Für gewöhnlich aber reichten die verhängten Bußen von Geldstrafen über öffentliche Kirchenbuße und Trennung von Tisch und Bett bis zur Exkommunikation.

Solange Sinn und Zweck der Sexualität nur in der Zeugung von Nachkommen gesehen wurde und die Erziehung eines Kindes nur im Rahmen einer legitimen Ehe denkbar erschien, mußte jeder andere Gebrauch der Geschlechtskraft als verboten und sündhaft gelten. Zaghafte Ansätze, im ehelichen Akt auch einen Ausdruck von Zuneigung und Liebe zu sehen, sind zwar schon bei Alexander von Hales, Albert dem Großen und Thomas von Aquino anzutreffen, doch behauptete ein vornehmlich auf Augustinus zurückgehender Sexualpessimismus weiterhin das Feld. Dieser erhielt später eine wichtige Stütze durch die als Naturrecht ausgegebene Lehre, daß für die Kinderzeugung eine lebenslange Einehe gefordert sei und allein in einer solchen Ehe die Geschlechtslust ordnungsgemäß genossen werden dürfe.

Andere Zeiten, andere Sitten

Bei der gesamten Problematik sollte man nicht übersehen, daß moralische Überzeugungen in vorindustriellen Zeiten, als noch die Agrarwirtschaft vorherrschte, häufig von ökonomischen Bedingungen abhängig waren. Bauern, Gewerbetreibende und Adelige verstanden die Ehe in erster Linie als eine wirtschaftliche Angelegenheit. Oft wurde eine Frau nur aus ökonomischen Erwägungen geheiratet. Außerdem kam es bei der Ehefrau entscheidend darauf an, daß sie vielen Kindern das Leben schenkte und dadurch die Existenz der Familie garantierte. In manchen Gegenden bestand deshalb der Brauch, daß der junge Bauer seine künftige Gattin bereits vor der Heirat auf ihre Fruchtbarkeit prüfte. Wer diesen ersten sexuellen Verkehr gleich moralisch verurteilt, zeigt nur, daß er von den wirtschaftlichen Gegebenheiten früherer Zeiten nichts weiß. »Der voreheliche Geschlechtsverkehr, oder in den Termini der Zeit, die diesen Verhältnissen besser entsprechen, das ›auf Probe liegen‹ oder das ›Ausprobieren‹, stellte also nicht eine Verfehlung verliebter Paare, sondern sozial anerkanntes Verhalten dar, das der wirtschaftlichen Notwendigkeit entsprach, eine fruchtbare Ehe zu sichern.«[4] Ferner ist zu berücksichtigen, daß eine Heirat und damit der moralisch nur in der Ehe erlaubte Sexualakt meist erst in höherem Alter in Betracht kam, so daß voreheliche Beziehungen eigentlich unvermeidbar waren. »Außerehelich gezeugte Kinder sind jedenfalls kein Gradmesser besonderer sexueller Freizügigkeit, sondern Ausdruck des sozial und wirtschaftlich bedingten Ausschlusses eines Teils der Bevölkerung von der Möglichkeit zu ehelicher Sexualität.«[5]

Im breiten Strom der kirchlichen Moraltradition stand auch *Alphons von Liguori* († 1787), wenn er ohne Rücksicht auf Zeit und Umstände jeden Geschlechtsverkehr außerhalb der Ehe als unsittlich verwarf: »Zweifellos ist Unzucht vom Naturrecht her verboten, da die Natur die Copula ausschließlich auf die Ehe hinordnet, die nicht nur Zeugung, sondern auch gute Erziehung der Nachkommenschaft ermöglicht.«[6] Wie dieser Moralist warnten alle anderen vor den bösen Folgen, die sich aus einer ungeordneten, außerhalb der Ehe realisierten Triebbefriedigung ergäben. Manche befürchteten sogar ein langsames Aussterben der Menschheit, weil die Menschen zwar sexuelle Lust, nicht aber Nachkommen erstrebten.

Neue Aspekte

Eine differenziertere Beurteilung nahm erstmals *Johann Baptist Hirscher* († 1865) vor, weil er das bis dahin unterschiedslos verurteilte Konkubinat bei einer stärkeren personalen Bindung als eheähnliches Verhältnis wertete und deshalb nicht auf eine Stufe mit kurzlebigen Verhältnissen stellte. Nichteheliche Geschlechtsbeziehungen fanden seine Billigung dann nicht, wenn die persönliche Hingabe fehlte.

Mit dieser Ansicht stand Hirscher völlig allein. Erst in unserer Zeit wagen manche Moraltheologen zu unterscheiden zwischen einem Paar, das fest zur Heirat entschlossen ist, aber aus verschiedenen Gründen noch nicht heiraten will, und einem anderen Paar, das ohne offizielle Trauung zusammenlebt und auch für die Zukunft nicht an Heirat denkt, und nochmals einem anderen Paar, das heute miteinander sexuell verkehrt und vielleicht morgen schon andere Geschlechtspartner akzeptiert.

Der Redemptoristenpater *Bernhard Häring* ist ein Beweis dafür, daß ein angesehener Moraltheologe seine Meinung in einem bestimmten Punkt ändern kann, wenn neue Erkenntnisse dies verlangen. In seiner Moraltheologie »Frei in Christus«, die er nicht als Überarbeitung seines zwanzig Jahre früher erschienenen Standartwerkes »Das Gesetz Christi«, sondern als ein neues Opus versteht, widmete er der Frage des vorehelichen Geschlechtsverkehrs einen eigenen Abschnitt. Weil ihm eine objektive Beurteilung dieses Problems als überaus schwierig, wenn nicht ganz unmöglich erschien, verwies er auf die Entscheidung des einzelnen Gewissens: »Sind Verlobte unter dem Einfluß der öffentlichen Meinung und unbeeindruckt von der ihnen bekannten Argumentationsweise der Moralisten zur Überzeugung gelangt, daß für sie vorehelicher Verkehr statthaft ist, so müssen wir schließlich nach einer ernsten Aussprache ihr Gewissen respektieren.« Um aber der offiziellen Kirchenlehre, die in diesem Punkt keine Gewissensfreiheit gestattet, nicht widersprechen zu müssen, flüchtete sich Häring zu einem salomonischen Urteil: »Der Beichtvater ist nicht in der Lage, ihre Meinung zu billigen, er sollte jedoch im Blick auf ihre ehrliche Überzeugung die Absolution nicht verweigern. Dabei wird es gewöhnlich angebracht sein, die Poenitenten aufzufordern, sich vor Gott immer wieder zu befragen.«[7]

Das Kirchenrecht jedoch läßt keinen Spielraum für solche Unterscheidungen; es verurteilt alle Konkubinarier wegen des objektiven Tatbestandes einer nichtehelichen Beziehung und belegt sie mit den dafür vorgesehenen Strafen. Auffälligerweise ist dabei in erster Linie an Geistliche gedacht, die wegen ihres Keuschheitsversprechens keine Ehe schließen dürfen und zu dauernder Enthaltsamkeit verpflichtet bleiben. Ebenso gelten vor dem kirchlichen Gesetz alle jene als Konkubinarier, die ohne gültige Trauung zusammenleben.

Als die Zahl der Ehen auf Probe oder Zeit neuerdings sprunghaft anstieg, reagierte die Kirche mit strikter Ablehnung. Wie früher bezeichnet sie auch heute alle vor- und außerehelichen Beziehungen als unerlaubt. Damit sind auch die eheähnlichen Lebensgemeinschaften, sogenannte Ehen ohne Trauschein, verurteilt. Als Prinzip gilt weiterhin, was Pius XI. 1930 in der Enzyklika »Casti connubii« deutlich feststellte, daß nämlich »nach dem Willen des Schöpfers und nach dem natürlichen Sittengesetz jeder ehrenhafte Gebrauch der Fähigkeit, die Gott zur Weckung neuen Lebens gegeben hat, Recht und Privileg allein der Ehe ist«. Mit Nachdruck verteidigte der Papst bei dieser Gelegenheit die unauflösliche Monogamie als die einzige erlaubte Form der Ehe.[8] Solange die Kirchenobrigkeit an dieser Maxime festhält, wird sich die Kluft zwischen der Forderung des Lehramtes und der Praxis ungezählter Katholiken nur noch vergrößern.

Dies ist um so gravierender, als sich heute sagen läßt, »daß den Moraltheologen bisher kein überzeugender Beweis dafür gelungen ist, daß Geschlechtsverkehr in jedem Falle der Ehe vorbehalten sein muß. Die Schwierigkeiten, auf die ihre Sachargumentation gestoßen ist, sollten uns wenigstens bereit machen, nicht jede Ausnahme von vornherein als unsittlich zu verwerfen, sondern uns sachlichen Auseinandersetzungen neu zu stellen.«[9] Im gesellschaftlichen Bereich hat sich längst schon ein Umdenken vollzogen. Wenn heute Mann und Frau zusammenleben, ohne offiziell verheiratet zu sein, nennt man dies nicht mehr diskriminierend Konkubinat, sondern tolerierend nichteheliche Lebensgemeinschaft. Auch die Mehrzahl der Katholiken denkt in dieser Hinsicht, wie Umfrageergebnisse beweisen, nicht anders.

Bei der gesamten Thematik sollte nicht vergessen bleiben, daß es vor der vom Trienter Konzil vorgeschriebenen Formpflicht der Eheschließung mehrere Möglichkeiten des Zusammenlebens gab, die bis in das 13. Jahrhundert hinein von der Kirche gebilligt wurden, soweit es sich um dauerhafte Verbindungen im Sinn der Einehe handelte.

Nach einem Beschluß der Synode von Mainz im Jahre 852 mußte ein Mann, der eine Konkubine hatte, zur Kommunion zugelassen werden, solange er nicht verheiratet war. Dies bedeutete eine Anerkennung des eheähnlichen Konkubinats, bei dem meist ein Teil als unfrei galt, so daß eine vollgültige Ehe nicht geschlossen werden konnte. Erst als die Kirche im 12. und 13. Jahrhundert ihr Verständnis der Ehe als einer freiwilligen und lebenslangen Verbindung eines Mannes und einer Frau durchzusetzen vermochte, verwarf sie das Konkubinat als unzüchtiges Zusammenleben. Offenkundige Konkubinarier durften nun die Kommunion nicht mehr empfangen, da sie wie Wucherer, Blutschänder und Ehebrecher zu den öffentlichen Sündern gezählt wurden.[10] Die Kirche führte in der Folgezeit einen energischen Kampf gegen Konkubinarier, mochte es sich um Kleriker oder Laien handeln. Das Konzil von Trient verurteilte in einem Dekret vom 11. November 1563 die konkubinarische Lebensweise als schwere Sünde und belegte sie mit harten Strafen.

Noch heute werden alle nicht kirchlich getrauten Paare als Konkubinarier, als Todsünder, registriert. Nach dem Kirchenrecht von 1918 waren sie sogar exkommuniziert und durften, wenn sie in diesem Zustand gestorben waren, nicht kirchlich beerdigt werden. Das neue Kirchenrecht von 1983 stuft Katholiken, die nur standesamtlich oder überhaupt nicht verheiratet sind, zwar nicht mehr als Exkommunizierte ein; sie gelten aber weiterhin als öffentliche Sünder und bleiben vom Empfang der Sakramente ausgeschlossen (can. 915).

Der Staat folgt nicht mehr der Kirche

Staatliche Autoritäten, die noch zu Beginn der Neuzeit die katholische Ehelehre akzeptierten und zu deren Verwirklichung beitrugen, ließen sich erst im Zeitalter der Aufklärung zu einer weniger rigorosen Gesetzgebung bewegen, freilich nicht überall. Das bayerische Polizeistrafgesetzbuch von 1861 enthielt noch die Bestimmung, daß »Personen, welche in fortgesetzter außerehelicher Geschlechtsverbindung in einer Wohnung zusammenlebten, an Geld bis zu 25 Gulden und mit Arrest bis zu 8 Tagen zu bestrafen und zu trennen« seien.[11] Und obwohl das Konkubinat im Deutschen Reichsstrafgesetzbuch von 1872 nicht mehr erwähnt war, folgten Polizeibehörden weiterhin früheren Anordnungen. Heute ist das Zusammenleben unverheirateter Personen in den meisten Ländern frei von Strafandrohungen.

Kirche und Jugendmoral heute

Wenn ein Theologe oder Priester es wagt, herkömmliche Moralvorstellungen in Frage zu stellen und andere Lösungen anzubieten, gerät er schnell in Konflikt mit der Kirchenautorität. Der österreichische Jesuit *Sigmund Kripp* kann hier als Beispiel für manch andere stehen.

Als Leiter eines kirchlichen Jugendheimes in Innsbruck lehrte und erprobte Kripp gerade auf dem Gebiet der Sexualmoral neue Wege, mit der Folge, daß ihm die Leitung des Heimes entzogen wurde. Inzwischen Leiter eines nichtkirchlichen Jugendhauses in Fellbach bei Stuttgart, scheute Kripp sich nicht, überholte Verhaltensnormen der Kirche offen zu kritisieren: »Die katholische Kirche hat sich auf eine viel zu starre, normative Festlegung von angeblich moralischen Regeln für Partnerschaften und Sexualerziehung eingelassen. Sie mißt diesen Regeln außerdem noch – anmaßend – weltweite, interkulturelle, für alle Ewigkeit geltende Gültigkeit zu.« Er beließ es aber nicht bei dieser allgemeinen Beurteilung, sondern äußerte sich konkret: »Ich weiß nicht, mit welchem Recht die Kirche von Jugendlichen fordert, zehn Jahre lang ihre Sexualität zu ignorieren, bloß weil in unserer Gesellschafts- und Wirtschaftsordnung die frühere Ehe nicht paßt. Gibt es nicht auch schon für den Jugendlichen das Menschenrecht auf partnerschaftliche Liebe, auf Sexualität? Auch körperliche Liebe muß man noch lernen und üben. Heute ist doch einer mit 15 geschlechtsreif, aber erst mit 30 kann er heiraten und eine Familie erhalten. Was soll er denn mit seinem Trieb zwischen 15 und 30 tun?«[12] Wer so genau fragt, zeigt, daß ihm nicht pure Theorie Maßstab aller Dinge ist, sondern daß er nach praktikablen Ratschlägen für junge Menschen sucht.

Wie aber verfahren kirchliche Vorgesetzte mit solchen Wegsuchern, die wirkliche Seelsorger sein wollen? Nach jahrelangen Auseinandersetzungen mit der Leitung seines Ordens mußte Kripp schließlich die Gesellschaft Jesu verlassen. So entledigt sich eine Ordensgemeinschaft unangenehmer Mitglieder noch heute.

Diffamierung wegen Jugendverderbnis mußte sich die von schweizerischen Pallottinern herausgegebene Zeitschrift »ferment« gefallen lassen. In einer Serie über Sexualität, Liebe und Ehe waren in der Tat ungewohnte Ansichten wie diese zu lesen: »Wenn Sünden ihre Kehrseite in guten Taten haben, sind die fleischlichen Sünden vielleicht deshalb so besonders anstößig, weil sie uns immer aufs neue unbarmherzig vor Augen führen, wie sehr es uns mangelt an fleischlichen guten Taten!«[13] Solche Aussagen müssen in den Ohren kirchlicher Sittenwächter häretisch klingen, weil frühere Antworten auf dieselben Fragen anders lauteten.

Es kommt entscheidend darauf an, die tatsächlichen Verhältnisse im Kirchenvolk ohne falsche Beschönigung kennenzulernen, um dann die notwendigen »Hilfsmittel« ausfindig zu machen.

Bei der Umfrage zur Vorbereitung der Gemeinsamen Synode der Bistümer in der Bundesrepublik Deutschland (1970/1971) ergab sich für viele überraschend, daß 56 Prozent der katholischen Jugendlichen die Weisungen der Kirche zur Sexualität als unzulänglich und überholt betrachteten. Im Hinblick auf die gesamte Jugend fällt das Ergebnis noch negativer aus. Nach einer Befragung des Alan-Guttmacher-Instituts trugen in den USA von 1,14 Millionen schwangerer Teenager 554000 ihre Babys aus, während 434000 sich für Abtreibung entschieden. Bei derselben Gelegenheit stellte sich heraus, daß von 29 Millionen Jugendlicher zwischen 13 und 19 Jahren mehr als 12 Millionen, also fast die Hälfte, bereits Erfahrungen im Geschlechtsverkehr hatten.

Kirchenmänner sind angesichts solcher Zahlen schnell geneigt, von einer »permissiven Moral« zu sprechen, die für die Jugendlichen heute kennzeichnend sei. Ob dieser Tatbestand wirklich nur so zu interpretieren ist, daß die jungen Leute unserer Tage morasche Gebote und Verbote gänzlich mißachten? Gewiß, die Jugend hat andere, den traditionellen Normen der Kirche oft widersprechende Vorstellungen und Ziele. Doch solange die offizielle Kirche darauf nichts anderes zu sagen weiß, als daß geschlechtliche Aktivitäten nur innerhalb der Ehe ihren legitimen Platz beanspruchen dürfen, kann sie den unverheirateten Menschen keine wirksame Hilfe bieten.

II. »Abnormitäten«

Von »Abnormitäten« oder Abirrungen kann hier nur im Hinblick auf das Sexualitäts- und Eheverständnis der Kirche die Rede sein.

1. Onanie

Zur Beurteilung der Onanie konnte die Kirche nur auf Aussagen des Alten Testaments zurückgreifen, da im Neuen Testament keinerlei Auskünfte zu finden sind. Onan, ein Sohn des Juda, wurde zum Verbrecher, weil er sich weigerte, mit der Witwe seines Bruders Kinder zu zeugen, die dann freilich nicht als seine eigenen, sondern als die seines verstorbenen Bruders gegolten hätten. Die Bibelstelle lautet: »Sooft er zur Frau seines Bruders ging, ließ er den Samen zur Erde fallen und verderben, um seinem Bruder Nachkommen vorzuenthalten. Was er tat, mißfiel dem Herrn, und so ließ er auch ihn sterben« (Gen 38,9 f.). Wie die kirchliche Tradition in Auslegung dieser Worte lehrte, sündigte Onan deshalb schwer, weil er den Samen vergeudete, statt ihn seiner natürlichen Zweckbestimmung zuzuführen. Deshalb nannte man die Selbstbefriedigung häufig Onanie, freilich nicht zutreffend, denn Onans Vergehen bestand in erster Linie nicht darin, daß er den Samen verschwendete, sondern daß er die Sorgepflicht für seinen toten Bruder vernachlässigte. Auch trieb er nicht »Selbstbefleckung« im eigentlichen Sinn, sondern praktizierte den coitus interruptus, um die Zeugung eines Kindes zu vereiteln. Folglich läßt sich dieser Bibelabschnitt auch nicht als eine Aussage über Masturbation gebrauchen.

Der Sexualakt muß nach jahrhundertelanger Tradition der Kirche stets für die Zeugung neuen Lebens offenbleiben. Jedes Zuwiderhandeln, ob allein oder mit anderen, gilt als Sünde. Obwohl die alttestamentliche Bewertung dieses Tuns vorrangig ethnologisch zu verstehen ist, bedient sich das Lehramt der Kirche bis in unsere Zeit einer sexualbiologischen Interpretation, um so jede sexuelle Funktion allein für den Bereich der Ehe reservieren zu können.

Die Verurteilung der Masturbation durch Päpste reicht zurück bis in das 11. Jahrhundert. In einem Schreiben an den sittenstrengen Mönch Petrus Damiani (1054) erklärte Papst *Leo IX.*: Wer sich der Masturbation schuldig gemacht hat, darf nicht in den Klerus aufgenommen werden oder muß, wenn er bereits Kleriker ist, in den Stand des Laien zurückversetzt werden.[1] Diese Maßnahmen richteten sich bezeichnenderweise an Geistliche, weil von ihnen ein sexuell enthaltsames Leben erwartet wurde.

Während die Masturbation in den Bußbüchern zu den geringfügigen Sünden zählte, betrachteten die Theologen der Scholastik dieses Tun, für das jetzt der Ausdruck »mollities« (Verweichlichung) aufkam, als einen schweren Verstoß gegen das Naturrecht und deshalb auch als eine schwere Sünde. Nach dem Pariser Theologen *Jean Gerson* wog dieses Vergehen, wenn es ganz freiwillig und der Lust wegen begangen wurde, schwerer noch als Unzucht, weshalb die Absolution dem Bischof vorbehalten blieb. Als Berater von Studenten verfaßte er sogar eine spezielle Abhandlung über die Pollution in der Nacht und am Tage. Darin verknüpfte er moraltheologische und medizinische Erwägungen geschickt miteinander.

Auf die Spitze trieb der an der Universität Salamanca ausgebildete und in Rom dozierende Bibelgelehrte *Benedicti* († 1600) die Differenzierung, als er für die Beichte eine genaue Angabe der näheren Umstände forderte: »Wenn jemand diese Sünde begeht und dabei denkt, mit einer verheirateten Frau zu verkehren, oder dieses begehrt, so ist das außer der Sünde der Verweichlichung Ehebruch; wenn er eine Jungfrau begehrt, ist es eine Schändung; wenn er seine Verwandte begehrt, ist es Inzest; wenn er eine Nonne begehrt, ist es Sakrileg; wenn er einen Mann begehrt, ist es Analverkehr; so auch für Frauen bezüglich der Männer.« Benedicti war es auch, der eine direkte Verbindung zu der erwähnten Sünde Onans herstellte und die onanistische Praxis als Sünde gegen Gottes Willen wertete. »Es ist eine sehr schwere Sünde, und sie ist wider die Natur«, urteilte auch der Jesuit und Kardinal *Francisco Tolet* († 1596) in seinem Kommentar zur Summa Theologiae des Thomas von Aquino , »es ist weder für die Gesundheit noch für das Leben noch für irgendwelche andere Zwecke erlaubt. Daher versündigen sich die Ärzte schwer, die zu diesem Akt aus Gründen der Gesundheit raten, und wer ihrem Rat folgt, ist von der Todsünde nicht ausgenommen.«[2]

Das beste Mittel zur Überwindung dieser weitverbreiteten Sünde, derentwegen die Hölle am meisten bevölkert sei, sah Benedicti in der häufigen Beichte bei demselben Beichtvater. Wenn er wünschte, daß dies »nach Möglichkeit dreimal in der Woche« geschehe, deutete er damit gleichzeitig die Häufigkeit dieser Sünde an.[3]

Auch für Papst *Alexander VII.* († 1655) bedeutete die Masturbation einen schweren Verstoß gegen das Naturgesetz. Einer alten Tradition folgend behauptete er, die Aktivierung der geschlechtlichen Kraft sei nur in der Ehe und hier wieder nur zur Zeugung von Kindern naturgemäß.

Den spanischen Zisterziensermönch Caramuel von Lobkowitz († 1682), den der Redemptorist Alphons von Liguori als »princeps laxistarum« schmähte, traf 1679 die Verurteilung durch das Hl. Offizium, weil er die naturrechtlich begründete Sündhaftigkeit der Selbstbefriedigung leugnete.

Im 18. Jahrhundert erhielt die Theologie willkommene Schützenhilfe von Ärzten, die aus gesundheitlichen Gründen gegen die Masturbation kämpften. Hier ist neben Bekker, der mit seinem Buch »Onania« (1700) die Verwerflichkeit der Onanie propagierte, vor allem der französische Arzt Tissot zu nennen, weil er mit seinem zuerst in lateinischer und erst dann in seiner Muttersprache veröffentlichten Buch »De l'onanisme« (1760) die Meinung weiter Volkskreise bestimmte. Die Selbstbefriedigung war hier nicht als ein sittliches Vergehen, sondern als eine körperliche Krankheit ausgegeben. Dementsprechend lauteten bald auch die Empfehlungen von Pädagogen und die Weisungen von Moraltheologen. Bei der Bekämpfung dieses »gefährlichen Lasters«, wie man die Onanie oft bezeichnete, wirkten nun kirchliche und weltliche Instanzen einträchtig zusammen.

Bis zum Beginn unseres Jahrhunderts waren sich die Vertreter der Theologie und des kirchlichen Lehramtes über die Verwerflichkeit der Masturbation einig. Allerdings dachte man dabei meist an empfängnisverhütendes Verhalten. In diesem Sinn wurde der Begriff Onanismus schon um die Mitte des 18. Jahrhunderts gebraucht. Weil die Geschlechtskraft nur zur Zeugung neuen Lebens in Anspruch genommen werden und die Zeugung nur innerhalb der Ehe erfolgen durfte, galt der onanistische Akt eines Unverheirateten als ebenso sündhaft wie der ebenfalls als Onanie eingeschätzte coitus interruptus beim ehelichen Verkehr.

Der belgische Jesuit *Eduard Génicot* († 1900) erörterte in seinem weitverbreiteten Lehrbuch »Institutiones theologiae moralis«[4] den ehelichen Onanismus bis in alle Einzelheiten. Den Hauptgrund für die Ablehnung sah er darin, daß der Zeugungszweck absichtlich ausgeschlossen werde. Die Absolution in der Beichte wollte er von dem Versprechen abhängig machen, ob der Pönitent gewillt war, seine »perverse Gewohnheit« aufzugeben. Onanisten, die diese »ruchlose Gewohnheit« als Empfängnisverhütung praktizierten, weil irgendwelche Nöte oder Gefahren sie dazu zwangen, sollten vom Beichtvater zum Vertrauen auf die göttliche Vorsehung bewogen werden. Auch auf die physischen und psychischen Schäden, die mit der Onanie verbunden seien, müßte aufmerksam gemacht werden. Als ein Heilmittel gegen dieses Übel empfahl Génicot Eheleuten, getrennt zu schlafen; denn zeitweise Enthaltsamkeit sei auch in der Ehe weder unnatürlich noch unmöglich.[5] Ähnlichen Auffassungen begegnen wir in anderen Lehrbüchern dieser Zeit.

Ebenso lauteten die Entscheidungen der höchsten Kirchenautorität. In einem Urteil vom Jahre 1909 wertete die päpstliche Pönitentiarie die Onanie beim Mann sowie bei der Frau als sündhaftes Geschehen. Beichtväter, die hier Nachsicht üben wollten, mußten sich folgendermaßen belehren lassen: »Da der eheliche Akt seiner Natur nach zur Weckung neuen Lebens bestimmt ist, so handeln jene, die ihn bei seiner Tätigkeit absichtlich seiner natürlichen

Kraft berauben, naturwidrig und tun etwas Schimpfliches und innerlich Unsittliches.«[6]

Noch *Pius XII.* († 1958) hielt in diesem Punkt ohne jeden Kompromiß an der Tradition fest. Gemäß einer Entscheidung des Hl. Offiziums vom Jahre 1920 bezeichnete er jeden onanistischen Akt als einen schweren Verstoß gegen das allgemeine Sittengesetz. In einer Ansprache vor Neuvermählten am 29. Oktober 1951 betonte der Papst, daß die natürliche Geschlechtsanlage nur in der Ehe und selbst da nur im Dienst der Ehe sittlich erlaubt beansprucht werden dürfe. Und in einer Rundfunkansprache zum Familiensonntag am 24. März 1952 wies Pius XII. den Irrtum jener zurück, »die Verfehlungen in den Jahren der Reifezeit als unvermeidlich erachten, von denen man nicht viel Aufhebens machen sollte, so, als seien sie keine schwere Schuld, weil, wie sie hinzufügen, gewöhnlich die Leidenschaft die Freiheit aufhebe, die nötig sei, damit jemand für seine Handlung sittlich verantwortlich sei«.[7] Gewiß wollte das Oberhaupt der katholischen Kirche auch jene Mediziner und Moraltheologen zurechtweisen, welche die unter Jugendlichen weit verbreitete Onanie als eine natürliche Durchgangsphase im Reifungsprozeß ansahen und es deshalb für richtig hielten, dieses Tun nicht grundsätzlich und in jedem Fall mit dem Makel der Sündhaftigkeit zu versehen.

Auch heute keine Kursänderung

Daß der Standpunkt der Kirche Jahrhunderte hindurch unverändert blieb, bewies die Kongregation für die Glaubenslehre mit ihrer Erklärung zu einigen Fragen der Sexualität vom 29. Dezember 1975. Dieses Dokument aus dem Vatikan ließ nicht nur jedes Verständnis für die von Psychologie und Soziologie erbrachten Resultate über die Masturbation vermissen; es wollte gerade als Protest gegen diese neuesten Erkenntnisse verstanden werden, da sie der offiziellen Doktrin und Praxis der Kirche widersprächen. Bekräftigt wurde zunächst die traditionelle Lehre, daß jeder freiwillige Gebrauch der Geschlechtskraft außerhalb der Ehe gegen die sittliche

Ordnung verstoße. Weil aber die weite Verbreitung der Onanie, besonders bei Jugendlichen in den Jahren der Pubertät, nicht zu leugnen ist, machte die Kongregation für diese Tatsache auch negative Zeiterscheinungen verantwortlich: »Die Häufigkeit des Auftretens der betreffenden Handlungen muß sicherlich im Zusammenhang mit der dem Menschen als Folge der Erbsünde innewohnenden Schwäche gesehen werden, aber auch im Zusammenhang mit dem Verlust der Gottbezogenheit und mit der Verwilderung der Sitten.« Um diese These zu illustrieren, wurde eine Reihe von Ursachen aufgezählt: »Kommerzialisierung des Lasters und die schrankenlose Freizügigkeit in vielen Bereichen des Schaugeschäfts sowie des Bücher- und Zeitschriftenmarktes. Aber auch der Verlust des Schamgefühls, das die Wächteraufgabe über die Keuschheit hat, muß in diesem Zusammenhang genannt werden.« Trotzdem oder vielleicht deswegen riskierte die Kongregation unter ihrem Präfekten Kardinal Šeper am Ende die nach einer Konzession klingende Aussage, aufgrund individueller Gegebenheiten liege »nicht immer eine schwere Schuld« vor, fügte aber sofort hinzu: »Im allgemeinen darf jedoch nicht von vornherein das Fehlen einer schweren Verantwortung angenommen werden.«[8] Bleibt als Fazit, was bei der Andernacher Springprozession alljährlich neu vorgeführt wird: ein Schritt vor und zwei Schritte zurück.

Heftige Kritik an der starren Haltung der Kirche ist nicht erst in unserer Zeit zu vernehmen. Schon *Sigmund Freud* († 1939) hatte sich in dem Aufsatz »Die kulturelle Sexualmoral und die moderne Nervosität« (1908) mit der Problematik der Masturbation auseinandergesetzt und wenigstens indirekt ein negatives Urteil über die Haltung der Kirche zur Sexualität gefällt. Er hielt es für falsch, daß die Kirche völlige Enthaltsamkeit vor der Heirat und lebenslange Abstinenz im Ledigenstand fordert. »Die Aufgabe der Bewältigung einer so mächtigen Regung wie des Sexualtriebes anders als auf dem Wege der Befriedigung«, argumentierte Freud, »ist eine, die alle Kräfte eines Menschen in Anspruch nehmen kann. Die Bewältigung durch Sublimierung, durch Ablenkung der sexuellen Triebkräfte vom sexuellen Ziele weg auf höhere kulturelle Ziele gelingt einer Minderzahl, und wohl auch dieser nur zeitweilig, am wenigsten leicht in der Lebenszeit feuriger Jugendkraft. Die meisten anderen werden neurotisch oder kommen sonst zu Schaden. Die Erfahrung zeigt, daß die Mehrzahl der unsere Gesellschaft zusammensetzenden Personen der Aufgabe der Abstinenz konstitutionell nicht gewachsen ist.«[9] Wie richtig der berühmte Psychoanalytiker hier urteilte, beweisen neueste Umfrageergebnisse. Inzwischen bestätigten auch Psychologen und Pastoraltheologen die Richtigkeit der Freud'schen Einschätzung dieses speziellen Moralproblems. Doch ungeachtet dessen verteidigt die katholische Kirche ihren auch von vielen Gläubigen abgelehnten Standpunkt vornehmlich deshalb, weil sonst das Fundament ihres auf die Ehe eingeschränkten Sexualitätskonzepts grundsätzlich in Frage gestellt würde.

2. Kastration

Die Praxis der Entmannung (Kastration) reicht in der Geschichte der Menschheit weit zurück. Solche Eingriffe wurden ursprünglich sogar aus kultisch-religiösen Motiven vorgenommen. Die Priester sollten auf sexuelle Aktivitäten ganz oder wenigstens vor der Kultfeier verzichten, um als würdige und segensreiche Mittler zwischen Göttern und Menschen fungieren zu können. Die ältesten Zeugnisse von freiwilliger oder erzwungener Kastrierung beziehen sich auf die Hethiter. Diese Bräuche waren auch in semitischen, asiatischen und europäischen Religionen beheimatet. Entmannte Priester dienten der Artemis in Ephesus, der Kybele in Kleinasien und der Magna Mater auf dem römischen Palatin.

In der frühen Kirche, vornehmlich im Osten, gab es nicht wenige Kleriker, die sich voll Stolz als Eunuchen bezeichneten. Sie beriefen sich mit Vorliebe auf das Jesuswort: »Manche haben sich selbst dazu gemacht um des Himmelreiches willen« (Mt 19,12). Nach *Justin dem Martyrer* verdiente es hohes Lob, wenn ein junger Christ durch Entmannung die Ernsthaftigkeit seines enthaltsamen Lebens unter Beweis stellte. Der priesterliche Schriftsteller *Origenes*, selbst ein Kastrat, berichtete von jungen Christen, die sich entmannten, um nicht gegen die hochgerühmte Keuschheit sündigen zu können.

Zwei Jahrhunderte später wußte *Epiphanius von Salamis* († 403) von »nicht wenigen, die sich in jugendlichem Leichtsinn entgegen den Gesetzen selbst entmannten«.[1] Sie wollten auf diese Weise Verdächtigungen oder gar Anklagen wegen unzüchtigen Lebenswandels entgehen. Diese Vorwürfe trafen meist Mönche und Kleriker, die mit Frauen in einer Art geistlicher Ehe enthaltsam leben wollten, jedoch oftmals zu Fall kamen.

Um der Kastrationspraxis Einhalt zu gebieten, erließen Diözesan- und Provinzialsynoden schon in früher Zeit Verbote, freilich ohne großen Erfolg, wie die päpstlichen Dispensen wegen Irregularität für Ordens- und Weltpriester bis in das 15. Jahrhundert beweisen. An den Klerus richtete sich das I. Ökumenische Konzil von Nizäa (325) mit Kanon 1: »Ist jemand im Verlauf einer Krankheit von den Ärzten verschnitten worden oder auch durch die Hand der Barbaren, dann soll er im Klerus verbleiben. Wenn aber jemand, der bei guter Gesundheit war, sich selbst verschnitten hat, dann soll er aus dem Klerus, dessen Mitglied er bis dahin war, ausgeschlossen sein; ebenso soll für die Zukunft jeder, der so gehandelt hat, nicht mehr ordiniert werden.«[2] Freiwilligen Eunuchen blieb der Zugang zum Stand des Klerus grundsätzlich versperrt. Allerdings erwarteten die Konzilsväter, daß Kleriker, die nicht verheiratet waren, dank der Gnade Gottes sexuelle Abstinenz wahrten.

In den Augen der Theologen stellte die Kastration eine schwere Sünde dar. Wer sich der Zeugungsfähigkeit beraubt, handelt nach *Johannes Chrysostomus* »wie ein Mörder, würdigt die Schöpfung Gottes herab, hilft den Einwänden der Manichäer und begeht dieselbe Untat wie die Heiden, die sich verstümmeln«.[3] Diese Apologie wandte sich in erster Linie gegen den asketischen Gnostizismus.

Im Hohen Mittelalter nahm *Thomas von Aquino* die Argumentation der Kirchenväter auf und gelangte zu der grundsätzlichen Ansicht: »Um des körperlichen Wohles willen darf man ein Glied nur dann amputieren, wenn dem Menschen sonst nicht geholfen werden kann. Das Seelenheil aber läßt sich immer anders sichern als durch Selbstverstümmelung, weil die Sünde vom freien Willen abhängt. Und deshalb ist es in keinem Fall erlaubt, ein Glied wegzuschneiden, um irgendeine Sünde zu verhüten.«[4] Als Ausnahme ließ er die Operation aus medizinischen Gründen gelten. Ein einzelnes Glied dürfe zum Wohl des ganzen Organismus geopfert werden, selbst dann, wenn ein solcher Eingriff Sterilität oder Impotenz zur Folge haben sollte.

Kastration aus Rache

Aus der Geschichte der Kirche kennen wir nur wenige Beispiele einer Entmannung als Strafe oder aus Rache. Besonders tragisch endete die Liebesaffäre des Priesters und Theologen *Peter Abaelard* († 1142). Er hatte sich in das junge Mädchen *Héloise* verliebt und wollte mit ihr in einem eheähnlichen Verhältnis zusammenleben. Als dies aber Héloises Onkel Fulbert, einem Domherrn an der Kathedrale zu Paris, zu Ohren kam, riet dieser beiden zu einer heimlichen Eheschließung. Seine Nichte hatte ernste Bedenken gegen diesen Schritt, weil die Verbindung eines Tages doch publik werden, dem hohen Ansehen ihres Geliebten schweren Schaden zufügen und die Kirche eines berühmten Theologen berauben würde. Am Ende entschloß sich Héloise doch zu einer heimlichen Hochzeit, bei der Fulbert sogar als Trauzeuge fungierte. Als aber der Domkanoniker von der bald darauf eintretenden Schwangerschaft seiner Nichte hörte, ergriff ihn ein derart heftiger Zorn, daß er den 38jährigen Abaelard auf listige Weise gefangennehmen ließ. Welch trauriges Schicksal Abaelard erleiden mußte, berichtete er später in einem Brief an Héloise: »Nun nahmen sie an mir eine Rache, grausam und so beschämend, daß die Welt erstarrte: sie schnitten mir von meinem Leib die Organe ab, mit denen ich sie gekränkt hatte. Auf der Flucht erwischte man zwei der Gesellen; sie wurden geblendet und außerdem entmannt; der eine war mein Diener. Statt mir treu zu dienen, hatte er sich vom Habsuchtsteufel zum Verrat verführen lassen.«[5] Die Tragödie endete damit, daß beide in ein Kloster eintraten: Abaelard in St. Denis und Héloise in Argenteuil.

Fulberts Racheakt erfolgte gewiß nicht im Auftrag der Kirche, es war seine eigene böse Tat. Kirchliche Obrigkeiten ahndeten solche Vergehen mit schweren Strafen. So mußte ein Kreuzfahrer, der einen Priester entmannt hatte, auf Weisung des Bischofs Ivo von Chartres († 1116) die Waffen niederlegen, 14 Jahre lang an bestimmten Tagen fasten, auf bessere Speisen ganz verzichten und Almosen spenden.

Kastration zum Lob Gottes

Schlimm war auch die Kastrierung von Sängerknaben, um ihre kindliche Stimme für den Kirchengesang zu erhalten. Selbst Thomas von Aquino fand nichts Anstößiges daran, wenn die kastrierten Kinder auf diese Weise bei der Liturgie länger »zur Ehre Gottes« mitwirken könnten. Noch Jahrhunderte später dachte der Moraltheologe *Alphons von Liguori* nicht anders, wenn er schrieb: »Die Kastraten nützten dem allgemeinen Wohl, indem sie göttliche Loblieder in den Kirchen süßer sangen.«[6]

Seit *Sixtus V.* (1585–1590) billigten Päpste die an kirchlichen Sängerknaben vorgenommene Kastration, weil sie um eines frommen Zweckes willen mit dem Naturrecht vereinbar sei; zumindest aber tolerierten sie diese Praxis stillschweigend. Dies galt nicht nur für die berühmte Capella Sixtina, den Kirchenchor von St. Peter in Rom, sondern für sämtliche Kirchen im Bereich des Kirchenstaates, der erst 1870 endgültig untergehen sollte. Interessant ist, daß die überwiegende Zahl der Moraltheologen in Spanien, Frankreich, Deutschland und Italien vom Ende des 16. bis in die Mitte des 18. Jahrhunderts diese euphonische Kastration ablehnte, wobei die wenigen Befürworter allein unter den Spaniern und Italienern zu finden waren.[7]

Die bösen Folgen dieses Einverständnisses reichten sogar über den Kirchenraum hinaus. Indem Sixtus V. in einer Bulle von 1588 den Frauen das Auftreten auf Bühnen in Rom und im Kirchenstaat ausnahmslos untersagte, förderte er indirekt den Gesang kastrierter Knaben in öffentlichen Theatern und Opernhäusern. Die Sitte, daß hohe Knabenstimmen als Ersatz für Frauenstimmen verwendet wurden, fand auch in Ländern außerhalb Italiens Nachahmung.

Benedikt XIV. († 1758) war der erste Papst, der zum Problem der

Kastration ausdrücklich Stellung nahm. Wenn er auch die Kastration ohne medizinische Notwendigkeit als Sünde bezeichnete, billigte er doch die Verwendung von Eunuchen im Kirchenchor von St. Peter aus zeitbedingten Gründen, namentlich aus Angst vor den möglichen Folgen, wenn er in eine seit langer Zeit bestehende Gewohnheit eingreifen würde.

Erst *Leo XIII.* († 1904) verbot die Aufnahme kastrierter Sänger in den Kirchenchor. Wer aber noch nach alter Sitte entmannt war, durfte weiterhin mitsingen. Deshalb waren im Chor des Papstes Sängerkastraten noch bis zum Jahr 1920 anzutreffen.

Heutige Moraltheologen werten die Entmannung von Sängerknaben als »einen schweren Verstoß gegen die Natur und ein großes Unrecht gegen die Knaben, die auf diese Weise in ihrer leibseelischen Entwicklung verkrüppelt und zur Ehe untauglich gemacht wurden«.[8]

Der Jesuit Peter Browe, dem wir eine aufschlußreiche Studie über die Geschichte der Entmannung verdanken, kleidete seine Kritik an der höchsten Kirchenautorität in folgende Fragen: »Warum hat weder einer der 32 Päpste, die während der Zeit des Kastratengesangs regierten, noch irgendein Provinzial- oder Diözesankonzil den alten Kanon des Konzils von Nizäa ins Gedächtnis zurückgerufen oder einen neuen aufgestellt? Warum haben sie Kastraten in den Kirchen singen lassen und so die Entmannung vieler Knaben mitverschuldet? Warum haben sie in den zahlreichen Verordnungen, die sie über den verweltlichten und manirierten Kirchengesang erlassen haben, die Kastraten, die doch mitschuldig waren, mit keinem Worte erwähnt?«[9]

Auch gegen weltliche Kastrationsaktionen trat die Kirche nicht immer entschieden genug auf. Papst *Pius XI.* lehnte in seiner Enzyklika »Casti connubii« von 1930 die Sterilisation zwar grundsätzlich ab, tolerierte aber die als Strafe verfügte Entmannung.

Anders reagierten die deutschen Bischöfe, nachdem die Regierung unter Adolf Hitler das »Gesetz zur Verhütung erbkranken Nachwuchses« (14. Juli 1933) in Kraft gesetzt hatte. In einem Schreiben an Reichsinnenminister Frick vom 12. September 1933 lehnte der Episkopat die gesetzliche Sterilisierung »als schwere Ver-

letzung des naturgegebenen Rechtes fruchtbarer Ehebetätigung, als
Verstoß gegen das unabänderliche natürliche Sittengesetz« strikte
ab.[10] Nur der Paderborner Moraltheologe *Joseph Mayer* fiel den
Bischöfen in den Rücken, als er Jahre später in einem Gutachten für
Regierungsbehörden in Berlin unter Berufung auf Thomas von
Aquino den Standpunkt vertrat, der Staat dürfe erblich belastete
Geisteskranke der Zeugungskraft berauben, weil sie »auf der Stufe
unvernünftiger Tiere« stünden.[11] Derselbe Professor Mayer verriet
später die kirchliche Doktrin noch mehr, als er in der Euthanasie-
frage (1939) den verbrecherischen Plänen des Naziregimes Vor-
schub leistete.

3. Homosexualität

Die Moraltheologie kennt im Anschluß an das Alte Testament vier
»himmelschreiende Sünden«, nämlich Mord (Gn 4,10), Sodomie
(Gn 18,20), Unterdrückung der Armen, Witwen und Waisen (Ex
22,21 ff.) sowie Verweigerung des verdienten Lohnes (Lev 19,13).
Der Begriff der Sodomie stammt aus dem Buch Genesis: »Das Kla-
gegeschrei über Sodom und Gomorra, ja, das ist laut geworden,
und ihre Sünde, ja, die ist schwer« (18,20). Was war geschehen?
Jahwe hatte zwei Engel in Gestalt junger Männer nach Sodom ge-
sandt, mit denen andere Männer, die vor Lots Haus versammelt
waren, Geschlechtsverkehr treiben wollten (Gn 19). Deshalb lautete der kirchliche Terminus für den sexuellen Verkehr unter
Männern Jahrhunderte hindurch fast immer nur Sodomie. Im weltlichen Bereich ist dafür seit dem 19. Jahrhundert das Wort Homosexualität – neuestens auch Homotropie – üblich. Sodomie war
nach Lev 20,13 mit dem Tode zu bestrafen. Die Kirche richtete sich
bei ihrer Beurteilung der Sodomie hauptsächlich nach Aussagen des
Apostels *Paulus*. In seinen Appellen zu einem tadellosen Leben
stellte er die Szene von Sodom als abschreckendes Beispiel vor Augen. Im Brief an die Römer rechnete Paulus die Sodomie zu jenen
Greueltaten, welche sich als Folge der Leugnung des Schöpfergottes
ergaben: »Darum lieferte Gott sie entehrenden Leidenschaften aus:

Ihre Frauen vertauschten den natürlichen Verkehr mit dem widernatürlichen; ebenso gaben die Männer den natürlichen Verkehr mit der Frau auf und entbrannten in Begierde zueinander. Männer trieben mit Männern Unzucht und erhielten den ihnen gebührenden Lohn für ihre Verirrung« (Röm 1,26 f.). Zum richtigen Verständnis muß man wissen, daß Paulus in erster Linie an der richtigen Gotteserkenntnis gelegen war und nicht an einem speziellen Urteil zum Problem der Homosexualität. Da ihm deren konstitutionelle Form überhaupt nicht bekannt war, konnte er leicht von einem naturwidrigen Vergehen reden. Das Argument der Widernatürlichkeit bildete auch in theologischen Texten der folgenden Jahrhunderte die Kernaussage.

Wenn die frühe Kirche der Sodomie ablehnend gegenüberstand, wirkten dabei kulturelle und gesellschaftliche Faktoren stark mit. Nach Römischem Recht mußte der gleichgeschlechtliche Sexualverkehr bestraft werden. Dasselbe gilt für die Gesetze einiger germanischer Stämme. Im Fränkischen Reich drohte Homosexuellen sogar der Verbrennungstod. Hätte da die christliche Kirche einen anderen Standpunkt einnehmen können? Im Interesse einer erfolgreichen Missionierung mußte sie vielmehr darauf bedacht sein, daß ihre Gläubigen bei der Verachtung des sodomitischen Lasters nicht hinter ihren heidnischen Nachbarn zurückstanden. Es geschah übrigens nicht selten, daß kirchliche Lehren von außerchristlichen Wertvorstellungen mitgeprägt wurden.

Der Kirchenvater *Augustinus* knüpfte bei seiner Einschätzung der Sodomie an jüdische Traditionen an. Im Handbüchlein über Glaube, Hoffnung und Liebe zählte er dieses Übel zu jenen Sünden, die besonders zum Himmel schreien. Wie Paulus sah auch er das Charakteristische der Sodomie in einem schweren Verstoß gegen die Natur des Menschen. In den »Bekenntnissen« finden wir seine Auffassung am klarsten ausgesprochen: »Genauso sind auch die Sünden wider die Natur, wie etwa die Sünde der Sodomiter, an allen Orten und zu allen Zeiten verabscheuungswürdig und strafbar. Auch wenn alle Völker dieser Sünde verfallen wären, sie würden alle in gleicher Weise vor Gottes Gesetz sündig, jenem Gesetz, das nun einmal die Menschen nicht so schuf, daß sie in dieser Weise miteinander verkehren könnten. Denn es geht hier ja um nichts Geringeres als um das Band, das uns mit Gott verbindet und das verletzt wird, wenn sich die Natur, seine eigene Schöpfung, durch verkehrte Lust verunreinigt.«[1]

Gestützt auf Paulus und Augustinus als Kronzeugen qualifizierte *Thomas von Aquino* die Homosexualität als ein »Laster gegen die Natur«, weil die Geschlechtskraft allein für die Fortpflanzung bestimmt sei. Obwohl er keine Bibelstellen zum Beweis anführte, wurde er auch in diesem Punkt zum Wegbereiter einer langen christlichen Tradition.

Ein Problem des Klerus

In welchem Umfang die Sodomie im christlichen Abendland verbreitet war, läßt sich schon deshalb nicht genau feststellen, weil es sich um heimliche Aktivitäten handelte, bei deren Bekanntwerden kirchliche und weltliche Behörden mit schweren Strafen einschritten. Hinzu kam die gesellschaftliche Diskriminierung, der die betroffenen Personen ausgesetzt waren. Allein die Tatsache, daß die Verbote und Sanktionen im Hohen Mittelalter häufig erneuert werden mußten, läßt den Schluß zu, daß sich die Verhältnisse im Laufe der Zeit nicht besserten, sondern eher verschlimmerten.

Die Homosexualität scheint bei Priestern, die seit dem II. Laterankonzil (1139) unverheiratet bleiben mußten, nicht selten gewesen zu sein. Der sittenstrenge Mönch und Kardinal *Petrus Damiani* drang auf zusätzliche Strafen für schuldige Geistliche, mußte sich aber in seinem Übereifer von dem aus dem Elsaß stammenden Papst Leo IX. (1049–1054) dämpfen lassen. Vielleicht war das »Laster« damals unter dem Klerus so stark verbreitet, daß ein energisches Durchgreifen, wie Damiani es für notwendig hielt, zu einer spürbaren Dezimierung des Klerus geführt hätte.

Auffallend ist, daß das III. Laterankonzil (1179) das Thema Sodomie im Zusammenhang mit Maßnahmen gegen konkubinarische Priester beriet. Wenn von einem Kleriker bekannt sei, hieß es in Kanon 11, »daß er der Unzucht wider die Natur verfallen ist, um derentwillen Gottes Zorn über die Kinder des Ungehorsams kommt (Eph 5,6) und der Herr Feuer herabließ und fünf Städte vernichtete (Gen 19,24 f.), der soll, wenn er Kleriker ist, aus dem Klerus ausgestoßen und in ein Kloster verbannt werden, um dort Buße zu tun«. Ein Laie mußte sogar mit dem Ausschluß von den Sakramenten und der Gemeinschaft der Gläubigen rechnen.[2]

Daß das Konzil die Sündhaftigkeit der Sodomie mit der bekannten Erzählung in der Genesis begründen wollte, kann man noch verstehen; daß es aber auch den Epheserbrief zu Hilfe nahm, obwohl dort nur ganz allgemein von einem »unzüchtigen, schamlosen oder habgierigen Menschen« die Rede ist, verrät jedoch eine sehr willkürliche Bibelinterpretation. Dasselbe gilt für das IV. Laterankonzil (1215), das die Sodomie zwar nicht beim Namen nannte, sich aber sicher gegen sie richtete, wenn es am meisten vor jener sexuellen Ausschweifung warnte, derentwegen Gottes Zorn über die Kinder des Ungehorsams komme. Zum Beweis zitierte es wiederum die keineswegs beweiskräftige Bibelstelle Eph 5,6.

Jahrhunderte später drohte Papst *Pius V.* († 1572), als Dominikaner auf dem Papstthron ansonsten ein tatkräftiger Kirchenreformer, in der Bulle »Horrendum illud scelus« vom 30. August 1568 Priestern und Mönchen, die sich der »sodomia perfecta« schuldig machten, schwere Strafen an. Über die Maßnahmen des III. Laterankonzils hinausgehend, sollten die schuldigen Geistlichen nicht nur ihr kirchliches Amt und Benefizium verlieren, sondern auch noch wie ein Laie von der weltlichen Obrigkeit verurteilt und bestraft werden.

Bei der Homosexualität handelte es sich, mehr noch als beim ebenfalls verbotenen außerehelichen Geschlechtsverkehr zwischen Personen verschiedenen Geschlechts, um ein heimliches Geschehen, von dem gewöhnlich nur die Beichtväter Kenntnis erlangten. Welche Buße sie den Sündern auferlegen mußten, konnten sie detaillierten Anweisungen in den Bußbüchern entnehmen. Von entscheidender Bedeutung für das Strafmaß war, ob zwei Erwachsene oder zwei Jugendliche oder ein Erwachsener und ein Jugendlicher miteinander gesündigt hatten. Eine besonders strenge Strafe stand auf den Analverkehr.

Jean Gerson ermahnte in seinem »Confessional« die Beichtväter bei der Befragung junger unverheirateter Männer und Frauen zu großer Umsicht und Zurückhaltung, um die »Unwissenden« unter ihnen nicht erst neugierig zu machen. Daß die Sünde der Homosexualität häufig vorkam, wußte er nur zu genau: »Es gibt kaum welche, die im entsprechenden Alter nicht schreckliche und entsetzliche Sünden begehen, wenn sie nicht jung verheiratet sind.«[3]

Ein verfluchtes Laster

Große Volksprediger nahmen sich kein Blatt vor den Mund, wenn es galt, allgemeine Mißstände bei Klerus und Laien anzuprangern. Der Franziskaner *Bernhardin von Siena* verurteilte die Homosexualität entsprechend der traditionellen Ehelehre. Die Geschlechtskraft dürfe nur der Zeugung von Nachkommen dienen; jede andere Aktivierung müsse als Verstoß gegen das Leben geahndet werden. »Wie machst es aber du, verteufelter Sodomit?« fragte der Prediger in aller Öffentlichkeit, um sogleich das Verdammungsurteil zu sprechen: »Rache! rufen die Kinder, die nicht zur Welt kommen durften. Gerechter Gott, übe Vergeltung an unseren Vätern auf Erden, für uns, die wir wären geboren worden und durch ihre Schuld nicht zur Welt gekommen sind.«[4]

Am Ende des Mittelalters errichtete der fanatische Dominikaner *Girolamo Savonarola* († 1499) in Florenz eine Schreckensherrschaft, nachdem ihm die Vertreibung der bis dahin so glorreich regierenden Medici gelungen war. Fast täglich stand er auf der Kanzel des Domes und suchte die leichtlebigen Florentiner zu einem sittenreinen Lebenswandel zu bewegen. Für »das verfluchte Laster der Sodomie« erschien dem Mönch keine Strafe zu hart. Im Dezember 1494 war es ihm gelungen, die Verabschiedung eines strengen Gesetzes gegen jene »unaussprechlichen Laster« zu erreichen. Jetzt trafen die Schuldigen noch empfindlichere Strafen: vom Stellen an den Pranger über den Verlust öffentlicher Ämter und Ehrungen bis zum Feuertod. Mit glühenden Worten trieb Savonarola die weltliche Obrigkeit zu immer härteren Maßnahmen, stets nur dieses eine Ziel vor Augen, wie das ihm verhaßte Laster der Sodomie aus der Republik Florenz verbannt werden könnte: »Schafft Gerechtigkeit gegen dieses verfluchte Laster wider die Natur; straft nicht mit Geldbußen und auch nicht hinter verschlossenen Türen, sondern macht ein Feuer, von dem ganz Italien spricht!« [5] Rasch entstanden neue Behörden, welche die Ausrottung der Sodomie mit Rücksichtslosigkeit betrieben, allen voran die Hauptbehörde mit dem Namen »Beamte der Nacht und der Klöster«.

Für die Theologen bedeutete die Homosexualität lange Zeit kein besonders dringendes Problem. Doch der für die ganze katholische Kirche geltende Catechismus Romanus (1566) wie auch der im deutschen Sprachraum viel gebrauchte Katechismus des Jesuiten *Petrus Canisius* († 1597) reihten die sodomitische Praxis unter die »himmelschreienden Sünden« ein, wobei sie sich, wenn überhaupt Gründe angeführt sind, vorrangig einer naturrechtlichen Argumentation bedienten. Auf dieser Linie bewegten sich auch noch die Moraltheologen in neuester Zeit.

Der Tübinger Professor für Moraltheologie *Johann Baptist Hirscher*, der in vielen anderen Fragen eine neue Bewertung vornahm, weil er die christliche Moral nicht mehr als eine reine Gesetzesmoral, sondern als »Lehre von der Verwirklichung des göttlichen Reiches in der Menschheit« auffaßte, bildet hier keine Ausnahme. Wie schon der einflußreiche Moral- und Pastoraltheologe Johann Michael Sailer (1751–1832), der in seinem »Handbuch der christlichen Moral« keine Entschuldigungsgründe für homosexuelles Verhalten gelten ließ, rechnete auch Hirscher die Homosexualität zusammen mit Onanie und Bestialität zu den »Versündigungen wider die naturgemäße Gemeinschaft des Leibes«. [6]

Genauso führte *Bernhard Häring* in seinem dreibändigen Lehrbuch »Das Gesetz Christi« die Homosexualität unter den sexuellen Perversitäten auf. Nach seiner Meinung ist sie »vielfach die Folge der Verführung und völliger sexueller Verwilderung: sie kann aber auch eine schlimme, krankhafte Anlage sein. Ihr Tun ist die Sodomie«. Er sprach sich in diesem Punkt gegen generelle Straffreiheit aus, weil in den meisten Fällen »keine wesentliche Herabminderung der Verantwortlichkeit durch verkehrte Veranlagung« vorliege.[7]

Solange von seiten der theologischen Forschung keine andere Einschätzung der Homosexualität vorlag – neue Erkenntnisse profaner Wissenschaften wie Medizin und Psychologie hätten freilich schon im 19. Jahrhundert hinreichend Anlaß dazu geben können –, war es nicht verwunderlich, wenn das kirchliche Lehramt traditionsgemäß an der allgemeinen Verurteilung festhielt.

Eine rechtliche Fixierung erlangten die theologischen Anschauungen und lehramtlichen Äußerungen über Homosexualität 1918 im Rechtsbuch der Kirche. Wegen Sodomie – so lautet der Terminus weiterhin – verurteilte Laien und niedere Kleriker (Minoristen) traf als Strafe die Ehrlosigkeit (can. 2357–2358), höheren Klerikern (Maioristen) drohte darüber hinaus der Verlust des kirchlichen Amtes (can. 2359).

Im Strafrecht des seit 1983 geltenden revidierten Kirchenrechts ist die Homosexualität zwar nicht mehr ausdrücklich unter den Straftatbeständen registriert, sie dürfte aber bei den Sünden eines Klerikers gegen das 6. Gebot eingeschlossen sein (can. 1395), vor allem wenn das Delikt öffentlich oder mit einem Minderjährigen unter 16 Jahren begangen wird. Als Strafe kann jetzt sogar der Ausschluß vom Priesterstand verhängt werden.

Nach dem heutigen Eherecht gilt Homosexualität als ein Tatbestand, der das Eingehen einer ehelichen Verbindung unmöglich macht, da aufgrund der vorliegenden schweren physischen Schädigung (can. 1095) eine dauerhafte Lebensgemeinschaft zwischen Mann und Frau nicht zu verwirklichen sei.

Alte Verurteilungen trotz neuer Erkenntnisse

Während kirchliche Autoritäten früher der Meinung sein konnten, daß homosexuelle Veranlagung nur in seltenen Ausnahmefällen auftritt – womit auch schon die verächtliche Wertung als Perversität gerechtfertigt schien –, vermitteln uns heutige Umfragen und Statistiken ein anderes Bild. Demnach liegt die Zahl der Homosexuellen zwischen fünf und zehn Prozent – Grund genug für die Kirche, ihre pastorale Sorge diesem Personenkreis stärker zuzuwenden und frühere Verdikte zu überprüfen.

Die Gemeinsame Synode der Bistümer in der Bundesrepublik Deutschland (1972–75) schenkte in dem Arbeitspapier »Menschliche Sexualität«, das allerdings nicht als offizieller Beschluß gilt, dem Problem der Homosexualität verhältnismäßig viel Aufmerksamkeit. Obwohl gleichgeschlechtliche Zuneigung und Lebensweise im Rahmen der allgemeinen Erlösungsbedürftigkeit des Menschen gesehen werden, findet sich doch nirgends eine persönliche Schuldzuweisung; allerdings werden die davon Betroffenen gewarnt, andere Menschen, insbesondere Kinder und Jugendliche, in ihr Schicksal hineinzuziehen.

Noch im Abschlußjahr dieser Synode – vermutlich sogar als direkte Reaktion darauf – publizierte die Kongregation für die Glaubenslehre unter ihrem Präfekten *Šeper* eine »Erklärung zu einigen Fragen der Sexualethik« (29. Dezember 1975). Heikle Punkte, bei denen die deutsche Synode eine differenzierende Betrachtung vornahm, kamen darin zwar ausführlich zur Sprache, jedoch mit dem Ergebnis, daß die bisherigen Lehraussagen der Kirche weiterhin Gültigkeit besitzen. Kennzeichnend für die Stimme aus dem Vatikan ist zunächst ganz allgemein, daß die von Psychologie und Soziologie erbrachten Daten und Fakten zur Homosexualität unberücksichtigt blieben, ja, ausdrücklich abgelehnt wurden. Statt dessen hieß es im Stil herkömmlicher Argumentation: »Nach der objektiven sittlichen Ordnung sind homosexuelle Beziehungen Handlungen, die ihrer wesentlichen und unerläßlichen Zuordnung beraubt sind. Sie werden in der Heiligen Schrift als schwere Verirrungen verurteilt und im Letzten als die traurige Folge einer Verleugnung Gottes dargestellt.«[8]

Konkreter äußerte sich die Kongregation für das Bildungswesen am 1. November 1983 mit seiner »Orientierung zur Erziehung in der menschlichen Liebe«, wenn sie Eltern und Erziehern zur richtigen Einschätzung der Homosexualität auf folgende Aspekte aufmerksam machte: »Gefühlsmangel, Unreife, Triebbesessenheit, Verführung, gesellschaftliche Isolierung, Sittenverfall, Freizügigkeit im Schaugeschäft und im Schrifttum.«[9]

Mit diesen und ähnlichen Hinweisen und Begründungen meinen kirchliche Behörden die allgemeine Verwerflichkeit einer homosexuellen Haltung bereits bewiesen zu haben. Die Betroffenen reagierten auf solche offiziellen Verlautbarungen mit heftigem Widerspruch, in mehreren Fällen sogar mit Kirchenaustritt, weil sie sich von der Kirche im Stich gelassen sahen. »Einem päpstlichen Dokument, das weite Bevölkerungsgruppen gleichsam zur Verfolgung freigibt und mühsam erkämpfte Menschenrechte wieder zu beseitigen sucht«, steht in einem von süddeutschen homosexuellen Aktionsgruppen herausgegebenen Informationsblatt zu lesen, »ist mit verbalem Protest allein nicht zu begegnen. Wer sich an der Kriminalisierung und gesellschaftlichen Ächtung der Homosexuellen nicht mitschuldig machen will, muß jetzt handeln.« Auf dieses harte Urteil folgt der Appell: »Es ist unverantwortlich, die menschenfeindliche Propaganda auch noch durch die Kirchensteuer zu unterstützen! Wer künftig die katholische Kirchensteuer entrichtet, liefert seinen eigenen Henkern den Strick. Darum: Keine Kirchensteuer für Organisationen, die Schwulenhetze betreiben! Katholiken bleibt nur eine Wahl, sich gegen die päpstliche Diskriminierung zu wenden: Der Austritt aus der Kirche!«[10]

Angesichts der unverändert ablehnenden Haltung der obersten Kirchenleitung war kaum zu erwarten, daß eine ganze Bischofskonferenz oder auch nur ein einzelner Bischof mit anderslautenden Ansichten hervortreten würde. Doch die Schweizer Bischöfe publizierten im Frühjahr 1979 einige Richtlinien, die ein größeres Verständnis für dieses immer dringlichere pastorale Problem verrieten. Beim gegenwärtigen Stand der Humanwissenschaften wollten die Bischöfe nicht entscheiden, ob es sich bei der Homosexualität um »eine anlagemäßige oder um eine erworbene sexuelle Abweichung« handle, da nach jüngsten statistischen Erhebungen immerhin vier Prozent der männlichen und eineinhalb Prozent der weiblichen Bevölkerung davon betroffen seien. Sie gaben ferner zu bedenken, daß Homophilie verschiedene Erscheinungsformen (Entwicklungshomosexualität, Pseudohomosexualität, Hemmungshomosexualität, genuine oder Neigungssexualität) aufweise. Dennoch erklärten sie unmißverständlich, daß homosexuelle Handlungen, besonders unter Männern und Knaben, gemäß christlicher Tradition, die sich auf biblische Texte (Lev 20,13; Röm 1,26f.; 1 Kor 6,9) stütze, als schwere Sünde einzustufen seien, und konstatierten deutlich, daß »die volle (genitale) Aktivierung menschlicher Sexualität ihren berechtigten Ort nur in der Ehe hat«. Auch wenn die Bischöfe mit dieser Stellungnahme die offizielle Lehre der Kirche nicht preisgaben und somit eine fragwürdige Tradition der Kirche unterstützten, gaben sie doch für die pastorale Praxis hilfreiche Empfehlungen: »Eine kluge pastorale Behandlung und Führung homosexueller Menschen bedeutet nicht, daß man homosexuelle Verhaltensweisen und Tendenzen idealisiert, wohl aber, daß man die davon Betroffenen nicht mehr gesellschaftlich einfach disqualifiziert, sondern ihnen – je nach Möglichkeit und ernsthaftem Bemühen – auch eine Teilnahme am aktiven religiösen und kirchlichen Leben ermöglicht... Das religiöse und kirchliche Leben findet seine größte Dichte in der Feier der Sakramente. Als pastorales Kriterium für die Möglichkeit der Mitfeier des homophilen Menschen gilt grundsätzlich sein ernsthaftes Bemühen um eine ihm mögliche christliche Lebensgestaltung. Entscheidend sind nicht die erreichten Erfolge, sondern der gute Wille und das ernsthafte Bemühen.«[11] Auch wenn dieses Bischofswort nicht jeden Homosexuellen zufriedenstellt, sprechen aus ihm doch wenigstens echte Anteilnahme und Hilfsbereitschaft, wie sie diesem Personenkreis früher nicht zuteil geworden sind.

Die Kongregation für die Glaubenslehre veröffentlichte am 1. Oktober 1986 erstmals in der Geschichte der Kirche ein Dokument, das allein dem Thema Homosexualität gewidmet ist. Das Problem der Homosexualität sei, so lautete die Begründung, »in zunehmendem Maße zu einem Thema der öffentlichen Debatte geworden, auch in katholischen Kreisen«. Um den traditionellen Standpunkt der Kirche nicht in Zweifel ziehen zu lassen, fühlte sich die Kongregation zehn Jahre nach jener allgemeinen Erklärung zu Sexualfragen zu einer ausführlicheren Stellungnahme aufgerufen. Die entscheidende Aussage lautete: »Die spezifische Neigung der homosexuellen Person ist zwar in sich nicht sündhaft, begründet aber eine mehr oder weniger starke Tendenz, die auf ein sittlich betrachtet schlechtes Verhalten ausgerichtet ist. Aus diesem Grund muß die Neigung selbst als objektiv ungeordnet angesehen werden.«[12] Für diese Unterscheidung erntete die Kongregation energische Kritik. Wenn die homoerotische Tendenz an sich nichts Böses sei, fragte man, wie könne dann deren Aktivierung sündhaft sein? Daß die im Dokument angeführten Bibelzitate nicht überzeugen können, stellte sich bald heraus. Unverkennbar ist, daß die Kirchenobrigkeit das christliche Eheverständnis bei einer wohlwollenden Einschätzung der Homosexualität bedroht sieht. Deshalb verwies sie mit Nachdruck darauf, daß jeder Gebrauch der Geschlechtskraft außerhalb der »Vereinigung von Mann und Frau im Sakrament der Ehe« als unmoralisch zu gelten habe. Andererseits sollten sich die homosexuellen Personen aber in keiner Weise diskriminiert oder verurteilt fühlen. Aus diesem Grund wurden Bischöfe und Priester angehalten, alle mit diesem Schicksal belasteten Gläubigen besonders zu unterstützen, ohne aber die Lehre der Kirche zu verraten.

Unvermeidliche Konflikte

Solange die Kirche an ihrer gewohnten Einstellung festhält, sind im täglichen Leben harte Maßnahmen die Folgen. *Johann R. Braehler* verlor seine Stelle als Verwalter eines kirchlichen Hauses in Köln, nachdem er sich in einer Fernsehsendung zu seiner Homosexualität bekannt hatte. Schon in jungen Jahren war er Zögling eines Klosters, weil er hoffte, seine Schwierigkeiten mit dem 6. Gebot dort am ehesten überwinden zu können. Doch nach Jahren mußte er erkennen, daß auch das Klosterleben, »welches gerade in dieser Hinsicht vielfältige Gefahren aufweist«, die ersehnte Lösung nicht zu bringen vermochte. An die Adresse der Kirche richtete Braehler die vorwurfsvolle Frage: »Ist die Abwendung von der Kirche und das Verfallen in die absolute Glaubenslosigkeit nicht oftmals die Antwort Betroffener?« Was seine persönliche Situation anging, gestand er offen: »Ich sehe selbst die Homosexualität als eine zwischenmenschliche Bindung an, in der es darauf ankommt, daß man den ganzen anderen Menschen annimmt und daß die körperliche

Liebe in einer solchen Verbindung niemals die Hauptsache sein kann.«[13]

Es ist kein Geheimnis, daß es viele gleichgeschlechtlich orientierte Priester gibt. Die 1977 von *Wunibald Müller* durchgeführte Umfrage bei 235 in der Seelsorge tätigen Priestern in der Bundesrepublik Deutschland, von denen allerdings nur 111 den Fragebogen beantworteten, erbrachte sozusagen als ein Nebenergebnis, daß 15–20 Prozent der Antwortgeber ausschließlich bzw. vorrangig homosexuell ausgerichtet sind.[14] Dieses Resultat erlaubt gewiß keinen Schluß auf den gesamten Klerus, wirft aber doch ein bezeichnendes Schlaglicht auf ein von kirchlichen Obrigkeiten gern verheimlichtes Problem. Vor der juristischen Liberalisierung des homosexuellen Vergehens in der Bundesrepublik Deutschland im Jahre 1973 waren bischöfliche Behörden darauf bedacht, im Sinn des § 175 StGB schuldige Priester rechtzeitig ins Ausland zu schikken, um sie auf diesem Weg der drohenden Verurteilung vor Gericht zu entziehen. Jetzt werden homosexuelle Delikte strafrechtlich nur dann verfolgt, wenn Minderjährige beteiligt sind.

Private Hilfsaktionen

Homosexuelle Menschen, ob Männer oder Frauen, fühlen sich heute noch von der Gesellschaft als Außenseiter diskriminiert und von der Kirche als schwere Sünder diffamiert. Um den von allen Seiten im Stich gelassenen Menschen zu helfen, entstand während des Berliner Kirchentags im Jahre 1977 die ökumenische Arbeitsgruppe »Homosexuelle und Kirche« (HuK). Sie umfaßt derzeit in der Bundesrepublik ungefähr zwanzig Regionalgruppen, deren Mitglieder ihre Hauptaufgabe darin sehen, bessere Kontakte zu den Kirchenleitungen herzustellen und eine positive Einschätzung der Homosexualität zu erreichen.

Der evangelische Pastor *Hans Georg Wiedemann*, ein tatkräftiges Mitglied dieser Gruppe seit ihrer Gründung, tadelte die katholische Kirche wegen ihrer Haltung gegenüber homosexuell liebenden Menschen. Er sieht keinerlei Hoffnung auf baldige Änderung, da die katholische Moraltheologie nicht bereit sei, die ausschließliche Koppelung der Sexualität an die Institution Ehe preiszugeben und die Sexualität auf den Menschen auszurichten. Speziell an Katholiken richtete er diesen Appell: »Seid bewußte und mündige Christen! Lernt es, zu unterscheiden zwischen Gott, der jeden Menschen liebt, und dem Papst, der eine Auswahl trifft, bei der ihr nicht dabei seid; zwischen dem Evangelium Jesu und der Kirche, die seine Botschaft oft auch verdunkelt hat.« [15]

In den Niederlanden wurde ein neuartiges Experiment gestartet. Dort wirkt seit Jahren im Auftrag des Ordens der Montfortaner Pater *Anton van Heusden* als Seelsorger für Homosexuelle, unterstützt von Kollegen, die, in Gruppen über das ganze Land verteilt, in ähnlichem Sinn arbeiten. Sie pflegen vor allem das Gespräch mit den Eltern homosexueller Jungen und Mädchen, soweit erwünscht auch nur telefonisch, um die Anonymität zu wahren. Der 75jährige Ordensmann denkt nicht daran, den Betroffenen ein Leben in sexueller Enthaltsamkeit abzuverlangen, wie es die kirchliche Doktrin streng vorschreibt. Er weiß auch, daß mit dem Abschluß einer Ehe zwischen gleichgeschlechtlichen Paaren das Problem der Homosexualität in der Regel nicht gelöst ist. Ohne selbst Patentrezepte anbieten zu können, ist Heusden doch der Überzeugung, daß die Maßnahmen und Verbote der Kirche gegen die Homosexualität unberechtigt sind.

Den Geistlichen in der praktischen Seelsorge wäre schon viel geholfen, wenn sie homosexuelle Gemeindemitglieder wegen ihrer gleichgeschlechtlichen Fixierung offiziell nicht mehr verteufeln müßten. Dann würde sich auch der Vorwurf erübrigen, den *Wunibald Müller* der katholischen wie der evangelischen Kirche machte: »Die Kirchen haben zu lange auf die Randbemerkung der Bibel über Homosexualität gestarrt. Sie haben zu sehr den Splitter in den Augen des anderen gesehen, ohne zu merken, daß sie einen ganzen Balken im Auge hatten, wo sie sich zum Richter über andere machten.«[16]

4. Prostitution

Die Unbefangenheit alter Völker gegenüber dem Geschlechtlichen machte selbst vor dem Heiligtum des Tempels nicht halt. »Bei den Tempelfeiern der Kanaaniter, Syrer und Phönizier standen jeweils Tausende von Tempeldirnen bereit, um sich den Festpilgern mit ihrem Leib zu schenken«.[1]

Im palästinensischen Judentum dagegen begingen besonders Ehefrauen, die sich der Prostitution hingaben, ein schweres Vergehen. Die Propheten redeten Ehebrechern und Huren scharf ins Gewissen und drohten ihnen mit schlimmsten Strafen. Obwohl die sakrale Prostitution in Israel streng untersagt war (Dt 23, 18), blieb der Tempelbezirk von Jerusalem nicht frei davon.

In der griechischen Übersetzung (Septuaginta) des Alten Testaments ist Prostitution mit »porneia« wiedergegeben. »So wie porneia die käufliche Liebe bezeichnet, so ist pornos nicht einfach der ›Unzüchtige‹, sondern der, der mit der käuflichen Liebe zu tun hat.«[2] Demgemäß zählte der Jude *Paulus* all jene, die das Geschäft der Prostitution betrieben, die Hurerinnen ebenso wie ihre Zuhälter, zu den Übeltätern, die das Reich Gottes nicht erben würden. Seine eindringliche Warnung vor diesem Laster (1 Kor 5,9–11) ist wohl ein Beweis dafür, daß das Dirnengewerbe in der Hafenstadt Korinth besonders blühte.

Wie nicht anders zu erwarten, argumentierte Paulus streng christologisch, als er die Christen von Korinth vor dem Gang zur Prostituierten warnte: »Wißt ihr nicht, daß eure Leiber Glieder Christi sind? Darf ich nun die Glieder Christi nehmen und zu Gliedern einer Dirne machen? Auf keinen Fall! Oder wißt ihr nicht: Wer sich an eine Dirne bindet, ist *ein* Leib mit ihr? Denn es heißt: Die zwei werden *ein* Fleisch sein« (1 Kor 6,15 f.). Weil Paulus den sexuellen Verkehr nur auf Eheleute beschränkt wissen wollte, konnte es für ihn außerhalb der Ehe nur Unzucht (fornicatio) geben, und dies in den verschiedensten Formen.

Prostitution kann auch häufig Folge einer strengen, auf Monogamie ausgerichteten Sexualordnung sein. Wie wenig die Kirche ihre rigorose Geschlechtsmoral, bei der sexuelle Aktivitäten einzig und allein den Eheleuten gestattet sind, durchzuhalten vermochte, zeigt sich deutlich an ihrer Einstellung zur »erwerbsmäßigen Unzucht«, wie die Prostitution auch genannt wird.

Eigentlich müßte man erwarten, daß Theologie und kirchliches Lehramt die »freie Liebe« als Beziehung zwischen Unverheirateten kompromißlos ablehnen. Doch in den Augen der meisten Moraltheologen – kirchenoffizielle Stellungnahmen fehlen in den ersten Jahrhunderten fast ganz – handelt es sich bei der Prostitution um ein Übel, das im Interesse der gesellschaftlichen Ordnung nahezu unvermeidlich und damit auch, wenigstens zum Teil, entschuldigt ist.

Der zeitlebens vom Manichäismus geprägte Kirchenvater *Augustinus* fragte mit verächtlichem Ton: »Was kann schmutziger, unziemlicher, schamloser genannt werden als Prostituierte, Bordelle und jedes andere Übel dieser Art?« Doch die tatsächlichen Verhältnisse zwangen selbst ihn zu einer toleranteren Beurteilung: »Entfernt man die Prostituierten aus den menschlichen Angelegenheiten, werden alle Dinge mit Wollust befleckt.«[3]

Auch *Thomas von Aquino* wußte im 13. Jahrhundert keine andere Lösung, wenn er unter ausdrücklicher Berufung auf Augustinus feststellte: »Entferne die Prostituierten aus der Welt und du wirst sie mit Sodomie erfüllen. Weshalb Augustin sagt, daß die irdische Stadt die Benutzung von Huren zu einer rechtmäßigen Unmoral (licitam turpitudinem) gemacht hat.«[4] Dieses Zugeständnis zeigt übrigens, daß die Prostitution nach Jahrhunderten nicht geringer geworden war. Thomas machte sich sogar Gedanken darüber, welcher Lohn einer Dirne zustehe.

Zu manchen Zeiten galt es nicht unbedingt als verwerflich, sondern eher als rücksichtsvoll, wenn der Mann seine eigene Frau vor dem nur aus Leidenschaft begehrten Sexualakt verschonte und statt ihrer eine unverheiratete Frau – und warum dann nicht lieber eine (ledige) Prostituierte? – zur Befriedigung seiner fleischlichen Begierde gebrauchte. So konnte aus sexueller Bedrängnis noch eine »christliche« Tugend werden!

Im allgemeinen freilich setzten sich öffentliche Dirnen der Verfolgung durch die Kirche aus. Nach der Vorstellung des Bußpredigers *Berthold von Regensburg* sollten sie ihren Frauennamen verlieren und gelbe Bänder tragen, damit man sie von den ehrbaren Frauen unterscheiden konnte. Nicht minder scharf verurteilte er Zuhälter und Kuppler, weil sie aus diesem Übel noch Gewinn zogen.

Erst in der Neuzeit suchte die Hierarchie der Kirche dem Dirnenwesen mit Verboten und Strafen Einhalt zu gebieten. Papst *Pius V.* († 1572) verwehrte Prostituierten ein christliches Begräbnis. Da diese Frauen als öffentliche Sünderinnen eingestuft wurden, konnten sie auch keine Sakramente empfangen, außer sie änderten ihr Leben grundlegend.

Dirnen zuhauf

Die Prostitution ist wohl so alt wie die Menschheit selbst. Es wäre gewiß nicht richtig, in ihr nur ein Problem der Moral zu sehen, da sie doch ebenso sehr ein Indiz für gesellschaftliche Verhältnisse ist. Namentlich in einer monogamen Gesellschaft, die nur ungefähr einem Drittel der Bevölkerung die Heirat ermöglichte, von der Braut unversehrte Jungfräulichkeit erwartete und noch dazu einen Überschuß an Frauen kannte, war der »freie Liebesverkehr« unerläßlich.

Prostituierte witterten überall dort, wo viele Menschen zusammenströmten, eine besondere Erfolgsgelegenheit. Deshalb traten sie bei Reichstagen, Jahrmärkten, Kirchenweihen, Turnieren und nicht zuletzt bei Konzilien und ähnlichen Massenveranstaltungen in Scharen auf. Und selbstverständlich gehörten die von diesem Beruf lebenden Mädchen und Frauen zum ständigen Begleitpersonal der Soldatenheere.

Solange in Konstanz das Allgemeine Konzil tagte (1414–1418), war die Stadt am Bodensee voll von Prostituierten. Das Hurenhaus der Stadt, schrieb *Ulrich Richental* in seiner Konzilschronik, habe sich in diesen Jahren so vergrößert, daß es vom Westen bis zum Osten reichte. Für Herzog Rudolf von Sachsen sollte er erkunden, wie viele öffentliche Dirnen sich in der Konzilsstadt aufhielten. Nach Richenthals Schätzung betrug ihre Zahl über 700; die heimlichen Dirnen dazugerechnet, waren es an die 1500. Ein anderer Berichterstatter, Johann Stumpf, notierte kurz und bündig: »Öffentliche, gemeine Frauen über die ganze Stadt verteilt, in Frauenhäusern, Ställen, abseits gelegenen Gegenden, waren über 700.«[5] Ähnlich hoch lagen die Zahlen beim Konzil in Basel (1431–1449) und beim Reichstag in Frankfurt (1394): jeweils 800 Dirnen.

Im Mittelalter machten selbst Fürsten kein Geheimnis aus dem Besuch von Dirnenhäusern. Kaiser *Sigismund* bedankte sich 1434 in einem offiziellen Schreiben an die Behörden der Stadt Bern dafür, daß man ihm und seinem Gefolge während eines Aufenthaltes das Freudenhaus der Stadt kostenlos zur Verfügung gestellt habe. Kaiser *Friedrich III.* ließ sich 1470 im Nürnberger Frauenhaus mit silbernen Ketten von Dirnen einfangen, um sich dann mit ein paar Gulden wieder loszukaufen. Zusammen mit seinem Sohn Maximilian folgte Friedrich 1474 einer Einladung zum Tanz auf den Kölner Gürzenich, wo die »besseren« Huren ihre Niederlassung hatten. Auch die Erzbischöfe von Mainz und Trier ließen sich von einem Tänzchen mit den adeligen Damen nicht abhalten. Selbst der betont fromme Kaiser *Karl V.*, der neben legitimen mehrere natürliche Kinder gezeugt hat, bildete in dieser Hinsicht keine Ausnahme.

Frauenhäuser

Weltliche Behörden suchten die Prostitution durch Errichtung von Frauen- bzw. Freudenhäusern in geordnete und kontrollierbare Bahnen zu lenken. Am Ende des Mittelalters verfügten selbst kleinste Städte über solche Häuser, die sich in Deutschland bis in das 13. Jahrhundert zurückverfolgen lassen. Ganz abgesehen von der »natürlichen« Notwendigkeit dieser Einrichtungen, machten Behörden ein Profitunternehmen daraus, indem sie den von diesem Gewerbe lebenden Frauen nicht geringe Steuern abverlangten. Diese Praxis machte sich sogar mancher Papst zu eigen. *Sixtus IV.* († 1484), dessen leibliche Söhne Peter und Hieronymus ein ausschweifendes Leben führten – trotzdem wurden beide unter dem Namen von Verwandten zu Kardinälen erhoben –, errichtete in Rom öffentliche Hurenhäuser, die jährlich die stolze Summe von 80 000 Dukaten Steuereinnahmen erbrachten.

In der Hausordnung für Nürnberger Frauenhäuser aus dem Jahr 1480 hieß es, daß »zur Vermeidung größeren Übels gemeine Weiber zu halten in der Christenheit durch die heilige Kirche gelitten und gestattet wird«. Der Leiter des Frauenhauses, Frauenwirt genannt, wurde angehalten, die Frauen zur Kirche und auf die Straße gehen zu lassen, da sie »freie Weiber« seien. Es war ihm aber nicht gestattet, Priester oder andere geweihte Personen oder Ehemänner »zu sündlichen Werken« aufzunehmen, zu beherbergen oder zu behalten. Die für diese Häuser geltenden Verordnungen sahen die Möglichkeit eines freiwilligen Ausscheidens aus dem Gewerbe vor.[6]

Jesus und die Sünderin

Das Evangelium nach Lukas berichtet von Maria Magdalena (wahrscheinlich aus Magdala) als einer »besessenen« Frau, die von Jesus geheilt wurde und sich dann als eine seiner treuesten Anhängerinnen erwies (Lk 8,2). Eine spätere Überlieferung identifizierte diese Frau mit der ebenfalls von Lukas (7,36 f.) erwähnten Sünderin, die Jesus die Füße salbte und von ihm Verzeihung für ihr lasterhaftes Leben erlangte. Als reuige Sünderin lebt sie in der christlichen Kunst bis heute fort (vgl. das Umschlagbild dieses Buches).

Während die offizielle Kirche das Prostitutionswesen bekämpfte, obwohl sie gegen Frauenhäuser nichts einzuwenden hatte, ja, solche Einrichtungen selbst unterhielt, entstand zu Beginn des 13. Jahrhunderts ein religiöser Orden, deren Mitglieder sich Reuerinnen oder Büßerinnen (Poenitentes oder auch Büßende Schwestern der hl. Magdalena, kurz Magdalenen) nannten. Die Initiative zu dieser Gründung gab der Wormser Priester *Rudolf von Worms*. Er predigte den Straßendirnen der Stadt Worms und bald auch in anderen Städten, um sie zur Abkehr von ihrem lasterhaften Leben zu bewegen. Außerdem vereinigte er bekehrte Frauen zu einem monastischen Leben, dem Papst Gregor IX. († 1241) im Jahre 1227 die kirchliche Approbation erteilte. Schnell entstanden über Deutschland hinaus solche Magdalenenklöster. Doch schon im 13. Jahrhundert ging die Zahl dieser neugegründeten Klöster wieder zurück. Der Orden selbst wurde seinem ursprünglichen Ziel untreu, als nur noch unbescholtene Mädchen und Frauen Aufnahme fanden.

In Rom entstand 1536 auf Initiative des *Ignatius von Loyola*, des Gründers der Gesellschaft Jesu, ein Hospiz für Töchter von Prostituierten, um zu vermeiden, daß sie den üblen Lebenswandel ihrer Mütter nachahmten. Einem ähnlichen Zweck diente das wenige Jahre später errichtete Haus S. Marta, dessen Bewohnerinnen weder Klausur noch Gelübde kannten. Aus dieser Niederlassung entwickelte sich ein Hospiz für unglücklich verheiratete Frauen (Malmaritate).

In der Neuzeit traten religiöse Genossenschaften ins Leben, die sich vornehmlich um gefallene Frauen kümmerten, so die Angeliken und die Schwestern vom Guten Hirten.

Keine Seelsorge für Prostituierte

Neben der normalen Pfarrseelsorge gibt es heute sogenannte außerordentliche Seelsorger. Zu diesen zählen all jene Priester, die hauptamtlich für bestimmte Gesellschaftsgruppen wie Studenten, Arbeiter, Soldaten, Zirkusleute oder Zigeuner zuständig sind. Es gibt aber keine Priester, die sich in besonderer Weise für Prostituierte einsetzen, obwohl doch gerade diese Personen einer besonderen pastoralen Betreuung bedürften. Allein in München zählt man heute fünfhundert Prostituierte. Die Hälfte davon geht ihrem Gewerbe auf der Straße nach, die andere Hälfte in Bordellen, Saunas und Clubs. Dazu kommen noch ungefähr fünfhundert »Amateur-Dirnen«, die nur gelegentlich tätig sind.

Einer privaten Initiative zu verdanken ist in Hamburg die Gründung der »Ökumenischen Christengruppe«, deren Mitglieder sich hauptsächlich in Hamburgs berüchtigtem Viertel St. Pauli um Kriminelle und Prostituierte kümmern. Unter den Helfern sind verschiedene Berufe vertreten: ein Jurist, ein Studiendirektor, eine Pianistin, ein Priester, ein Mönch. Im Gespräch mit einem Journalisten meinte der Priester: »Es geht nicht darum, daß wir die Frauen bekehren wollen, es geht um ihre Menschenwürde. Die Prostitution kann nicht abgeschafft werden, das wäre ein Kampf gegen Windmühlenflügel. Wir können nur hingehen zu den Frauen und ihnen Gefühl und Achtung entgegenbringen.«[7] Der Priester weiß, daß die meisten der ungefähr 200 000 registrierten Prostituierten in der Bundesrepublik Deutschland – die Dunkelziffer liegt nach Schätzungen der Polizei doppelt so hoch – nur zufällig in dieses dunkle Milieu gerieten und von sich aus kaum mehr in der Lage sind, ihren brutalen Zuhältern zu entrinnen.

Wenn von Prostitution die Rede ist, denkt man seltsamerweise immer nur an die davon betroffenen Frauen. Wie aber steht es um die Moral der »Freier«, also jener Männer, welche die Liebe »kaufen« und deshalb zumindest mitschuldig sind? Hier sollten die Feministinnen auf die Barrikaden steigen, um sich gegen eine ungleiche Bewertung ihrer Geschlechtsgenossinnen zu wehren.

5. Illegitimität

Die Beurteilung der unehelichen Mutter und des illegitimen Kindes richtet sich entscheidend nach dem, was man unter Ehe versteht. In einer Gesellschaft mit strenger Monogamie herrschen andere Wertvorstellungen als dort, wo die Polygamie üblich ist. Ferner ist ausschlaggebend, ob die sexuelle Aktivität immer an die Ehe gebunden bleiben muß oder darüber hinaus noch eine Berechtigung hat.

Der berühmte Kulturphilosoph *Norbert Elias* sah die Haltung der abendländischen Kirche zu Ehe und Familie so: »Die Kirche hat sicherlich frühzeitig für die Einehe gekämpft, aber ihre strenge, für beide Geschlechter verbindliche Gestalt als gesellschaftliche Institution gewinnt sie erst spät, nämlich erst im Zuge der immer strengeren Triebregelung; erst dann nämlich wird auch für den Mann die außereheliche Beziehung wirklich gesellschaftlich verfemt oder mindestens absolut in die Heimlichkeit verwiesen. In früheren Phasen erscheint je nach dem gesellschaftlichen Stärkeverhältnis der Geschlechter mindestens die außereheliche Beziehung des Mannes, zuweilen auch die der Frau, in der Meinung der weltlichen Gesellschaft als mehr oder weniger selbstverständlich. Bis ins 16. Jahrhundert hinein hören wir oft genug aus den ehrbarsten Bürgerfamilien, daß die ehelichen und die unehelichen Kinder des Mannes zusammen aufgezogen werden; und man macht auch vor den Kindern selbst kein Geheimnis aus diesem Unterschied. Der Mann hatte sich vor der Gesellschaft seiner außerehelichen Beziehungen noch nicht zu schämen.«

Was die Stellung der unehelichen Kinder betrifft, lesen wir bei Elias: »Die Stellung des unehelichen Kindes ist durch das Mittelalter hin nicht überall die gleiche. Sicherlich aber fehlt lange Zeit hindurch die Tendenz zur Verheimlichung, die dann in der berufsbürgerlichen Gesellschaft der Tendenz zur strengeren Beschränkung der Sexualität auf die Beziehung von *einem* Mann zu *einer* Frau, der strengeren Triebregelung und dem stärkeren Druck der gesellschaftlichen Verbote entspricht.«[1]

Das wirkliche Bild ist jedoch facettenreicher, als es Elias in diesen wenigen Sätzen beschreibt. Vor allem muß man bedenken, daß die Kirche erst in der Neuzeit eine strengere Ehe- und Sexualmoral vorschrieb, und, ungeachtet unterschiedlicher Entwicklungen und Verhältnisse in den einzelnen Ländern, auch durchzusetzen suchte. Dies wirkte sich bei der Einschätzung illegitimer Ehen und Kinder sehr nachteilig aus.

Mätressenwesen und doppelte Moral

Im Mittelalter gab es viel mehr uneheliche Kinder, als wir gemeinhin annehmen. »Ist es zu hoch gegriffen«, fragte der Würzburger Historiker Rolf Sprandel , »wenn man ein Drittel der Bevölkerung des Spätmittelalters für unehelich geboren hält?«[2] Zugleich konstatiert er, daß sich die Unehelichen hauptsächlich aus »Almosen-empfängern, Tagelöhnern, unehrlichen Berufen, Freudenhaus-mädchen« rekrutierten.[3]

Das kirchliche Prinzip der Einehe wurde vor allem in den oberen Schichten der Gesellschaft häufig durchbrochen. Schon die christ-lichen Merowingerkönige besaßen Haupt- und Nebenfrauen. Auch Kaiser *Karl der Große*, um die Kirche hochverdient, lebte polygam und hatte zahlreiche außereheliche Kinder. Kaiser *Otto I.* erhob 954 seinen natürlichen Sohn Wilhelm, den er mit einer Skla-vin vornehmer Herkunft gezeugt hatte, zum Erzbischof von Mainz. Don Juan, der Anführer im Türkenkrieg, ist das bis heute bekannteste der unehelichen Kinder Kaiser *Karls V.* Ähnlich stand es mit den Adels- und Fürstenhöfen im 17. und 18. Jahrhundert, wenn auch jetzt die Kirche, nicht so sehr die Gesellschaft, das Mä-tressenwesen als großes Ärgernis betrachtete. Ein kurzer Blick in die Geschichte des Erzbischöflichen Palais in München soll genü-gen. Wo heute Kardinal Friedrich Wetter residiert, erfreute und zerstreute sich vor 250 Jahren der bayerische Kurfürst *Karl Albrecht*, der spätere Kaiser Karl VII., mit seiner Mätresse Sophie, die ihm 1723 Franz Ludwig geboren hatte, den der Vater fünf Jahre später legitimieren ließ. »Einen Hinweis auf das einstige Lie-besnest gibt noch heute die Fassade: Im Giebel ist nämlich das Wittelsbacher Wappen mit Löwen und Rauten angebracht. Doch zum Zeichen dafür, daß der illegitime Sohn *Franz Ludwig von Holnstein* – das von dem berühmten Architekten François de Cu-villiés entworfene Gebäude trägt noch heute den Namen Holn-stein-Palais – nicht die Hauptlinie des bayerischen Herrscherhau-ses vertritt, enthält sein Emblem einen kleinen roten Strich, den man in der Heraldik ›Bastardbalken‹ nennt.«[4] Doch nicht genug damit. Der Wittelsbacher Franz Ludwig von Holnstein heiratete seine Cousine Anna Maria von Löwenfeld, eine illegitime Tochter des Kölner Erzbischofs *Clemens August*. Und deren Tochter Jose-pha wiederum ehelichte einen Enkel des Freisinger Bischofs *Jo-hann Theodor*, der gleichzeitig noch die Bistümer von Regensburg und Lüttich regierte.

Statt Sympathie und Unterstützung erfuhren die ledigen Mütter und unehelichen Kinder von seiten der Kirche gewöhnlich nur Geringschätzung und Benachteiligung.[5] Es ist darum nicht verwunderlich, wenn ungezählte Frauen ihr illegitimes Kind aus Angst vor Schande und Strafe aussetzten. Solche Findelkinder lagen oft vor der Tür zur Kirche oder vor dem Pfarrhaus, weil die verzweifelten Mütter von Geistlichen noch am ehesten Hilfe erwarteten. Einzelne Gemeinden richteten Findelhäuser ein, in denen die ausgesetzten Kinder wie in einem Heim aufgezogen wurden. Nicht selten verübten ledige Mütter aus gesellschaftlichen Motiven Abtreibung und Kindsmord.

Es ist mehr als eigenartig, daß die an der Zeugung unehelicher Kinder mitschuldigen Väter kirchlich kaum zur Rechenschaft gezogen wurden und deshalb meist straffrei blieben, während die betroffenen Mütter ihr »Vergehen« hart büßen mußten. Übrigens gehörte es bis in die jüngste Vergangenheit zum Ehrenkodex der katholischen Bevölkerung, daß die Braut als unberührte Jungfrau (virgo intacta) in die Ehe trat; vom Bräutigam hingegen wurde nicht unbedingt erwartet, daß er ohne voreheliche Erfahrungen blieb.

Der Mann spielte wie im öffentlichen und politischen Leben so auch in Ehe und Familie die Rolle des Herrschers. Dies traf speziell auch für den intimen Liebesbereich zu, so daß man von einem sexuellen Patriarchat reden könnte. Es ist deshalb eines der Hauptziele der feministischen Bewegung unserer Tage, daß entsprechend dem Grundsatz der Gleichberechtigung jede Form von Sexismus, von Benachteiligung eines Geschlechtes gegenüber dem anderen, ausgemerzt wird.

Legitimierung

Die Diskriminierung unehelich Geborener ergab sich einerseits aus der Beschränkung erlaubter sexueller Aktivitäten auf die Ehe und andererseits aus der erst vom 11. Jahrhundert an entwickelten Lehre über den Sakramentscharakter der Ehe.

Die Strafen, mit denen die Kirche Unzucht unter Ledigen und Ehebruch bekämpfte, trafen nicht nur die schuldigen Erwachsenen, sondern auch die unschuldigen Kinder, weil diese, wie der Volksprediger *Berthold von Regensburg* zur Abschreckung propagierte, ehrlos, erblos und rechtlos waren. Dazu gehörte unter anderem, daß Kinder illegitimer Abstammung nicht heiraten durften. Eine Ausnahme stellten seltsamerweise die von Priestern oder Bischöfen in Übertretung des Zölibatsgesetzes gezeugten Kinder dar. Der sittenstrenge Mönch begründete dies damit, daß solchen Priesterkindern wegen des geweihten Standes ihrer Väter ein besonderer Glanz anhafte. Von weltlicher Seite dagegen wurden diese Kinder zu manchen Zeiten, beispielsweise unter Kaiser Friedrich Barbarossa im 12. Jahrhundert, vom Rittertum ausgeschlossen. Die Kirche ihrerseits verwehrte Konkubinatskindern, wie wir aus der Gesetzessammlung des Trierer Abtes Regino von Prüm (†915) wissen, die Aufnahme in den Klerus.

Im Hohen Mittelalter bestand allerdings die Möglichkeit, daß uneheliche Kinder von der kirchlichen Obrigkeit legitimiert wurden. Papstregister enthalten ungezählte Dispensen wegen »defectus natalium«, häufig an die Adresse von Klerikern gerichtet, die für diese »Befreiung« eine ansehnliche Geldsumme zahlen mußten. Von dieser Legitimierungsmöglichkeit für ihre Kinder machten selbst Kardinäle und Päpste Gebrauch. So konnte es geschehen, daß der natürliche Sohn eines Priesters dem Vater auf derselben Pfarrstelle nachfolgte.

Kein moralischer Gradmesser

Die kirchliche Forderung absoluter Enthaltsamkeit (Jungfräulichkeit) traf früher jene Männer und Frauen besonders hart, die aus persönlichen, rechtlichen oder wirtschaftlichen Gründen keine Ehe eingehen konnten. Vor allem das hohe Heiratsalter führte bei jungen Menschen oft genug zu vorehelichen Geschlechtsbeziehungen mit den daraus erwachsenden Folgen. Verhütung der Empfängnis und Abtreibung der Leibesfrucht stellten in vielen Fällen ungewollte, von der Not der Situation diktierte Handlungen dar. Wer diese von der Kirche verurteilten Praktiken vermied, mußte das Risiko eines unehelichen Kindes auf sich nehmen. So drehte man sich im »Teufelskreis«.

Ein vorsichtiges Urteil über das sittliche Verhalten einzelner Menschen läßt sich verständlicherweise nur dann fällen, wenn alle Zeit- und Lebensumstände berücksichtigt werden. Religiöser oder gesellschaftlicher Druck spielten häufig eine entscheidende Rolle. Deshalb sollte man sich hüten, statistische Erhebungen als Gradmesser einer niederen oder höheren Moralität zu werten.

Regionale Untersuchungen in Deutschland um die Mitte des 19. Jahrhunderts zeigen uns immerhin soviel, daß die Zahl der unehelichen Geburten hoch lag und weiter anstieg. In manchen Gebieten des Königreichs Bayern wurde ein Fünftel aller neugeborenen Kinder als illegitim registriert, übertroffen nur noch von Kärnten mit 45 Prozent und Niederösterreich mit 30 Prozent unehelicher Nachkommen.

Solche Zahlen können übrigens als ein Indiz dafür gelten, daß es der Kirche wohl zu keiner Zeit gelang, ihre Forderung totaler Abstinenz vor und außerhalb der Ehe ganz durchzusetzen. Auch noch so harte Strafen führten hier nicht zum Erfolg.

Nur erwähnt sei, daß es unzulässig ist, von dem Tatbestand der unehelichen Kinder auf ein mehr oder weniger großes Maß an Unglauben oder Unkirchlichkeit der »schuldigen« Väter und Mütter zu schließen, wie es Kirchenmänner zu allen Zeiten getan haben.

Rechtliche Maßnahmen

Die Kirche in Deutschland bekämpfte illegitime Verhältnisse zwischen Mann und Frau und als deren häufige Folge illegitime Geburten erst in neuerer Zeit mit allen ihr zu Gebote stehenden Mitteln. Wie es scheint, meinten die Bischöfe, dieses dogmatisch-moralische Problem mit theologischen Weisungen und rechtlichen Vorschriften am besten lösen zu können. Sie überlegten wenig, ob nicht vorrangig gesellschaftliche und juristische Bedingungen die Hauptschuld an den kritisierten Mißständen tragen könnten und dementsprechende Reformen in Angriff genommen werden müßten.

Als die Zahl der unehelichen Kinder in der ersten Hälfte des 19. Jahrhunderts in fast allen europäischen Ländern anstieg, suchten die Kirchenobrigkeiten zunächst mit der Propagierung des Jungfräulichkeitsideals einer allgemeinen Entwicklung entgegenzuwirken. In Frankreich wurde der Kult der Jungfrau Philomena – eine altchristliche Heilige, deren Historizität heute nicht mehr behauptet wird – neu belebt. »Es ist wohl auch kein Zufall, daß das Dogma der ›immaculata conceptio‹ gerade 1854 erfolgte, zu einem Zeitpunkt also, zu dem die Illegitimitätswelle in den katholischen Ländern Europas ihren Höhepunkt erreicht hatte.«[6]

Manchmal spürten kirchliche Behörden den Ursachen für die zu bestimmten Zeiten enorm hohe Zahl lediger Mütter doch etwas genauer nach. Neben Krieg und Militärdienst als außerordentliche Umstände kamen noch andere Gegebenheiten in Betracht: zu wenige oder zu geringe Strafandrohungen, neu eingerichtete Findelhäuser, geringe Verankerung der Dienstboten in den Familien ihrer Herrschaften, öffentliche Tänze, unanständige Wirtshäuser, zuchtlose Badestuben. Dementsprechend lautete dann die Liste der Maßnahmen, Verbote und Strafen.

Der Münchner Erzbischof *Anselm von Gebsattel* († 1846) hoffte mit einem Vier-Punkte-Programm zur kirchlich-religiösen Erneuerung vom Juni 1824 vor allem die Zahl der illegitimen Geburten zu verringern. So mußte der Seelsorger eine Frau, die zum ersten Mal »gefallen« war und »die Frucht ihrer Sünde« zur Taufe brachte, zur Reue über ihren Fehltritt und zu einem besseren Lebenswandel veranlassen. Monatliche Beichte und Kommunion während eines Vierteljahres war für sie strenge Pflicht. Bei einem Rückfall erfolgte die Mahnung des Pfarrers in Gegenwart der Eltern und einiger ehrenvoller Gemeindemitglieder. Der monatliche Sakramentenempfang erstreckte sich jetzt über ein halbes Jahr. Kam es zu einem dritten Fehltritt, erhielt die Sünderin das Strafmaß vor versammelter Kirchengemeinde mitgeteilt. Jetzt mußte sie jeden Monat in der Pfarrkirche zur Kommunion gehen und zum Beweis der abgelegten Beichte einen sogenannten Beichtzettel vorzeigen. Der vierte Fehltritt hatte den Ausschluß vom Gottesdienst und vom Leben der Pfarrei zur Folge.[7]

Um das »verheerende Laster der Unzucht« auszurotten, mußten die Pfarrseelsorger nach einer Anweisung des Bamberger Ordinariats vom 5. Mai 1859 jede Gelegenheit nutzen, um auf der Kanzel, im Beichtstuhl, am Krankenbett und im privaten Umgang »vor diesem Laster und seinen zeitlichen und ewigen Folgen eindringlich zu warnen.« Die gefallenen Mütter sollten, um vor Müßiggang bewahrt zu werden, eine geregelte Arbeit erhalten und ihre Kinder ordentlichen Familien zur Erziehung anvertraut oder in »Rettungshäusern und anderen Anstalten« untergebracht werden. Außerdem gehörte zu den Aufgaben des Pfarrers, dafür zu sorgen, daß »der horrenden Anzahl außerehelicher Kinder eine gute Erziehung gegeben werde, damit sie nicht in die Fußstapfen ihrer Eltern treten, damit in ihnen nicht ein völlig verwahrlostes, die sittliche und bürgerliche Wohlfahrt der Familien und Gemeinden zerstörendes Geschlecht heranwachse«. Angesichts so vieler und so großer Schwierigkeiten wäre die bischöfliche Behörde schon zufrieden gewesen, »wenn in jeder Gemeinde auch nur einige Seelen vom Verderben bewahrt oder gerettet werden«.[8]

Im Königreich Bayern konnte die Kirche mit der Unterstützung durch die Distrikts-Polizeibehörden rechnen, wenn »widerspenstige Pfarrkinder« Aufforderungen ihrer Pfarrer nicht Folge leisteten. Ungeachtet dieser gemeinsamen Bemühungen erhöhte sich aber die Zahl der unehelichen Kinder in der zweiten Hälfte des 19. Jahrhunderts.

Kirchliche Behörden zeigten sich erfinderisch, wenn es galt, neue Methoden und Maßnahmen zur Besserung der Zustände im sexuellen Bereich auf ihre Wirksamkeit hin zu erproben. Nach altem Brauch brachte die Mutter ihr neugeborenes Kind wenige Wochen nach der Entbindung in die Kirche, um Gott für die glückliche Geburt zu danken, das Neugeborene dem Allerhöchsten aufzuopfern und für sich selbst den priesterlichen Segen zu empfangen. Diese Zeremonie, bis in unsere Zeit auch »Einsegnung« genannt und meist in Verbindung mit der Taufe vorgenommen, konnte aber nur von einer Mutter beansprucht werden, »welche ein in rechtmäßiger Ehe erzeugtes Kind geboren hat oder doch wenigstens vor der Niederkunft mit dem Kindes-Vater ehelich verbunden worden ist«.

Nach dem Kirchenrecht galt ein Kind als legitim, wenn es wenigstens sechs Monate nach der Heirat oder zehn Monate nach Auflösung der Ehe geboren war. Ledigen Müttern wurde dieser fromme Ritus nach einer Verordnung des Bistums Bamberg aus dem Jahre 1860 vorenthalten, »um nämlich den Abscheu der Kirche an den Unzuchtsfällen an den Tag zu legen«.[9] Dasselbe geschah übrigens bei nichtkatholischen Müttern und solchen katholischen Frauen, die ohne kirchliche Dispens eine sogenannte Mischehe eingegangen waren und nicht alle Kinder katholisch erziehen wollten.

Eine willkommene Gelegenheit, der ledigen Mutter ihr Vergehen vor Augen zu führen, bot sich immer dann, wenn sie sich zur Trauung anmeldete. Die Anrede als Jungfrau blieb ihr versagt – ebenso dem mitschuldigen Mann die Anrede als Junggeselle –, sie durfte keinen Brautkranz tragen und mußte auf jede Feierlichkeit wie Orgelklang und Glockengeläut bei der kirchlichen Hochzeit verzichten.

Mancherorts wurde eine Mutter, die bereits vor der Hochzeit ein Kind zur Welt gebracht hatte, als Hure oder Dirne angeredet; ihr Kind galt entsprechend als Hurenkind. Der Kindsvater mußte, wenn er die Frau nicht heiratete, für die Defloration eine Gebühr zwischen 7 und 25 Gulden zahlen und einen ähnlich hohen Betrag jährlich bis zum 12. Lebensjahr des Kindes als sogenanntes Ziehgeld.

Eine andere Weise, Hochzeitspaaren, die nicht ohne geschlechtliche Erfahrung an den Traualtar kamen – man nannte sie Fornikanten (Unzüchtige) –, ihr Vergehen deutlich spüren zu lassen, bestand darin, daß sie am Hut schwarze Bänder oder einen Kranz aus Stroh tragen mußten.

Erziehung zur »Reinheit«

Das oberste Ziel der Erziehung eines Mädchens hieß Bewahrung der körperlichen Unschuld. Deshalb sollten Mädchen und Jungen in getrennten Schulen unterrichtet werden, die Mädchen nur von Lehrerinnen, insbesondere Nonnen. »Ein weibliches Wesen ohne

Unschuld, ohne Reinheit, Schamhaftigkeit und Sittsamkeit«, schrieb ein Geistlicher anonym vor mehr als hundert Jahren in einem Pastoralblatt, »ist ein Abenteuer der Natur, ein gräßliches Gespenst, eine Menschenlarve, Materie ohne Geist.« Kennzeichnend für die Einschätzung der Frau vor hundert Jahren ist es, wenn das Los des Weibes darin gesehen wurde, »untertan zu sein und nicht zu herrschen; das Weib ist nicht für das öffentliche Leben berufen, sondern für das häusliche; hat nicht die Aufgabe, in der großen Welt durch Wissenschaft und Kunst zu wirken, sondern im Familienkreis tätig zu sein... Sobald das Weib außer dem Hause glänzen, in Versammlungen außer dem Hause gefallen, in der großen Welt gelten will, hat es den Charakter eines Weibes verleugnet.«[10] Hatte ein derart wohlbehütetes Mädchen dennoch seine Unschuld verloren, dann mußte es nach Meinung eines Artikelschreibers in demselben Bamberger Pastoralblatt im Kirchenraum von den »ehr- und tugendsamen Jungfrauen und Junggesellen« getrennt werden. Dies hieß konkret, daß man für solche öffentlichen Sünderinnen eigene Stühle reservierte, »welche von Ehrsamen mit einer gewissen Scheu gemieden werden und zu welchen Neugefallene, deren Schande bereits zu Tage tritt, alsbald ihre Zuflucht nehmen müssen«.[11] Der geistliche Autor gestand jedoch, daß es nicht immer leicht falle, diese strengen Weisungen auszuführen. Intrigen gegen den Pfarrer und Fernbleiben vom Gottesdienst seien nicht selten die betrübliche Folge.

Als geringste Strafe hatten ledige Mütter Geldzahlungen zu leisten. In schwerwiegenden Fällen konnte sogar die Todesstrafe verhängt werden. So wurden in Landsberg am Lech Martin Ludwig und seine von ihm geschwängerte Tochter Juliana am 4. September 1720 mit dem Schwert hingerichtet. Ludwigs Leichnam ging in den Flammen eines Scheiterhaufens auf. Diese Maßnahme erfolgte zwar durch die weltliche Gewalt, sicher aber nicht ohne Billigung der Kirchenobrigkeit.

6. Polygamie

Unter Polygamie versteht man entweder die Ehe eines Mannes mit vielen Frauen (Polygynie) oder, was viel seltener geschieht, die Ehe einer Frau mit mehreren Männern (Polyandrie). Überall dort, wo polygame Verhältnisse anzutreffen sind, im Alten Israel nicht anders als im heutigen Afrika, lassen sich mannigfache Einflüsse kultureller Verhaltensmuster und sozioökonomischer Institutionen feststellen.

Aus dem Alten Testament wissen wir, daß vor allem die Führer (Abraham, Jakob, David, Salomon u. a.) und reich Begüterten des jüdischen Volkes in sogenannter Vielehe lebten. Auf diese Weise konnte sich das auserwählte Volk Gottes am besten vergrößern. Ein ausdrückliches Verbot dieser Eheform findet sich nirgends, obwohl die Einehe nach der Genesis von Gott gewollt ist. Nur gelegentlich äußerten biblische Autoren ihren Unmut über die polygame Ehe.

Erst nach dem Exil in Babylon (ca. 500) begann sich die Einehe auch in den Oberschichten Israels durchzusetzen. Zu diesem Wandel von der Polygamie zur Monogamie trug wohl entscheidend bei, daß die Einehe in der hellenistisch-römischen Welt die Regel war.

Jesus fordert die Einehe

Die klare Parteinahme Jesu für die unauflösliche Einehe führte dazu, daß im Neuen Testament jede Form von Polygamie verurteilt ist und die Einehe als das christliche Ideal erscheint. Wie die Pastoralbriefe bezeugen, konnte ein Mann nur dann zum Diakon, Presbyter oder Episkopos auserwählt werden, wenn er »der Mann einer (einzigen) Frau« war (1 Tim 3,2). Infolgedessen blieb jeder Polygamist und jeder wiederverheiratete Geschiedene, wahrscheinlich sogar jeder Witwer, der nach dem Tod seiner Frau wieder geheiratet hatte, vom höheren Kirchendienst ausgeschlossen. Bis heute ist übrigens noch nicht geklärt, ob ein Polygamist überhaupt getauft werden durfte.

Die frühe Kirche lehnte Vielehe und Ehescheidung ab und verhängte über Judenchristen, die diese Forderungen nicht erfüllen wollten, schwere Strafen. Erheiternd liest sich *Tertullians* theologische Begründung der Einehe, Gott hätten bei der Erschaffung der Eva aus einer Rippe Adams noch mehr Rippen zur Verfügung gestanden, trotzdem habe er ihm nur eine einzige Frau zukommen lassen.

Eigenartige Argumente zugunsten der Monogamie bot auch *Johannes Chrysostomus* auf, wenn er schrieb: »Da nämlich der Verkehr mit der gesetzmäßigen Gattin nicht verboten ist, stillt er die sexuelle Begierde und führt oft zur Übersättigung, ja, verhindert sogar eine große Leidenschaft. Schwangerschaft, Wehen, Entbindung und Stillen sowie die damit verbundenen Krankheiten setzen dem Leib (der Frau) zu, lassen ihre Blüte welken und schwächen den Stachel der Lust.« [1] Wenn aber diese Nachteile, so wollte der zölibatäre Theologe zum Ausdruck bringen, auf mehrere Frauen verteilt würden, besäße jede von ihnen mehr an sexueller Attraktivität. Die verbotene Lust erhielte also mehr Nahrung, und dies könne keinesfalls gottgewollt sein.

Umstritten war schon frühzeitig, ob nach dem Tod eines Ehepartners eine zweite Ehe erlaubt sei, weil selbst diese Ehe noch als sukzessive Polygamie ausgelegt werden konnte. Hinzu trat die Vorstellung, daß die Ehe mit dem Tod eines Partners nicht aufhöre, sondern in der Ewigkeit fortdauere. Aber selbst in diesem Fall sollte eine zweite Ehe für den auf Erden zurückgebliebenen Ehepartner nicht in Betracht kommen.

Von einer tiefgehenden Sexualfeindschaft zeugt zweifellos das Denken *Gregors von Nazianz*, wenn er jede weitere Ehe als ein immer tieferes Abgleiten in schmutzige Sexualität deutete: »Die erste Ehe ist Gesetz, die zweite Vereinbarung, die dritte ist Zuchtlosigkeit. Was darüber ist, ist schweinisch; denn es gibt nicht viele Beispiele für eine solche Schlechtigkeit.« [2]

Das Problem der polygamen Ehe beschäftigte die Kirchenautoritäten auch noch in späteren Zeiten. Papst *Gregor III.* gab Bischof Bonifatius im Jahr 732 die etwas rätselhafte Weisung: »Wenn du kannst, so verhüte, daß einer, dessen Frauen gestorben sind, mehr als zwei eheliche.« [3] Dies klingt so, als habe sich das Oberhaupt der Kirche in Rom mit der Vielweiberei in germanischen Landen abgefunden und nur noch daran gedacht, wie die Zahl der (gemeinsamen) Ehefrauen geringgehalten werden könnte. Pastorale Überlegungen führten also wahrscheinlich auch hier zur Anpassung eines strengen Prinzips an die tatsächlichen Verhältnisse.

Eine Forderung des Naturrechts

Wenn die Kirche das ganze erste Jahrtausend hindurch auf der Ablehnung der Polygamie beharrte, berief sie sich stets auf den Willen Jesu. In der Scholastik jedoch fehlte es nicht an Theologen, welche die Polygamie »in gewisser Weise« als mit dem Naturrecht vereinbar hielten. *Thomas von Aquino* dachte dabei in erster Linie an die »heiligen Väter« des Alten Testaments, vornehmlich an Jakob und David, die nach dem Zeugnis der Bibel viele Frauen besaßen, mit denen sie eine große Zahl Kinder zeugten. Als religiöses Motiv für diese Vielweiberei hielt er eine »schnelle Vermehrung der Nachkommenschaft im Dienst Gottes« (multiplicatio prolis ad cultum Dei) für ausreichend.[4]

Um nun einerseits die Polygamie nicht ganz verwerfen und andererseits die eindeutige Forderung Jesu nach Unauflöslichkeit der Monogamie nicht verletzen zu müssen, suchte man nach Kompromißlösungen. In außergewöhnlichen Umständen wie Krieg und Pest können nach Meinung des Franziskanertheologen *Duns Skotus* (†1380) polygame Eheverhältnisse im Namen des Naturrechts gebilligt werden.

Ein Problem für die Mission

Innerhalb des abendländischen Kulturbereichs stellte die Polygamie kein dringliches Problem dar. Es fiel Seelsorgern nicht schwer, eine monogame Lebensführung als die einzige erlaubte Form der christlichen Ehe zu verlangen. Dagegen müssen die Missionare vornehmlich in afrikanischen Ländern heute noch schmerzlich erfahren, wie die traditionelle Polygamie eines der Haupthindernisse für den Eintritt in die Kirche darstellt.

Das II. Vatikanische Konzil nannte Polygamie in einem Zug mit »Ehescheidung, sogenannter freier Liebe und anderen Entartungen«,[5] um deutlich zu machen, daß alle diese Formen nach christlichem Verständnis gegen die Institution und Würde der Ehe verstoßen. Diese Beurteilung wird aber der uralten Entwicklung der Polygamie in vielen Staaten Afrikas nicht gerecht. Dasselbe gilt für die Stellungnahme *Pauls VI.* zum System der Polygamie. Ganz abgesehen davon, daß das Verbot der Polygamie bzw. die zwangsweise Einführung der Monogamie in einer Gesellschaft, »in der«, wie der Papst richtig bemerkte, » nach alter Tradition die Vielehe aufs engste mit dem Verwandtschaftssystem, den Grundsätzen des Landbesitzes, der Erbschaftsregelung, der wirtschaftlichen Sicherheit, der sozialen Kontrolle, den Prestigevorstellungen, dem Bestand der Familie usw. verbunden ist«, riesige Schwierigkeiten mit sich bringen würde, erweckte der Papst den falschen Eindruck, als ob die Polygamie bei den afrikanischen Völkern nur eine Randerscheinung sei. Missionare wissen nur zu gut, welche enorm großen Schwierigkeiten bei der Verwirklichung der kirchlichen Ehegesetze auftreten. Und sie könnten dem Papst auch von vielen negativen Folgen der in manchen Gebieten bereits üblichen monogamen Ehe berichten: von Prostitution, Konkubinat, Ehebruch, Ehescheidung und unehelichen Kindern.

Nach dem Kirchenrecht dürften in Polygamie lebende Menschen weder getauft noch getraut werden. Daß die seelsorgliche Praxis nicht selten andere Wege geht, sei nur nebenbei erwähnt.

Der schwarze Erzbischof *Maurice Otunga* von Nairobi machte nach seiner Erhebung zum Kardinal im Jahre 1973 vor Pressevertretern die überraschende Mitteilung, daß sein Vater als Großhäuptling ungefähr hundert Frauen besessen habe. Er ist gewiß nicht der einzige Prälat, der aus einer polygamen Ehe stammt und deswegen, kirchlich gesehen, illegitimer Abstammung ist.

Der in Missionsfragen kundige Kapuzinerpater *Walter Bühlmann* bekannte im Hinblick auf die nach seiner Überzeugung zweifelhafte Beurteilung und Behandlung der Polygamie durch die vatikanische Kirchenleitung: »Wir haben bisher durch rasches und abfälliges Urteilen über diese Institution gefehlt und gemeint, sie sei nur Ausdruck ungezügelter Sexualität, und Menschen aus solchen Verhältnissen seien für Generationen hinaus gezeichnet. Dabei stammen eine ganze Anzahl afrikanischer Bischöfe aus polygamen Ehen!«[6]

Exkurs: Gefahrenzonen

1. Baden

Bei Plutarch lesen wir, daß die Römer sich schämten, ihre Nacktheit zu zeigen. Im Alten Rom badete ein Vater nicht mehr mit seinem Sohn, sobald dieser zur Geschlechtsreife gelangt war. In den von römischen Herrschern zum Vergnügen des Volkes gebauten Thermen, die als Stätten der Geselligkeit und der Körperhygiene dienten, verhielt man sich jedoch keineswegs prüde. Zahlreich sind die Zeugnisse, die von großer Ungebundenheit und schamloser Freizügigkeit berichten.

Die Kirche billigte das Baden, wenn es um Reinigung des Körpers und Pflege der Gesundheit ging. Die Asketen hingegen dachten anders; und da sich auch die Mönche des Ostens zu ihnen rechneten, bestand in den Klöstern ein grundsätzliches Badeverbot. Allein kranken Mönchen sollte nach *Pachomius* († ca. 346), dem Gründer des Koinobitentums in Oberägypten, das Baden gestattet sein.

Das abendländische Mönchtum verhielt sich in dieser Hinsicht weniger streng. *Benedikt von Nursia* verfügte 515 in seiner auf Jahrhunderte geltenden Regel: »Sooft es zuträglich ist, biete man den Kranken Gelegenheit zu Bädern; den Gesunden und besonders den Jüngeren erlaube man dies seltener.«[1] Hinter dieser Bestimmung stand wohl die Befürchtung, das Baden könnte eine nächste Gelegenheit zur Sünde gegen die Keuschheit darstellen. Da der Mönch vollständige Enthaltsamkeit versprochen hatte, mußte er jeder hier drohenden Gefahr aus dem Weg gehen. Aus diesem Grund sollte ein zweimaliges Baden im Jahr, vor Weihnachten und Pfingsten, vollauf genügen.

Asketische Erwägungen führten bald zu Badebeschränkungen für alle Christen. Öffentliche Bäder, in denen Männer und Frauen gemeinsam badeten, durften Christen überhaupt nicht betreten.

Um den häufig erhobenen Vorwurf, Christen würden sich in dieser Sache nicht von ihren heidnischen Nachbarn unterscheiden, aus der Welt zu schaffen, untersagte die Bischofssynode von Laodizäa gegen Ende des 4. Jahrhunderts allen Christen den Besuch gemeinsamer Bäder. [2] Ebenso verbot die von Kaiser *Iustinian II.* als Reichssynode einberufene Bischofsversammlung von Konstantinopel im Herbst 691 Klerikern und Mönchen sowie allen Männern den Besuch öffentlicher Bäder, wenn dort Frauen Zutritt hatten. Bei Übertretung dieser Vorschrift mußte ein Laie mit Exkommunikation, ein Geistlicher zusätzlich mit Amtsenthebung rechnen. [3]

Es ist hier nicht möglich, auf die im Morgen- und Abendland unterschiedlichen Badesitten einzugehen, obwohl dies notwendig wäre, um die von der Kirche ergriffenen Maßnahmen und Verordnungen richtig einschätzen zu können. In Deutschland gab es bis in das Hohe Mittelalter hinein zum Haus gehörige Badestuben. Als sich die Dörfer vergrößerten und kleinere Städte entstanden, kam es seit dem 12. Jahrhundert zur Einrichtung öffentlicher Badestuben, die von den Leuten oft und gern besucht wurden. Diese öffentlichen Badestuben, im Eigentum des Landesherrn oder der Gemeinde, waren Begegnungsstätten, in denen man neben Musik, Unterhaltung und Schmauserei auch erotische Vergnügen finden konnte, vom hygienischen Zweck der Körperreinigung ganz abgesehen. Männer und Frauen saßen gewöhnlich gemeinsam im Becken; sie zechten und praßten nach der Parole: »Außen Wasser, innen Wein, laßt uns alle fröhlich sein!« Zur vorgeschriebenen Badekleidung gehörte ein Badehemd oder zumindest ein Lendenschurz.

Kirchliche Obrigkeiten führten das ganze Mittelalter hindurch einen schier aussichtslosen Kampf, um das öffentliche Familienbad ganz abzuschaffen. Sie mußten schließlich zufrieden sein, wenn Männer und Frauen in den öffentlichen Badehäusern getrennt voneinander badeten. Doch auch dies ließ sich nicht immer durchsetzen. Das Badehaus war eben nach Meinung der Leute kein Gotteshaus, in dem die Frauen auf der einen und die Männer auf der anderen Seite ihre Plätze zugewiesen erhielten.

Als besonders skandalös erschien in den Augen der Kirche die Sitte des Hochzeitsbades. Feststimmung und Alkoholgenuß ließen die Grenzen der kirchlichen Sexualmoral schnell in Vergessenheit geraten, wenn die Hochzeitsgäste gemeinsam ins Bad stiegen.

In manchen Bistümern standen den Klerikern eigene Badestuben zur Verfügung. Vermutlich sollten die zu völliger Keuschheit verpflichteten Priester auf diese Weise vom unzüchtigen Treiben der Laien ferngehalten werden. Vielleicht geschah diese Absonderung aber auch, um das nicht immer einwandfreie Betragen der Geistlichkeit vor den Augen ihrer Schäflein verborgen zu halten.

Zu Beginn der Neuzeit erhielt die Kirche bei ihrem Kampf gegen öffentliche Badestuben willkommene Schützenhilfe, indem diese Bäder jetzt nicht nur für verschiedene Formen der Unsittlichkeit, sondern auch für die Verbreitung von Infektionskrankheiten (Syphilis) verantwortlich gemacht wurden. Dies führte im 16. und 17. Jahrhundert zu einem Rückgang des öffentlichen Badewesens. Das Baden zog sich in die Intimität zurück. Erstaunlich auch, daß das Verlangen nach Reinlichkeit jetzt nicht mehr in dem gleichen Maße ausgebildet war wie im Mittelalter. Medizinische Mittel sollten ersetzen, was man früher mit der Säuberung des Körpers bewirken wollte. Statt Wasser und Seife fanden Schminke, Puder und Parfüm Anwendung. Klingt es nicht wie ein Märchen, daß im Paris des ausgehenden 18. Jahrhunderts fast niemand gebadet haben soll?

Ganz ohne Baden ging es in den oberen Gesellschaftsschichten sicher nicht. Wenn eine Dame ihre Freunde im Boudoir empfing, wahrte sie immerhin doch den Anstand, indem sie ein Tuch über die Wanne hängte.

Erst im 19. Jahrhundert setzte ein Wandel zu mehr Hygiene ein. Das Badewesen erlebte eine neue Blüte, und dies nicht nur in den großen Kur- und Heilbädern. Angesichts der gemeinsamen Badegewohnheiten in öffentlichen Badeeinrichtungen trat die Kirche wieder als Wächterin von Sitte und Moral auf den Plan. Und nicht nur kirchliche Behörden, auch die Räte der Gemeinden und Städte suchten mit immer neuen Verordnungen und Gesetzen Sitte und Anstand zu wahren. Dazu gehörten auch Bestimmungen über Badeanzüge. Eine Verordnung aus dem 19. Jahrhundert machte die Geschäftswelt darauf aufmerksam, daß strenge Kontrollen der Badeanzüge vorgenommen würden und bei Beanstandungen mit empfindlichen Unannehmlichkeiten zu rechnen sei. Dann folgten einzelne Anweisungen: »Es werden nur Anzüge zugelassen, welche von dunkler Farbe sind (dunkelblau, dunkelrot oder schwarz) und den ausgestellten Proben entsprechen. Der Stoff darf nicht durchsichtig sein und in nassem Zustand nicht ankleben. Aus letzterem Grund empfehlen sich z. B. Anzüge aus Barchent nicht! Die Damen müssen hochgehende Anzüge mit kleinen Ärmeln und Beinkleidern haben; kleine Schöße sind erwünscht. Es ist zu empfehlen, daß die Damenanzüge aus einem Stück gemacht sind und die kleinen Schöße sich am Gürtel befinden. Die Herrenanzüge müssen ebenfalls hoch sein, kurze Ärmel und bis fast zum Knie gehende Beinkleider haben. Dicker schwarzer, dunkelblauer und dunkelroter Trikot, aber ohne helle Streifen, wird zugelassen.«[4]

Die deutschen Bischöfe hielten es noch im Jahre 1925 im Rahmen ihrer Leitsätze und Weisungen zu modernen Sittlichkeitsfragen für notwendig, praktische Regeln für das Baden und Schwimmen aufzustellen. Demnach durften Jungen und Mädchen in öffentlichen Badeeinrichtungen nicht miteinander baden. Schauschwimmen war Mädchen und Frauen ganz untersagt. Ein Kommentar der Katholischen Schulorganisation sprach in diesem Punkt sogar von Zertrümmerung des christlichen Frauenideals, an der die deutschen Frauen und Mädchen unbegreiflicherweise mitwirkten: »Sie klatschen Beifall, wo sie weinen müßten.«[5] Auch in Strand- und Freilichtbädern – im selben Kommentar als »Lasterstätten« bezeichnet – war streng auf Trennung der Geschlechter zu achten, gleichgültig, ob es sich um Kinder oder Erwachsene handelte. Dasselbe galt für die Umkleideräume.

2. Tanzen

Tanzen war zu allen Zeiten auch eine religiös-kultische Ausdrucksform, eine Verehrung des Göttlichen, wie sie von den Dionysiosmysterien bekannt ist.

Im Alten Testament begegnet uns der Tanz als ein Akt der Gottesverehrung. König David tanzte voll Freude vor der Bundeslade. Das israelitische Volk führte häufig Tänze auf, um Jahwe zu loben und zu preisen. Daneben gab es allerdings auch unsittliche Gesellschaftstänze, die von den Gottesdienern abgelehnt wurden.

Wenn die frühe Kirche den religiösen Tanz mißbilligte, geschah es hauptsächlich deshalb, weil sie sich von den heidnischen Religionen positiv abheben wollte. Private und öffentliche Tänze erregten in Kirchenkreisen Mißfallen. Die 1. Synode von Laodizäa (Ende des 4. Jh.) untersagte das Tanzen bei Hochzeiten (can. 53). Auch andere Synoden und Konzilien erließen solche Tanzverbote. Obwohl die Vorschriften und Verbote meist keine Begründung aufweisen, wissen wir von kirchlichen Schriftstellern, daß manichäische Gesinnung und Sündenangst als treibende Kräfte wirkten.

Bischof *Ambrosius von Mailand* verurteilte in einer Fastenpredigt des Jahres 387 das Tanzen allgemein als ein Werk des Teufels. Er bedauerte, daß Frauen, die nicht einmal im eigenen Haus Fremden unter die Augen treten sollten, »dreisten Antlitzes mit unverhülltem Haupte in der Öffentlichkeit« auftreten. Anschaulich schilderte er das öffentliche Treiben solcher tanzenden Frauen: sie »führen auf öffentlichen Plätzen mit Männern gemeinsam schamlose Reigen im Anblick zügelloser Jünglinge auf. Wild schleudern sie ihr Haupthaar zurück, gürten die Tuniken, zerreißen das Obergewand, zeigen nackte Arme, klatschen mit den Händen, stampfen mit ihren Füßen, schreien mit ihren Stimmen durcheinander und reizen durch ihre Schauspielerschritte die Begierden der Jünglinge. Lüsternen Blickes und mit unziemlichen Witzen schaut der Kreis der Jünglinge zu. Ein erbärmliches Schauspiel! Indem die Tanzenden stürzen und die Zuschauer mit sich reißen, wird der Himmel durch einen unreinen Anblick beschmutzt. Die Erde, durch obszöne Tanzschritte mißhandelt, wird durch einen widerlichen Tanz besudelt.« [1] Ambrosius sah im Tanzen etwas zutiefst Sündhaftes oder zumindest eine große Gefahr, um der Sünde gegen die Reinheit zu erliegen.

Thomas von Aquino differenzierte, wie es sich für einen Scholastiker gebührte, bei der Beurteilung des Tanzes zwischen der Art des Tanzes und der Absicht des Tanzenden. Wenn das Tanzen nur der Erholung und Freude dienen sollte, gab es für ihn nichts einzuwenden, dann betrachtete er den Tanz sogar als einen Akt der Tugend.

Bei den Mysterienspielen des Mittelalters kamen dann doch religiöse Tänze zur Aufführung. In Spanien vollführte man Gebetstänze vor dem exponierten Allerheiligsten (der Hostie in der Monstranz). Allen anderen Tänzen dagegen begegnete man mit großer Zurückhaltung.

Als der Tanz im Laufe der Zeit immer freiere Formen annahm, wurde die Ablehnung durch die Kirche noch entschiedener. Daß selbst Geistliche an öffentlichen Tänzen teilnahmen, empfanden nicht so sehr ihre Gläubigen, sondern ihre Vorgesetzten als großes Ärgernis. Das schlechte Beispiel, das tanzende Kleriker gaben, dürfte für das Konzil von Trient der Hauptanlaß dafür gewesen sein, daß es allen Mitgliedern des Klerus, also auch schon den Anwärtern auf das Priesteramt, das Tanzen streng untersagte. Dieses Verbot wurde Jahrhunderte später im Codex Iuris Canonici erweitert: »Schauspiele, Tänze und andere für Geistliche unpassende oder anstoßerregende Lustbarkeiten, namentlich in öffentlichen Theatern, sind verboten« (can. 140). Noch die römische Diözesansynode im Jahre 1960 unter Papst Johannes XXIII. schärfte dem Klerus des Bistums Rom und darüber hinaus allen Geistlichen, die in Rom als Gast weilten, diese kanonische Vorschrift mit allem Nachdruck ein und dehnte sie sogar auf den Besuch von Kinos und Cafés aus.

Papst *Benedikt XV.* beanstandete in seiner Enzyklika »Sacra prope diem« vom 6. Januar 1921 die Unsittlichkeit der Frauenmode. Ganz schweigen wollte er von jenen »Tanzmoden, eine gemeiner als die andere, die sich vor kurzem aus der Unkultur in die vornehme Gesellschaft eingebürgert haben und jedes Schamgefühl ertöten müssen«.[2] Ebenso beklagte *Pius XI.* in seinem Rundschreiben »Ubi arcano« vom 22. Dezember 1922 »den Leichtsinn von Frauen und Mädchen, die sich vor allem in der Kleidung und bei den Tänzen über die Grenze der Schamhaftigkeit hinwegsetzen und durch ihren luxuriösen Aufwand nur den Haß der Unterbemittelten aufstacheln«.[3]

Seit im 19. Jahrhundert die sogenannten Rund- und Schiebetänze in Mode gekommen waren, mehrten sich die Mahnungen und Warnungen besorgter Oberhirten. Die deutschen Bischöfe befaßten sich auf ihrer Konferenz in Fulda im Januar 1925 vornehmlich mit Fragen der Sittlichkeit. »Moderne Tänze, die – fast alle von übelster Herkunft – die Sittsamkeit und Schamhaftigkeit bedrohen«, vernahmen die Gläubigen bald danach beim Sonntagsgottesdienst als Wort der Bischöfe, »dürfen unter keinen Umständen, auch nicht in angeblich verfeinerter Form, länger geduldet werden.« Die Eltern wurden ermahnt, »den eingerissenen unverantwortlichen Leichtsinn, die heranwachsenden Töchter und Söhne bei Geselligkeiten, besonders bei Tanzkursen oder bei sich anbahnenden Bekanntschaften unbeaufsichtigt zu lassen, in keiner Weise mitzumachen, sondern gemäß alter, ernster, christlicher Sitte ihre Elternpflicht zu tun«.[4]

Der Münchner Domprediger *Konrad von Preysing*, später Bischof von Berlin, empörte sich in einer kleinen Schrift mit dem Titel »Gesellschaftssitte und Sittengesetz« (1927) nicht allein über die Art moderner Tänze, sondern auch über die dabei gespielte Musik (mit Liedern) sowie über die Tanzkleidung der Frauen. Seine Ausführungen endeten mit dem Appell: »Ein Weitergleiten auf dieser abschüssigen Bahn zu verhindern, ist Pflicht der Gesellschaft.«[5]

Zu den Vätern des Trienter Konzils im 16. Jahrhundert gesellte sich im Geiste der Augsburger Bischof *Josef Stimpfle*, als er am 23. Januar 1979 – inmitten der Faschingszeit – durch seinen Generalvikar Otto Weckbach eine regelrechte Tanzenzyklika an alle Priester des Bistums Augsburg richtete. Den Geistlichen wurde darin das aktive Tanzen streng untersagt, vermutlich aus Angst, ein tanzender Priester könnte dadurch zur Übertretung des Zölibatsgesetzes, das nicht nur Ehelosigkeit, sondern völlige sexuelle Enthaltsamkeit fordert, verleitet werden. Daß dem Tanz auch positive Werte eigen sind, scheinen der Oberhirte und sein unterzeichneter Generalvikar nicht zu wissen. Um dies zu erfahren, müßten sie nur das »Lexikon für Theologie und Kirche« zur Hand nehmen. Der Würzburger Pastoraltheologe *Heinz Fleckenstein* schrieb nämlich dort: »Auch moderne Tänze können dienlich sein als nervliche Entspannung, als Quelle von Freude aus eigener rhythmischer Betätigung, als Mittel der Kommunikation, ja sogar einer gewissen ›Einübung‹ in das Bestehen des anderen Geschlechtes.«[7] Die immer nur

Ärgernis und Sünde witternden Prälaten könnten außerdem in *Bernhard Härings* moraltheologischem Standardwerk eine differenzierende Beurteilung des Tanzes nachlesen: »Es muß jedoch gesehen werden, daß die meisten Tänze (sicher auch viele der sogenannten modernen Tänze) nicht an sich schlecht sind, sondern es werden durch die Art, wie sie getanzt werden, oder durch die Gesinnung der Beteiligten.«[8] Doch gerade in dieser Hinsicht scheinen kirchliche Vorgesetzte kein großes Vertrauen in ihren Klerus zu setzen. In dem Augsburger Verbotsschreiben ist nämlich von »unwürdiger Tanzerei« die Rede; ja, der tanzende Priester wird in verächtlichem Ton mit einem »tanzenden Derwisch« verglichen. Bleibt nur noch zu konstatieren, daß zahlreiche Priester diesem Tanz-Ukas der bischöflichen Behörde zum Trotz sich nicht davon abhalten ließen, mit ihren Pfarrangehörigen zu tanzen. Welcher Priester möchte sich heute noch nachreden lassen, eines manichäisch angehauchten Verbotes wegen auf die harmlose Freude am Tanzen zu verzichten.

3. Turnen

Erst in neuerer Zeit fühlten sich kirchliche Obrigkeiten veranlaßt, auf sittliche Gefahren im Bereich des Sports, speziell beim Turnen, aufmerksam zu machen. Als Hauptmotive für zahlreiche Gebote und Verbote, die man heute nur noch mit Verwunderung lesen kann, werden in erster Linie wieder Leibverachtung und Frauenfeindlichkeit sichtbar. Schnell vermuteten Hierarchen nächste Gelegenheiten zu sexuellen Verfehlungen.

Die Konzilskongregation mahnte in einer allgemeinen Instruktion vom Jahre 1930, bei Leibesübungen das nötige Maß an Schicklichkeit und Sittsamkeit walten zu lassen. »Die Eltern sollen die Töchter von den öffentlichen Turnübungen und Turnveranstaltungen fernhalten«, heißt es, »und sollten diese Töchter zur Teilnahme daran gezwungen sein, so mögen die Eltern trachten, ihnen vollkommen anständige Kleider zu beschaffen, und niemals sollen sie ihnen gestatten, unanständige Kleider zu tragen.«[1]

Jahre vorher schon hatten die deutschen Bischöfe in ihren »Katholischen Leitsätzen und Weisungen zu verschiedenen modernen Sittlichkeitsfragen« (1925) allgemein auf »die Gefahrenzone für Gesundheit, Schamhaftigkeit und Sittlichkeit wie für die Charakterbildung« hingewiesen. Was das Turnen betraf, verlangten sie, daß es nach Geschlechtern getrennt durchgeführt werde, ferner, daß die Turnkleidung das Schamgefühl nicht verletzen dürfe und daß beim Turnen der Mädchen in Hallen oder auf Plätzen die Öffentlichkeit ausgeschlossen bleiben müsse. Wenn sich letzteres nicht vermeiden lasse, seien die turnerischen Übungen »im gewöhnlichen Kleid« vorzunehmen.

Der Verein Katholische Deutsche Lehrerinnen stellte sich voll und ganz hinter die bischöflichen Leitsätze. In eigenen Richtlinien wurde die für Mädchen erlaubte Turnkleidung folgendermaßen präzisiert: »Genügend weite, über dem Knie geschlossene Hose und lose Bluse mit kleinem Ausschnitt und Ärmeln bis zu den Ellbogen«.[2] In Klosterschulen war es sogar üblich, daß die Mädchen den Turnunterricht angezogen, also im alltäglichen Kleid, absolvierten.

III. Teil
Sexualität der Frau

I. Die Frau als Untergebene des Mannes

Matriarchat schon am Anfang?

Immer noch umstritten ist die zuerst von *Johann Jakob Bachofen* († 1887) und heute besonders von *Ernest Bornemann* verfochtene These, am Anfang der Menschheitsgeschichte stehe nicht das Patriarchat, sondern das Matriarchat. Erich Fromm äußerte gegenüber Gegnern der Matriarchatstheorie den Verdacht, »daß die Kritik nicht ganz frei war von einem affektbedingten Vorurteil gegen eine dem Denken und Fühlen unserer patriarchalen Kultur so fremde Annahme«.[1] Es gibt tatsächlich viele Zeugnisse dafür, daß bereits Jahrtausende vor den biblischen Patriarchen matriarchale oder matrilineare Gesellschaften existiert haben.

In den Ländern um das Mittelmeer genoß die »Große Mutter«, die Mutter-Göttin der frühen Menschheitskultur, hohe Verehrung. So spielte auch die Frau als Seherin und Prophetin, als Kultpriesterin und Vestalin eine beachtliche Rolle. Ebenso erfreute sich in Indien die Frau als irdische Vertreterin der Mutter-Göttin höchster Wertschätzung.

Vielen alttestamentlichen Texten liegen aus Altägypten und Palästina stammende archaische Kulttraditionen und matriarchale Mythen zugrunde, deren Spuren in alten Götternamen, Sagen, Skulpturen, Riten und Symbolen verborgen sind. Im Mittelpunkt steht dort nicht ein Vater-Gott, sondern eine Mutter-Göttin, die durch eine Priesterin, die zugleich als Königin regiert, alle irdischen Dinge ordnet und beherrscht. Jahr um Jahr vermählt sich die Himmelsgöttin einem Geliebten und gebiert einen Sohn mit dem Namen Schöpfung oder Natur. Dieses Kind Natur blüht, reift, welkt und stirbt, um im folgenden Jahr, wenn der Winter vorüber ist, wieder geboren zu werden.

In der griechischen Antike herrschten die Männer und Väter (Patriarchat), die Frauen hingegen besaßen nur ein Mindestmaß an Rechten. Innerhalb der Ehe war die Frau ein nützliches Objekt; die persönliche Liebe zwischen Mann und Frau scheint eine Seltenheit gewesen zu sein. Ein Athener beschreibt die Situation im 4. Jahrhundert so: »Die Hetairen haben wir zum Vergnügen... die Kebsfrauen (Nebenfrauen) zu des Leibes täglicher Pflege... die Ehefrauen, daß wir rechte Kinder bekommen und eine treue Hüterin über das Haus besitzen.«[2] Pure Frauenverachtung verrät der Wunsch, den der Kyniker *Diogenes* angesichts einer Frau, die sich an einem Ölbaum erhängt hatte, aussprach: »Mögen doch alle Bäume solche Früchte tragen!«[3]

Nach einem doppelten Recht verfuhr man im Fall der Scheidung. Während nämlich der Mann seine Frau ohne weiteres verstoßen konnte, mußte die Frau in einem Antrag an den Magistrat die Gründe für die gewünschte Scheidung darlegen. Die Kinder durften stets beim Vater bleiben, auch dann, wenn die Mutter unschuldig war. Für den Mann reichte der Ehebruch seiner Frau als Scheidungsgrund aus, die Frau dagegen hatte bei Ehebruch ihres Mannes kein Recht auf Scheidung.

Die Lage der Frau verschlimmerte sich in der Spätantike, als von der Stoa und der Gnosis beeinflußte Kreise das weibliche Wesen für die Repräsentantin der bösen Materie hielten und somit in der Frau eine Hauptgefahr für den nach Geistigkeit strebenden Mann sahen.

Vom Matriarchat zum Patriarchat im Alten Testament

Im Alten Israel beteiligten sich die Frauen noch aktiv am religiösen Leben; sie opferten und weissagten. Mehrere Frauen ragten unter ihren Geschlechtsgenossinnen als führende Gestalten hervor, z. B. Mirjam, Debora, Jael, Judit und Ester. *Debora*, Prophetin und Richterin im 12. Jahrhundert, bestimmte Barak zum Feldherrn.

Dieser aber wollte nur dann gegen Sisera, den Feldherrn der Kanaaniter, aufbrechen, wenn Debora selbst mitginge. Debora willigte tatsächlich ein: »Ich werde also mit dir gehen; nur wird dann auf dem Weg, den du gehst, der Ruhm nicht für dich sein, denn in die Hand eines Weibes wird Jahwe Sisera geben« (Ri 4,9). So kam es auch.

Die vielfältigen Spuren von Frauenherrschaft wurden später häufig überdeckt vom monotheistischen Prinzip des alleinregierenden Vater-Gottes, das sich nur mit größter Anstrengung durchzusetzen vermochte. In allen drei großen monotheistischen Religionen (Mazdaismus, Judentum und Islam) führten Überhöhung der Macht des Mannes – deutlich abzulesen an den männlichen Zügen in der Gottesvorstellung – und Hinausdrängen der großen Mutter-Gottheit zum völligen Verschwinden des weiblichen Elementes in der Religion.

Nach dem Exil in Babylon verringerte sich die Mitwirkung der Frau im jüdischen Gottesdienst immer mehr. Man braucht nur die selbstbewußten und autonomen Göttinnen Demeter und Kybele mit alttestamentlichen Frauengestalten zu vergleichen, um den tiefgreifenden Unterschied zu erkennen.

Die alten rituellen Texte erfuhren, wie *Gerda Weiler* in ihrem Buch über das Matriarchat im Alten Testament nachwies, von patriarchalisch gesinnten Bearbeitern eine Umdeutung in dem Sinn, daß die Frauen ihre lebensspendende Kraft zugunsten der Männer verloren. »Die biblischen Frauen empfangen auf geheimnisvolle, unerklärliche Weise, sei es, daß sie und ihr Mann bereits ›alt und hochbetagt‹ geworden sind, oder es wird das Wunder der Schöpfung durch ›jungfräuliche Empfängnis‹ Ereignis.«[4]

Die Rippe Adams

Zu einer mehrdeutigen Einschätzung der Frau lieferten schon die beiden unterschiedlichen Schöpfungsberichte im Buch Genesis die Grundlagen. Im ältesten, auf die Erschaffung des Menschen und seine Lebensordnung konzentrierten Bericht, dessen Autor nach dem verwendeten Gottesnamen als Jahwist bezeichnet wird, lautet die entscheidende Aussage über die Frau: »Gott, der Herr, baute aus der Rippe, die er vom (Mann-)Menschen genommen hatte, eine Frau und führte sie dem (Mann-)Menschen zu« (Gen 2,22). Allein in dieser Feststellung, der Mann sei zuerst und die Frau danach geschaffen worden, sahen in der Vergangenheit zahlreiche Interpreten eine grundsätzliche Unterordnung der Frau unter den Mann und damit ein gottgewolltes Patriarchat gegeben. In Wirklichkeit aber soll hier zum Ausdruck kommen, daß Mann und Frau aus derselben Materie bestehen und deshalb auch gleichwertig sind. Für dieses Verständnis spricht übrigens auch der unmittelbar folgende Vers: »Und der (Mann-)Mensch sprach: Das endlich ist Bein von meinem Bein und Fleisch von meinem Fleisch. Männin (Frau) soll sie heißen; denn vom Mann ist sie genommen« (Gen 2,23).

Daß die Legende von der Rippe des Mannes, aus welcher Eva geformt worden ist, auch frauenfreundlich gedeutet werden konnte, beweist die phantasievolle Auslegung eines jüdischen Schriftgelehrten zur Zeit Jesu. Eva sei nicht aus dem Kopf des Adam genommen, damit sie nicht über ihn herrsche, nicht aus seinen Füßen, damit sie nicht seine Sklavin sei, sondern aus der Seite des Mannes, damit sie seinem Herzen nahebleibe.[5] Derselbe Autor betrachtete die Tatsache, daß Gott Eva aus dem schlafenden Mann geschaffen hat, sogar als Zeichen für das unerschöpfliche Geheimnis, das die Frau für den Mann bedeutet.

Die fundamentale Wesensgleichheit von Mann und Frau finden wir übrigens in demselben Buch, im jüngeren Schöpfungsbericht, den man der Priesterschaft zuschreibt, unmißverständlich ausgesprochen: »Dann sprach Gott: Laßt uns Menschen machen als unser Abbild, uns ähnlich... Gott schuf also den Menschen als sein Abbild; als Abbild Gottes schuf er ihn. Als Mann und Frau schuf er sie« (Gen 1,26 f.). Neben der wesensmäßigen Gleichheit beider Geschlechter ist hier noch ihre Gottebenbildlichkeit betont. Auch wenn die christliche Theologie diese fundamentale Lehre zu keiner Zeit geleugnet hat, so blieben doch Überordnung des Mannes und Unterordnung der Frau in der Kirche durch alle Jahrhunderte bestehen.

Eva als die Hauptschuldige

Auch die Erzählung vom Sündenfall der ersten Menschen im Paradies (Gen 3,1–7) wurde oft als Beweis für eine hierarchische Ordnung der Geschlechter verwendet. Demnach galt Eva als die Hauptschuldige, weil sie, von der Schlange überlistet, Adam die Frucht vom Baum der Erkenntnis reichte und damit zur Ursache für die Vertreibung beider aus dem Garten Eden wurde. Dieser erste Sündenfall, so lehrt die kirchliche Theologie bis zum heutigen Tag, lebt als Erbsünde in allen Nachkommen der Stammeltern weiter. Hier haben wir vielleicht die tiefste Wurzel aller theologisch begründeten Frauenfeindlichkeit, wie sie heute noch ihre giftigen Früchte trägt.

Auf solchen Grundsätzen ließ sich leicht eine Männerherrschaft errichten, wie wir sie in den großen Männern des Alten Testaments, von Noe über Abraham bis Jakob mit seinen zwölf Söhnen, vor uns haben. Sie hießen nicht nur Patriarchen, sie machten diesem Namen auch alle Ehre, indem sie ihre Stämme wie ihre Familien souverän regierten.

Der Talmud enthält eine Reihe geringschätziger oder gar verächtlicher Äußerungen über die Frau; diese werden von Antifeministen bis heute mit Vorliebe zitiert. Am bekanntesten ist das Gebet des Rabbi *Jehuda* (2. Jh. n. Chr.), das alle männlichen Juden täglich beten sollten: »Gepriesen (sei Gott), daß er mich nicht als Goi (Nicht-Israeliten) geschaffen hat! Gepriesen, daß er mich nicht als Weib geschaffen hat! Gepriesen, daß er mich nicht als Unwissenden erschaffen hat!« [6] Der volle Sinn dieser für die Frau auf den ersten Blick vernichtenden Aussage – noch dazu in einem Gebet! – erschließt sich freilich erst dann, wenn man weiß, daß nur männliche Juden in der Thora (Gesetz Gottes) unterrichtet wurden. Die sich daraus ergebende Unwissenheit der Frau mußte dem Mann also ein Grund sein, sich darüber zu freuen, keine Frau zu sein und somit in den Genuß des Privilegs der religiösen Bildung zu kommen. Dennoch klingt die Abwertung der Frau in jeder Zeile dieses Gebets an.

Die Erzählung vom Sündenfall der ersten Menschen endet mit

den als Protevangelium (erste Frohbotschaft) bekannten Worten Gottes zur Schlange: »Feindschaft setze ich zwischen dich und die Frau, zwischen deinen Nachwuchs und ihren Nachwuchs. Er trifft dich am Kopf, und du triffst ihn an der Ferse« (Gen 3,15). Dem Münchner Alttestamentler *Manfred Görg* gelang nun die Entdekkung, daß mit der Frau (Eva) der Paradiesgeschichte niemand anders gemeint ist, als eine Tochter des Ägypterkönigs Pharao, welche der jüdische König Salomo aus politischen Erwägungen zur Frau nahm, und mit der Schlange die in Schlangengestalt vorgestellte Göttin Renenutet, deren Kult die Pharaonentochter nach Jerusalem mitbrachte und im Land Palästina verbreitete. Der jahwistische Erzähler, so argumentierte Görg weiter, machte sich in Gen 3,17 zum Kritiker der salomonschen Heiratspolitik, indem er folgende Geschichte komponierte: Eva, das heißt die ägyptische Prinzessin, verführt auf Initiative der Schlange, das heißt der Göttin Renenutet, Adam, das ist der exemplarische Mensch Salomo, zum Ungehorsam, das heißt zum Abfall vom Gott Israels. Die Richtigkeit dieser zeitgeschichtlichen Interpretation vorausgesetzt, berechtigt uns also nichts mehr dazu, die berühmte Erzählung vom Sündenfall als ein negatives Urteil über die Frau als die große Verführerin zum Bösen auszulegen.

Jesus und die Frauen

Die Gestalt Jesu bot der christlichen Ethik »das große Beispiel einer vollkommen unbefangenen, zugleich großzügigen Haltung zum weiblichen Geschlechte«.[7] Tatsächlich findet sich im ganzen Neuen Testament nicht ein einziges Wort Jesu, das eine Zurücksetzung des weiblichen Geschlechts zum Ausdruck bringt. Dies war zwar zu allen Zeiten bekannt, wurde indes kaum entsprechend gewürdigt. Am wenigsten zeigte sich die Kirche bereit, daraus die Konsequenzen für ihre Haltung gegenüber der Frau zu ziehen.

Wenn die feministische Bewegung unserer Tage Jesus als Vorbild darstellt, ja, Jesus selbst als einen Feministen feiert, dann will sie damit zunächst nicht mehr behaupten, als daß Jesus Frauen mit derselben Natürlichkeit und Wertschätzung begegnet ist wie Männern. Er machte in der Tat keinen Unterschied zwischen Mann und Frau.

Selbst sündigen Frauen, sogenannten öffentlichen Sünderinnen, für welche die Kirche später nur Verurteilung und Bestrafung übrig hatte, begegnete Jesus mit Verständnis, Liebe und Bereitschaft zum Verzeihen, freilich nicht ohne eindringlich zu mahnen: »Gehe hin und sündige nicht mehr« (Joh 8,11). Der liebevolle Umgang Jesu mit liederlichen Frauen erschien jedoch manchen Bibelgelehrten oder auch nur Bibelabschreibern so skandalös, daß sie den Bericht über die große Sünderin im Evangelium des Lukas (7,36–50) einfach ausließen.

Einige Frauen konnten sich sogar rühmen, von Jesus besondere Mitteilungen erhalten zu haben: die Samariterin am Jakobsbrunnen, mit der Jesus als stammesfremder Mann überhaupt nicht hätte reden dürfen, der er sich aber als Messias offenbarte, oder Maria Magdalena, der er nach seiner Auferstehung zuerst erschien und die die Nachricht von seiner Auferstehung allen anderen Freunden weitersagen sollte. Der Mönchstheologe Peter Abaelard verlieh im 11. Jahrhundert der als Sünderin bekannten Maria Magdalena wegen dieses einzigartigen Auftrags den Ehrentitel »Apostel der Apostel«.

Der Evangelist Lukas erwähnte neben den Zwölf (Aposteln) noch einige Frauen (Maria Magdalena, Johanna, Susanna u. a.) im Gefolge Jesu, die gewiß nicht nur fromme Zuhörerinnen und Verehrerinnen waren. Gegen eine Gleichbehandlung der Frau durch Jesus wird bis heute ins Feld geführt, daß er nicht eine einzige Frau in den engsten Kreis seiner Mitarbeiter, der Apostel, aufgenommen habe. Doch was wäre wohl geschehen, wenn Jesus die patriarchalischen Gegebenheiten im damaligen Judentum ignoriert hätte? Bei den gesellschaftlichen Verhältnissen seiner Zeit war es unmöglich, die Frau mit einer führenden Rolle zu betrauen. Das Wirken der Frau beschränkte sich auf den häuslichen Bereich.

Besonders wichtig ist die Erzählung der Evangelien über jene Frauen, die »frühmorgens, als es noch dunkel war« (Joh 20,1) zum Grab Jesu gingen. So wurden sie die ersten Zeugen seiner Auferstehung und erhielten von ihm selbst den Auftrag, den Jüngern von seiner Auferstehung zu berichten. »Doch die Apostel hielten das alles für Geschwätz und glaubten ihnen nicht« (Lk 24,11), bis sie nach einigem Zögern und Zaudern doch zum Glauben gelangten. Die Tatsache, daß sie Zeugen der Auferstehung geworden waren, betrachteten die Apostel später als eine Ehre und als einen Auftrag. Und dies sollte nur für die Apostel und ihre Nachfolger gelten und nicht auch ebenso für die, die den Aposteln als erste die Auferstehung verkündet haben?

Verwunderlicher noch als das Fehlen einer Frau im Zwölferkreis der Apostel ist, daß man die damalige Berufung von Männern durch Jesus später in der Kirche als Einsetzung in ein bestimmtes Kirchenamt auffaßte. Selbst *Paulus* gehörte nicht zum Kreis der Zwölf – er nennt sich einen Apostel »nicht von Menschen oder durch einen Menschen, sondern durch Jesus Christus und durch Gott, den Vater« (Gal 1,1) – und stand trotzdem zusammen mit Petrus als »Apostelfürst« auf ein und derselben Stufe. Wenn er behauptete, Gott habe ihm seinen Sohn geoffenbart, damit er ihn unter den Heiden verkünde (Gal 1,16), konnte er sich dafür nur auf eine Vision berufen. Maria Magdalena hingegen hat den auferstandenen Jesus leibhaftig gesehen und ist als erste Augen- und Ohrenzeugin in die biblische Tradition eingegangen.

Nach der Schriftstellerin *Sidney Callahan* behandelte Jesus die Frauen »mit einer nie dagewesenen Gleichwertigkeit und schokkierte damit laufend seine Jünger in ihren männlichen Vorurteilen«.[8] Ob die Apostel deshalb wirklich so schockiert waren? In den Berichten der Bibel findet sich dafür kein Anhaltspunkt. Könnte es nicht eher umgekehrt gewesen sein, daß sie diese Einstellung ihres Meisters für die einzig richtige hielten, auch wenn sie ihrem jüdischen Denken anfangs zuwiderlief?

Paulus – ein Frauenfeind?

Es ist bis heute allgemein üblich, *Paulus*, einen um das Jahr 10 n. Chr. im kleinasiatischen Tarsos geborenen Juden mit Namen Saul, der sich vom glühenden Christenhasser zum leidenschaftlichen Christusgläubigen bekehrte und später zum »Apostel« avancierte, als eingefleischten Frauenfeind darzustellen und für eine fast zweitausendjährige Geringschätzung und Verachtung der Frau in Kirche und Gesellschaft verantwortlich zu machen. Ist dieses negative Urteil berechtigt?

Wie Jesus ließ auch Paulus in seinem persönlichen Leben Frauen gegenüber keine ängstliche Reserve oder gar verächtliche Distanz erkennen. Frauen unterstützten ihn bei der Verkündigung des Evangeliums ebenso tatkräftig wie Männer. Und er selbst ließ Frauen bei der Verbreitung des Glaubens seine Unterstützung zuteil werden.

In dem um das Jahr 55 verfaßten Brief an die Christen in Rom schrieb Paulus: »Ich empfehle euch unsere Schwester Phöbe, die Dienerin der Gemeinde von Kenchreä: Nehmt sie im Namen des Herrn auf, wie es Heilige tun sollen, und steht ihr in jeder Sache bei, in der sie euch braucht; sie selbst hat vielen, darunter auch mir, geholfen« (Röm 16,1–2). Wenn die heutige Einheitsübersetzung den griechischen Ausdruck »diakonos« mit dem farblosen »Dienerin« wiedergab, bedeutete dies eine unzulässige Herabminderung von Phöbes wirklicher Stellung in der christlichen Hausgemeinde zu Korinth. Paulus selbst nannte sie »unsere Schwester Phöbe « – so wie er die Männer als »Brüder« anredete –, »diakonos der Kirche von Kenschreä«, womit die Amtsbezeichnung »Diakon« oder »Gemeindeleiterin« gemeint war, und »Prostatis«, das heißt Anführerin, Vorsteherin, Vorgesetzte. Es ist heute kein Zweifel darüber möglich, daß Phöbe zu den bedeutendsten Frauen in der frühchristlichen Missionsarbeit gezählt werden muß.

Im Schlußkapitel desselben Briefes hören wir noch von einer anderen Frau: »Grüßt Priska (Priszilla) und Aquila, meine Mitarbeiter in Christus Jesus, die für mich ihr eigenes Leben aufs Spiel gesetzt haben; nicht allein ich, sondern alle Gemeinden der Heidenchristen sind ihnen dankbar« (16,3). Wenn Paulus an mehreren Stellen Priska vor ihrem Ehemann Aquila erwähnte, könnte dies auf die größere Bedeutung dieser Frau für die korinthische Christengemeinde hinweisen.

Theologisch begründete Paulus die Gleichwertigkeit der beiden Geschlechter mit der Taufe, die alle Unterschiede zwischen Mann und Frau hinweggewischt habe: »Da gibt es nicht mehr Juden und Griechen, Sklaven und Freie, Mann und Weib. Denn ihr alle seid einer in Christus Jesus« (Gal 3,28). Trotzdem lag ihm jede Uniformierung oder Gleichmacherei fern, denn »jeder hat seine besondere Gnadengabe von Gott, der eine so, der andere anders« (1 Kor 7,7).

Ausgesprochen frauenfeindliche Äußerungen sind in den authentischen Paulusbriefen nicht zu finden. Daß Paulus im Bereich der Ehe für eine Unterordnung der Frau unter den Mann eintrat, also einer hierarchischen Eheauffassung anhing, war bei den gesellschaftlichen Bedingungen seiner Zeit gar nicht anders zu erwarten. Es ist nicht zulässig, allein daraus schon eine allgemeine Geringschätzung oder Diskriminierung der Frauen ableiten zu wollen. Paulus war weder ein Frauenfeind, wie sie im außerchristlichen Raum zu dieser Zeit häufig anzutreffen waren, noch ein enthusiastischer Feminist, den man heute als Protagonisten emanzipatorischer Frauenbewegungen bezeichnen könnte.

Das böse Image des Paulus in der Frauenfrage stammt hauptsächlich von einer viel zitierten Stelle im 1. Timotheusbrief, der aber nicht zu den echten Paulusbriefen zu zählen ist. Dort heißt es: »Eine Frau soll sich still und in aller Unterordnung belehren lassen. Daß eine Frau lehrt, erlaube ich nicht, auch nicht, daß sie über ihren Mann herrscht; sie soll sich still verhalten« (1 Tim 2,8–12). Die Frau wird hier zweifellos zu völliger Passivität im Gottesdienst verurteilt. Um seine Anordnung zu rechtfertigen, griff der uns nicht bekannte Autor auf einen der Schöpfungsberichte im Alten Testament zurück und konstatierte: »Denn zuerst wurde Adam erschaffen, danach Eva« (1 Tim 2,13). Allein von der zeitlichen Priorität der Erschaffung Adams vor Eva schloß er, wie es jüdischem Verständnis entsprach, auf eine qualitative Höherstellung des Adam (und aller Männer) über Eva (und aller Frauen), getreu dem Motto:

»Der Erste ist auch der Beste«. Und um das Maß seiner überzogenen Spekulation vollzumachen, fügte der Verfasser des Briefes hinzu: »Nicht Adam wurde verführt, sondern die Frau ließ sich verführen und übertrat das Gebot« (1 Tim 2,14). Damit stand Eva ganz auf seiten des Bösen, mehr noch, sie galt als das Böse selbst.

Eine ebenso verhängnisvolle Wirkung in der Geschichte der Kirche erzeugte die von vielen modernen Exegeten als interpoliert angesehene Stelle im 1. Brief des Paulus an die Korinther: »Wie es in allen Gemeinden der Heiligen üblich ist, sollen die Frauen in der Versammlung schweigen; es ist ihnen nicht gestattet zu reden. Sie sollen sich unterordnen, wie auch das Gesetz es fordert. Wenn sie etwas wissen wollen, dann sollen sie zu Hause ihre Männer fragen; denn es gehört sich nicht für eine Frau, vor der Gemeinde zu reden« (1 Kor 14,33-36). Diese Rollenzuteilung entsprach übrigens jüdischen wie griechisch-römischen Anschauungen.

Diese Weisung, die noch dazu vom »Gesetz« gefordert sein soll, will allerdings nicht passen zu einer anderen Aussage des Paulus im selben Brief, die Frauen das prophetische Wort im Gottesdienst gestattet, jedoch verlangt, daß sie dabei ihr Haupt mit einem Tuch oder Schleier bedecken (1 Kor 11,4-5). Vielleicht ist dieser Widerspruch ein Indiz dafür, daß das erstgenannte Zitat über die Frau nicht aus dem Munde des Paulus stammt. Im übrigen war es damals so, daß die Frau einen Schleier tragen sollte, um ihr eigenes Haupt zu ehren. Auch nach jüdisch-orientalischer Sitte galt die Kopfbedeckung der Frau als ein Symbol ihrer Autorität, als ein Zeichen ihrer Macht.[9]

Der Theologe Paulus stellte mit Berufung auf einen der Schöpfungsberichte (Gen 11,8) fest, daß der Mann das Haupt der Frau sei. Auch er deutete den Schleier oder das Kopftuch, das die Frau in der Kirche und auch in der Öffentlichkeit tragen mußte, als »Zeichen ihrer Vollmacht«. Wie es scheint, wollte er weder dem Mann noch der Frau einen eindeutigen Vorrang zuerkennen, da doch beide von Gott stammen. Folglich sah er auch keine Notwendigkeit, die jüdische Tradition der Verschleierung in der Kirche abzuschaffen.

In dem ebenfalls nicht direkt von Paulus stammenden Epheserbrief lautet eine für unser Thema wichtige ekklesiologische Aussage: »Ihr Frauen, ordnet euch euren Männern unter wie dem Herrn (Christus); denn der Mann ist das Haupt der Frau, wie auch Christus das Haupt der Kirche ist; er hat sie gerettet, denn sie ist sein Leib. Wie aber die Kirche sich Christus unterordnet, sollen sich die Frauen in allem den Männern unterordnen« (Eph 5,22–24). Ein Text, der noch heute bei kirchlichen Trauungen mit Vorliebe verlesen wird! Der Autor dieses Briefes begründete die Über- und Unterordnung im Verhältnis von Mann und Frau mit dem vergleichbaren Verhältnis zwischen Christus und der Kirche, wobei allerdings wieder die zweifelhafte Identifizierung von Christus und Mann (unter Ausschluß der Frau) zur Anwendung kam.

Wie Paulus als Jude mit beiden Füßen in »der Schrift«, das heißt für ihn im Alten Testament, stand, so lebten die Kirchenschriftsteller im christlichen Altertum, vor allem die Kirchenväter des Ostens wie des Westens, inmitten der Heiligen Schrift, das heißt vornehmlich in den Evangelien und Apostelbriefen des Neuen Testaments. Neben den Worten Jesu maßen sie der Theologie und Christologie des Apostels Paulus die größte Bedeutung zu. Dies gilt insbesondere für dessen Aussagen über die Frau.

Ambrosius hielt, wie Paulus, den Mann für das vorbildliche Wesen und zog daraus den Schluß, die Frau müsse erst zum Mannestum, zum »Mannesalter Christi« heranreifen. Voller Bedauern konstatierte Augustinus, die Frau habe als Miterbin der Gnade ihr weibliches Geschlecht nicht ablegen können, und gab ihr deshalb den Rat, geschlechtslos, das heißt im Geiste zu leben, um dadurch zum Bild Gottes neugeschaffen zu werden.

Es fehlte auch nicht an Theologen, die überzeugt waren davon, daß die Frau überhaupt kein Ebenbild Gottes sein könne. »Wie läßt sich von der Frau sagen, sie sei ein Ebenbild Gottes«, fragte der *Ambrosiaster* im 4. Jahrhundert, »wenn feststeht, daß sie dem Herrn Mann (domino viro) unterworfen ist und keine Autorität besitzt?« Für diesen dem Namen nach unbekannten Schriftsteller konnte es keinen Zweifel geben, daß in der Schöpfungsordnung der Mann an erster und die Frau an zweiter Stelle stehe. In Anlehnung an die Genesis und an Paulus erklärte er die tiefgehende Verschiedenheit von Mann und Frau folgendermaßen: »Das ist das Abbild Gottes im Menschen [= Mann], daß er als einziger, aus dem die anderen hervorgehen, geschaffen ist und die Herrschaft Gottes gleichsam als sein Stellvertreter innehat, weil er das Bild des einen Gottes in sich trägt. Daher ist die Frau nicht nach Gottes Bild geschaffen; so sagt nämlich [die Schrift]: ›Und Gott schuf den Menschen [= Mann], nach dem Bilde Gottes schuf er ihn‹; und deshalb sagt auch der Apostel: ›der Mann freilich soll sein Haupt nicht verhüllen, weil er Bild und Abglanz Gottes ist‹; die Frau aber muß es verhüllen, weil sie weder Abglanz noch Bild Gottes ist.«[10]

Augustinus interpretierte die Schöpfungsgeschichte so, daß der Mann wegen seines hohen Verstandes als der Beherrscher und die geistig schwächere Frau als die Beherrschte anzusehen ist. Das Wesen Gottes besteht in der Herrschaft über Himmel und Erde; deshalb könne nur der zum Herrschen bestimmte Mann als Priester mit Gott direkt in Verbindung treten, während die Frau gegenüber Gott immer nur auf Gnade und Barmherzigkeit angewiesen bleibt.

Zusammenfassend läßt sich mit *Ilsemarie Mundle* sagen: »Genesis, paulinische Lehre, römisches Recht, griechische Philosophie, sie wirkten zusammen, um die Frau von Gott wegzurücken sowie ihre Unterordnung unter die Herrschaft des Mannes als Naturordnung erscheinen zu lassen.«[10a]

Frauen setzen sich zur Wehr

Die um Emanzipation oder richtiger um Gleichberechtigung des weiblichen Geschlechts kämpfenden Frauen unserer Tage haben Vorläuferinnen schon im Hochmittelalter. Wenn es nur wenige sind, von deren Aufbegehren unter ungleich schwierigeren Zeitumständen wir heute noch Kenntnis haben, liegt sicher ein Grund darin, daß viele ihrer Klageschriften vernichtet wurden. Außerdem ist zu bedenken, daß der kleinen Schar von gebildeten Frauen in der Welt, meist Adelige, und der größeren Zahl gebildeter Nonnen im Kloster geeignete Möglichkeiten fehlten, um ihre Gedanken, Pläne und Ziele in aller Öffentlichkeit bekannt zu machen. Die hohe Theologie und mit ihr die Meinungsbildung oberer Gesellschaftsschichten war fast ausschließlich eine Domäne der Welt- und Ordensgeistlichen, die allein schon wegen ihrer Verpflichtung zu Ehelosigkeit und Keuschheit jeden näheren Umgang mit Personen des anderen Geschlechts meiden mußten. Diese zölibatären Theologen waren zudem aufgrund ihrer Erziehung und Ausbildung so sehr von frauenfeindlichen Vorstellungen erfüllt, daß eine Unterstützung der um ihre Rechte ringenden Frauenwelt von ihnen nicht ausgehen konnte.

Wenn man die Frage nach gebildeten Frauen vor dem 17. Jahrhundert stellt, dürfen die Namen dieser Nonnen nicht fehlen: *Roswitha von Gandersheim* († ca. 1000), die erste deutsche Dichterin in lateinischer Sprache; *Hildegard von Bingen* († 1179), Verfasserin des mystischen Buches »Scivias«; *Mechthild von Magdeburg* († ca. 1285), deren umfangreiches Werk »Fließendes Licht der Gottheit« von der Höhe mittelalterlicher Frauenmystik zeugt; *Katharina von Siena* († 1380), die mit eindringlichen Appellen den Papst zur Rückkehr von Avignon nach Rom bewegen konnte; *Charitas Pirkheimer* († 1532), eine unerschrockene Gegnerin der Reformation in der Reichsstadt Nürnberg; *Teresa von Avila* († 1582), Gründerin der Karmelitinnen und eine große Mystikerin.

Da die Ordensfrauen allein schon wegen ihres jungfräulichen Lebens höher geachtet waren als die Ehefrauen, nicht selten sogar in die Nähe der jungfräulichen Gottesmutter Maria gerückt wurden, war von ihnen kaum zu erwarten, daß sie gegen die Zurücksetzung ihrer verheirateten Geschlechtsgenossinnen ankämpfen und für eine grundsätzliche Gleichstellung von Mann und Frau eintreten würden. Doch es gab Ausnahmen.

Bei mystisch begnadeten Personen ist man leicht versucht anzunehmen, sie seien mit den Wirklichkeiten dieser Welt wenig vertraut und würden, da es sich bei ihnen meist um Ehelose handelt, Probleme der Sexualität und Ehe völlig ignorieren. Die Nonne *Hildegard von Bingen*, 1098 als zehntes Kind des Edelfreien Hildebert auf Gut Germersheim bei Alzey geboren und mit achtzig Jahren in dem von ihr gegründeten Kloster auf dem

Rupertsberg bei Bingen gestorben, belehrt uns in dieser Hinsicht eines besseren. Sie war alles andere als eine welt- und menschenfremde Mystikerin. Kontemplatives und aktives Leben bildeten bei ihr, die als Theologin und Naturkundlerin, als Äbtissin und Ärztin wirkte, eine Einheit.

Was unser Thema betrifft, erklärte Hildegard unmißverständlich, die Geschlechtlichkeit dürfe vom Wesen des Menschen nicht getrennt werden. Mann und Frau seien für einen Liebesbund geschaffen, der auch in der geschlechtlichen Vereinigung einen ehrenhaften Ausdruck finde. Der Geschlechtsakt selbst diene nicht nur der Zeugung neuen Lebens, sondern – und dies war für ihre Zeit ein seltener Gedanke – ebenso zur menschlichen Entfaltung der Eheleute. Die Nonne vermochte im sexuellen Verkehr von Mann und Frau sogar ein Abbild des dreifaltigen Lebens in Gott zu erblicken. Wer die Sexualität so positiv sehen kann, weiß in der Tat nichts von Über- und Unterordnung zwischen den beiden Geschlechtern. So konnte bei Hildegard der Gedanke an eine naturhafte Minderwertigkeit der Frau, wie ihn ungezählte Theologen seit den Tagen der Kirchenväter über Jahrhunderte hinweg als Selbstverständlichkeit propagierten, überhaupt nicht erst aufkommen. Die mit tiefer Menschenkenntnis begabte Klosterfrau vertrat vielmehr eine entgegengesetzte Auffassung, wenn sie in ihrem medizinischen Werk »Heilkunde« ausführte: »Die Liebe des Mannes ist im Brand seiner Leidenschaft wie das Feuer brennender Berge, das kaum einzudämmen ist; die Liebe der Frau gleicht dagegen der Flamme in einem Holzstoß, die man leicht wieder auslöscht. Ihre Liebe ist dem Manne gegenüber wie die ausgeglichene Wärme der Sonnenglut, die fruchtbringend wirkt im Vergleich zu jener ungeheuerlich entfachten Flamme der brennenden Wälder.«[11]

Wie kam es, fragt man verwundert, daß ausgerechnet die Nonne Hildegard im Gegensatz zur ganzen Theologenschar die alttestamentliche Schilderung der Erschaffung Evas aus einer Rippe Adams nicht als unumstößliche Auskunft Gottes über die Zweitrangigkeit des weiblichen Geschlechts auslegte? Als begnadete Seherin überragte sie eben alle Intelligenz der Gottesgelehrten himmelweit. Welchen Weg hätten Theologie und Lehramt in der Sexualmoral gehen können, wenn sie weniger auf Augustinus und Thomas oder einen der späteren Moraltheologen gehört hätten, sondern einzig und allein der Stimme dieser Ordensfrau gefolgt wären!

Die Lage der Frau in der Kirche hatte sich nicht gebessert, als ein halbes Jahrtausend später in Spanien, das von Martin Luthers Reformation lange Zeit ganz unberührt blieb, die Karmelitin *Teresa von Avila* († 1582) als Reformerin ihres Ordens auftrat, nicht ohne dadurch dauernde Konflikte mit Kirchenobrigkeiten im eigenen Land und in Rom heraufzubeschwören. Die Tatsache, daß sie auch häresieverdächtige Ansichten äußerte, mußte ihre Bedrängnis nur noch vergrößern. Sie ließ sich aber durch keine noch so heftigen Angriffe und bösen Verdächtigungen davon abbringen, den ihr von Gott gewiesenen Weg konsequent zu gehen.

Besonders aufschlußreich ist ihr Bitt- und Klagegebet, das sie als 51jährige Klosterschwester verfaßte und das bald in die Hände des kirchlichen Zensors fiel. Teresa führte darin auf eindrucksvolle Weise die bedrückenden Verhältnisse der Frauen ihrer Zeit vor Augen: »Mein Schöpfer ... als du auf Erden warst, bist du, weit davon entfernt, die Frauen zu verachten, ihnen mit großem Wohlwollen begegnet. Du hast bei ihnen größere Liebe und mehr Glauben gefunden als bei Männern; denn unter ihnen befand sich deine heiligste Mutter ... Wenn ich unsere Welt von heute sehe, dann finde ich es nicht gerecht, daß Menschen mit einem tugendhaften und starken Gemüt verachtet werden, einzig und allein, weil sie Frauen sind.«[12] Wenn sie unter den Nonnen ihres Konvents aufklärend zu wirken vermochte, an der allgemeinen Lage der Frau in der Kirche konnte sie nichts ändern. Der päpstliche Nuntius in Spanien beobachtete die Äbtissin mit Mißtrauen. Er stellte ihr 1578 ein schlechtes »Führungszeugnis« aus, wenn er sie als »ein unruhiges Frauenzimmer, herumstreunend, ungehorsam und verstockt« denunzierte. »Unter dem Schein der Frömmigkeit denkt sie falsche Lehren aus. Sie doziert wie ein Theologieprofessor, obgleich der heilige Paulus sagt, daß Frauen nicht lehren dürfen.« Papst Gregor XIII. lieh solchen Verleumdungen sein Ohr. In einem Brief an den spanischen Diplomaten bezeichnete er Teresa völlig zu Unrecht als »eine schmutzige und sittenlose Nonne, die im höchsten Grad unzüchtig ist und ihre betriebsamen Klostergründungen nach der ursprünglichen Regel nur zum Vorwand nimmt, um ihren ausschweifenden Gelüsten zu frönen«.[13] Mit sexualmoralischen Disqualifikationen war man zu allen Zeiten schnell zur Hand, wohl wissend, daß sie ihre Wirkung bei der Obrigkeit nicht verfehlen würden. Die Behandlung der Schwester Teresa beweist außerdem, wie das Verdikt des Paulus über die Frauen anderthalbtausend Jahre später noch dazu diente, um begabte Frauen im kirchlichen Raum zu völliger Untätigkeit, ja, zu totaler Untertänigkeit zu verdammen. Dabei hatte Teresa aus Angst vor der Ehe, in der sie nichts als eine willenlose Unterwerfung der Frau unter den Mann sah, das Klosterleben als eine Möglichkeit zu einem Leben in größerer Freiheit gewählt.

Wie geistliche Schwestern bei kirchlichen Autoritäten kaum Gehör fanden, wenn sie mit ihren Anliegen vorstellig wurden, so erging es auch weltlichen Frauen mit ihren Bemühungen um eine Besserung ihrer Lage im gesellschaftlichen und staatlichen Leben. Die geborene Venezianerin *Christine de Pizan* († 1429), Tochter eines bekannten Naturwissenschaftlers, der am französischen Königshof in Dienst stand, löste einen wahren Literaturstreit aus, als sie den berühmten »Roman de Rose« wegen frauenfeindlicher Tendenzen scharf angriff. In ihrem Hauptwerk »Das Buch über die Stadt der Frauen« suchte sie zu erkunden, warum so viele Männer in Reden und Schriften »derartig viele teuflische Scheußlichkeiten über Frauen« verbreiteten. Nicht die Ehemänner könnten sich über ihre Frauen beschweren, meinte Christine, selbst Mutter von drei Kindern, sondern umgekehrt, die Ehefrauen müßten sich über ihre Männer beklagen, weil diese ihnen »viele Beschimpfungen, Gemeinheiten, Beleidigungen, Erniedrigungen und Schmähungen« zufügten. Wenn die meisten Männer lieber Söhne hätten als Töchter, wußte sie dies nur mit einer übergroßen Portion Dummheit und Unwissenheit vieler Männer zu erklären, die die Ausgaben für die Mitgift bei der Heirat ihrer Töchter scheuten und »Angst vor Fehltritten« hätten. Die Frage, ob Männer oder Frauen intelligenter seien, beantwortete sie aus den Umständen heraus: »Wenn es üblich wäre, die kleinen Mädchen eine Schule besuchen und sie die

Wissenschaften erlernen zu lassen, dann würden sie genausogut lernen.«[14] So aber seien die Frauen an das Haus gebunden. Dennoch konnte sie, gestützt auf Boccaccios Werk über berühmte Frauen (ca. 1360), großartige Frauengestalten aus Antike, Bibel und Geschichte aufführen.

Christine de Pizan war weit davon entfernt, den biblischen Schöpfungsbericht als eine Benachteiligung des weiblichen Geschlechts zu interpretieren. Die Frau sei ein Abbild Gottes, schrieb sie in ihrem »Brief an den Gott der Liebe« (1399), noch dazu aus feinerer Materie geschaffen als der dem Erdenstaub entnommene Mann. Bis freilich solche Auslegungen nicht mehr als Häresie verdammt wurden, sondern Anlaß zum Nachdenken über den gottgewollten Sinn der Frau gaben, mußten noch Jahrhunderte vergehen.

Vom 17. Jahrhundert an, als in der Philosophie die Aufklärung das Feld beherrschte, mehrten sich die Stimmen jener Frauen, die mit anthropologischen und auch theologischen Argumenten der immer noch benachteiligten und teilweise gänzlich verachteten Frauenwelt zu ihrem Recht verhelfen wollten. Als glänzendes Beispiel bietet sich die kleine Schrift »Egalité des hommes et des femmes« (1622) der französischen Adeligen *Marie de Jars de Gournay* († 1645) an, deren Überlegungen und Forderungen sogar den Philosophen Montaigne, dem sie in den letzten Lebensjahren freundschaftlich verbunden war, zu ausgewogeneren Ansichten über das Wesen der Frau verhalfen. In einem knappen Überblick skizzierte de Gournay zunächst die frauenfeindliche Tradition, von dem griechischen Philosophen Sokrates bis zu dem christlichen Humanisten Erasmus von Rotterdam. Der scholastischen Theologie entnahm sie die Lehre, daß die menschliche Seele geschlechtslos sei, und schloß daraus auf die Gleichheit aller Menschen. Weitere Unterstützung bezog sie aus der Bibel, die den männlich und weiblich geschaffenen Menschen als einen einzigen Menschen betrachte, weil sich beide Geschlechter auf dasselbe Menschsein zurückführen ließen. Zu der patriarchalischen Deutung des Schöpfungsberichtes betonte die Adelige voller Sarkasmus, jene »alten Egoisten« könnten sich für die alleinige Gottebenbildlichkeit des Mannes einzig und allein auf ihren Bart berufen. Sonstige frauenverächtliche Ansichten und Verordnungen wollte sie mit zeitbedingten Mängeln großzügig entschuldigen. In Gott lassen sich nach ihrer Überzeugung keinerlei Momente von Männlichkeit oder Weiblichkeit finden – solches zu denken, könnte nur dem Verstand eines schlechten Philosophen oder Theologen entspringen. Und wenn jemand die Tatsache, daß Jesus als ein männliches Wesen geboren worden ist, als einen absoluten Vorrang des männlichen Geschlechts bewerten wollte, mußte er sich von Madame de Gournay sagen lassen, daß dieser sogenannte Vorrang durch die Geburt Jesu aus einer Frau mehr als ausgeglichen sei. Allerdings bestritt auch sie nicht die in den Schriften der Bibel und Kirchenväter aufgezeigte hierarchische Struktur der Ehe mit dem Mann bzw. Vater an der Spitze, erklärte aber gleichzeitig, daraus lasse sich keine gottgewollte Über- und Unterordnung von Mann und Frau ableiten. Eine solche Stelle beweise nur, daß diese Rangordnung zur Aufrechterhaltung der familiären Harmonie notwendig und nützlich sei. Außerdem dürfe man nicht übersehen, mahnte die scharfsinnige Autorin mehrerer Bücher, daß der Mann Vater und Mutter verläßt, um in Gemeinschaft mit seiner Frau zu leben. Das Ergebnis ihrer theologischen Überlegungen zum Verhältnis zwischen Mann und Frau faßte sie zusammen in den Worten, die jedem großen Theologen Ehre machen würden: »Wenn man glaubte, die Heilige Schrift würde der Frau empfehlen, dem Mann als Gegenpart an Würde zu weichen, welche Absurdität ergäbe sich daraus! Die Frau fände sich würdig, als Bild Gottes geschaffen zu sein, in den Genuß der heiligen Eucharistie, der Mysterien der Erlösung, des Paradieses und der Gottesschau zu gelangen, aber nicht in der Vorteile und Privilegien des Mannes. Hieße das nicht, den Mann für kostbarer und edler als dies alles zu erklären und folglich die schwerste Blasphemie zu begehen?«[15] Deutlicher konnte man das schreiende Unrecht, das Frauen seit Jahrhunderten von seiten einer noch dazu biblisch argumentierenden Männerhierarchie erleiden mußten, nicht beim Namen nennen. Doch es handelte sich auch bei ihr nur um Aufschreie der Verzweiflung, die für einen Augenblick vielleicht erschütterten, danach aber wirkungslos verhallten.

Noch heute fehlt es in der Kirche nicht an Stimmen, welche die aufbegehrenden Frauen in die Schranken verweisen und ihnen allen weiterhin die traditionelle Dienerinnenrolle aufbürden möchten, die den Frauen ein jahrtausendealtes Patriarchatssystem zu spielen vorgeschrieben hat.

Männer für Frauen

Angesichts der herrschenden Meinung, die Frau besitze geringere Geistesgaben als der Mann und könne darum nicht zu Führungspositionen aufsteigen, gab es unter den Humanisten wenigstens zaghafte Versuche, diese geschlechtsbezogene Differenzierung, die gleichzeitig eine Diskriminierung der Frau einschloß, anzuzweifeln und eine neue Einschätzung vorzunehmen. Um aber nicht gleich verurteilt zu werden, empfahl es sich, die Kritik an der bisherigen Lehre und Praxis der Kirche mit größter Vorsicht auszusprechen. Keiner verstand dies besser als der berühmte Humanist *Erasmus von Rotterdam* († 1536) – selbst illegitimer Sohn eines Priesters, ließ auch er sich zum Priester weihen –, der bei der Auseinandersetzung mit dem Reformator Luther, dem er anfangs gewogen war, ebenfalls die Öffentlichkeit scheute. In seinem »Colloquia« betitelten Büchlein machte er sich bei dem Streitgespräch zwischen einem Abt und einer gelehrten Frau versteckt zum Anwalt der Frau. Während der Abt die Dummheit personifiziert, erscheint die Frau als edel, gebildet und kultiviert. Das von Ironie durchtränkte Gespräch endet mit einer bezeichnenden Drohung der Frau: »Wenn Ihr nicht auf der Hut seid, wird es noch so weit kommen, daß wir in den theologischen Schulen den Vorsitz führen, in den Kirchen predigen und Eure Mitren in Beschlag nehmen!«[16] Eine Drohung, die Kirchenfürsten heute vielleicht mehr Schrecken einjagt als ihren Vorgängern zur Zeit des Erasmus im 16. Jahrhundert.

In einer patriarchalischen Gesellschaft, wie sie in allen europäischen Ländern bis in unser Jahrhundert herein anzutreffen war, werden Männer, die für die zurückgesetzten Frauen eine Lanze zu brechen wagen, als zweifelhafte Sympathisanten des weiblichen Geschlechts angesehen. Zu diesen seltenen Gestalten gehört der Naturphilosoph, Mediziner und Okkultist *Heinrich Cornelius*

Agrippa von Nettesheim († 1535). Weil er in seinem Buch »Occulta philosophia« auch den Hexenwahn angriff, mußte er mit kirchlichen und weltlichen Autoritäten in Konflikt geraten. Im Gegensatz zu antiken Philosophen und scholastischen Theologen rühmte Agrippa die Frau über alle Maßen: »Das Weib hat von Gott eben solchen Verstand empfangen, wie der Mann, ebenso die Vernunft, und eben solches Vermögen zu dissentieren. Sie hat eben denselben Endzweck und das Absehen, welches er hat, welches die ewige Seligkeit ist, da wird kein Unterschied der Geschlechter sein, was nämlich den Gebrauch anlangt, denn nach der Wahrheit des Evangeliums wird ein jeder wohl in seinem eigenen Leibe auferstehen, aber sowohl dem einen wie dem andern ist die Gleichheit der Engel versprochen. So ist demnach unter ihnen, nämlich zwischen Mann und Weib, in Betrachtung der Seelen und des Verstandes kein Vorzug, und keiner geht dem andern an Vortrefflichkeit vor, sondern es haben beide Geschlechter von Natur gleiche Freiheit.« Agrippa gab sich aber mit der Gleichstellung von Mann und Frau noch nicht zufrieden. Er wollte das weibliche Wesen über das männliche erhoben wissen; »denn als der Schöpfer an die Erschaffung des Weibes gekommen war, da stand er still, als wenn er nichts Vortrefflicheres zu erschaffen hätte als sie, und bei ihr findet sich alle Weisheit und Macht des Schöpfers vollkommen… Da nun das Weib zum letzten unter allen Kreaturen gebildet wurde, und das Ende und die Vollendung aller Geschöpfe Gottes, ja die Vollkommenheit der ganzen Welt ist, wer kann nun leugnen, daß sie nicht die allervortrefflichste unter allen Kreaturen sei.« In überschwenglichen Worten deutete er dann die Erzählung der Bibel von der Schöpfung als einen einzigen Hymnus auf die nach dem Mann geborene und gerade deshalb noch wertvollere Frau: »Weiter ist das Weib dem Manne vorzuziehen, in Erwägung der Materie, woraus sie gebildet ist, was nicht ein wenig lebloser Lehm oder Kot gewesen ist, wie die des Mannes, sondern eine gereinigte, lebhafte und mit einer vernünftigen Seele begabte Materie, die des Geistes Gottes teilhaftig war. Denn der Mann ist aus einem Erdenkloß gemacht… aber das Weib ist von Gott allein geschaffen ohne Hilfe der Gestirne noch einiger mitwirkender Kräfte, sondern aus einer vollkommenen und an sich selbst vollständigen Materie, indem der Mann eine seiner Rippen verliert, welche tüchtig war zur Bildung des Weibes... also kann man einigermaßen sagen, daß der Mann ein Werk der Natur ist, und das Weib ein Werk Gottes; darum ist das Weib oft geschickter als der Mann, die göttlichen Geheimnisse zu verstehen.« Aus diesem Grund konnte Agrippa die tatsächlichen Verhältnisse, die dem Mann stets die erste Stelle einräumen, nur bedauern. »Wenn es nicht durch die Gewohnheit den Weibern verboten wäre, zu studieren, so würden wir zu unserer Zeit deren noch mehr gelehrte Frauen zu sehen bekommen, als unter den gelehrtesten Männern... so folgt, daß wenn die Weiber so wie die Männer studieren könnten, so würden sie sich mindestens ebenso berühmt in geist- und weltlichen Schriften machen wie die Männer.« Agrippa bestätigte, »daß nach der Kirchenordnung die Männer den Weibern vorgezogen werden«. Doch indem er dies konstatierte, wies er sofort darauf hin, daß Gott »keinen Unterschied zwischen diesen beiden Geschlechtern« kenne und alle vernünftigen Kreaturen völlig gleich werte, »wenn sie nur durch seinen Geist erneuert werden«.[17]

Männer gegen Frauen

Mit Erfindung der Buchdruckerkunst im 15. Jahrhundert eröffneten sich der kirchlich-religiösen Unterrichtung weiter Volkskreise neue Möglichkeiten. Dazu gehörten als eine besondere Form die Flugschriften. In einer solchen Flugschrift mit dem Titel »Von dem ehelichen Stand«, die am Ende des Mittelalters in deutschen Landen kursierte, waren wichtige Gesichtspunkte der Ehe aufgezeigt. Es sei nicht gut für den Menschen, lautete der Grundtenor in der Sprache der Bibel, allein zu bleiben. Den Schöpfungsbericht des Alten Testaments deutete der unbekannte Verfasser noch ganz im Sinn eines Hugo von St. Viktor so, daß die Frau die wirkliche Lebensgefährtin des Mannes sein sollte. Doch dieser positiven Einschätzung des weiblichen Geschlechts folgte – unvermeidlicherweise, möchte man sagen – die Erzählung vom Sündenfall mit dem abschließenden Urteil: »Hätte das Weib in Ehren widerstanden, der Mann hätte ihr niemals ein Leid getan. Darum aber, da sie dem Teufel gefolgt ist, muß sie den Mann über sich haben als einen Herrn.« Damit war also die Herrschaft des Mannes über die Frau hinreichend bewiesen. Um es nicht bei bloßer Theorie zu belassen, bot die Flugschrift noch praktische Anweisungen, wie der Mann seine Frau zu behandeln habe: »Deswegen soll ein jeder Mann seinWeib mittelmäßig halten, nicht zu weich (damit sie nicht übermütig wird und über den Gehorsam tritt) und auch nicht zu hart (damit sie nicht verzagt und übel tut).« Nach der Mahnung zu einträchtigem Zusammenleben, wobei freilich das entscheidende Wort dem Mann zustehen sollte, nahm der Autor eine Klassifizierung der Frauen in kluge, unweise und übermütige vor. Dementsprechend müsse sich der Mann verhalten: »Den klugen Frauen braucht man kein Gebot zu setzen, da ihr Leben den Männern keine Ursache von Ärger ist, es ist ehrlich und freundlich... Den unweisen Frauen sind Gebote zu setzen, und doch nicht zu strenge, sondern in liebevoller Anweisung... Die übermütigen Frauen sind mit strengen Geboten und ernster Drohung zu zwingen.« Bei einem ausgesprochen bösen Weib solle der Mann zunächst versuchen, mit freundlichen Worten und Ermahnungen eine Besserung zu erreichen. Fruchte dies nicht, sei körperliche Züchtigung nicht nur erlaubt, sondern sogar geboten. »Und hilft das nichts, wenn du das oft getan hast, so schlag sie, besonders morgens im Bett mit einer Gerte. Und will die Gerte nichts helfen, so besorge dir einen Prügel vom Mispelbaum. Damit gerb ihr die Lende.«[18] Es genügte also nicht, wenn der Mann ein liebender Ehemann war, er mußte stets auch Pädagoge der Frau und seiner Kinder sein. So verlangte es die patriarchale Familie, im Humanismus nicht anders als in der frühen Kirche.

Kaum anders als in Deutschland war die Lage der Frau zu dieser Zeit in anderen europäischen Ländern. Der spanische Pädagoge *Juan Luis Vives* († 1540) wirkte mit seiner »Unterweisung der christlichen Frau« weit über die Grenzen seiner Heimat hinaus. Höher als die Ehe stand in seiner Werteskala die Jungfräulichkeit, weil sie dem himmlischen Leben ähnlich sei. Dort »werden wir den Gesetzen des Fleisches nicht mehr untertan und wie die Engel sein, werden nichts mehr merken von den geschlechtlichen Dingen dort, wo es keine Männer und keine Frauen und keine Heirat mehr gibt«. Im Vergleich mit der Keuschheit hielt er alle anderen Fähigkeiten und Tugenden für minderwertig: »Nimm dem Weibe Schönheit, Adel, Macht, Anmut, Beredsamkeit, Geistesschärfe und alle ihm zukommenden Kenntnisse, gib ihm aber die Keuschheit, so hast du ihm reichlich alles gegeben. Gib ihm aber mit vollen Händen alle genannten Gaben, sage aber von ihm, daß es unkeusch sei, so hast du ihm mit diesem einen Worte alles genommen: es ist dann ein armseliges und verabscheuungswertes Geschöpf.« Dieses jungfräuliche Leben sollte nicht nur für Nonnen, die lebenslange Enthaltsamkeit geloben, sondern für alle Mädchen und Frauen vor der Ehe gelten. Um vor der Ehe die Reinheit zu bewahren, gab Vives eine Reihe von Ratschlägen: kein Umgang mit Männern, leichte Kost, Wasser als Getränk, häufiges Fasten, gesundes Leben, passende Beschäftigung, einfache Kleidung. Interessant ist, daß er den Frauen eine Kleidung nach Art der Männer verbot: »Wer die Kleidung beider Geschlechter gleich machen wollte, der würde gegen Gott und die Naturgesetze handeln, und es würde viel Unheil daraus entstehen.« Das Hauptziel der Mädchenerziehung sah Vives in einer guten Mutter, Gattin und Hausfrau. Zum Beweis führte er Zitate aus antiken Schriften an und machte auf die Sitten fremder Völker aufmerksam. Die christliche Jungfrau müßte sich als »Braut Christi und Nachahmerin Mariä« hauptsächlich durch Bescheidenheit und Selbstbeherrschung auszeichnen. Er wünschte sogar, daß unkeusche Frauen den Namen Maria nicht tragen dürften. In der Ehe teilte Vives dem Mann allein die Befehlsgewalt zu. Damit die Ehe ein ganzes Leben hindurch Bestand habe, riet er zu einer gründlichen Prüfung vor der Heirat. »Sieht man doch oft die verliebtesten Ehepaare drei oder vier Tage nach der Hochzeit sich zanken und gar sich schlagen, und wenn der Hochzeitskuchen noch nicht aufgegessen ist, reden sie bereits von Scheidung.«[19]

Von der Traditionslinie wichen auch die Reformatoren nicht wesentlich ab. Der frühere Augustinereremit *Martin Luther* († 1546) heiratete zwar die Nonne Katharina Bora und zeugte mit ihr mehrere Kinder, doch auch er hielt es für richtig, daß die Frau die angestammte Rolle einer Dienerin des Mannes weiterspielte. In seinem

monumentalen Opus finden sich gewiß viele rühmende Worte über
die Frau und das Eheleben. Der Ehemann und Familienvater Luther
blieb aber einem traditionellen Frauenbild verhaftet, demzufolge
»das Weib für das Hauswesen, der Mann aber für Politik, Kriege
und Rechtshändel« geschaffen sei. Der Hauptberuf der Frau hieß
für ihn Mutterschaft. Daß er Ehebruch und Ehescheidung grundsätzlich verwarf, geschah mehr zugunsten des besitzenden Bürgers,
dem alles daran gelegen sein mußte, daß sein Vermögen nach dem
Tod im Besitz der Familie verblieb. Bei seinem züchtigen Haus-
frauenideal hatte Luther für alle andersgearteten Frauen, ob Prostituierte, Ehebrecherinnen oder Hysterikerinnen bzw. Hexen, nur
Verachtung übrig.

An Luthers Überzeugung von der absoluten Unterordnung der
Frau unter die Herrschaft des Mannes ist kein Zweifel möglich.
»Sein Antifeminismus steht in nichts den Aussagen der patriarchalischen Kirchenväter (er beruft sich oft auf Paulus) oder dem Sexismus des ›Hexenhammers‹ nach. Auch er scheint in der Angst vor
bzw. dem Haß auf eine von männlicher Vormundschaft freien weiblichen Sexualität begründet zu sein.«[20]

Dieser Verdacht ist nur allzu berechtigt, obwohl man von Luther,
der doch theologische Traditionen auf ihre biblische Tragfähigkeit
hin überprüft hat, gerade in diesem Punkt eine ablehnende Haltung
gegenüber vielen moraltheologischen Überlieferungen der Kirche
erwarten möchte. Hier wird deutlich, wie sehr auch ein bedeuten-
der Theologe in bestimmten Ansichten ein Kind seiner Zeit sein
kann. Sein negatives Urteil über die Sexualität, insbesondere über
die Frau, war vor allem in seiner Auffassung von der Erbsünde als
böser Begierlichkeit begründet. Hinzu kamen Erfahrungen in seinem eigenen Ehe- und Familienleben. Bei seiner Vorlesung über Genesis 1,16 f. stellte Luther sein theologisches Konzept der menschlichen Geschlechtlichkeit ausführlich vor: »Das Verlangen des
Mannes nach einer Frau ist zwar Teil seiner Natur geblieben und
führt auch jetzt noch zur Zeugung, jedoch nicht ohne furchtbare,
schändliche Lust und ungeheuren Schmerz bei der Geburt. Hinzu
kommen Schamgefühl und Verwirrung, selbst bei Ehegatten, wenn
sie den erlaubten Verkehr genießen wollen. So sehr ist das Grund-

übel der Erbsünde überall gegenwärtig. Die Schöpfung und der auf ihr ruhende Segen (Gen 1,28) ist gut; aber durch die Sünde ist alles verdorben, daß die Ehegatten ohne Scham keinen Gebrauch davon machen können. Das alles hätte es im Stande der Unschuld, wie sie Adam hatte, nicht gegeben, sondern so, wie Ehegatten ohne Scham zusammen essen und trinken, wären auch Zeugung und Geburt in absoluter Ehrbarkeit und ohne Scham und Verwirrung vonstatten gegangen.«²¹ Wer diese Instruktion vor Studenten der Theologie liest, fragt zu Recht, wie sich der gewissenhafte Mönch und gelehrte Theologieprofessor überhaupt zur Heirat entschließen konnte.

Die von dem Wissenschaftler Agrippa erwähnten Bildungschancen blieben Mädchen und Frauen noch im 17. und 18. Jahrhundert weitgehend verschlossen. Dies beweist Fénelon, eigentlich *François de Salignac de la Mothe-Fénelon* (1651–1715), als geistlicher und pädagogischer Schriftsteller heute noch mehr bekannt denn als Bischof von Cambrai, in seiner Schrift über die Erziehung von Mädchen, die er als dreißigjähriger Priester auf Wunsch der Herzogin von Beauvilliers verfaßt hat. Obwohl er die Werke aufklärerischer Pädagogen nicht ignorierte, blieb er doch hinsichtlich der Erziehung von Mädchen und des Umgangs mit Frauen einer traditionellen Sicht verhaftet. Die Frauen sollten von Bildung, insbesondere von Schöngeisterei, nichts wissen und in Benehmen und Kleidung die Etikette ihres Standes wahren. Es reiche völlig aus, meinte er, wenn die Mädchen lesen, schreiben und rechnen lernten. Komödien und Romane kämen als Lektüre überhaupt nicht in Betracht. Mit Malerei, Musik und Dichtung dürften sie sich nicht zur Ergötzung, wohl aber zur Pflege erhabener Gefühle beschäftigen. Als Fremdsprache wollte er ihnen nur Latein gestatten, keinesfalls jedoch Italienisch und Spanisch, um das Lesen unsittlicher Bücher von vornherein unmöglich zu machen. Als die Hauptpflichten einer Frau bezeichnete Fénelon die Erziehung der Kinder, die Aufsicht über die Dienerschaft, die Kontrolle der häuslichen Ausgaben und eventuell noch die Verwaltung der Landgüter.

In seiner Erziehungslehre für Mädchen können wir Fénelons Auffassung von der Frau näher kennenlernen. Demnach sollte die Frau »lernen, sich selbst zu mißtrauen und die Ausbreitung der

Wißbegier und des Dünkels zu fürchten: Sie soll sich befleißigen, in aller Demut zu Gott zu beten, arm im Geist zu werden... zu schweigen und die anderen reden zu lassen.« An die Erzieherinnen richtete er diese konkrete Mahnung: »Beschäftigen Sie sie mit einer Stickerei... Lassen Sie sie aber keinesfalls über ein theologisches Werk diskutieren... Alles ist verloren, wenn sie sich auf die Schöngeisterei kapriziert und der häuslichen Besorgungen überdrüssig wird.«[22]

Bischof Fénelons Erziehungsgrundsätze fanden nicht nur in Frankreich Zustimmung und Nachahmung in Form ähnlicher Unterweisungen. Zusammen mit dem Engländer John Locke, den Fénelon aber nicht persönlich kannte, prägte er die allgemeine Pädagogik bis in das 19. Jahrhundert.

Päpste heute auf neuem Kurs

Papst *Pius XI.* lehrte in seiner Eheenzyklika »Casti connubii« (1930), Mann und Frau seien hinsichtlich Menschenwürde und Persönlichkeitsrechte einander völlig gleichgestellt. Allerdings klang auch hier ein hierarchisches Ordnungsmodell an, wenn er eine »gewisse Ungleichheit und Abstufung« im Interesse des Familienwohls und der Hausgemeinschaft für richtig hielt. Wörtlich hieß es: »Wenn der Mann das Haupt ist, dann ist die Frau das Herz, und wie er das Vorrecht der Leitung, so kann und soll sie den Vorrang der Liebe als ihr Eigen- und Sondergut in Anspruch nehmen.«[23] Von der Ehe als Partnerschaft war die Einstellung des Papstes noch weit entfernt. Selbst zu dieser Zeit empfand also die Kirchenleitung eine jahrhundertealte Unterordnung der Frau noch nicht als ein dringendes Problem. Eigentlich hätte sie schon längst bahnbrechend vorausgehen sollen, da doch neue Erkenntnisse der Bibelexegese manches frauenfeindliche Verständnis als unberechtigt erwiesen hatten.

Es mußte erst der greise Papst *Johannes XXIII.* kommen, um vor aller Welt zu bekunden, daß die Kirche auf allen Gebieten ein »aggiornamento« benötige. In seinem letzten Rundschreiben »Pacem in terris« (1963) begrüßte er die neue Rolle der Frau als ein »Zeichen der Zeit«, bedingt durch das Schwinden von »Anschauungen..., auf Grund deren sich gewisse Menschengruppen für untergeordnet hielten, während andere sich überlegen dünkten: sei es wegen ihrer wirtschaftlichen oder sozialen Stellung, sei es wegen des Geschlechtes oder ihres gesellschaftlichen Ranges«. Das Wirken der Frau sollte nicht mehr wie bisher auf Haus und Familie beschränkt bleiben. Der Papst hielt es vielmehr für richtig, daß die Frau »sowohl im häuslichen Leben als auch im Staat jene Rechte und Pflichten in Anspruch nimmt, die der Würde der menschlichen Person entsprechen«.[24] Allerdings zog Johannes XXIII. aus dieser Erkenntnis nicht gleich selbst die praktischen Konsequenzen für die neuen Möglichkeiten der Frau innerhalb der Kirche, wo sie bis zu dieser Zeit noch viel weniger Zugang hatte als im öffentlich gesellschaftlichen Leben. Vielleicht wollte er diese als dringend empfundene Aufgabe dem von ihm einberufenen Konzil überlassen.

Das II. Vatikanische Konzil, die bisher größte Versammlung von Bischöfen und Ordensoberen der katholischen Kirche, sprach sich dafür aus, daß »die Frauen für sich die rechtliche und faktische Gleichstellung mit den Männern verlangen«,[25] und plädierte für die Überwindung jeglicher »Diskriminierung in den gesellschaftlichen und kulturellen Grundrechten der Person«. Doch obwohl das Konzil »die grundlegende Gleichheit aller Menschen« und die Anerkennung der sich daraus ergebenden Grundrechte der Person mit der Gottebenbildlichkeit aller Menschen begründete,[26] ließ es doch jeden Ansatz dafür vermissen, daß dieser Grundsatz der Gleichberechtigung von Mann und Frau auch und zuerst in der Kirche selbst verwirklicht werden müsse.

Einige Jahre später appellierte die Gemeinsame Synode der Bistümer in der Bundesrepublik Deutschland an den Papst, »dafür zu sorgen, daß alle Bestimmungen des Kirchenrechts der Würde und der Rechtsgleichheit der Frau entsprechen«.[27] Doch der Antwort der Römischen Kurie auf fünf konkrete Forderungen der Synode war schon auf den ersten Blick anzumerken, daß das Thema Frau in der Kirche wegen der zu befürchtenden Veränderungen unangetastet bleiben sollte.

Dieselbe ablehnende Haltung wurde offensichtlich, als die Römische Bischofssynode im Jahre 1971 das Problem »Gerechtigkeit in der Welt« behandelte und dabei die Frauenproblematik nicht umgehen konnte. Unter den rund zweihundert Prälaten als Vertretern des Weltepiskopats fanden sich immerhin einige Bischöfe, die sich mit allgemeinen Klagen über Ungerechtigkeiten, wie sie in den sogenannten Entwicklungsländern bestehen, nicht begnügen wollten, sondern kircheninterne Defizite hinsichtlich Gerechtigkeit mutig zur Sprache brachten.

Ausgerechnet ein Ordensmann, *Thomas van Alsten*, der Generalobere der Weißen Väter, war es, der die untergeordnete Rolle der Frau bei kirchlichen Beratungs- und Entscheidungsprozessen scharf kritisierte. Unterstützung fand er bei einem anderen Ordensmann, dem Generaloberen der Jesuiten, *Pedro Arrupe*, und dem antiochenischen Patriarchen *Maximos Hakim V.*, der den Teilnehmern der Synode vorrechnete, daß die Kirche zur Hälfte aus Frauen bestehe und daß es zehnmal mehr Ordensfrauen gebe als Priester.

Doch diese vorausschauenden Kirchenmänner bildeten unter den Synodalen eine Minderheit, so daß der Synodenbeschluß die inferiore Position der Frau im Grunde unangetastet ließ.

Exportmoral

Es ist notwendig, einmal darauf hinzuweisen, daß die römisch-katholische Morallehre nicht nur im abendländischen Bereich ihre Gültigkeit hatte, sondern mit dem ersten Missionar, ob in Asien, Afrika oder Amerika, auch im außereuropäischen Raum ihre Wirkung tat. Leider wird dieses Kapitel in den Missionsgeschichten nur am Rande behandelt.

Zu der importierten christlichen Moral gehörte auch eine den Ursprungsländern meist fremde Auffassung von der Sexualität und insbesondere von der Frau. Dieses christliche Frauenideal erschien nicht selten im Gewand kultureller und wirtschaftlicher Konzepte der Kolonialherren, die mit der Einführung der Geldwirtschaft die soziale Stellung des Mannes erhöhten und die Position der Frau abwerteten. Heute erinnern Historiker in den Ländern der sogenannten Dritten Welt an diesen gewichtigen Traditionsbruch im Leben ihrer Völker.

»Auf den Philippinen nahmen die Frauen vor Ankunft der spanischen Kolonisatoren am wirtschaftlichen, politischen und sozialen Leben gleichberechtigt teil«, so referierte Jing Porte, ein Mitglied der philippinischen Frauenorganisation Gabriela. »Mit den spanischen Kolonisatoren kam die patriarchalische und frauenfeindliche katholische Kultur. Frauen wurden in die häusliche Sphäre verwiesen und als minderwertig behandelt.«[28] Auch in den Entwicklungsprogrammen änderte sich bisher nichts an der diskriminierenden Situation der Frauen.

Erst in unserer Zeit versuchen die Frauen dieser Länder, die ihnen überlieferte Rolle abzulegen und wieder Eingang zu finden in das öffentliche Leben. Daß bei diesen neuen Bestrebungen die Kirchenführer nicht passiv bleiben können, sondern zu Parteinahme – pro oder contra – herausgefordert sind, zeigt sich besonders in Lateinamerika. Gerade dort reichen die Ziele der zu neuem Bewußtsein erwachten Frauen über den Kampf um Verbesserung ihrer Einschätzung als Frau hinaus auch auf Veränderung der gesellschaftlichen Strukturen, die von Macht und Unterdrückung gezeichnet sind. Gleichberechtigung und Befreiung lautet die Parole: »Unser Hauptfeind ist nicht der Mann, sondern der Kapitalismus.«[29] Auf diese kurze Formel brachte Domitila Barrios de Chungara, eine Vertreterin der Minenarbeiterinnen in Bolivien, die heutige Lage.

Doch Rom, das heißt der Vatikan, ist nicht nur geographisch weit entfernt von Südamerika, eine noch größere Kluft trennt die Frauen in den bevölkerungsreichen Ländern Südamerikas von den Moralvorstellungen der katholischen Kirche.

II. Die Frau als Sünderin oder Heilige

Sündige Eva

Die Kirche sah von Anfang an in Eva die Urheberin der Sünde für alle Menschen. Allein die Aussage im zweiten Schöpfungsbericht des Alten Testaments, die Frau sei zeitlich nach dem Mann erschaffen und noch dazu aus seiner Rippe genommen worden (Gen 2,21 f.), sollte als Beweis für ihre Unterlegenheit gegenüber dem Mann genügen. Alles weitere tat die Spekulation. Geringere Körper- und Geisteskräfte, so lautete gewöhnlich die Begründung, machten die Frau für die Sünde allzuleicht anfällig. Ihre Stärke liege nicht im Verstand, sondern in der Leidenschaft.

Tertullian von Karthago († ca. 220) eröffnete die Schmähreden auf die Frauen, obwohl er sie gelegentlich sogar seine »geliebtesten Mitschwestern« nannte. In seiner Schrift über den weiblichen Putz verwehrte der schlagfertige Apologet der Frau jegliche Schönheitspflege. Wenn sie um ihren wahren Zustand wüßte, gab Tertullian zu bedenken, »würde jede lieber in Trauer leben, ja sogar ihr Äußeres vernachlässigen, da jede in sich selbst eine trauernde und büßende Eva herumträgt«. Er erinnerte an »den schmählichen Sündenfall und den trostlosen Untergang der Menschen«, für den allein Eva die Schuld trage, und redete jenen Frauen, die ihre unheilvolle Situation nicht wahrhaben wollten, ins Gewissen: »Und du wolltest nicht wissen, daß du eine Eva bist?... Du bist es, die dem Bösen Eingang verschafft hat, du hast das Siegel jenes Baumes gebrochen, du hast zuerst das göttliche Gesetz außer acht gelassen; du bist es auch, die den betört hat, dem der Teufel nicht zu nahen vermochte. So leicht hast du den Mann, das Ebenbild Gottes, zu Boden geworfen.«[1]

Wie später Augustinus genoß auch Tertullian, bevor er sich zur Taufe entschloß und zu einem ethischen Rigoristen wandelte, die

Lust in vollen Zügen. Ein gutes Jahrzehnt vor seinem Tod brach er mit der Kirche, weil sie ihm in moralischen Dingen nicht radikal genug erschien, schloß sich den Montanisten an und gründete später eine noch strengere Sekte.

Bei einer so tiefgehenden Verachtung des weiblichen Geschlechts verwundert es nicht, daß Tertullian, obwohl selbst verheiratet, für die Ehe kaum ein gutes Wort fand. Er hielt es in diesem Punkt mit dem Apostel Paulus, der den Korinthern den Rat gegeben habe: »Wer eine Frau hat, soll leben, als hätte er keine«. Am besten freilich sei es, überhaupt keine Frau zu berühren.

Bei Tertullian begegnet uns eine aufschlußreiche Umdeutung des paulinischen Schleiergebots. Er sah im Schleier eine »Waffenrüstung der Keuschheit« (armatura pudoris) und gleichzeitig ein Zeichen für die Unterwerfung der Frau unter Gott und unter den Mann. Wie sehr er das Tragen des Schleiers als eine moralische Forderung verstand, sieht man am besten daran, daß er erst von einem zwölfjährigen Mädchen den Schleier erwartete: »Ein Mädchen muß sich erst von da an verhüllen, wo es anfängt, seiner selbst bewußt zu werden, wo es beginnt, seine weibliche Natur zu fühlen und die eines Kindes zu verlieren, wo es jenes Neuartige zu erleben anfängt, welches schon zur anderen Altersstufe gehört.« Ja, er brachte seine Ansicht noch deutlicher zum Ausdruck: »Das Gebot der Verschleierung wird ohne Zweifel erst von dem Alter an gelten, wo die Töchter der Menschen die Begierde auf sich lenken und eine Ehe eingehen können.«[2]

Tertullian war es schließlich auch, der mit Nachdruck betonte, eine Frau, nämlich Eva, habe den Mann verführt. Deshalb habe der Sohn Gottes sterben müssen, obwohl doch zuerst jene Frau die Todesstrafe verdient hätte. Bischof *Augustinus* vertiefte diesen Gedanken noch und trug damit zu einem theologischen Frauenhaß entscheidend bei. Weil nämlich der Teufel gewußt habe, daß er den Mann nicht verführen könnte, sei er an die Frau als den schwächeren Teil des Menschengeschlechtes herangetreten und habe, nachdem ihm deren Verführung gelungen war, durch sie auch noch den Mann überlistet. Der Kirchenvater leugnete zwar nicht Adams Schuld, erhob aber Adam weit über Eva, weil der Mann direkt

Gottes Abbild sei. Wenn die Frau dem Mann untergeordnet bleiben müsse, liege der Grund dafür in ihrer ersten Sünde.

Jahrhunderte später ging *Thomas von Aquino* noch einen Schritt weiter, indem er die Unterordnung der Frau auch im Namen der natürlichen Ordnung forderte.

Alle Theologen waren sich einig darin, daß Eva die Sünde in die Welt gebracht hat. Sie allein habe diese persönliche Sünde als Erbsünde an alle Nachkommen weitergegeben, und wie sie tue es jede Frau, so daß die Frau als die Hauptursache alles Bösen angesehen und als die größte aller Gefahren gemieden werden müsse.

Eigenartig ist, daß alle Schuld die Frau treffen soll, während der Mann, obwohl nicht ohne Sünde, außerhalb der Unheilssphäre verbleibt und mehr auf seiten des Gott-Menschen Jesus Christus, des Erlösers von der Sünde, seinen Platz hat. Ebenso erhielt die Jungfrau, nicht aber die verheiratete Frau, einen privilegierten Platz an der Seite der Jungfrau Maria zugesprochen und befand sich damit im Bannkreis des Heils. Auf diesem Boden konnte eine doppelpolige Theologie erwachsen, zusammengefaßt in der These »Durch eine Frau kam die Sünde in die Welt« und der Antithese »Durch eine Jungfrau kommt das Heil«. Wie Christus als der zweite Adam, so sollte Maria als die zweite Eva erscheinen. Hell strahlt Maria als Realsymbol des Guten über allen sündigen Menschen; und in ihrer Reinheit von der Sünde spiegelt sich die erlöste Menschheit. Aus diesem Grund ermunterte Bischof *Ambrosius* († 397) alle Frauen zu einem jungfräulichen Leben nach dem Vorbild Marias, der neuen Eva, die den Satan besiegt und das Heil gebracht habe.

Wenn Tertullian mit seiner geringschätzigen Meinung über die Frau im 2. Jahrhundert noch eine Ausnahme darstellte, dann läßt sich dies von den Kirchenlehrern und Kirchenvätern der folgenden Jahrhunderte gewiß nicht behaupten, da sie alle von einer mehr oder weniger großen Leib- und Frauenfeindlichkeit erfüllt waren. Die theologische Basis legten allen anderen voran Johannes Chrysostomus im Osten und Augustinus im Westen. Eva allein treffe die Schuld an Adams Vertreibung aus jenem bewunderungswerten Aufenthalt im Paradies, meinte *Johannes Chrysostomus*. Weil sie der Schlange nicht widerstanden habe, sei sie ihrer Aufgabe als Gehilfin des Mannes untreu geworden.

Augustinus bedachte diese Problematik im Zusammenhang mit der Erbsünde. Die Frau übertrage beim Geschlechtsakt die Erbsünde mit der Folge, daß jeder von ihr geborene Mensch mit diesem Urmakel behaftet in die Welt komme. Nur bei Maria ließ er eine Ausnahme gelten, weil sie trotz Empfängnis und Geburt Jungfrau und damit frei von jeglicher Sündenschuld geblieben sei. Für ihre Mutterschaft bleibe vielmehr charakteristisch, daß sie die geschlechtliche Unversehrtheit allzeit bewahrt habe.

Heilige Maria

Im antiken Himmel wohnten einst nicht nur Götter, sondern auch Göttinnen. Die christliche Trinität dagegen kennt nur drei männliche Personen: Vater, Sohn und Geist. Da nun der dreifaltigen Gottheit ein weibliches Element fehlte, konnte Maria, die Gottesmutter, die leibliche Mutter der menschgewordenen zweiten göttlichen Person mit Namen Jesus, im Glauben und in der Verehrung der Gläubigen zu einer Art von Kompensations- oder Ersatzfigur aufsteigen, ohne aber jemals voll göttliche Züge anzunehmen. Anders als die selbstbewußten und autonomen Göttinnen der alten Griechen und Römer stand Maria dem christlichen Volk als demütige Magd des Herrn vor Augen, die gerade wegen ihrer ungewöhnlich großen Demut und ihres bedingungslosen Gehorsams von Gott begnadet worden war. Und von dieser Begnadung schlossen Theologen später auf ihre Heiligkeit und Jungfräulichkeit.

Für die Jungfräulichkeit müßten eigentlich das Leben und die Lehre Jesu als maßgebliche Orientierung dienen. Jesus verbrachte die 33 Jahre seines Lebens zölibatär, empfahl aber nirgends seine Lebensweise als Vorbild für alle. »Nur in dieser Welt heiraten die Menschen« (Lk 20,34), versicherte Jesus in einem Gespräch mit Sadduzäern und gab damit zu erkennen, daß die Ehe eine rein irdische Sache ist. Wenn er bei einem Disput mit Pharisäern über die Ehescheidung die grundsätzliche Unauflöslichkeit der Ehe vertei-

digte und gleichzeitig von einer speziellen Gnadengabe zur Ehelosigkeit redete, dann läßt sich daraus noch keine Höherbewertung
des jungfräulichen Lebens ableiten.

Christliche Jungfräulichkeit meint ein zölibatäres Leben, das als
Antwort auf den persönlichen Ruf Gottes freiwillig gewählt wird;
sie ist ein besonderes Charisma, aber keinem bestimmten Personenkreis, auch nicht den Aposteln und ihren Nachfolgern, als Verpflichtung auferlegt. Daß die Entscheidung für diese Lebensart freiwillig erfolgen muß, bekundete Jesus mit dem Satz: »Wer es erfassen kann, der erfasse es« (Mt 19,12).

Auf dieser biblischen Grundlage hätte die Auseinandersetzung
um Ledigbleiben und Heiraten ein für allemal erledigt sein können,
ja, müssen. Doch schon beim Apostel *Paulus* treffen wir auf eine
neue Sicht. Ohne jene, die sich für ein Leben in der Ehe entschließen, diskriminieren zu wollen, da die Ehe eine von Gott gewollte
Einrichtung darstellt, betonte er doch im Brief an die Christen in
Korinth, wie löblich es wäre, wenn alle Menschen so lebten wie er,
nämlich unverheiratet (1 Kor 7,7). Wenn es aber schon so stand,
dann erübrigte sich nach seiner Überzeugung jede Sorge um das
Morgen, dann gab es auch keine Heiratssorgen. Und dann war es
auch konsequent, wenn der im Bewußtsein der Endzeit wirkende
Paulus den allgemeinen Rat gab: »Die Zeit ist kurz. Daher soll, wer
eine Frau hat, sich in Zukunft so verhalten, als habe er keine, wer
weint, als weine er nicht, wer sich freut, als freue er sich nicht, wer
kauft, als würde er nicht Eigentümer, wer sich die Welt zunutze
macht, als nutze er sie nicht; denn die Gestalt dieser Welt vergeht«
(1 Kor 7,29–31). Trotzdem gestand der Apostel dem, der seine sexuellen Begierden nicht bezähmen konnte, die Heirat als etwas Gutes zu, wenngleich er den anderen Weg, das ehelose Leben, für den
besseren hielt.

Auffällig ist, daß Maria, die Mutter Jesu, für Paulus keine her-
ausragende Rolle spielte. Von einer besonderen Verehrung Marias
ist weder bei Paulus noch beim Evangelisten Markus, dem wir die
älteste Lebensbeschreibung Jesu verdanken, etwas zu lesen. Auch
wissen beide nichts von einer Geburt Jesu aus der Jungfrau Maria.

Anders verhält es sich mit dem später verfaßten Evangelium des

Lukas. Seine berühmt gewordene Schilderung der Geburt Jesu in Bethlehem bildet nicht nur den Kern unseres Weihnachtsfestes, sie gehört zum Grundbestand jeder Marienverehrung. Und selbst Lukas hielt die von der Heiligen Geistin (ruach) bewirkte Schwangerschaft Marias für nebensächlich im Vergleich zu ihrem Glauben und Gehorsam. Ähnlich richtete sich das Interesse des Evangelisten Johannes in erster Linie auf die Zeugung Jesu aus Gott und durch Gott. Demgegenüber erwähnte er das biologische Faktum, daß Joseph als leiblicher Vater Jesu in Betracht komme, nur ganz am Rande, als sei es eine Belanglosigkeit.

Ein wirkliches Dilemma entstand erst dann, als Maria trotz ihrer Mutterschaft als das Ideal eines jungfräulichen Lebens gelten sollte. Jungfrau und Mutter zugleich – eine Vorstellung, die normalem Denken schon immer als Widersinn erscheinen mußte. Die Problematik vergrößerte sich noch, weil die Bibelexegeten – bis heute – nicht sicher entscheiden konnten, ob Jesus leibliche Brüder und Schwestern hatte, wie es einige Texte des Neuen Testaments vermuten lassen. In der frühen Kirche waren auch Stimmen zu hören, die Jesus nicht bloß jüngere, sondern auch noch ältere leibliche Geschwister zuwiesen. Hegesipp und Tertullian redeten wie selbstverständlich von wirklichen Brüdern und Schwestern Jesu.

In den ersten drei Jahrhunderten blieb Maria, bedingt durch »das sehr knappe und verhaltene Marienzeugnis des Neuen Testaments« (Knoch), noch ganz im Hintergrund; sie stand sozusagen im Schatten ihres göttlichen Sohnes Jesus. Daß sie von jeder persönlichen Sünde frei gewesen sei, kam wohl niemand in den Sinn. *Athanasius*, der kämpferische Bischof von Alexandrien († 373), schrieb an seinen Amtsgenossen Epiktet in Korinth: »Maria ist unsere Schwester, weil wir alle erlösungsbedürftige Menschen sind.« Für ihn stand Maria in einer Linie mit der Menschheit, wenngleich er in einer Predigt über die Menschwerdung des Logos lehrte, Jesus habe seinen Leib »von einer unbefleckten, makellosen und mit keinem Mann bekannten Jungfrau« empfangen.[3] Der Gedanke von der jungfräulichen Empfängnis sollte höchstwahrscheinlich beweisen, daß der göttliche Jesus nicht bloß Mensch geworden, sondern gleichzeitig Gott gewesen und geblieben ist.

Alle Kirchenväter des 4. und 5. Jahrhunderts verstanden die Geburt Jesu aus der reinen, das heißt jungfräulichen Maria in erster Linie als Beweis für die christologische These, daß Jesus wahrer Mensch und wahrer Gott sei. Und weil Jesus keinen irdischen Vater habe, so lautete ihre Schlußfolgerung, könne es an seinem göttlichen Ursprung (aus dem Heiligen Geist) keinen Zweifel geben. Diese für den christlichen Glauben zentrale Lehre finden wir bei *Augustinus* in dem einen Satz zusammengefaßt: »Es war bedeutungsvoller, daß sie in ihrem Herzen die Wahrheit, als daß sie in ihrem Leib das Fleisch Christi trug.«[4]

Allerdings fehlte es schon zu dieser Zeit nicht an vereinzelten Interpreten, welche die Bibelworte »empfangen durch den Heiligen Geist« als besonderen Gnadenvorzug Marias biologistisch auslegten und damit der Ausbildung eines Mythos von Marias Jungfräulichkeit den Weg ebneten.

Jungfrau und Mutter zugleich

Die Lateransynode vom Jahre 649 unter Papst *Martin I.* definierte erstmals die immerwährende Jungfräulichkeit Marias: Maria hat ohne menschliche Zeugung vom Heiligen Geist empfangen, Jesus ohne Verletzung ihrer Jungfräulichkeit zur Welt gebracht und auch nach der Geburt ihre Jungfräulichkeit unversehrt bewahrt. Neunhundert Jahre später erklärte Papst *Paul IV.* in der Konstitution »Cum quorumdam« vom 7. August 1555 feierlich, Maria sei »vor der Geburt, in der Geburt und nach der Geburt« Jungfrau gewesen.[5]

Dieses Dogma von der jungfräulichen Gottesmutter Maria hat eine bewegte Vorgeschichte, weil die Schriftsteller der frühen Kirche unterschiedliche, mitunter sogar widersprüchliche Ansichten vertraten. Und selbst dort, wo Theologen wie Ignatius von Antiochien, Justin der Martyrer und Irenäus von Lyon Aussagen über Maria machten, waren sie weit entfernt von einer systematischen Abhandlung über die Mutter Gottes.

Als Bischof Bonosus von Sofia verlauten ließ, Maria habe nach der Geburt Jesu Christi noch anderen Kindern, den im Neuen Testament erwähnten »Brüdern Jesu«, das Leben geschenkt, widersprachen ihm illyrische Bischöfe bei einer Zusammenkunft in Thessaloniki und baten den Bischof von Rom, *Siricius*, um eine Entscheidung, die dieser dann im Jahre 392 Bischof Anysius von Thessaloniki zur Kenntnis gab. Kurz zuvor hatte eine Synode in Capua unter dem Vorsitz des Mailänder Bischofs Ambrosius den in diesem Punkt irrgläubigen Bischof Bonosus verurteilt, ohne daß dieser sich unterworfen hätte. Die Antwort des Siricius erinnert in ihrer Argumentation an manche Predigt des Ambrosius : »Mit Recht ist Eure Heiligkeit davor zurückgeschreckt, daß aus dem gleichen jungfräulichen Schoß, aus dem Christus dem Fleische nach geboren wurde, noch eine andere Geburt hervorgegangen sein soll. Jesus hätte sich nicht die Geburt aus einer Jungfrau gewählt, wenn er sie als so wenig enthaltsam hätte betrachten müssen, daß sie jene Geburtsstätte des Leibes des Herrn, jene Halle des ewigen Königs, durch menschliche Begattung entweihe.«[6] Aus diesen Zeilen spricht nicht nur eine Verteidigung der Jungfräulichkeit Marias, sondern auch eine deutliche Verachtung des ehelichen Geschlechtsaktes, der bei der Empfängnis Marias eben nicht stattgefunden habe, weil dieser Akt ein Werk des Heiligen Geistes gewesen sei.

Der orientalische Theologe und Bischof *Johannes von Damaskus* († ca. 754) unterstützte dieselbe Ansicht, wenn er bei der Darlegung des orthodoxen Glaubens Maria, die jungfräuliche Gottesmutter, als »eine Herberge jeglicher Tugend« rühmte und zu bedenken gab: »Wie wäre es möglich, daß sie, die Gott geboren und aus der Erfahrung dessen, was folgte, das Wunder erkannte, eines Mannes Umarmung zugelassen hätte? Fort damit! Keinem keuschen Sinn ziemt es, solches zu denken, geschweige denn zu tun.«[7] Auch hier ist die manichäische Gesinnung des Autors unverkennbar.

Thomas von Aquino verschaffte Marias einmaliger Virginität eine für die ganze Scholastik typische theologische Grundlage. Weil er die Erbsünde mit der Zeugung eng verknüpft sah, mußte er diesen Vorgang im Falle Jesus ausschließen, denn sonst wäre auch Jesus mit der Erbsünde belastet gewesen. Der erste Mensch »übertrug auch die Erbschuld, indem er die Natur übertrug, was durch die tätige Kraft des männlichen Samens geschieht«.[8] Hinzu kommt, daß Thomas die Entstehung des menschlichen Leibes allein dem männlichen Samen zuwies, da die Frau nach seiner Meinung nur die Materie beisteuern könne. »Die Bildung des Leibes Christi durfte aber nicht durch die Kraft des männlichen Samens geschehen«;[9] sie sei eine Tat des Heiligen Geistes und somit sündenlos. Außerdem habe Maria als Mutter des Sohnes Gottes von jeder persönlichen Sünde sowie von der jedem Menschen anhaftenden Erbsünde verschont bleiben müssen. Aus alldem zog Thomas den Schluß, daß Maria, eben weil sie ohne Sünde durch das Leben gegangen sei, auch die Lust sinnlicher Begierde niemals gekostet haben könne und deshalb stets Jungfrau geblieben sein müsse. Die in der Bibel erwähnten Brüder Jesu (Mt 13,55; Joh 2,12; Gal 1,19) übersetzte er kurzerhand als Verwandte, als Mitglieder derselben Sippe. Und für die jungfräuliche Geburt wußte er folgende Erklärung: »Der Leib Christi, der bei verschlossenen Türen zu den Jüngern eintrat, konnte nämlich durch dieselbe Macht aus dem verschlossenen Schoße der Mutter hervorgehen.«[10]

Die Überlegungen des Thomas von Aquino haben die Äußerungen des kirchlichen Lehramtes und der Theologie in den folgenden Jahrhunderten, im Grunde bis heute, entscheidend geprägt. Besonders deutlich zeigt sich dies am Catechismus Romanus, der seit seinem Erscheinen im Jahre 1566 bis in die jüngste Vergangenheit als das am meisten gebrauchte Lehr- und Unterrichtsbuch diente. Darin heißt es lapidar, Jesus »sei ohne jede Verletzung der mütterlichen Jungfräulichkeit« aus Maria geboren worden. Um aber diese unnatürliche Geburt einigermaßen plausibel zu machen, benutzten die Autoren einen Vergleich aus der Physik: »Wie die Strahlen der Sonne die feste Masse des Glases durchdringen, ohne sie zu brechen oder irgendwie zu verletzen, auf ähnliche, sage ich, und noch erhabenere Weise trat Jesus Christus aus dem mütterlichen Schoße ohne den geringsten Nachteil der Jungfräulichkeit seiner Mutter hervor.« Marias Virginität sei schon bei der Empfängnis unversehrt geblieben: »Und zwar wurde dies durch die Kraft des Heiligen Geistes bewirkt, welcher bei der Empfängnis und Geburt des Sohnes der Mutter so beistand, daß er ihr einerseits Fruchtbarkeit verlieh, andererseits die beständige Jungfrauschaft bewahrte.«[11] Unmittelbar danach wurde Maria als die zweite Eva vorgestellt, vergleichbar Christus als dem zweiten Adam – jeweils als radikaler Gegensatz zum Erstexemplar!

Machen wir einen Sprung über mehr als vier Jahrhunderte zu dem 1985 von der Deutschen Bischofskonferenz herausgegebenen »Katholischen Erwachsenen-Katechismus«, um zu sehen, was man heute über Marias Jungfräulichkeit lehrt. Zunächst überrascht das Eingeständnis: »Ein schwieriger historischer Befund.« Doch dann werden die in den biblischen Aussagen liegenden Schwierigkeiten – zum Beispiel Brüder und Schwestern Jesu – mit dem Hinweis auf »einen tiefen theologischen Sinn« elegant ins Spirituelle sublimiert.[12] An der Grundhaltung hat sich also nichts geändert.

Uneinigkeit kennzeichnet die Auseinandersetzungen unter Exegeten und Dogmatikern. Der Passauer Neutestamentler *Josef Blinzler* kam in seiner Studie »Hatte Jesus Geschwister?« (1970) zu dem Ergebnis, die Meinung, nach der es sich bei den Brüdern Jesu um Verwandte, nicht um echte Geschwister handle, entspreche dem Zeugnis des Neuen Testaments und der ältesten Tradition. Die Tatsache, daß sowohl die aramäische als auch die hebräische Sprache kein eigenes Wort für »Vetter« aufweisen, so lautete sein Hauptargument, zeigt, daß der Ausdruck »Bruder« auch weitere Verwandtschaftsgrade bezeichnen könne. Selbst der Ausdruck »Sie gebar ihren erstgeborenen Sohn« (Lk 2,7) sei noch kein Beweis dafür, daß Maria später noch Kinder geboren habe; »Erstgeborener« werde nämlich auch dann gebraucht, wenn keine Geschwister folgten.

In den kirchlichen Aussagen über die Jungfrauschaft Marias liegt der Akzent hauptsächlich auf der physischen Bedeutung dieses Zustands. Der Innsbrucker Dogmatiker *Matthias Premm* schloß die Unverletztheit der körperlichen Jungfräulichkeit Marias bei der Geburt Jesu aus der Bemerkung des Evangelisten Lukas (2,7), Maria selbst habe sogleich nach der Geburt das Kind in Windeln gewickelt und in eine Krippe gelegt, also ohne jede fremde Hilfe und ohne jedes Anzeichen von Schwäche. Dazu zitierte er den Kirchenvater Hieronymus: »Keine Geburtshelferin, kein geschäftiges

Frauentreiben trat dort dazwischen. Sie (Maria) selbst wickelte das Kind in Windeln, war Mutter und Amme zugleich.« Auch jene andere Aussage des Lukas-Evangeliums (2,23 f.), Maria habe sich bei der Darstellung im Tempel der für eine Wöchnerin üblichen Reinigung nicht unterziehen müssen, ist für ihn nur so zu erklären, daß Maria durch die Geburt Jesu nicht körperlich unrein geworden war. Die jungfräuliche Geburt des Jesuskindes selbst konnte Premm nur als ein Wunder deuten, »ein größeres als bei der jungfräulichen Empfängnis. Denn die absolute Möglichkeit letzterer kann unsere Vernunft unschwer begreifen; für Gott ist es doch ein Leichtes, das unmittelbar selbst zu bewirken, was sonst durch den männlichen Samen bewirkt wird.«

Derselben Vorstellungswelt gehört jene andere Behauptung an, Maria habe auch nach der Geburt Jesu ohne sexuelle Vereinigung mit Joseph gelebt. In der Auseinandersetzung mit Einwänden, die zu allen Zeiten geäußert wurden – heute kümmert sich kaum noch ein Katholik um derart verschrobene Jungfräulichkeitsideen –, entschlüpfte Premm eine Äußerung, die für seine Gesinnung in diesem Punkt aufschlußreich ist. Nicht nur für jungfräuliche Menschen sei Maria »ein Leuchtturm«, meinte Premm , sondern ebenso für Eheleute. Denn: »Um die eheliche Einrichtung, die durch die Leidenschaft der Menschen zum Tummelplatz wüster Triebe geworden war, wieder emporzuheben in reinere Höhen, setzte Gott selbst an die Schwelle der in Christus zu erneuernden Welt eine Frau, die Gattin und zugleich Jungfrau war. Damit sollte das ganze Eheleben wieder in ein verklärtes Licht gerückt werden. Auch in der Ehe soll das Geistige über das herabwürdigende Sinnliche herrschen. Es gibt auch eine eheliche Keuschheit.«[13] Wer möchte sich da noch eine von sexuellen Begierden erfüllte heilige Mutter Maria vorstellen!

Gewiß dachten nicht alle Dogmatiker so, und noch weniger die Bibelwissenschaftler. Erst in unserer Zeit lieferte der Freiburger Neutestamentler *Rudolf Pesch* einen Beweis dafür, daß katholische Exegeten mit Kirchenautoritäten schnell in Konflikt geraten, wenn sie eine von der Tradition abweichende Erklärung anbieten. Während er noch in der ersten Auflage seines Kommentars zum Markus-Evangelium konstatierte: »Unvoreingenommene Exegese erlaubt nur die Feststellung, daß in Mk 6,3 die Namen von vier leiblichen Brüdern Jesu und die Existenz von leiblichen Schwestern historisch bezeugt sind«,[14] fehlte in der nur ein Jahr später erschienenen zweiten Auflage diese eindeutige Aussage. Jetzt hieß es: »Die Deutung der offenbar als leibliche Brüder und Schwestern Jesu verstandenen Personen auf Stiefgeschwister (aus einer ersten Ehe Josefs) oder auf Vettern und Basen scheint[15] sekundär im Gefolge eines biologischen Verständnisses der Christologumena von Zeugung aus Heiligem Geist und Jungfrauengeburt entstanden.« Etwas unsicher fügte Pesch an: »ob ein dogmatischer Zwang, der die historische Untersuchung beeinträchtigen könnte, existiert, ist zumindest kontrovers.«[16]

Sein Tübinger Kollege auf dem Lehrstuhl für Exegese des Neuen Testaments, *Gerhard Lohfink*, sekundierte Pesch mit der Behauptung, die Jungfrauengeburt gehöre mit Sicherheit nicht zur biblischen Heilsbotschaft, wie es die deutschen Bischöfe in einem Hirtenbrief zum Thema »Maria, die Mutter des Herrn« vom 30. April 1979 ausdrücklich behaupteten. Nach Lohfinks Überzeugung ist dem Neuen Testament zwar zu entnehmen, daß Jesus der Sohn Gottes ist, nicht aber, daß Jesus ohne irdischen Vater empfangen wurde. In aller Bestimmtheit urteilte er: »Zu insinuieren, schon im Neuen Testament, das nun einmal der wichtigste Text des christlichen Glaubens ist, sei die Jungfrauengeburt als Heilsbotschaft verkündet worden, beendet von vornherein jedes Gespräch; eine solche Behauptung kann um der historischen Wahrheit willen nicht hingenommen werden.«[17]

Doch das kirchliche Lehramt geht heute, allen theologischen Fortschritten zum Trotz, den Weg der Tradition weiter. »Die Kirche hat nie an dieser Wahrheit rütteln lassen«, konstatierte Erzbischof *Friedrich Wetter* in seiner Predigt am Weihnachtsfest 1984 im Liebfrauendom zu München, »sie tut es auch heute nicht.« Maria habe das Jesuskind nicht von einem Mann, von Joseph empfangen, sondern durch wunderbares Wirken Gottes. In der eigenartigen Terminologie des Bischofs lautet das Geheimnis so: »Gott greift unmittelbar und persönlich, nicht durch die Vermittlung eines anderen, des heiligen Joseph, ein in das Leben Mariens bis hinein in ihren jungfräulichen Schoß.«[18] Wenn es eine kirchenoffizielle Pornographie gibt, hier hätten wir ein Beispiel dafür.

Und der Augsburger Oberhirte *Josef Stimpfle* faßte das dem heutigen Menschen doppelt schwer verständliche Glaubensgeheimnis in einer Betrachtung zum Fest der Unbefleckten Empfängnis Marias in die blumigen Worte: »Das unbefleckte Herz der jungfräulichen Gottesmutter ist geschmückt mit göttlicher Heiligkeit und allen Tugenden.« Zur Begründung zitierte er reichlich übertrieben klingende Aussagen von Athanasius, Petrus Chrysologus und Johannes Damaszenus. Der Bischof bedauerte schließlich als »innere Umweltverschmutzung« in unserer Zeit Vergötzung der Sexualität und sexuelle Schamlosigkeit.[19]

Nach der Einheitsübersetzung der Bibel von 1980 lautet die Stelle Mk 6,3: »Ist das nicht der Zimmermann, der Sohn der Maria und der Bruder von Jakobus, Josef, Judas und Simon? Leben nicht seine Schwestern hier unter uns?« Ein Katholik freilich, der hier dem wörtlichen Verständnis folgen wollte, würde im Konfliktsfall die offizielle Auskunft erhalten, daß die Lehre von der allzeit jungfräulichen Gottesmutter Maria zum festen Bestand des Glaubens gehöre und jede Leugnung einer Häresie gleichkäme.

Den neuesten Skandal verursachte *Uta Ranke-Heinemann*, Professorin für katholische Theologie an der Universität Essen, als sie wenige Tage vor dem zweiten Besuch des Papstes in der Bundesrepublik Deutschland (Mai 1987) bei einer öffentlichen Diskussion Zweifel an der Jungfrauengeburt Marias äußerte. Nach Meinung der Theologin liegt der Glaubenslehre von der immerwährenden Jungfräulichkeit ein gerüttelt Maß an Frauenverachtung zugrunde. Im übrigen müsse man die biblische Aussage von der jungfräulichen Geburt des Jesusknaben, also die biologische Jungfräulichkeit der Gottesmutter Maria, als ein zeitbedingtes Vorstellungsmodell betrachten, das viele sexualfeindliche und zölibatär-neurotische Züge trage. Die zuständige Kirchenleitung verlangte daraufhin von der streitbaren Theologin einen unmißverständlichen Widerruf ihrer häretischen Äußerungen; andernfalls werde sie die kirchliche Lehrerlaubnis (missio canonica) verlieren. Doch die monierte Ranke-Heinemann dachte nicht daran, ihre Meinung zu ändern. Nur ein

Scheiterhaufen auf dem Burgplatz vor dem Bischöflichen Generalvikariat in Essen könne sie zum Widerruf zwingen, meinte die
Theologieprofessorin ironisch, auf die grausamen Aktionen gegen
Hexenfrauen in der frühen Neuzeit anspielend. Die Auseinandersetzung endete damit, daß der Essener Bischof Franz Hengsbach ihr
im Juni 1987 die kirchliche Lehrerlaubnis entzog. Diese Maßnahme hat zur Folge, daß Uta Ranke-Heinemann in Zukunft keine
Katecheten mehr ausbilden darf. Zur Abhaltung von Lehrveran-
staltungen in katholischer Theologie aber bleibt sie aufgrund ihres
Beamtenstatus weiterhin verpflichtet.

Sei gegrüßt, Maria

Für die marianische Frömmigkeit gilt seit den Tagen der Kirchenväter als ungeschriebenes Gesetz: Je höher die makellose Jungfrau
Maria emporsteigt, desto tiefer sinkt die sündige Frau, zumal wenn
sie verheiratet und darum nicht mehr Jungfrau ist. Als reine Magd
und Gottes Gebärerin thront Maria über allen Frauen, die seit dem
ersten Augenblick der Empfängnis in Sündenfesseln verstrickt dar-
niederliegen; sie selbst aber, die heilige Jungfrau, blieb als Folge
ihrer Erwählung zur Mutter des göttlichen Sohnes Jesus vor der
Erbsünde und jeder persönlichen Sünde verschont. So soll Maria
allen Christgläubigen, Männern wie Frauen, als unerreichbares
Ideal vor Augen schweben.

Beter und Prediger konnten Marias Einzigartigkeit nicht hoch
genug rühmen und preisen. Wenn es erlaubt ist, die Frömmigkeit
(der Katholiken) am Kerzenverbrauch zu messen, steht Maria als
Himmelskönigin weit über ihrem göttlichen Sohn und noch weiter
über Gott Vater. Unwillkürlich denkt man an den antiken Himmel,
in dem Götter und Göttinnen einträchtig nebeneinander leben und
miteinander das Geschehen auf Erden regieren.

Einen ersten Höhepunkt erlebte der Marienkult, als das Ökumenische Konzil von Ephesus im Jahre 431 die Jungfrau Maria mit
dem Titel »Gottesgebärerin« schmückte, weil sie den Gottessohn
»dem Fleische nach geboren« habe. Schon in der Begrüßungspre-

digt stimmte der hochangesehene Theologe und Patriarch *Kyrill von Alexandrien* ein Loblied auf Maria an: »Sei uns gegrüßt, Gottesgebärerin Maria, verehrungswürdiges Kleinod des ganzen Erdkreises, Lampe, die nie erlischt, Krone der Jungfräulichkeit, Szepter der Rechtgläubigkeit, Heiligtum, das nie zerstört wird... Sei gegrüßt, durch die die Dreifaltigkeit auf dem ganzen Erdkreis verherrlicht und angebetet wird... durch die die Dämonen verjagt werden, durch die der Teufel, der Versucher, vom Himmel gestürzt ist, durch die die gefallene Kreatur wieder in den Himmel aufgenommen wird, durch die die ganze Schöpfung, die in Götzendienst befangen war, zur Erkenntnis der Wahrheit gelangt ist, durch die den Gläubigen die heilige Taufe gespendet, durch die das Öl der Freude vermittelt wird, durch die auf der ganzen Welt Kirchen erbaut worden sind, durch die die Völker zur Buße geführt werden... durch die die Apostel den Völkern das Heil verkünden, durch die die Toten auferweckt werden, durch die die Herrscher regieren.«[20]

Mit einer prächtigen Prozession feierten die Christen von Ephesus, an der Spitze die Konzilsväter, die makellose Jungfrau und Gottesmutter Maria als ihre Herrin. So wurde Ephesus, einst Hauptkultstätte der Göttin Artemis, zu einem christlichen Zentrum der Marienverehrung. Fast unauffällig erfolgte der Übergang vom Heidentum zum Christentum. »Die christliche Archäologie wird wohl kaum ganz erfassen können«, so sieht der Mariologe Georg Söll die damalige Situation, »wie viele Bilder oder Statuen über Nacht zu gefälligen und beliebten Darstellungen der Gottesmutter Maria umfunktioniert wurden. Bei Denkmälern der Kunst war es oft nur die Änderung der Inschrift oder die Zugabe eines Heiligenscheins, bei Gebeten und Gesängen handelte es sich nur um die Wandlung des Namens, um ohne psychologische Vergewaltigung den zeitlosen Gefühlen und Sehnsüchten der gläubigen Verehrer eine neue Zielrichtung zu geben.«[21]

Das Marienlob klingt durch alle Jahrhunderte bis in unsere Zeit. Der Zisterzienserabt *Bernhard von Clairvaux* (†1153) ist bekannt für seinen Ausspruch: »De Maria numquam satis« (Über Maria kann man nie genug sagen). Er war es auch, der dem Gedanken von Marias Heilsmittlerschaft beredten Ausdruck verlieh: Maria ist

Fürsprecherin der sündigen Menschheit bei ihrem Sohn, mehr noch, Vermittlerin des Heils zwischen ihrem göttlichen Sohn Jesus und Gott Vater.

An Übertreibungen fehlte es weder in der volkstümlichen Marienverehrung noch in der hohen Theologie. Es klingt fast häretisch, wenn man Maria die Macht zuschrieb, sie könnte selbst Verdammte noch retten und gleichsam auf Umwegen in den Himmel bringen, oder wenn der Franziskanertheologe *Bonaventura* Maria als »Braut Gottes und Ruheplatz der Dreifaltigkeit« bewunderte. [22] In der Neuzeit ließ sich der Redemptorist *Alphons von Liguori* bei der Auslegung des alten Gebetes »Salve Regina« zu dieser mehr als gewagten Deutung hinreißen: »Wenn Gott über einen Sünder zürnt, und Maria die Verteidigung desselben übernimmt, so verhindert sie die Bestrafung und bewirkt, daß er selig wird.« [23]

Mehr noch als erhabene Marienhymnen und innige Rosenkranzgebete bekundet der jetzige Papst *Johannes Paul II.* allein schon mit seinem Wahlspruch eine leidenschaftliche Liebe zu Maria, wie sie auch für die Katholiken seines Heimatlandes Polen charakteristisch ist. Im päpstlichen Wappen strahlt unter der Tiara und den gekreuzten Petrusschlüsseln auf blauem Grund der Großbuchstabe M für Maria, daneben ein kleines Kreuz und darüber die Inschrift »Totus tuus« (Ganz der Deine).

Den jüngsten Beweis seiner ungewöhnlich großen Marienverehrung gab *Johannes Paul II.* mit der Ausrufung des Jahres 1987 zu einem Marianischen Jahr und mit seiner Marienenzyklika »Redemptoris mater« anläßlich dieses Jubeljahres. Vergleicht man dieses Rundschreiben mit anderen mariologischen Lehräußerungen, dann fällt angenehm auf, daß es von triumphalistischen Lobpreisungen der Gottesmutter und Himmelskönigin Abstand nimmt. Ganz und gar fehlen, was für unser Thema von Bedeutung ist, spezielle Aussagen zu Marias Jungfräulichkeit und Sündenfreiheit. Das bedeutet, daß der Papst mit diesem Dokument nahe am biblischen Bestand bleiben und nur gesicherte theologische Thesen davon ableiten wollte.

Im Denken und in der Frömmigkeit vieler Katholiken ist das Bild von der gottergebenen und jungfräulichen Gottesmutter heute stark verblaßt. Selbst offiziellen Gebeten haften nur manchmal noch überholte Vorstellungen an. Doch wehe dem, der es wagt, das süßlich-fromme himmlische Madonnenbild gegen ein emanzipiertes natürliches Frauenbild auszuwechseln!

Margarete Dotzler, Vorsitzende der Katholischen Frauengemeinschaft in der Erzdiözese München-Freising, besaß in einer Sendung des Bayerischen Fernsehens mit dem Titel »Die vergessene Frau – Maria, Himmelskönigin oder Erdenmutter?« am 16. Dezember 1981 den Mut, ihre der herkömmlichen Auffassung widersprechende Ansicht über Maria öffentlich zu propagieren. Auf die Frage, was ihr Maria bedeute, bekannte sie wörtlich: »Wenn Sie die Maria meinen, die die Volksfrömmigkeit aus Maria gemacht hat oder die in jahrhundertelanger Umformung durch Kirche und Klerus entstanden ist, dann kann ich sagen, diese Maria bedeutet mir nicht viel. Wenn Sie mich aber fragen, was mir die Maria der Bibel bedeutet, dann kann ich sagen, diese Maria bedeutet mir etwas. Denn Maria wird in der Bibel als durchaus aktive, selbstbewußte, mutige Frau dargestellt, nicht als demütig und mit blindem Gehorsam jasagend, sondern durchaus denkend, fragend, diskutierfähig, offen für alles, was auf sie kam.« Frau Dotzler machte auch kein Hehl aus ihrer Überzeugung, daß es an der Zeit sei, »Maria aus dem Gestrüpp von Marienkult und angehängten Frömmigkeiten zu befreien«. Und um an ihrem persönlichen Unbehagen über volkstümliche Mariendarstellungen keinen Zweifel zu lassen, erklärte sie unverhohlen: »Wenn ich mir vorstelle, daß Maria über Jahrhunderte hindurch von der Kirche als Vorbild für die christliche Frau kreiert wurde, als Vorbild für Reinheit, Unberührtheit, Keuschheit, und die Kirche praktisch von den Frauen verlangte, dieses Leben nachzuvollziehen, dann glaube ich, daß es höchste Zeit ist, dieses Marienbild zu revidieren.«[24]

Sowohl der Diözesanverband als auch der Zentralverband der Katholischen Frauengemeinschaft Deutschlands distanzierten sich nach diesem aufsehenerregenden Statement von Frau Dotzler. Kurze Zeit darauf mußte sie nach 14jähriger verdienstvoller Tätigkeit als Vorsitzende abtreten. Frau Dotzler habe der Kirche mit ihren Äußerungen keinen Dienst erwiesen, ließ Prälat Genewein als Pressereferent des Münchner Erzbischöflichen Ordinariats verbreiten. Ob diese Äußerungen berechtigt waren, interessierte die zuständigen Behörden anscheinend nicht. Dienst an der Kirche heißt offenbar immer nur Jasagen zu allem Geltenden.

Wie recht Margarete Dotzler mit ihrem Angriff auf das traditionelle Marienbild gehabt hatte, bestätigte Jahre später die Generalsekretärin der Katholischen Frauengemeinschaft Deutschlands, *Anneliese Lissner*. Die Position, welche die Bundesregierung im Rahmen einer großen Anfrage der SPD zum Thema »Menschenhandel mit ausländischen Mädchen und Frauen, Heiratsvermittlung und Prostitutionstourismus« im Oktober 1985 bezog, empfand Frau Lissner als höchst unbefriedigend. In der Öffentlichkeit sei kaum bekannt, daß Frauen aus Ländern der Dritten Welt für hiesige Bordelle und zur Heiratsvermittlung bestellt würden. Das Geschäft des Menschenhandels blühe. Wenn katholische Frauen von den Philippinen bevorzugt vermittelt würden, geschehe dies deshalb, weil man katholisch mit aufopfernd, duldend und dienend gleichsetze. Frau Lissner stellte dabei unverblümt fest: »An diesem weiblichen Rollenbild sind die christlichen Kirchen nicht unschuldig, denn nach wie vor vertreten sie ein Frauenbild, das sich mühelos in das von den Agenturen propagierte Rollenklischee einpaßt.«[25]

Aphrodite oder Maria?

Ein Beispiel aus dem Bereich der Kunst soll illustrieren, wie Kirchenbehörden mit Ängstlichkeit darüber wachen, daß bildliche Darstellungen der Jungfrau Maria von sündhaften Anstrichen freibleiben, um in frommen Betrachtern keinerlei sexuelle Assoziationen wachzurufen. In der Ausstellung des Dachauer Kunstvereins vom Jahre 1982 stiftete ein Bild des als Aktmaler bekannten Künstlers *Otto Fuchs* – er schuf aber auch hervorragende Landschaftsbilder und malte sogar Kirchenfenster – große Unruhe, weil Besucher das im Katalog als »Östliche Aphrodite« bezeichnete Gemälde mit der Muttergottes identifizierten und den dreifachen Phallus in ihrer erhobenen rechten Hand als Beleidigung ihrer religiösen Gefühle empfanden. »Dieses Bild ist an Obszönität und Geschmacklosigkeit wohl kaum noch zu überbieten«, teilte der bereits erwähnte Domkapitular Curt M. Genewein dem Oberbürgermeister von Dachau in einem Brief vom 12. August 1982 mit, »es muß die religiösen Gefühle vieler Menschen gröblich verletzen, wie das in Dachau ganz offensichtlich der Fall ist.« Er beschloß seine Kritik mit der dringenden Bitte, das Bild sofort aus der Ausstellung zu entfernen; andernfalls seien geeignete Schritte zur Beseitigung dieses Skandals unvermeidlich.[26] Obwohl Oberbürgermeister Lorenz Reitmeier und die für die Exposition zuständige Jury keinen Grund zur Entfernung des Bildes sahen, wurde es dennoch vom Ausstellungsleiter Alfred Kindermann, Studiendirektor am Gymnasium Dachau, entfernt.

Grundsätzlich bleibt zu fragen, ob die nach kirchlicher Dogmatik privilegierte Stellung Marias, und zwar so sehr privilegiert, daß ihr Leben auch nicht vom Hauch einer Sünde berührt wurde, überhaupt ein geeignetes Vorbild dafür sein kann, wie der unverheiratete Mensch seine normale Sexualität ordnungsgemäß leben und der verheiratete Mensch sein Eheleben im christlichen Sinn gestalten kann. Wäre nicht das Beispiel solcher Jungfrauen und Frauen, die ihre Geschlechtlichkeit unter normalen Bedingungen in gottgewolltem Sinn bewältigt haben, hilfreicher?

Keuschheit gleich Ehelosigkeit

Als Jesu Verheißung des baldigen Weltendes sich nicht erfüllte und Generation auf Generation folgte, mußten sich auch die apokalyptisch gesinnten Christen mit dem Gedanken einer längeren Geschichte dieser Welt vertraut machen. So entstand auch das, was wir »Kirche« nennen. Die Hauptaufgabe der Kirche besteht darin, das mit Jesus begonnene Gottesreich schon auf Erden mehr und mehr Wirklichkeit werden zu lassen, bis es am Ende aller Zeiten seine Vollendung erlangt.

Um den Fortbestand der Menschheit zu sichern, hat Gott nach Auskunft der Heiligen Schrift die Ehe eingesetzt. Trotzdem gewann in der Kirche vom 3. Jahrhundert das Jungfräulichkeitsideal wachsendes Ansehen, bis es nach der blutigen Christenverfolgung zu Beginn des 4. Jahrhunderts als unblutiges Martyrium an die erste Stelle rückte. Die theologische Begründung lieferten vor allem die Kirchenväter im Osten wie im Westen. Bemerkenswert ist allerdings, daß sie der Vorstellung von Maria als der reinen Jungfrau keine sonderliche Bedeutung zumaßen.

Die Jungfräulichkeit (virginitas) dürfe, meinte *Johannes Chrysostomus*, nicht Selbstzweck sein und müsse mehr als bloße sexuelle Enthaltsamkeit umfassen. Der Umstand, daß eine Frau nicht verheiratet sei, stellte der große Theologe in seinem Traktat über die Jungfräulichkeit nüchtern fest, »reicht noch nicht aus, sie zu einer Jungfrau zu machen: es ist auch die Keuschheit der Seele notwendig.« Keuschheit bedeutete für ihn, »nicht nur frei sein von befleckender und schändlicher Lust, von Schmuck und Neugierde, sondern auch entbunden und frei sein von den Sorgen des Lebens. Wenn das nicht der Fall ist: wozu dann die Keuschheit des Lebens?«[27] Einem derart umfassenden Keuschheitsbegriff begegnen wir in der Tat selten. Ja, Johannes brachte deutlich zum Ausdruck, die Ehelosigkeit sei ohne geistige Frucht wertlos, wie schon das Gleichnis von den fünf törichten Jungfrauen im Evangelium zeige. Folglich betrachtete er auch das Eintreten von Häretikern wie Markion, Valentinos und Mani für ein eheloses Leben als wertlos, weil sie eben Irrlehrer seien; ja, er hielt deren jungfräuliches Leben noch für schlimmer als Ehebruch und bezeichnete ihre Verachtung der Ehe als teuflische Bosheit. In der Konfrontation mit ehefeindlichen Sektierern jedoch verteidigte der griechische Kirchenvater einerseits die freiwillige Ehelosigkeit als hohen Wert und andererseits die Ehe als gottgewollte Einrichtung.

Weil Chrysostomus um die Schwierigkeiten eines wahrhaft jungfräulichen Lebens wußte, fiel es ihm schwer, anderen ein solches Leben anzuraten: »Ich trage Bedenken, dich zum Gipfel der Jungfrauschaft emporzuheben, damit du nicht in den Abgrund der Hurerei herabstürzest. Mich macht die Erfahrung und die Gefahr dieses Kampfes zu ängstlich, um ihn auch anderen zu raten.«[28] Ein Leben in völliger Enthaltsamkeit erschien ihm, als würde jemand über glühende Kohlen schreiten, ohne zu verbrennen, und als ginge er zwischen Schwertern hindurch, ohne von ihnen verwundet zu werden. Vermutlich dachte Chrysostomus bei dieser skeptischen Beurteilung an jene Frauen, die Gott ein jungfräuliches Leben versprachen und mit zölibatären Klerikern in einer »geistlichen Ehe« lebten. Häufige Verfehlungen mochten ihn zu einer realistischen Einschätzung dieser Lebensgemeinschaften bewogen haben.

Die kirchliche Skala moralischer Werte erfuhr im Laufe von Jahrhunderten erhebliche Wandlungen. Jesu Hauptgebot der Gottes- und Nächstenliebe bedurfte wegen seiner allgemein klingenden Forderung immer wieder der Konkretisierung. Dabei zeigte es sich, von welchen Interessen sich Theologen und Kirchenführer vorrangig leiten ließen.

Augustinus deutete das biblische Gleichnis vom Sämann (Mt 13, 18–23) in dem Sinn, daß der Märtyrertod als hundertfache, die sexuelle Enthaltsamkeit als sechzigfache und die Ehe nur als dreißigfache Frucht gelten könne.

Einen anderen Moralkodex enthält das um 1100 am Niederrhein entstandene »Speculum virginum« (Jungfrauenspiegel), ein Handbuch der Seelenführung, das wertvolle Einblicke in die geistig-religiöse Welt mittelalterlicher Frauengemeinschaften gewährt. Das erwähnte Bibelgleichnis von der hundert-, sechzig- und dreißigfachen Frucht ist hier auf Jungfrauen, Witwen und Eheleute ausgelegt – eine Reihenfolge, die noch Jahrhunderte lang Gültigkeit behalten sollte. Tatsächlich nahm das Jungfräulichkeitsideal unter allen Lebensformen stets den höchsten Rang in der Kirche ein.

An den Legenden, die sich um das Leben des deutschen Kaisers *Heinrich II.* († 1024) und seiner Gemahlin *Kunigunde* ranken, läßt sich leicht ablesen, wie hoch eine in völliger Enthaltsamkeit gelebte Ehe zu dieser Zeit geschätzt wurde. Um Kunigundes lebenslange Jungfräulichkeit zu beweisen, schilderte ein Biograph des Kaisers fast hundert Jahre nach dessen Tod die Pflugscharprobe: Die der ehelichen Untreue bezichtigte Kaiserin Kunigunde unterwirft sich einem Gottesurteil, indem sie barfuß über glühende Pflugscharen geht. Weil sie dabei unverletzt bleibt, ist ihre Unschuld erwiesen.

Die Entstehung dieser Legende erklärt sich am überzeugendsten aus der Kinderlosigkeit des kaiserlichen Paares. Da das Ausbleiben von Nachkommen damals als eine persönliche Schande galt und für die Thronfolge einen bedauerlichen Mangel bedeutete, konnten Heinrich und Kunigunde in ihrem kinderlosen Dasein nur dadurch gerechtfertigt werden, daß man ihnen freiwillige Enthaltsamkeit attestierte. Jetzt gehörten sie sogar zu der Schar jener Heiligen, die auf Ehe und Familie freiwillig verzichtet haben, um allein für Gott und seinen Auftrag zu leben. Tatsächlich hieß es in Kunigundes Lebensbeschreibung anläßlich ihrer Heiligsprechung im Jahre 1200, sie habe »ihre Jungfräulichkeit dem himmlischen König geweiht und sie im Einverständnis mit ihrem keuschen Gemahl bis an ihr Ende... unversehrt bewahrt«. Und in der Kanonisationsbulle erwähnte Papst Innocenz III. sogar Zeugen, die versichert hätten, daß »Kunigunde, wie sie durch häufiges Hörensagen und feierliche Schrift wüßten, mit dem heiligen Kaiser Heinrich ehelich verbunden, von ihm aber nicht fleischlich erkannt worden ist«.[29] Nach der sexuell völlig abstinenten Ehe von Joseph und Maria wird ein solches Eheleben, wie es auch für Heinrich und Kunigunde zutreffen soll, als eine Josephsehe bezeichnet.

Die zuverlässigen Biographien von Heinrich und Kunigunde enthalten jedoch keinen Anhaltspunkt für eine jungfräuliche Lebensführung. Auch wissen sie nichts von einem Ordal mit Pflugscharen. Der Bamberger Archivdirektor *Bruno Neundorfer* will in den Gottesurteilen mit der Pflugschar einen Fruchtbarkeitsbrauch sehen, da die Pflugschar seit ältesten Zeiten ein Symbol für Fruchtbarkeit darstelle. Auch Kunigundes Pflugschargang sei so zu interpretieren, daß sie bereit war, die Entscheidung über das bedrückende Schicksal der Kinderlosigkeit letztlich dem Willen Gottes zu überlassen. Außerdem deutet Neundorfer die Steinszene an dem von Tilman Riemenschneider im 15. Jahrhundert geschaffenen Grabmonument des Kaiserpaares im Dom zu Bamberg als Indiz dafür, daß Kaiser Heinrich infolge eines Blasenleidens zeugungsunfähig gewesen sei.[30] So können Legenden in ihrem Kern verständlich werden, wenn man sie sachkundig auf ihre eigentlichen Zweckaussagen hin überprüft.

Mönche und Nonnen

Bei den Schriftstellern der ersten Jahrhunderte erfreuten sich die asketisch lebenden Christen als »Erwählte der Erwählten« (Klemens von Alexandrien) größten Ansehens. Diese Hochschätzung galt in erster Linie dem Verzicht auf die Ehe. Wer ein jungfräuliches Leben führte, wurde nahezu als Himmelsbewohner gezählt.

Maria, die Mutter Gottes, stand der Kirche nicht von Anfang an als Ideal für eine jungfräuliche Lebensweise vor Augen, da sie eine Mutter wie jede andere Mutter war, die einem Kind das Leben geschenkt hatte. Erst als der Gedanke von ihrer außergewöhnlichen »Entbindung« bei der Geburt des Jesusknaben Anerkennung fand, konnte sie trotz ihrer Mutterschaft, die aber jetzt als ein wunderbarer Vorgang ausgegeben wurde, als Jungfrau und Mutter allen Frauen als Vorbild dienen. Zu ihren würdigsten Nachfolgerinnen gehörten zuerst die jungfräulichen Nonnen, weil sie sich Christus als himmlischem Bräutigam in lebenslanger Jungfräulichkeit anverlobten, und dann, wenn auch entfernter, alle Ehefrauen, die in ihrer Ehe ein sexuell enthaltsames Leben führten. Mönche und enthaltsame Ehemänner kamen für diese Gefolgschaft anscheinend nicht so in Betracht.

Vom asketischen Leben eines Mönchs wurde ganz wesentlich erwartet, daß er die Gefahren der bösen Welt, insbesondere die von Frauen ausgehenden Versuchungen, entschieden meidet. Bischof

Basilius, Vater des orientalischen Mönchtums und ein strenger Sittenprediger, schloß jede Begegnung zwischen Mönch und Frau, auch wenn es sich um eine Nonne handelte, strikte aus. War aber ein solches Zusammentreffen unerläßlich, durfte es nur in Gegenwart von Zeugen erfolgen. Wie unterschiedlich Basilius die beiden Geschlechter einschätzte, beweisen seine Worte: »Schlimm ist es, wenn ein Mann zu einer Frau geht; schlimmer noch, wenn eine Frau zum Mann kommt.«[31] Die Hauptgefahr ging also stets vom weiblichen Wesen aus.

Die Mönche in Alexandrien empfanden es als eine große Zumutung, daß in der Weltstadt am Nil eine Frau mit Namen *Hypatia* (370–415), deren Vater Theon ein berühmter Mathematiker war, in Philosophie und Mathematik unterrichtete. Zu ihren Schülern gehörte auch Synesios von Kyrene, der spätere Bischof von Ptolemais. Die erbosten Mönche gaben sich erst zufrieden, nachdem der Mob Hypatia zu Tode gesteinigt hatte. Wahrscheinlich trug der alexandrinische Bischof Kyrill die Hauptschuld an diesem Mord.

Bei der Suche nach den Hauptmotiven für eine Minderbewertung der Frau in der patristischen Literatur stoßen wir neben biblischen Gedanken immer wieder auf dualistische und gnostische Lehren griechisch-römischer Philosophien sowie den persischen Propheten Mani († ca. 274), der sich für den von Jesus verheißenen »Parakleten« hielt. Hinzu kam ein unbestimmtes Angstgefühl des Mannes vor dem Wesen Frau. »Die Angst vor einem nicht erklärbaren und jedenfalls nicht kontrollierbaren Anderssein, vor einer mächtigen Erdhaftigkeit, ja vor der Überlegenheit über den Mann schlechthin.«[32]

Um dieser Gefahrenquelle zu entgehen, sorgte man für Schutz dadurch, daß die Frau entweder in eine monogame Ehe eingebunden oder als Jungfrau in ein Kloster gesteckt wurde. Daß die Jungfrau in jedem Fall den besseren Teil erwählt hatte, ergab sich ganz einfach aus der Höherbewertung des jungfräulichen Lebens. Die Frau dagegen sah man in den sexuellen Niederungen der Sünde zu Hause. Erst als Witwe konnte sie wieder, falls sie sexuelle Enthaltsamkeit übte wie die Nonne, in die Nähe der jungfräulichen Nonne treten. So entwickelte sich der Witwenstand als sogenannter

Mittelstand zwischen Jungfrauen und Ehefrauen. Witwen nahmen durch die ganze Kirchengeschichte einen besonderen Platz unter den Gläubigen ein.

Doppelklöster

Der Wunsch vieler Frauen, wie Mönche zu leben, führte bald dazu, daß diese Frauen sich in einem Kloster zusammenscharten, das dann einem Kloster für Männer organisatorisch angeschlossen wurde. Trotz räumlicher Trennung zwischen männlichem und weiblichem Konvent kam es gelegentlich doch zu Kontakten, bei denen moralische Verfehlungen nicht ausblieben. Diese Vorfälle veranlaßten einzelne Bischöfe und ganze Synoden schon im 4. Jahrhundert zu entsprechenden Maßnahmen. Wie wiederholte Beschwerden und Verbote in den folgenden Jahrhunderten klar bezeugen, fiel es meist sehr schwer, diese Doppelklöster ganz zu beseitigen. Im Morgenland waren sie noch im 14. Jahrhundert anzutreffen, wenn auch in niedriger Zahl. In der abendländischen Kirche dagegen gingen diese Doppelklöster schon im frühen Mittelalter stark zurück, erlebten jedoch im 11. Jahrhundert aus wirtschaftlichen und seelsorglichen Gründen eine Ausdehnung.

Der Weltpriester *Robert von Arbrissel* († 1117), den Papst Urban II. vom strengen Büßer in der Einsamkeit zum Wanderprediger für ganz Frankreich bestellt hatte, rief mehrere Doppelklöster ins Leben, zuerst in Fontevrault, das sich schnell zum Zentrum einer eigenen Kongregation entwickelte. Die oberste Leitung lag erstaunlicherweise nicht in den Händen eines Mönchs, sondern bei der Großäbtissin. Robert rechtfertigte diese Regelung mit der biblischen Aussage, Jesus habe am Kreuz seinen Lieblingsjünger Johannes seiner Mutter Maria anvertraut. Genauso sollten die Mönche seines Ordens als neue Lieblingsjünger unter der Obhut der Mutter Äbtissin stehen. Als ein Tribut an die Zeit ist es zu verstehen, daß die Äbtissinnen wie auch die Nonnen in der überwiegenden Mehrzahl dem Adel entstammten. Wie nicht anders zu erwarten, mußte Robert wegen seiner neuartigen Seelsorge für Frauen viele Schmähungen und Verleumdungen ertragen. So verliefen auch spätere Bemühungen um seine Heiligsprechung erfolglos.

Die Äbtissin im Frauenkloster nahm eine dem Abt im Männerkloster durchaus vergleichbare Jurisdiktionsstellung ein. Auch sie erhielt bei der Weihe meist Hirtenstab und Mitra als Zeichen ihrer Lehr- und Rechtssprechungsgewalt, die sich auf alle Angehörigen des Klosterbezirks erstreckte. Weil ihr aber die Weihegewalt fehlte, mußte zu Weiheakten stets ein Bischof gerufen werden. Und natürlich war es auch ein Priester, der den Nonnen die Beichte abnahm und mit ihnen die Eucharistie feierte.

Die im 12. Jahrhundert gegründeten Orden der Prämonstratenser und Zisterzienser richteten ebenfalls Doppelklöster ein. Mönche und Nonnen lebten getrennt voneinander entweder im selben Haus oder in benachbarten Häusern. Weil sich aber Begegnungen zwischen beiden Personengruppen nicht immer vermeiden ließen, kam es auch hier zu Verstößen gegen die Ordensregel und gegen das Keuschheitsgelübde. Diese Mißstände veranlaßten einzelne Mönche, die meist schon vorher frauenfeindlich gesinnt waren, für die Aufhebung der Doppelklöster einzutreten.

Noch in der zweiten Hälfte des 12. Jahrhunderts beschloß ein Generalkapitel der Prämonstratenser, künftig keine Frauen mehr in den Orden aufzunehmen. Daß dabei eine allgemeine Geringschätzung, ja, Verteufelung der Frau den Hauptausschlag gab, verrät eine Stellungnahme des Abtes *Konrad von Marchtal* deutlich. Der Abt und der ganze Konvent hätten »in der Erkenntnis, daß die Schlechtigkeit der Frauen alle Schlechtigkeiten in der Welt übertrifft, daß kein Zorn dem Zorn einer Frau gleichkommt und daß das Gift von Schlangen und Drachen leichter zu heilen und weniger gefährlich für den Mann ist als der vertraute Umgang mit Frauen«, den Beschluß gefaßt – »zum Wohl der Seelen ebenso wie der Leiber und Besitzungen« –, in Zukunft keine Schwestern mehr aufzunehmen, »sondern ihnen wie giftigen Tieren aus dem Weg zu gehen, um unsere Gefährdung nicht zu vergrößern«.[33]

Es überrascht nicht, daß *Bernhard von Clairvaux* († 1153), selbst ein strenger Ordensmann, Nonnen wegen ihres Keuschheitsgelübdes für qualitativ bessere Menschen hielt als Ehefrauen. Er wußte aber auch um die Gefährdung der nach den evangelischen Räten (Armut, Keuschheit und Gehorsam) lebenden Nonnen. »Wenn du aber das göttliche Feuer, das in deinem Herzen brennt, erlöschen läßt«, gibt Bernhard einer Klosterfrau zu bedenken, »so sei gewiß, daß dir nichts weiter bleiben wird als jenes irdische. Laß die Glut des Heiligen Geistes fleischliche Begierden ersticken, denn wenn, was Gott verhüten möge, das heilige Verlangen, das in deinem Herzen bebt, durch körperliche Leidenschaften erstirbt, so überantwortest du dich den Flammen der Hölle.«[34] Zweifellos schwingt in solchen Mahnungen und Warnungen eine tiefgehende Mißachtung der menschlichen Sexualität mit, auch dort, wo ihre Aktivierung, wie in der Ehe, nicht zu umgehen war. Um so heller strahlte dagegen die reine Jungfrau Maria über der sündigen Frau Eva.

Es war nur konsequent, wenn derselbe Abt Bernhard Doppelklöster für den von ihm neugegründeten Orden der Zisterzienser ablehnte. »Ist es nicht schwerer«, fragte er in seinem Kommentar zum Hohenlied des Alten Testaments, »ständig mit einer Frau zusammen zu sein und keinen Geschlechtsverkehr mit ihr zu haben, als Tote zu erwecken?« Deshalb gab er auch seinen Mönchen die nüchterne Antwort: »Ihr könnt das weniger Schwere nicht tun; glaubt ihr, daß ich euch das Schwierigere zutraue.«[35] Doch schon bald nach seinem Tod entstanden Niederlassungen für Frauen, die sich Zisterzienserinnen nannten. Am Ende des Mittelalters betrug die Zahl ihrer Klöster mehr als sechshundert.

Bräute Christi hinter Gittern oder in der Welt

In den Klöstern gehörte die Klausur, der für Besucher unzugängliche Wohnraum, zu den strengen Vorschriften. Trotzdem fehlte es nicht an Verstößen gegen diese vornehmlich dem Schutz der Keuschheit dienende Bestimmung. Als im 16. Jahrhundert neu entstandene Kongregationen wegen ihrer apostolischen Tätigkeit auf die Klausur verzichten wollten, reagierten die kirchlichen Obrigkeiten mit Ablehnung. Bekannt ist der zähe Kampf der Gründerin der Englischen Fräulein, *Mary Ward*, die statt Anerkennung nur Verdächtigung erfuhr und am Ende verurteilt wurde. Erst Jahrhunderte nach ihrem Tod erhielt ihre Stiftung die kirchliche Approbation.

Das Jungfräulichkeitsideal fand zu allen Zeiten zahlreiche Nachfolger und Nachfolgerinnen. Obwohl die Kirche in der Neuzeit auch Gemeinschaften ohne Gelübde, sogenannte Säkularinstitute, billigte, genießen doch die traditionellen Orden mit den drei Gelübden und der Klausur bis heute viel größere Wertschätzung.

In ihrer Instruktion vom 15. August 1969 unterstrich die Kongregation für die Ordensleute und Säkularinstitute, alle in Klausur lebenden Nonnen stellten »ihrer Natur nach das Mysterium der Kirche, der ›makellosen Braut des makellosen Lammes‹ anschaulicher dar: Zu Füßen des Herrn sitzend, um in Schweigen und Abgeschiedenheit sein Wort zu hören, sinnen sie und suchen nach dem, was oben ist, wo ihr Leben mit Christus in Gott verborgen ist, bis sie mit ihrem Bräutigam in Herrlichkeit erscheinen.« Auf die allgemeine Feststellung, es entspreche dem Wesen der Frau mehr, »das Wort aufzunehmen, als es bis an die äußersten Grenzen der Erde zu tragen«, folgte eine sonderbare ekklesiologische Deutung der Frau: »Die Frau bringt deutlicher die Treue der Kirche zu ihrem Bräutigam zum Ausdruck und hat zugleich einen tieferen Sinn für die Fruchtbarkeit des beschaulichen Lebens. Darum hat die Kirche... die christliche Jungfrau immer in besonderer Weise geachtet... und die klösterliche Klausur mit großer Sorgfalt geschützt.« [36] Dem kontemplativen Leben wurde hier ein Vorrang vor dem aktiven zugesprochen, obwohl es sich doch in beiden Fällen um ein jungfräuliches Leben handelt.

Ehelosigkeit ist zwar als eines der drei Gelübde für das Ordensleben konstitutiv, sie kann aber auch als frei gewähltes Lebensideal außerhalb des Klosters verwirklicht werden. Als eine Art von Zwischenweg bietet die Kirche neuestens wieder die Möglichkeit der Jungfrauenweihe an. Als privates Gelübde wurde dieser Weg schon früher von manchem Seelenführer empfohlen. »Erwägen Sie, wie sehr die heilige Keuschheit eine Gott und den Engeln wohlgefällige Tugend ist«, schrieb Bischof *Franz von Sales* am 18. Mai 1608 von Annecy aus an Fräulein Claudine de Chastel , »ist sie doch ausersehen, im Himmel auf ewig geübt zu werden, wo es keine Art fleischlicher Lust und kein Heiraten geben wird. Sind Sie da nicht recht glücklich, in dieser Welt ein Leben zu beginnen, das Sie in der anderen auf ewig fortsetzen werden? Preisen Sie also Gott, der Ihnen diese heilige Eingebung geschenkt hat.« Der Bischof empfahl der Dame, privatim ein Gelübde der Keuschheit abzulegen: »Wenn der Priester die heilige Hostie erhebt, opfern Sie Gott, dem ewigen Vater, mit dem Priester den kostbaren Leib seines geliebten Sohnes Jesus auf und zugleich auch Ihren Leib, den Sie alle Tage Ihres Lebens in Keuschheit zu bewahren geloben.« Er fügte ein spezielles Gebet bei, um zu zeigen, wie sie ihr Keuschheitsversprechen vor Gott insgeheim ablegen könnte, und überließ es ihr, ob sie dieses Versprechen ihrem geistlichen Vater in schriftlicher Form übergeben wollte. Beim Empfang der Kommunion könne sie dem Herrn Jesus abermals versichern, daß er wahrhaft ihr Bräutigam sei.[37]

Dieses Beispiel aus dem 17. Jahrhundert stand der Deutschen Bischofskonferenz vielleicht vor Augen, als sie im Juni 1986 »Empfehlungen für die Spendung der Jungfrauenweihe an Frauen, die in der Welt leben«, verabschiedete. Gottgeweihte Jungfrauen (virgines consecratae) sind darin als Frauen definiert, »welche in die Hand des Diözesanbischofs öffentlich und für immer ein Leben in evangelischer Jungfräulichkeit versprochen und von ihm die Jungfrauenweihe erhalten haben«.[38] Aufgrund dieser Weihe gehören sie dem Stand der Jungfrauen (ordo virginum) an, wie er im Kirchenrecht vorgesehen ist (can. 604). Die Kandidatinnen im Alter zwischen dreißig und fünfzig Jahren müssen bestimmte menschliche sowie religiöse und kirchliche Voraussetzungen erfüllen. Nach mindestens einjähriger Kandidatur kann der Bischof die Jungfrauenweihe spenden, die dann im Register der geweihten Jungfrauen einzutragen ist. Die Entlassung aus diesem Jungfrauenstand ist bei Vorliegen eines dringenden Grundes auf eigenen Wunsch oder auf Anordnung des Bischofs möglich.

Welcher Spiritualität diese Jungfrauenweihe entsprungen ist, verraten deutlich einige Sätze der Homilie, die dem Bischof im Weiheritus vorgeschlagen wird: »Das jungfräuliche Leben, zu dem Sie sich bekennen, erinnert uns daran, daß unsere Heimat im

Himmel ist. Der Ursprung dieses Lebens ist Gott selbst; denn von ihm strömt wie aus einem reinen und unversiegbaren Quell diese Gabe auf jene Menschen aus, die wegen ihrer beständigen Jungfräulichkeit den Kirchenvätern wie ein Bild von Gottes immerwährender Heiligkeit erschienen.« Die gottgeweihte Jungfrau dürfe sich jetzt »Braut Christi« nennen und solle, wie Maria, die Mutter Gottes, »nichts anderes verlangen, als Magd des Herrn zu heißen und es auch zu sein«. Als Zeichen ihrer Weihe an Gott erhält die Jungfrau vom Bischof Schleier und Ring.[39]

Das Angebot der Jungfrauenweihe scheint nur wenige Frauen zu interessieren. Im Bistum Augsburg wurde diese Weihe bisher nur ein einziges Mal gespendet. Für die Erzdiözese Bamberg besteht Fehlanzeige. Wundern werden sich darüber nur kirchliche Obere.

Die Beginen als erste christliche Frauenbewegung

In vielen Teilen des europäischen Kontinents, besonders in westlichen Ländern, entstanden vom 12. Jahrhundert an ordensähnliche Frauengemeinschaften. Dabei handelte es sich um Frauen, meist Beginen genannt, die nicht wie gottgeweihte Schwestern weltabgeschieden in einem Kloster leben wollten. Zwar scharten sie sich auch in Kommunen, verzichteten jedoch auf Gelübde und hielten den Kontakt mit der Welt. Wenn sie ein eheloses Leben führten, geschah es weniger aus Begeisterung für die christlich motivierte Jungfräulichkeit, sondern vornehmlich aus Protest gegen das Eheleben selbst, das in erster Linie den Ehefrauen viele Beschränkungen auferlegte. Mit dem Entschluß zur Ehelosigkeit, aus welchen Gründen auch immer, konnten die Frauen dieser Zeit ihre Entscheidungsfreiheit in der Tat viel mehr bekunden als mit dem oft nicht ganz freiwillig gegebenen Ja zur Heirat. Die sich rasch über ganz Deutschland bis nach Polen ausbreitenden Beginengemeinschaften erstrebten eine Reform der ökonomischen und politischen Verhältnisse ebenso wie eine positive Einschätzung ihres Wesens als Frau.

Riesige Scharen solcher frommen Jungfrauen fanden sich, wie

der Historiker und Bischof *Jakob von Vitry* (1180–1254), dem die Beginen ihre päpstliche Anerkennung im Jahre 1216 verdankten, berichtete, in den »Liliengärten des Herrn« zusammen, um in Armut und Keuschheit, von der Arbeit ihrer Hände lebend, Gott zu dienen.

Die kirchliche Hierarchie allerdings beobachtete den Zulauf zu diesen Frauenvereinigungen – am Beginn des 14. Jahrhunderts gab es allein in Köln 22 Beginenhäuser mit ungefähr zweitausend Frauen – und deren steigenden Einfluß mit tiefem Mißtrauen, zumal da sich nicht wenige dieser Beginen anmaßten, in aller Öffentlichkeit die Bibel zu erklären und Predigten zu halten. Bei diesen Gelegenheiten streuten sie auch häretische oder zumindest häresieverdächtige Thesen unter das Volk, wenn sie, wie die ebenfalls suspekten Mystiker, beispielsweise die offizielle oder institutionelle Kirche in Frage stellten oder offen ablehnten. In diesen Frauenkreisen blühte außerdem, für die Kirchenführer ein weiterer Grund zu angespannter Wachsamkeit, eine Minnemystik mit deutlich erotischen Zügen, wie das Buch »Die Offenbarungen oder das Fließende Licht der Gottheit« von der Magdeburger Begine Mechthild deutlich beweist. Verwerflich war es auch, wenn die Begine *Margarete von Porete* in ihrem mystischen Werk »Spiegel einfacher Frauen« behauptete, eine mit Gott verbundene Seele bedürfe der von der Kirche vorgeschriebenen Buß- und Tugendübungen überhaupt nicht. Eines schweren Vergehens machte sie sich zudem schuldig, weil sie einzelne Teile der Bibel in die Volkssprache übersetzte und damit auch einfachen Gläubigen die Möglichkeit bot, die Grundgedanken des Evangeliums näher kennenzulernen. So kam es, daß sie 1310 in Paris wegen Ketzerei verbrannt wurde.

Das Allgemeine Konzil von Vienne (1311) setzte sich gegen die von seiten der Beginen drohenden Gefahren zur Wehr. In einer Liste von acht Irrtümern, die man vor allem deutschen Beginen – weniger dem zahlenmäßig geringen männlichen Zweig der Begarden – zur Last legte, findet sich die Lehre, die Umarmung (osculum) einer Frau ohne entsprechende Neigung der Natur sei als Todsünde anzusehen, dagegen bleibe der geschlechtliche Akt ohne Sünde, wenn die Natur dazu antreibe. Solche »freie Liebe« ließ sich mit der Lehre der Kirche über die Sexualität gewiß nicht vereinbaren.

Die Bewegung der Beginen verlor erst gegen Ende des Mittelalters an Bedeutung. Der größere Teil fügte sich in das von der Kirche gebilligte monastische Leben mit Gelübden und Klausur, und nur ein kleiner Teil verharrte in Opposition zur offiziellen Kirche und wurde dafür hart bestraft.

Was ist die Frau wert?

Für die Zurücksetzung der Frau in der Kirche des Altertums wurden immer wieder auch Aussagen des Alten und Neuen Testaments herangezogen. Den allergrößten Einfluß übten jedoch antike Philosophen mit ihrer dualistischen Betrachtung der Welt und der Menschen aus. Ganz in deren Mentalität gab der Kirchenvater *Hieronymus* den Mann als die Seele und die Frau als den Körper des Menschen aus. »Wenn sie (die Frau) Christus mehr dienen will als der Welt«, lautete eine Schlußfolgerung, »hört sie auf Weib zu sein und wird Mann genannt.«[40] Nicht anders dachte sein Zeitgenosse *Augustinus*, wenn er das spezifisch Weibliche, das die Frau zur Gehilfin des Mannes mache, nicht zum Ebenbild Gottes rechnete, da dieses nach seiner Meinung allein im spezifisch Männlichen liegt.

Angesichts solcher Urteile erscheint der Zwischenfall bei der fränkischen Synode von Mâcon (585), den Gregor von Tours in seiner »Historia Francorum« überliefert, als wahrscheinlich: Ein nicht namentlich bekannter Bischof behauptete dort allen Ernstes, »die Frau könne nicht als ein Mensch bezeichnet werden«. Doch damit stieß er bei seinen Amtskollegen auf Widerspruch. Sie hielten ihm die fundamentale Aussage der Genesis über das erste Menschenpaar entgegen: Gott »schuf sie als Mann und Frau und nannte sie Adam (Erdenmensch)«, und folgerten daraus, daß Mann und Frau gleichviel wert seien, da beide als Mensch bezeichnet würden.[41] Die peinliche Angelegenheit konnte allem Anschein nach schnell beigelegt werden; in den Synodalbeschlüssen selbst findet sich kein Niederschlag. Wenn heute Geschichtsschreiber die ganze

Synode der Frauenfeindlichkeit bezichtigen möchten, trifft dies mit Sicherheit nicht zu. Andererseits sollte man die Intervention des Bischofs auch nicht bagatellisieren, als sei es nur um die philologische Streitfrage gegangen, ob das französische Wort homme (Mann) auch als Bezeichnung für die Frau dienen könne.

Fast tausend Jahre später verteidigte noch *Gratian du Pont* in seiner Schrift »Kontroversen über das männliche und weibliche Geschlecht« (1534) die Ansicht, die Frau sei nicht als Bild Gottes geschaffen worden, weil sie den Mann um die Unsterblichkeit gebracht habe. Infolgedessen könnten nur männliche Wesen in den Himmel Eingang finden.

Obwohl die mittelalterlichen Theologen an der Gleichheit von Mann und Frau, was die Erlösungsordnung angeht, festhielten, dauerte die praktische Diskriminierung des weiblichen Geschlechts im Bereich der Kirche – und damit auch in der Gesellschaft – unvermindert fort. Der Kamaldulensermönch *Gratian* legte um 1140 mit seiner systematischen Rechtssammlung (Decretum) das Frauenbild auf Jahrhunderte, im Grunde bis heute fest. Gestützt auf Bibel und Tradition behauptete er die grundsätzliche Subordination der Frau: »Das Weib ist nicht nach Gottes Ebenbild erschaffen ... Daher begreift man, warum das Gesetz es gewollt hat, daß die Frauen ihren Männern untertan und die Gattinnen beinahe die Mägde ihrer Männer sind.« Ungeachtet mancher positiver Äußerungen über das Wesen und die Aufgabe der Frau, wie sie zu dieser Zeit von weltlicher Seite zu vernehmen waren, hielt Gratian am traditionellen Bild der Frau aus der Zeit der Kirchenväter fest, indem er apodiktisch feststellte: »Es ist klar, daß die Frau unter der Herrschaft des Mannes steht, daß sie keinerlei Autorität besitzt, daß sie weder lehren noch Zeuge sein, weder ihr Wort verpfänden noch Recht sprechen kann.«[42]

Noch der Codex Iuris Canonici von 1918 bewies deutlich, wie wenig die höchste Kirchenautorität gesellschaftliche Veränderungen, speziell ein gewandeltes Rechtsempfinden, berücksichtigte und wie sehr sie deshalb hinter den Forderungen der Zeit zurückblieb. Das für die ganze römisch-katholische Kirche geltende Rechtsbuch enthielt nämlich Vorschriften wie diese: Männer und

Frauen nehmen im Kirchenraum voneinander getrennte Plätze ein (can. 1262). Frauen sollen ihr Haupt bedecken und anständig gekleidet sein (can. 1262). Frauen dürfen ihre Sünden nur im Beichtstuhl bekennen (can. 910). Frauen bleiben vom Altardienst ausgeschlossen (can. 813). Für die Übernahme eines geweihten Amtes kommen Frauen grundsätzlich nicht in Betracht.

Mehr als Schutz der priesterlichen Keuschheit denn als Verachtung der Frau ist wohl Kanon 904 zu verstehen, der eine Pönitentin, die von einem Priester bei der Beichte zu einer Sünde gegen das 6. Gebot verführt wird, zur Anzeige beim Bischof oder bei der Kongregation für die Glaubenslehre verpflichtet. Bei Unterlassung der Anzeige verfällt die betroffene Person automatisch der Exkommunikation, von der nur der Papst absolvieren kann (can. 2368). Der schuldige Priester hat keine Vollmacht, die mitschuldige Frau von der gemeinsam begangenen Sünde loszusprechen. Tut er es dennoch, zieht er sich wegen schweren Amtsvergehens den Kirchenbann zu, von dem wiederum nur der Papst befreien kann (can. 977).

Auch die Koryphäen der scholastischen Theologie im Hochmittelalter standen mit vielen ihrer philosophischen und naturwissenschaftlichen Thesen auf den Schultern antiker Gelehrter. Diese Abhängigkeit mußte sich auf die Einschätzung des weiblichen Geschlechts besonders verhängnisvoll auswirken.

Albert der Große und sein berühmtester Schüler Thomas von Aquino folgten, wenn sie die Frau als ein nicht zur vollen Entwicklung gelangtes Wesen (mas occasionatus) bezeichneten, dem Stagiriten Aristoteles. Nach der Lehre dieses Philosophen entsteht immer dann ein Mann, wenn der Samen für die Zeugung in Ordnung ist; sobald aber Wärme oder auch Feuchtigkeit des Samens irgendwelche Mängel aufweisen, kommt nur eine Frau zustande. Albert sprach ferner von naturbedingten Unterschieden zwischen den Geschlechtern. Die Frau sei dem Mann nicht nur körperlich und geschlechtlich, sondern auch seelisch und geistig unterlegen. Was jedoch die eheliche Liebe und das übernatürliche Ziel des Menschen angehe, stehe die Frau nicht hinter dem Mann zurück, und als liebende Mutter übertreffe sie ihn sogar.

In diesem Fragenkomplex blieb auch *Thomas von Aquino* der Tradition stark verhaftet, wenngleich er sich sonst auf vielen Gebieten als ein eigenständiger Denker bewährte. Seiner Meinung nach ist der Mann nur zum Zweck der Nachkommenschaft auf die Hilfe der Frau angewiesen, in allen übrigen Dingen aber vermag er stets Vortrefflicheres zu leisten. Die körperliche und geistige Unterlegenheit der Frau sei nicht erst eine böse Folge des Sündenfalls, führte Thomas seine Argumentation weiter, sondern bereits von Natur gegeben. Aufgrund ihrer geringeren Intelligenz schulde die Frau dem grundsätzlich vernünftigeren Mann in allem Gehorsam. Mit dieser weittragenden These konnte Thomas sich ausnahmsweise nicht auf seinen häufig zitierten Gewährsmann Aristoteles berufen, da dieser nur eine physiologische Minderwertigkeit der Frau vertreten hatte. Zu seiner allgemeinen Geringschätzung des weiblichen Wesens war Thomas auf dem Weg einer speziellen Interpretation des biblischen Schöpfungsberichtes gelangt. »Die Frau soll nicht ›über den Mann herrschen‹«, konstatierte er in Übereinstimmung mit dem Verfasser des 1. Timotheusbriefes (1 Tim 2,12), »daher wurde sie nicht aus dem Kopf (des Mannes) gebildet.«[43] Hier deutete er ein altes jüdisches Diktum einseitig in seinem Sinn.

Die Über- und Unterordnung der Geschlechter zeigt sich nach Thomas am deutlichsten im Zeugungsakt selbst. Hier stehe dem Mann als dem aktiven, formgebenden Prinzip die Frau als das passive, rein materielle Prinzip gegenüber – eine biologische Doktrin, die freilich erst im 19. Jahrhundert als Irrtum erkannt und bewiesen werden konnte.

Auf die Sexualmoral angewendet, formulierte Thomas den die gesamte Frauenwelt diffamierenden Grundsatz: »Bei den Frauen gibt es nicht genügend Widerstandskraft des Geistes gegenüber den Begierden.«[44] Wie er, trauten fast alle Theologen der Frau nur wenig Heroismus zu, wenn es um die Abwehr sexueller Leidenschaften ging. Dagegen gestatteten dieselben Theologen dem männlichen Geschlecht bei der Befriedigung fleischlicher Begierden ungewöhnlich große Freizügigkeit.

Dieses für alle Frauen vernichtende Urteil sollte sich wohlgemerkt nur auf die Schöpfungsordnung beziehen. Was die Gnadenordnung betrifft, sah auch Thomas keinen Unterschied zwischen Mann und Frau gegeben, wie es übrigens schon der Apostel Paulus trotz mancher negativer Aussagen über die Frau behauptet hat. Thomas zitierte dafür einen einzigen Satz des biblischen Schöpfungsberichts: »Gott schuf also den Menschen als sein Abbild; als Abbild Gottes schuf er ihn. Als Mann und Frau schuf er sie« (Gen 1,27). Diese Aussage bewog ihn zu der Überzeugung, daß Mann und Frau gleichermaßen Ebenbild Gottes seien.

Mit dem Prediger des Alten Testaments (Kohelet) warnte der Franziskanertheologe *Bonaventura* († 1274) die Frauenwelt vor der bösen Eva: »Trefflich sagt er: Ich fand die Frau bitterer als den Tod. Denn der Tod tötet den Leib zeitlich, aber die schlechte Frau tötet Leib und Seele auf ewig. Sie ist das Netz der Jäger, das heißt der Dämonen. Mit diesem Netz nämlich haben die Dämonen im ersten Vater nach dem Menschengeschlecht gejagt. Denn mit der Frau hat die Sünde begonnen. Eine höllische Speise ist ihr falsches Herz, um die Unsicheren in den Wassern der Fleischlichkeit zu fangen. Und ihre Hände, das heißt ihre Werke sind Fesseln, mit denen sie an die Schlüpfrigkeit der Sünde bindet.« Nach dieser Verteufelung der sündigen Frau – das Gegenbild ist die sündenlose Jungfrau Maria – folgte notwendigerweise ein Appell zur Distanzierung: »Wer also von den Dämonen nicht im Netz der fleischlichen Zügellosigkeit gefangen werden, sondern sich rein erhalten will durch die Reinheit der Keuschheit, muß den Umgang mit Frauen meiden. Denn eine Rose oder Lilie wird bei häufiger Berührung anfangen zu welken und Farbe und Duft verlieren. So auch der keusche Mensch: Wenn er sich dem Anblick der Eitelkeiten und der Frauen aussetzt, wird irgendwann sein Herz berührt und betroffen, so daß er sofort schlaff wird durch unreine Gedanken und in seiner Zustimmung zu diesen Farbe und Duft der inneren Reinheit verliert.«[45]

Als Nutzanwendung für das Leben in seiner Ordensgemeinschaft mahnte Bonaventura alle Novizen, Frauen wie Schlangen zu fliehen. Nur wenn es unbedingt erforderlich sei, hieß es in den Regeln zu dieser Zeit, dürften sie mit einer Frau sprechen, ihr aber niemals ins Gesicht blicken. Dafür sollten die künftigen Mönche ihre Augen zur Jungfrau Maria, die eine Krone von zwölf Sternen auf dem Haupt trägt (Apk 12,1), erheben.

Wenn man bedenkt, daß diese Urteile über die Stellung und die Würde der Frau von Mönchen oder Priestern gefällt wurden, die vollständige sexuelle Enthaltsamkeit gelobt hatten – und dies vielleicht weniger aus Idealismus für ein keusches Leben als vielmehr aus Verachtung der sündigen Sexualität –, dann sind derartig frauenfeindliche Äußerungen nicht verwunderlich. Daß auch verheiratete Männer oder gar Frauen ihre Meinungen öffentlich vortrugen, um der zölibatären Hierarchie Anlaß zu anderen Überlegungen zu geben, war damals so gut wie ausgeschlossen. Erst neuzeitliche Strömungen, speziell im Humanismus und dann in der Aufklärung, konnten auch in dieser Hinsicht einen allmählichen Gesinnungswandel herbeiführen.

Daß trotzdem schon im Mittelalter eine andere Auslegung der Bibelerzählung über die Erschaffung der ersten Menschen möglich war, bezeugt der Mönch *Hugo von St. Viktor* (Paris), ein hervorragender mystischer Theologe, in seinem Traktat über die Sakramente. Auf die Frage, warum die Frau aus dem Mann, speziell aus seiner Seite, erschaffen worden sei, antwortete er mit ihrer Berufung zur Liebesgemeinschaft (consortium dilectionis) mit dem Mann. Wäre sie nämlich aus dem Kopf des Mannes hervorgegangen, führte Hugo den bildlichen Vergleich in Anlehnung an eine alte jüdische Auslegung eindrucksvoll weiter, gebührte ihr der Vorzug vor dem Mann, weil sie dann die Herrschaft über ihn besäße; wäre sie aus den Füßen des Mannes geschaffen, käme darin ihre Unterwerfung als Dienerin des Mannes zum Ausdruck. Weil aber Gott die Frau weder als Herrin noch als Dienerin, sondern als Gefährtin des Mannes wolle, habe er sie nicht aus dem Kopf und auch nicht aus den Beinen, sondern aus der Seite des Mannes genommen. Also könne auch der Mann erkennen, daß ihr der Platz an seiner Seite gebühre.[46] Diese plastische Vorstellung vom Verhältnis zwischen Mann und Frau machte sich wenig später der Pariser Theologe *Petrus Lombardus* († 1160) in seinem Sentenzenwerk, das auch sonst auf viele Ideen Hugos zurückgreift, zu eigen. Theoretische oder praktische Folgen ergaben sich freilich aus dieser Erkenntnis nicht.

Die Frau blieb in Theologie und Kirche zurückgesetzt und benachteiligt wie eh und je.

Wenn sich an der Untertanenrolle der Frau etwas verbessern sollte, mußten sich schon die Frauen selbst darum bemühen. Angesichts einer durch und durch patriarchalisch organisierten Gesellschaft bestand allerdings wenig Hoffnung, eine jahrhundertealte Tradition zugunsten der Frauenwelt aufzubrechen. Um die ureigenen Interessen und Rechte der Frau erfolgversprechend durchsetzen zu können, wäre es notwendig gewesen, Sinn und Zweck des weiblichen Menschengeschlechts in erster Linie mit bibeltheologischen Argumenten aufzuzeigen. Dies war aber bei dem damaligen Stand der Wissenschaften, insbesondere der Bibelexegese, nahezu unmöglich. Erst heute bemüht sich die feministische Theologie, alle frauenfeindlichen Interpretationen einschlägiger Bibeltexte über Mann und Frau auszuräumen und dafür ein gesamtmenschliches Konzept der Frau vorzulegen, in dem die Sexualität nunmehr als *ein* Aspekt des ganzen Menschen erscheint.

Das Frauenbild des Mittelalters erhielt seine wesentlichen Züge von der Marienverehrung. Die Kirche stellte immer wieder Maria, die Jungfrau und Mutter Gottes, als leuchtendes Ideal der Bescheidenheit und Reinheit vor Augen. Sie sollte allen Gläubigen, ob verheiratet oder unverheiratet, zum Vorbild eines frommen und keuschen Lebens dienen. Ungezählte Lieder preisen sie bis heute als »Meerstern«, als »Rose ohne Dornen«, als »Lilie ohnegleichen«, als »Quelle aller Freuden«, als »aller Jungfrauen Krone«. Gewiß darf man an einen Liedtext wie den folgenden nicht streng dogmatische Maßstäbe anlegen, weil sonst schnell häretische Gedanken offensichtlich würden: »Ihr Haupt ist gezieret mit goldener Kron, das Szepter sie führet am himmlischen Thron, ein sehr starke Heldin, mit englischem Schritt der höllischen Schlange den Kopf sie zertritt.«[47]

Kirchlich orientierte Feministinnen unserer Tage möchten mit Recht dem von der Überlieferung überirdisch geprägten Marienbild wieder menschlich-natürliche Züge verleihen, damit auch der moderne Mensch Maria als vorbildliche und nachahmenswerte Frau sehen und verehren kann.

III. Die Frau als Hexe

Der Glaube an die Existenz von Hexen ist uralt. Antike und germanische Mythologien berichten, Menschen hätten mit Hilfe von Dämonen Tieren und auch Menschen großen Schaden zufügen können. Wenn dabei dem weiblichen Geschlecht mächtigere Wirkungskräfte zugeschrieben wurden, geschah es in der Meinung, die Einflüsse der bösen Geister seien vorrangig sexueller Natur. Da man die Frauen in dieser Hinsicht für unersättlich hielt, sollten sie auch über viel stärkere Verführungskünste verfügen als Männer. Hauptsächlich deswegen galt die Frau als Hauptursache alles Chaotischen, das die Ordnung der Welt (ordo mundi) zerstört.

Die junge Kirche bekämpfte, zunächst in der griechisch-römischen Welt und dann bei den germanischen Stämmen, jede Art von Zauberei und Hexerei, weil sie in den dabei auftretenden Bräuchen und Riten vielfältige Äußerungen heidnischen Aberglaubens erblickte. Ihre Bemühungen blieben aber trotz strenger Verbote und harter Verfolgungen meist erfolglos. So ist es bis heute noch in Ländern Afrikas und Südamerikas. Ohne stillschweigende Duldung, etwa des Macumba-Kults in Brasilien, müßten die christlichen Kirchen auf viele Mitglieder verzichten.

In der christlichen Tradition begegnet uns Eva, die erste Frau der Menschheit, als die erste Hexe, die unter dem Einfluß Satans den Mann (Adam) verführt und zum Ungehorsam gegen Gott verleitet hat. Daß Eva allzeit Nachfolgerinnen gefunden habe, wollte der berüchtigte »Hexenhammer« im 15. Jahrhundert mit Frauennamen aus antiker und christlicher Zeit belegen.

Im Alten Testament findet sich eine Stelle, die mancher Kirchenvater als Verbindung von überirdischen Geistern und Menschen dieser Erde deutete: »Als sich die Menschen über die Erde hin zu vermehren begannen und ihnen Töchter geboren wurden, sahen die Gottessöhne, wie schön die Menschentöchter waren, und sie nahmen sich von ihnen Frauen, wie es ihnen gefiel« (Gen 6,1–2). Obwohl diese Feststellung nach Meinung heutiger Exegeten die Bosheit der Menschen, speziell der männlichen Nachkommen Sets und der weiblichen Nachkommen Kains, die sich miteinander vermischten, zum Ausdruck bringt, diente sie in der christlichen Überlieferung häufig als Beweis für die Verbindung von Göttern bzw. Dämonen mit Menschen.

Aus dem Dämonenglauben, der sich auch aus dem Neuen Testament herauslesen läßt, wuchsen im Innern der Kirche selbst spezifische Formen eines Aberglaubens, gegen den sich die Hierarchie zur Wehr setzen mußte, wenn sie das christliche Glaubensgut nicht in einem wesentlichen Punkt preisgeben wollte. Vielfältige Ängste vor dem Teufel und anderen bösen Geistern konkurrierten mit dem Glauben an die Befreiung von diesen höllischen Mächten durch Jesus Christus und erwiesen sich oft als stärker. Andererseits aber bedienten sich kirchliche Obrigkeiten bewußt gern selbst solcher Dämonenfurcht, um widerspenstige Gläubige zu willfährigen Untertanen der Kirche zu machen.

Pakt mit dem Teufel

Die Grenze zur Häresie war immer dann überschritten, wenn Christen ein Bündnis zwischen Teufel und Mensch, den sogenannten Satanspakt, für möglich hielten. Hier bildeten selbst angesehene Theologen wie Augustinus und Thomas keine Ausnahme; sie erwiesen sich sogar als Haupttheoretiker einer gefährlichen Dämonologie. In der Abhandlung über das Böse formulierte *Thomas von Aquino* den fundamentalen Satz: »Alles, was sichtbar in der Welt geschieht, kann durch Dämonen geschehen.«[1] Folglich sei kein Mensch sicher vor dem unheilvollen Einfluß widergöttlicher Mächte und Gewalten. Eine besondere Rolle spielt hierbei die sexuelle Lust, weil die Dämonen, wie auch Thomas meinte, um die leichte Verführbarkeit der Menschen, insbesondere der Frauen, wüßten und diese Schwäche auch auszunutzen verstünden. Ebenso faszinierend wie verwirrend wirkte die Vorstellung, der Dämon könne, obwohl selbst ein Geist, in einen Körper schlüpfen und dort sogar den Zeugungsakt ausführen. Diesen Vorgang stellte sich Thomas konkret so vor: Der Dämon gibt sich als succubus einem Mann hin, empfängt dessen Samen und verbindet sich danach als incubus mit einer Frau, um ihr das (als succubus empfangene) Sperma zu übertragen. Auf diesem Weg kommt es zur Zeugung eines Kindes, dessen Vater nicht der Dämon, sondern jener Mann ist, mit dem der Dämon als succubus verkehrte. Diese in der Scholastik entwickelte Theorie fand zwei Jahrhunderte später bei der theologischen Begründung des Hexenglaubens willkommene Verwendung.

Die Kirche selbst gebrauchte mit dem Exorzismus, der Teufelsaustreibung durch Gebet und Segen, wie sie auch bei der Taufe praktiziert wird, ein Abwehrmittel, das im Verständnis vieler Christen auf einer Stufe mit nichtchristlichen Zaubermitteln rangierte. Auf der einen Seite mußten die Gläubigen also annehmen, daß es böse Geister gebe, vor denen man sich in acht nehmen müsse, und auf der anderen Seite sollten dieselben Gläubigen ohne Furcht vor diesen widergöttlichen Mächten, ohne Teufelsangst, leben.

Die im Hochmittelalter entstandene päpstliche Inquisitionsbehörde, der bischöfliche Instanzen mit derselben Zielsetzung vorausgegangen waren, entfaltete eine rege Tätigkeit. Zu ihren Opfern zählten sogenannte Irrlehrer, Einzelpersonen und ganze Gruppen, die nicht mehr alles glauben wollten, was das Lehramt der Kirche vorschrieb. Im späten Mittelalter konzentrierte sich das Interesse der Inquisitoren besonders auf die Frau als ein mit maßloser Sinnlichkeit begabtes Wesen, das sich dem Satan als williges Werkzeug zur Verfügung stellte, um seine verderblichen Pläne mit den Menschen zu verwirklichen. Jetzt wirkte sich die seit den Kirchenvätern andauernde Geringschätzung der Frau, begründet in ihrer unbeherrschbaren Triebhaftigkeit, höchst nachteilig aus. Kirchliche Autoritäten rückten den denunzierten Satansfrauen erbarmungslos zu Leib und schreckten vor den schlimmsten Strafen nicht zurück. Zu der theologischen Begründung gesellten sich oft noch andere Motive, die nicht selten sogar den Ausschlag für Verurteilung und Hinrichtung gaben.

Die Frau wurde nicht nur für die zölibatären Geistlichen zum

Problem; auch die übrige Männerwelt, Ehemänner eingeschlossen, suchte für ihre unbewältigten Sexualängste einen Sündenbock und fand ihn schnell in Frauen, indem man ihnen Teufelsbesessenheit anhängte.

Pakt oder Liebschaft mit dem Teufel lautete einer der Hauptanklagepunkte gegen Hexen-Frauen, die sich angeblich bei Tänzen und anderen Lustbarkeiten mit sexueller Zügellosigkeit hervortaten oder bei speziellen Vergehen wie Homosexualität ihre Hand im Spiel haben sollten. Außerdem machte man sie schnell verantwortlich für schwere Unglücksfälle und Krankheiten.

Als dem Zugriff des Teufels besonders ausgesetzt galten Hebammen, auch »weise Frauen« genannt, weil sie mit dem neugeborenen, noch heidnischen Kind eine erste Verbindung aufnehmen könnten. Außerdem empfahlen sie sich wegen ihrer speziellen Kenntnisse in allem, was mit der Geburt zusammenhing – von Empfängnisverhütung bis hin zu Abtreibung und Kindstötung – für den Dienst böser Geister in vorzüglicher Weise.

Neben den Hebammen gab es heilkundige Frauen, in der Sprache unserer Zeit Heilpraktikerinnen, die vor allem unter der Bevölkerung auf dem Land hohes Ansehen genossen. Im Konkurrenzkampf mit männlichen Ärzten liefen sie allerdings schnell Gefahr, als Hexen, als Werkzeuge Satans, verdächtigt zu werden. Um diesen »Heilerinnen« das Handwerk zu legen, arbeiteten kirchliche und weltliche Autoritäten einträchtig zusammen. Zum Verhängnis wurde ihnen im 14. Jahrhundert der Beschluß, jede Frau, die ohne ordentliches Medizinstudium als Ärztin praktizierte, sei als Hexe anzusehen und des Todes schuldig. Doch wie sollte eine Frau diese Bedingung erfüllen, wenn sie bis in unser Jahrhundert vom Studium an der Universität ausgeschlossen blieb.

Der »Hexenhammer«

Mehrere Päpste haben zum Zauber- und Hexenwesen Stellung bezogen. Bis zum Jahr 1525 sind uns 47 Erlasse und Bullen bekannt. Das vielleicht beschämendste Dokument, die sogenannte Hexenbulle »Summis desiderantes affectibus«, ist von *Innocenz VIII.* am 5. Dezember 1484, nur drei Monate nach seiner erkauften Wahl zum Papst, unterzeichnet. Zahlreiche Personen beiderlei Geschlechts, so lesen wir darin, verbündeten sich mit Teufeln und verursachten dadurch ungezählte Schäden in der Natur, bei Tieren und an Menschen. Solchen Teufelsbündnissen schrieb der Papst die Wirkung zu, daß Männer nicht zeugen und Frauen nicht empfangen, ja, daß Eheleute sexuell überhaupt nicht miteinander verkehren könnten. Außerdem verdächtigte man die zur Anzeige gebrachten Personen fast durchwegs der Leugnung des katholischen Glaubens, womit sie als Häretiker noch leichter zu verfolgen waren.

Veranlaßt war diese päpstliche Stellungnahme von den in westdeutschen Bistümern als Inquisitoren tätigen Dominikanern *Institoris* und *Sprenger*, die beim Aufspüren von Hexen immer wieder auf Widerstände weltlicher und kirchlicher Behörden trafen. Um ihr »teuflisches« Werk ungehinderter vollbringen zu können, erbaten sie Unterstützung aus Rom. Tatsächlich ermächtigte sie der Papst auch zum Einschreiten in norddeutschen Territorien, von denen sie bisher weitgehend ausgeschlossen waren.

Schlimmer noch als die Hexenbulle des Papstes wirkten die wahrscheinlich von Institoris allein verfaßten theologisch-kanonistischen Ausführungen – Sprenger ist aber als Mitautor mit verantwortlich –, die unter dem Titel »Malleus maleficarum« (Hexenhammer) im Jahre 1487 zum ersten Mal im Druck erschienen. Dieses umfangreiche Werk, ein regelrechtes Handbuch für die Beurteilung und Verfolgung von Hexen, erlebte in den folgenden Jahrhunderten zahlreiche Auflagen, stets mit kirchlicher Druckerlaubnis. Obwohl das in lateinischer Sprache geschriebene Opus, dem erst 1906 eine deutsche Übersetzung folgte, nur einem gebildeten Leserkreis zugänglich war, drang doch seine theologische Mentalität über eine konsequent betriebene Praxis ins Volk ein. Das dreiteilige Buch verurteilte zunächst die Leugnung des Glaubens an Hexen als Häresie und stellt dann die Wirksamkeit des Teufels in Hexen unter Berufung auf eine Vielzahl theologischer und kirchlicher Autoritäten als Tatsache dar. Die Autoren zitierten ihren Ordensgenossen *Thomas von Aquino* aus dem 13. Jahrhundert als Hauptzeugen dafür, daß der Teufel von Gott größere Macht über den Beischlaf von Mann und Frau erhalten habe als über alle anderen Handlungen des Menschen, weil »die erste Verderbnis der Sünde, durch die der Mensch Sklave des Teufels geworden ist, durch den Zeugungsakt in den Menschen hineingekommen ist«.[2] Daß der Sündenfall des ersten Menschenpaares eine rein sexuelle Deutung erfuhr, geschah in der Theologiegeschichte schon früher. Allerdings erfolgte die Berufung auf Thomas hier zu Unrecht, weil sein Werk ein anderes Verständnis der Ursünde zeigt. Doch solche Fehlinterpretationen sind im »Hexenhammer« auf Schritt und Tritt anzutreffen. Charakteristisch für die Gesinnung der Verfasser ist vor allem, daß Hexen fast ausschließlich in Gestalt von Frauen auftreten; nur in wenigen Fällen tragen sie männliche Züge. Auf die Frage, warum »jene Ruchlosigkeit sich mehr unter den Weibern als unter den Männern findet«, lautete die Antwort kategorisch: »Weil sie (die Frauen) in allen Kräften der Seele wie des Leibes mangelhaft sind.«[3] Und um keinen Zweifel daran zu lassen, daß Frauen wegen ihrer maßlosen Begierlichkeit vom Teufel leichter verführt werden könnten, hieß es: »Der Grund ist ein von der Natur entnommener: Weil es (das Weib) fleischlicher gesinnt ist als der Mann, wie es aus den vielen fleischlichen Unflätereien ersichtlich ist.« Um dieser Meinung mehr Glaubwürdigkeit zu verleihen, folgte eine Berufung auf die biblische Schöpfungsgeschichte: »Diese Mängel werden auch gekennzeichnet bei der Schaffung des ersten Weibes, indem sie aus einer krummen Rippe geformt wurde, d. h. aus einer Brustrippe, die gekrümmt und gleichsam dem Mann entgegen geneigt ist. Aus diesem Mangel geht auch hervor, daß, da das Weib nur ein unvollkommenes Tier ist, es immer täuscht.«[4] So konnte man die Frauen aller nur erdenklicher, meist gegen Männer gerichteter Sexualvergehen bezichtigen. Als zusätzliches Erschwernis empfanden es die beiden

Dominikaner, daß die Hexen sich für ihr böses Treiben organisierten, um so noch größere Wirkungen zu erzielen. Schließlich machten sie allen weiblichen Hexen zum Vorwurf, sie verfügten über magische Kräfte und wirkten damit auf die Gesundheit der Menschen schädigend oder fördernd ein. Die medizinischen und geburtshilflichen Fähigkeiten der Hexen fanden ausdrücklich Erwähnung und wurden sogleich verdammt. Genau genommen seien es sieben Methoden, mit denen die Hexen den Geschlechtsakt und die Empfängnis nachteilig beeinflussen: »Erstens, daß sie die Herzen der Menschen zu außergewöhnlicher Liebe etc. verändern; zweitens, daß sie die Zeugungskraft hemmen; drittens, die zu diesem Akte gehörigen Glieder entfernen; viertens, die Menschen durch Gaukelkunst in Tiergestalten verwandeln; fünftens, die Zeugungskraft seitens der weiblichen Wesen vernichten; sechstens, Frühgeburten bewirken; siebentens, die Kinder den Dämonen opfern; abgesehen von den vielfachen Schädigungen, die sie anderen Tieren und Feldfrüchten zufügen.«[5] Als treibende Kraft für jede Form von Hexenzauber stellten die Autoren immer wieder »die fleischliche Begierde, die bei ihnen (Frauen) unersättlich ist«,[6] heraus. Nur mit Schaudern können wir heute die großteils der Bibel und Theologie entnommenen Argumente lesen, mit denen die Verfasser ein inquisitorisches Treiben rechtfertigen wollten, dem bisher nur 48 Frauen, deren teuflisches Tun plastisch vor Augen geführt wird, zum Opfer gefallen seien.

Der dritte Teil des »Hexenhammers« bot detaillierte Anleitungen für das Vorgehen weltlicher und geistlicher Instanzen beim Hexengeschäft. Zu den Vorteilen eines solchen Inquisitionsprozesses gehörte es nach Meinung der Verfasser, daß weder ein förmliches Anklageverfahren notwendig noch eine Verteidigung der Angeklagten möglich war. Das negative Urteil, das meist auf Tod lautete, stand meist schon von Anfang an fest. Nur in Ausnahmefällen gelang es Angeklagten, ihre Unschuld vor Gericht zu beweisen. Dazu bedurfte es eines machtvollen Protektors. Der Astronom *Johannes Kepler* († 1630), Mathematiker am Wiener Hof des Kaisers Matthias, führte einen sechsjährigen Kampf gegen die Obrigkeit, bis es ihm gelang, seine der Hexerei beschuldigte Mutter aus dem Gefängnis zu befreien.

Mancherorts gab es so viele Prozesse, daß selbst kirchliche Behörden vor Übereifer warnten. Es waren aber nicht immer religiöse Beweggründe, die den Behördenapparat der Inquisition in Gang setzten; häufig steckte reine Profitgier dahinter. Dem Bamberger »Hexenbischof« von Dornheim brachte das konfiszierte Vermögen der hingerichteten Hexen in einem einzigen Jahr 720 000 Gulden ein. Auch die Denunzianten, Folterknechte und Scharfrichter wurden reichlich entlohnt.

Der Jesuit *Friedrich von Spee* († 1635), dem als Beichtvater zum Tode verurteilter Hexen und Zauberer die Unschuld dieser Menschen nicht verborgen blieb, veröffentlichte 1631 anonym als Gegenschrift zum Hexenhammer seine »Cautio criminalis«. Mit großer Kühnheit machte der Autor allen anderen voran die Theologen, die ruhig in ihren Studierstuben sitzen und ihre theologischen Tüfteleien auf die Menschen loslassen, und dann erst die Richter, die Fürsten und das Volk in seiner Unwissenheit, in seinem Neid und in seiner Mißgunst für die grausame Hexenjagd verantwortlich.[7] Vernunft und Naturrecht genügten, meinte er, um das tausendfach begangene Unrecht zu erkennen. Kölner Jesuiten versuchten vergebens, Spees aufklärendes Buch auf den Index der verbotenen Bücher zu bringen.

Doch das Wüten und Toben gegen die Hexen hörte noch lange nicht auf, zumal da weltliche Autoritäten zeitweise ebensoviel oder noch mehr Interesse an der Verfolgung dieser denunzierten Menschen zeigten als kirchliche Hierarchien. Fromme Regenten, wie der bayerische Kurfürst *Maximilian I.*, wollten dem christlichen Glauben einen wichtigen Dienst erweisen, wenn sie die Hexen rücksichtslos ausrotteten. So konnte der Jesuit *Jeremias Drexel*, mehr als zwanzig Jahre gefeierter Prediger am Herzoglichen Hof in München, fordern: »Ich rufe auf Befehl Gottes und so laut ich nur kann Bischöfen, Fürsten und Königen zu: Lasset die Hexen nicht leben! Mit Feuer und Schwert ist diese schlimmste menschliche Pest zu vertilgen.«[8] Maximilian I. sorgte mit immer neuen Gesetzen dafür, daß dieser theologische Weckruf nicht nur gehört, sondern auch ausgeführt wurde. Seine 1622 erschienene »General- und Spezialinstruktion über den Hexenprozeß« bestimmte auf lange Zeit die Verfahren in bayerischen Landen. Die Überzeugung, daß vor allem Frauen vom Teufel besessen und deswegen als gefährliche Hexen anzusehen seien, hatte sich zwar schon am Ende des Mittelalters verbreitet, sie führte aber erst in der Neuzeit zu Hexenverfolgungen mit Verdächtigung, Verfolgung und Vernichtung in erschreckend großem Ausmaß. Auch wenn sich die Opfer der Hexenprozesse in der Periode zwischen 1400 und 1750 nicht genau beziffern lassen, da nur selten Aufzeichnungen und Protokolle angefertigt wurden und vieles davon verlorengegangen ist, so dürften doch jene Schätzungen, die sich zwischen fünfhunderttausend und einer Million bewegen, der Wirklichkeit am nächsten kommen.

Zwei Frauenschicksale

Bei den jahrhundertelangen Kämpfen gegen das Hexenwesen spielten persönliche, wirtschaftliche und politische Interessen oft eine entscheidende Rolle, freilich geschickt getarnt unter dem Mantel des Hexenglaubens. Die folgenden Beispiele machen überdies deutlich, wie schwach die Position der Frau gegenüber einer Männerjustiz beschaffen war.

Die Augsburger Baderstochter *Agnes Bernauer* beeindruckte den jungen Herzog Albrecht von Bayern bei einem Turnier im Jahre 1428 so stark, daß er sie bald danach heiratete. Doch der Vater des Herzogs fand an dieser nicht standesgemäßen Ehe kein Gefallen. Als die Verbindung dann auch noch kinderlos blieb, beschuldigten die Gegner dieser Ehe die schöne Agnes, sie sei eine Hexe und habe mit ihren bösen Künsten den Verstand des Herzogs verwirrt. Als ein Gericht zu demselben Urteil kam, war es um die Herzogin geschehen: Agnes wurde am 12. Oktober 1435 bei Straubing in der Donau ertränkt. Noch heute feiert man in der Stadt Straubing alle vier Jahre diese tragische Liebe mit prächtigen Agnes-Bernauer-Spielen.

Ein Fall ganz besonderer Art war im 15. Jahrhundert *Jeanne d'Arc*, die Jungfrau von Orléans, die im damals von Engländern besetzten Teil Frankreichs wegen ihrer kriegerischen Erfolge mehr gefürchtet wurde als der französische König Karl VII. mitsamt seinem Heer. Bei dem Ketzerprozeß erwiesen sich Bischof Cauchon von Beauvais und die als Beisitzer fungierenden Theologen der Pariser Universität als schlechte Vertreter der Kirche, weil ihre Urteile mehr die Verteidigung persönlicher und politischer Interessen zum Ziel hatten. Und da es sich bei der Angeklagten um eine Frau handelte, noch dazu um eine »sehr raffinierte«, wie der Theologe Jean Beaupère behauptete,[9] fiel den zölibatären Theologen eine objektive Urteilsfindung noch schwerer. Ein einfaches Hirtenmädchen aus Domrémy vollbrachte Taten, die man nur Männern zutraute, und wagte es noch, sich dafür auf spezielle Befehle Gottes zu berufen – das konnten die Ankläger nur als ein sicheres Zeichen von Zauberei und Hexerei verstehen. Allein schon die Tatsache, daß die Jungfrau sich in Männergesellschaft aufhielt, wofür sie ihre Familie im Stich gelassen hatte, in Männerkleidung auftrat und selbst Männer befehligte, hätte ausgereicht, ihr ganzes Werk als Verstoß gegen die natürliche Ordnung und damit als sündhaft erscheinen zu lassen. Als Folge davon interpretierten die Theologen Johannas Berufung auf die Stimmen »ihrer Heiligen« nicht anders denn als sicheren Beweis für ihren Verkehr mit bösen Geistern. In der Präambel der umfangreichen Anklageakte hieß es darum auch: »Johanna ist Euch, als den zuständigen Richtern, übergeben worden... damit durch Euch als Richter Johanna, gemeinhin die Jungfrau genannt, schuldig erklärt werde als Hexe und Zauberin, Wahrsagerin und falsche Prophetin, die böse Geister beschwört und mit ihnen im Bunde ist, als abergläubisch, die Schwarze Kunst betreibend, in Sachen unseres katholischen Glaubens falsch denkend, schismatisch am Artikel ›Unam Sanctam‹ und vielen Glaubensartikeln zweifelnd, als Lästerin Gottes und seiner Heiligen, Ärgernis erregend, aufsässig, den Frieden störend und ihn verhindernd, als Kriegshetzerin, die grausam nach Menschenblut dürstet und zu seinem Vergießen anspornt, die Ehrbarkeit und Schicklichkeit ihres Geschlechtes verletzend und unehrerbietig und unpassend Kleid und Beruf der Krieger annehmend, weswegen sie vor Gott und den Menschen verabscheuungswürdig ist, als Verächterin göttlicher und natürlicher Ordnung, wider kirchliche Disziplin, als Verführerin von Volk und Fürsten zur Schmähung Gottes, die es zuläßt, daß man sie verehrt und anbetet, die sich göttliche Verehrung und göttlichen Kult anmaßt, als ketzerisch, oder wenigstens der Ketzerei äußerst verdächtig – weswegen sie rechtsgültig bestraft und gebessert werden soll.«[10] Ein Bruchteil dieser Vorwürfe hätte schon ausgereicht, um das tapfere und selbstbewußte Mädchen dem Feuertod preiszugeben, den es am 30. Mai 1431 auf dem Marktplatz von Rouen erleiden mußte. Mit ihrem Widerruf und ihrer Abschwörung hatte sie zwar das Todesurteil in lebenslängliche Gefängnishaft verwandeln können, doch als sie wenig später ihren Widerruf für ungültig erklärte, war ihr Schicksal endgültig besiegelt. Daß sie das Opfer eines Justizirrtums oder richtiger noch eines gelungenen Intrigenspiels geworden war, bezeugte die Kirche selbst, indem sie die gottverfluchte Ketzerin von damals bereits 1456 juristisch rehabilitierte und 1909 seligsprach. Seit 1920 wird sie in der Kirche als Heilige verehrt.

IV. Die Frau als Liturgin

In den ersten Jahrzehnten nach Jesu Tod leiteten nicht nur Männer, sondern auch Frauen christliche Hausgemeinden. Das Neue Testament zeugt von Apostolinnen, Prophetinnen und Predigerinnen.

Erhebliche Schwierigkeiten bereitete den Verfechtern eines patriarchalen Ämterwesens in der Kirche schon immer jene Stelle im Römerbrief, wo Paulus Andronikos und Junia als »angesehene Apostel« grüßt (Röm 16,7). Als viel später, im Hohen Mittelalter, das Wort »Apostolin« Anstoß erregte, machte man ganz einfach aus der Frau Junia einen Mann Junias. Was weder Paulus noch die frühchristliche Kirche gestört hatte, empfand jetzt eine mittelalterliche Männerhierarchie als derart untragbar, daß sie es mit Hilfe eines Übersetzungstricks ausmerzte.

Die andere unangenehme Tatsache, daß die Urkirche nicht nur Diakone, sondern auch Diakoninnen einsetzte, suchten später Kirchenmänner, Theologen und Kanonisten, jüngst erst die Kongregation für die Glaubenslehre mit der Erklärung »Inter insigniores« (1976), in ihrer Bedeutung dadurch zu mindern, daß sie der Diakonatsweihe den sakramentalen Charakter absprachen, weil in ihr kein direkter Bezug zur Eucharistie gegeben sei. Diese Festlegung trifft aber auf das Amt in der Kirche ganz allgemein zu.

Die Frau ist nicht würdig...

Als einer der ersten christlichen Schriftsteller warnte *Tertullian* († ca. 220) vor den »frechen und anmaßenden Weibern«. Um der Großkirche, der er dann selbst nicht treu blieb, ähnliche Mißstände zu ersparen, forderte er, wie schon der Apostel Paulus, die Frau müsse von jedem Verkündigungsdienst in der Kirche ausgeschlossen bleiben: »Es ist einer Frau verboten, in der Kirche zu sprechen: auch darf sie nicht unterrichten, taufen, opfern oder sich den Rang eines männlichen Amtes, geschweige denn des priesterlichen Dienstes anmaßen.«[1] Dieses Votum blieb in der Kirche nicht unbeachtet.

Spätestens vom 3. Jahrhundert an wurde die Frau allmählich aus allen offiziellen Positionen der Kirche verdrängt, bis die Leitung der Christengemeinden und der Vollzug der Eucharistiefeiern nur noch in Händen von Männern lagen. So setzte sich im Kirchenbereich, anders als zur jesuanischen und apostolischen Zeit, die Alleinherrschaft des Mannes konsequent durch. An der Spitze der Hierarchie standen die Träger höherer Weihen: vom Bischof über den Priester bis herab zum Diakon bzw. Subdiakon. Ihnen allen schuldeten die Laien, das heißt die nicht geweihten Männer und die nicht einmal zur Weihe berechtigten Frauen, als untergebenes Volk (laós) Respekt und Gehorsam.

In den »Apostolischen Konstitutionen« des 4. Jahrhunderts findet sich für Frauen neben dem Taufverbot auch ein Verbot zu lehren: »Wenn wir im vorhergehenden den Frauen nicht das Lehren erlauben, wie kann jemand zustimmen, daß sie – in Verachtung ihres Wesens – das Priestertum übernehmen? Denn es ist die unwissende heidnische Gottlosigkeit, die zur Ordination von Priesterinnen für weibliche Gottheiten führt, nicht aber das Gebot Christi.«[2]

Auch wenn die Entfernung der Frau aus dem Altarraum nicht ohne Widerstand vor sich ging, so mußte sie sich schließlich doch mit einem Platz in den Kirchenbänken begnügen. Demgegenüber erlangten Frauen in gnostisch-christlichen Kreisen (Markoniten, Valentinianer, Karpokratianer, Montanisten) hohe und höchste Kirchenämter – Anlaß genug für manche Frau, sich von der Hauptkirche abzuwenden und einer Sektenkirche anzuschließen, die für ihre gegenteilige Praxis das berühmte Pauluswort »In Christus gibt es weder Mann noch Frau« (Gal 3,28) ins Feld führte. Ein Argument übrigens, das Bischof *Epiphanius von Salamis* im 4. Jahrhundert fast als Häresie einschätzte.

Bei der Suche nach den Hauptmotiven für den Ausschluß der Frau von der Ordination erhalten wir von demselben Epiphanius eine mariologische Auskunft: »Wenn Frauen von Gott beauftragt werden sollten, das Priestertum zu versehen oder ein kirchliches

Amt zu übernehmen, dann wäre es im Neuen Bund niemand mehr als Maria zugefallen, eine priesterliche Aufgabe zu vollziehen. Mit so großer Ehre ist sie bekleidet worden, daß sie in ihrem Schoß dem himmlischen Gott und König aller Dinge, dem Sohn Gottes, eine Wohnung bereiten durfte... Aber er hat es nicht für gut befunden. Nicht einmal das Taufen ist ihr anvertraut; sonst hätte Christus besser von ihr als von Johannes getauft werden können.«[3] Epiphanius verwahrte sich ausdrücklich dagegen, in den vier Töchtern des Apostel Philippus, bekannt wegen ihrer prophetischen Gabe, Priesterinnen sehen zu wollen.

Manchmal verwies ein Theologe auf eine kultische Reinheitsvorschrift, wie sie aus dem Alten Testament bekannt war, um zu begründen, daß das weibliche Geschlecht für liturgische Dienste nicht in Betracht kommen könne. Noch im 12. Jahrhundert gab der kirchliche Rechtsgelehrte *Theodoros Balsamon* († 1195) für das Verbot des Diakonissenamtes folgende Erklärung: »Die monatliche Verunreinigung vertrieb diesen Dienst aus dem göttlichen und heiligen Altarraum.«[4] Nur erwähnt sei, daß die aus dem Alten Testament stammenden kultischen Reinheitsgesetze bei der Forderung der Ehelosigkeit des Priesters einen starken Einfluß ausübten.

Angesehene Kirchenväter stellten ein reiches Arsenal von Argumenten zugunsten der patriarchalen Amtskirche zur Verfügung, allen voran der Mailänder Bischof Ambrosius, gefolgt von seinem bedeutendsten Schüler Augustinus, und der griechische Theologe Johannes von Damaskus. Sie alle sahen im weiblichen Amtspriestertum eine gefährliche Irrlehre, die radikal bekämpft werden müsse.

Allein schon die Tatsache, daß Warnungen ausgesprochen und Verbote aufgestellt werden mußten, läßt darauf schließen, daß die Frauen nicht bereit waren, auf offizielle Funktionen im Gottesdienst zu verzichten. So sah sich Papst *Gelasius I.* († 499) gezwungen, den Frauen liturgische Dienste zu untersagen, nachdem er vernommen hatte, daß weibliche Wesen an heiligen Altären dienten. »Alles, was ausschließlich dem Dienst von Männern anvertraut ist, übt das Geschlecht aus, dem es nicht zukommt«, lautete seine Klage.[5] Welche Altardienste hier gemeint waren, läßt sich nicht genau bestimmen. Falls sie nicht selbst als Priesterinnen amtierten, betätigten sie sich doch zumindest als Ministrantinnen bei der eucharistischen Feier. Und diesen nebensächlichen Dienst sollten Mädchen und Frauen heute nicht mehr ausüben dürfen?

Interessant ist, daß Bischöfe im Frankenreich ihre Beschwerden nicht dem Papst, sondern dem Landesherrn vortrugen. »Den unerlaubten Zutritt von Frauen zum Altar haben wir auf jede nur mögliche Weise zu verhindern gesucht«, versicherten fränkische Oberhirten in einem Schreiben an König *Ludwig den Frommen.* Sie empfanden es als Verstoß gegen göttliches wie kirchliches Gesetz, daß Frauen sich in einigen Provinzen »in den Altarraum hineinbegeben, geweihte Gefäße ohne Scheu anfassen, priesterliche Gewänder den Priestern reichen und – was noch ungeheuerlicher, ungeziemender und unpassender ist als all das – dem Volk den Leib und das Blut des Herrn reichen und anderes tun, was in sich unanständig ist«.[6] Die Schuld an solchen verbotenen Praktiken schrieben die Unterzeichneten der Sorglosigkeit und Nachlässigkeit mancher ihrer Amtskollegen zu.

Je mehr aber die Zeit fortschritt, desto unmöglicher wurde es für Frauen, sich im gottesdienstlichen Bereich zu betätigen. Sie wurden mehr und mehr zum Zuhören verurteilt, einzig und allein ihres weiblichen Geschlechts wegen.

Für den einflußreichen Kanonisten *Gratian* war es im 12. Jahrhundert selbstverständlich, daß Frauen liturgische Handlungen im Altarraum, die Spendung der Taufe und die Überbringung der Kommunion an Kranke ebenso verboten seien wie öffentliche Lehrtätigkeit (Katechese in Kirche oder Schule). Als tragendes Motiv schimmert in seinen Äußerungen eine grundsätzliche Geringschätzung des weiblichen Geschlechts durch, wie sie uns bereits aus dem Alten Testament und aus altkirchlichen Zeugnissen bekannt ist. Für den Rechtssatz, daß nur Männer ordiniert werden, konnte der Rechtsgelehrte zahlreiche Stellen aus Schriften von Kirchenvätern zitieren. Einen genauen theologischen Grund, der den Ausschluß der Frau vom Diakonat und Presbyterat rechtfertigen würde, nannte er allerdings nicht.

Die Meinung von der Unterordnung der Frau im kirchlichen Bereich hatte sich im Laufe von Jahrhunderten so sehr gefestigt, daß andere theologische Überlegungen entweder überhaupt nicht angestellt wurden oder wirkungslos blieben. Im übrigen war man im ganzen Mittelalter von einer historisch-kritischen Auslegung der Bibel weit entfernt.

Die Theologen der Scholastik setzten in der Frauenfrage den von den Kirchenvätern gewiesenen Weg fort. Wie Augustinus sah auch *Thomas von Aquino* die Verschiedenheit der beiden Geschlechter sowohl in der Leiblichkeit als auch in der Seele begründet. Dies galt nach seiner Meinung schon für den Urzustand des paradiesischen Menschen und war nicht erst eine Folge des Sündenfalles.

Was die Heilsordnung angeht, gab es für Thomas keinen Unterschied zwischen Mann und Frau. Aus dem Alten und Neuen Testament wußte er, daß auch Frauen die Gabe der Prophetie besaßen und damit in der Synagoge oder in der Kirche hervortraten. Trotzdem sprach der geniale Theologe Frauen die Fähigkeit zum Empfang des Weihesakramentes (ordo) ab. Er tat dies im Hinblick auf die Schöpfungsordnung, worin der Frau eine untergeordnete Stellung (status subordinationis) zukomme. Als Beweis genügte ihm die Aussage in der Genesis, daß die Frau aus dem Mann (Adam) geschaffen sei (Gen 32,11). Folglich fehle ihr die Kreativität als Zeichen oder Abbild des Schöpfergottes. Der Mann hingegen sei für die Frau – wie Gott für die ganze Schöpfung – »principium et finis« (Anfang und Ende). Sein zusammenfassendes Urteil lautete: »Da nun beim weiblichen Geschlecht kein Zeichen für einen Vorrang vorliegen kann, weil die Frau einen Stand der Unterordnung einnimmt, darum kann sie das Sakrament der Weihe nicht empfangen.«[7]

Die Gründe, die Thomas dann für die Ablehnung des prophetischen Amtes von Frauen namhaft machte, sind so aufschlußreich für sein Verständnis der Bibel und die theologische Methode seiner Zeit, daß wir sie ausführlich kennenlernen wollen. Die öffentliche Rede der Frau in der Gemeinde verbiete sich »erstens und hauptsächlich wegen der Stellung des weiblichen Geschlechts, das dem Manne (nach Gen 3,16) untergeben sein soll. Lehren aber und Überzeugen als öffentliches Amt in der Kirche ist nicht Sache der

Untergebenen, sondern der Vorgesetzten (praelati). Wenn es sich um untergebene Männer handelt (gemeint sind die einfachen Priester), so sind diese eher in der Lage, Befehle im Auftrag auszuführen, weil ihre Stellung als Untergebene nicht wie bei der Frau aus dem natürlichen Geschlecht herrührt, sondern aus einem äußerlich zukommenden Umstand. Zweitens, damit nicht der Geist der Männer zur Sinnlichkeit verführt werde. Es heißt nämlich Sir 9,11: ›Ihre (der Frau) Rede flammt auf wie ein Feuer.‹ Drittens, weil die Frauen gemeinhin in der Weisheit nicht so vollkommen sind, daß ihnen eine öffentliche Lehrtätigkeit anvertraut werden könnte.«[8] Kann man sich noch ein negativeres Frauenbild denken?

Weil diese Argumentation Thomas schon für den Ausschluß der Frau vom Predigtamt genügte, erübrigt sich die weitergehende Frage, ob eine Frau auch die Ordination erhalten könnte. Thomas hatte übrigens schon in jungen Jahren zu erkennen gegeben, daß die Frau von ihrem Wesen her für die Weihe zum Priesteramt nicht in Betracht kommen könne, weil ihr der Stand der Unterordnung gebühre.

An dieser Einschätzung änderte sich Jahrhunderte hindurch nichts, so daß wir auf der Traditionslinie einen großen Sprung bis in unser Säkulum machen können. Im Codex Iuris Canonici von 1918 hieß es im Kanon 968 lapidar: Zur Gültigkeit der (Priester)weihe ist es erforderlich, daß der Kandidat männlichen Geschlechts und getauft ist (vir baptizatus). Dasselbe galt für die vorausgehenden niederen und höheren Weihen, weil sie als Vorstufen zu der allein dem Mann vorbehaltenen Priesterweihe angesehen wurden. Das revidierte Kirchenrecht von 1983 nahm in diesem Punkt (can. 1024) keinerlei Änderung vor.

Mit dieser kanonistischen Fixierung hatte die Kirchenobrigkeit wieder einmal bewiesen, daß sie soziologischen, medizinischen und politischen Wandlungen, wie sie sich gerade im 19. Jahrhundert vollzogen hatten, ablehnend gegenüberstand und statt dessen auf ihrer traditionellen Sicht der Frau und Mutter beharrte.

Noch zu Beginn unseres Jahrhunderts bekräftigte Papst *Pius X.*, Frauen könnten am Chorgesang in der Kirche nicht teilnehmen, weil sie grundsätzlich kein kirchliches Amt übernehmen dürften. Das Singen im Kirchenchor sei »ein richtiges liturgisches Amt«, hieß es in der Konstitution »Inter plurimis« vom 22. November 1903. Sopran- und Altstimmen müßten nach ältester Tradition der Kirche von Knaben gesungen werden. Deshalb auch akzeptierte man bis zu dieser Zeit die Kastrierung von Knaben, weil sie mit ihren hohen Stimmen später Frauenstimmen im Kirchenchor ersetzen konnten (vgl. S. 189). Allerdings dauerte es nicht mehr lange, bis die Kongregation für den Gottesdienst im Jahre 1903 konzedierte: »Der Frauenchor kann bleiben, wo diese Tradition besteht und die Funktion nicht der des Klerikerchores gleich ist.«[9]

Wenn auch heute die Teilnahme von Mädchen und Frauen am Kirchenchor kein Problem mehr ist, so erregt doch die Verordnung, daß Mädchen nicht als Ministrantinnen tragbar sind, immer noch großes Ärgernis. Selbst in Ordensgemeinschaften dürfen Nonnen dem Priester nicht direkt am Altar dienen, sondern nur von der ersten Kirchenbank aus. Deshalb mußten für die Eucharistie benötigte Geräte vor der Messe in einer für den Zelebranten erreichbaren Nähe aufgestellt werden. So lächerlich diese Bestimmungen – richtiger: Schutzbestimmungen zugunsten des Zölibatsgesetzes – auch sind, geben sie doch auch Aufschluß über die Haltung der Kirchenobrigkeit zum weiblichen Geschlecht.

Obwohl das Verbot des Altardienstes für Mädchen in vielen Pfarreien mißachtet wird, denkt die zuständige Kongregation für die Sakramente und den Gottesdienst unter ihrem Kardinalpräfekten, dem deutschen Benediktiner *Augustin Mayer*, nicht an Nachgeben. Kardinal Mayer bestreitet zwar nicht, daß Mädchen oft mit größerer Andacht als Jungen den Altardienst verrichten, er hält es jedoch nicht für vorteilhaft, wenn eines Tages nur noch Mädchen dem Priester ministrieren würden.

Nicht nur viele Pfarrer, sondern sogar Bischofskonferenzen ignorieren dieses Verbot inzwischen stillschweigend. In der Bundesrepublik Deutschland möchten die Bischöfe in diesem Punkt eine Kraftprobe mit einzelnen Seelsorgern am liebsten ganz vermeiden. Nur ausnahmsweise statuiert ein Oberhirte ein Exempel dafür, was erlaubt und angemessen ist. Erzbischof *Dyba* von Fulda ließ tatsächlich, nachdem er bemerkt hatte, daß einer der Mitra- und Stabträger dem weiblichen Geschlecht angehörte, sofort einen männlichen Meßdiener für diese Aufgabe einsetzen. Die Bischofsmitra in der Hand eines Mädchens scheint für den auch sonst sehr streitbaren Oberhirten ein unvorstellbarer Gedanke zu sein.

Die genannte Kongregation sprach in einer Instruktion vom 3. April 1980 klar aus, welche Aufgaben der Frau in der liturgischen Versammlung erlaubt sind: »Unter anderem die Lesung des Wortes Gottes und der Intentionen im Fürbittgebet der Gläubigen. Frauen sind jedoch nicht die Funktionen eines Akolythen (Meßdieners) gestattet.«[10] Im neuen Kirchenrecht von 1983 lautet der diesbezügliche Kanon 230: »Männliche Laien, die das Alter und die Begabung haben... können durch den vorgeschriebenen Ritus für die Dienste des Lektors und des Akolythen auf Dauer bestellt werden.« Von weiblichen Laien ist nicht die Rede; sie sind wieder einmal ausgenommen.

Der empfindliche Mangel an Priestern nötigte der Kirchenautorität die Erlaubnis ab, daß Männer zur Austeilung der Kommunion beim Gottesdienst oder an Kranke zu Hause bestellt werden. 1969 wurde die Möglichkeit des Kommuniondienstes auf Frauen ausgedehnt, allerdings unter der diskriminierenden Voraussetzung, daß die Frau bei diesem Akt im Gegensatz zum Mann zivile Kleidung tragen mußte. Inzwischen ist auch diese Barriere gefallen.

Veto gegen Diakoninnen

Zu den heute mit Nachdruck erhobenen Forderungen gehört, sozusagen als Testfall für den Reformwillen der Kirchenspitze, die Ordination der Frau zum Diakon- und Priesteramt. Wenn auch nicht geklärt ist, ob die frühe Kirche Priesterinnen nach unserem Amtsverständnis kannte,[10a] so steht doch außer Zweifel, daß es damals

Diakoninnen im heutigen Sinn gab. Wenn Frauen die Diakonatsweihe verwehrt wird, geschieht es hauptsächlich in der Befürchtung, ein Nachgeben in dieser Hinsicht werde über kurz oder lang die Weihe von Frauen zum Priesteramt nach sich ziehen, wie sie seit einigen Jahren in manchen Kirchen der Anglikanischen Kirchengemeinschaft gespendet wird. Hinzu kommt, daß die Hierarchie bei ihrer ablehnenden Haltung Rücksicht nehmen möchte auf die orthodoxen Ostkirchen. Diese begründen den Ausschluß der Frau von den höheren Weihen mit einer jahrhundertealten Tradition, hinter der die Heilsordnung des Mysteriums Christi ersichtlich sei.

In der römisch-katholischen Kirche ist die Diskussion über das Diakonat der Frau seit Jahren in vollem Gange. Die Gemeinsame Synode der deutschen Bistümer (1972–1975) sprach sich in ihrem Beschluß über die pastoralen Dienste in der Gemeinde eindeutig für den Diakonat der Frau aus, weil »die Stellung der Frau in Kirche und Gesellschaft es heute unverantwortlich erscheinen läßt, sie von theologisch möglichen und pastoral wünschenswerten amtlichen Funktionen in der Kirche auszuschließen«.[11]

Der Speyerer Weihbischof *Ernst Gutting*, dem die Gleichberechtigung der Frau innerhalb der Kirche ein besonderes Anliegen ist, plädiert mit Leidenschaft für die Übertragung der Diakonatsweihe an Frauen. Da nach seiner Überzeugung kein theologisches Hindernis vorliegt, müsse die Zurücksetzung der Frau in diesem gewiß heiklen Punkt als Diskriminierung erscheinen. In einem Interview gab er aus pastoraltheologischer Sicht zu bedenken: »Der Ausschluß der Frau aus bestimmten Berufen und Bereichen bedeutet im Grunde auch, Charismen, die Gott den Frauen geben kann, im voraus einfach zu blockieren. Hindern wir so nicht Gott, durch Frauen das zu tun, was er durch Frauen in der Welt wirken kann?«[12]

Weitaus schwieriger gestaltet sich heute die Diskussion über das Priesteramt für Frauen. Um keinerlei Erwartungen aufkommen zu lassen, bekräftigte die Kongregation für die Glaubenslehre in einer speziellen Erklärung zu dieser Problematik vom 15. Oktober 1976, daß sich an der bisherigen Lehre und Praxis nichts ändern werde. Sie berief sich dafür auf das Verhalten Christi, die Praxis der Apostel und die Tradition der Kirche. »Aus Treue zum Vorbild des Herrn«, so lautete die Kernaussage, sei die Kirche »nicht dazu berechtigt, die Frauen zur Priesterweihe zuzulassen.« Jesus selbst habe nur Männer zu Aposteln berufen, und diese wiederum hätten keine Frau in ihren Kreis aufgenommen. Neben diesem Beweis aus der Tradition, der freilich mit einer soziologischen Betrachtung der damaligen Verhältnisse leicht zu entkräften ist, verdient besondere Beachtung die theologische Begründung: »Wenn die Stellung und Funktion Christi in der Eucharistie sakramental dargestellt werden soll, so liegt diese ›natürliche Ähnlichkeit‹, die zwischen Christus und seinem Diener bestehen muß, nicht vor, wenn die Stelle Christi nicht von einem Mann vertreten wird...Christus selbst war und bleibt nämlich ein Mann.«[13] Dagegen ist einzuwenden, daß die Christusrepräsentanz sicher nicht im Mann-sein, sondern in der Weihe zu sehen ist. Bemerkenswert bleibt weiter, daß manche Probleme mit zweierlei Maß gemessen werden. Während nämlich die Pflicht der Frau, im Gottesdienst den Schleier zu tragen (1 Kor 11,2–16), »keinen normativen Wert« haben soll, sei der Ausschluß der Frau vom Reden in der Gemeindeversammlung (1 Kor 14,34 f.) »nur schwerlich als Ausdruck der kulturellen Verhältnisse anzusehen«, sondern eben als Wille Gottes.[14] Auf diese Weise lassen sich freilich alle Aussagen willkürlich als zeitbedingt oder zeitunabhängig verstehen, ganz so, wie es für die augenblickliche Kirchenpolitik günstig ist.

Als die deutschen Bischöfe einige Jahre später in einem Dokument vom 21. September 1981 dringende Fragen zur Stellung der Frau in Kirche und Gesellschaft beantworteten, erinnerten sie an das nach Rom gerichtete Votum der Gemeinsamen Synode von

1975, der Papst möge die Diakonatsweihe für Frauen gestatten. Sie gaben als ihren Standpunkt zu erkennen, dieses Problem bedürfe »noch weiterführender Diskussion, vor allem aber einer größeren Übereinstimmung der Meinung in der gesamten Kirche«.[15] Die viel schwierigere Frage nach der Priesterordination für Frauen rührten sie gleich gar nicht an.

Wie ganz anders hatte doch Erzbischof L. Byrne von St.-Paul-Minneapolis genau zehn Jahre früher bei der Römischen Bischofssynode plädiert, als er für alle Gespräche und Beschlüsse über die Stellung der Frau in der Kirche folgende Leitlinie markierte: »Kein Argument sollte dazu dienen, die Frau von irgendeinem kirchlichen Dienst auszuschließen, wenn es lediglich auf männlichen Vorurteilen und blinder Anhänglichkeit an rein menschliche Traditionen beruht, die auf überholte Vorstellungen von der sozialen Stellung der Frau und auf eine fragwürdige Schriftinterpretation zurückgehen«.[16]

Nach dem heutigen Stand der Theologie gibt es weder biblisch noch theologisch zwingende Gründe, die für den Ausschluß der Frau von einem bestimmten kirchlichen Amt sprechen würden. Wenn die Kirchenobrigkeit hier keine Änderung zulassen will, dann kann es nicht im Namen der Theologie geschehen, sondern nur im Dienst einer jahrhundertealten Tradition, die allerdings deutliche Spuren von Frauenverachtung aufweist.

Verantwortungsbewußte und vorausschauende Bischöfe und Priester setzen sich deshalb schon lange über offizielle Gebote und Verbote hinweg, wenn es um die Zulassung von Frauen in der Kirche geht. Wegen gravierenden Priestermangels in Südamerika sind auch Frauen mit Aufgaben der Leitung von Pfarrgemeinden betraut. Ordensfrauen in Brasilien leiteten schon vor zwanzig Jahren mehr als fünfzig Pfarreien. Eucharistiefeier und Beichte ausgenommen, verrichten sie alle Dienste, die zu den Pflichten eines Pfarrers gehören. Auch in Österreich kennt man Pfarrgemeinden, die von Ordensfrauen geführt werden.

Wenn es in dieser, für die Zukunft der Kirche entscheidenden Frage nicht vorwärtsgeht, liegt es zuerst an der Haltung des jetzigen Papstes, der gerade hier als hartnäckiger Verteidiger der kirchlichen Tradition auftritt.

Zu einem Eklat kam es während der Reise Johannes Pauls II. durch die USA im Jahre 1979. Ordensschwestern zeigten sich bei einer Massenveranstaltung in Detroit, einer Stadt mit überwiegend katholischer Bevölkerung, mit gelben Armbändern, um auf diese Weise ihren Protest gegen die Unterdrückung der Frauen in der Kirche zu bekunden. Aus Rom war nämlich die Weisung ergangen, daß bei Papstmessen keine Frauen als Kommunionausteiler eingesetzt werden dürften. Deshalb stand auf Spruchbändern: »Wenn Frauen das Brot backen können, dann können sie es auch brechen.« In Chicago bekräftigte der Papst neben überlieferten Morallehren den Ausschluß der Frau vom Priesteramt.

Die dem Orden der Barmherzigen Schwestern angehörende Nonne *Therese Kane* erntete in Washington starken Beifall, als sie als Vorsitzende des Führungskomitees der 128 000 nordamerikanischen Ordensschwestern in Gegenwart des Papstes verlangte, Frauen Zutritt zu allen kirchlichen Ämtern zu gewähren. Der Papst vernahm die offen ausgesprochene Kritik mit unbewegtem Gesicht. Bei der folgenden Predigt warteten die Zuhörer vergeblich auf eine direkte Antwort zu dem aktuellen Problem.

Die amerikanische Bischofskonferenz hat im vorausgegangenen Jahr eine Studie über diese Frage in Auftrag gegeben. Die zweitausend Manuskripte dieser Studie wurden jedoch schnell eingezogen und eingestampft, weil darin die Priesterweihe für Frauen nicht abgelehnt worden war. Außerdem machte man der Kirchenobrigkeit Unterdrückung der Frau in der Kirche zum Vorwurf.

Frauen protestieren und fordern heute ihr Recht als volle Menschen, auch und gerade in der Kirche. In einem Sammelband mit dem bezeichnenden Titel »Nennt uns nicht Brüder!« [17] bringen prominente Frauen ihre geschlechtsspezifischen Schwierigkeiten mit der Kirche schonungslos zum Ausdruck.

Keine Scheu kennt *Hanna-Renate Laurien*, Senatorin für Bildung in Berlin, wenn es gilt, die Rolle der Frau in der heutigen Kirche aufzuzeigen und auf wunde Punkte aufmerksam zu machen: »Wo diskutiert sie (die Kirche) die Tatsache, daß heute Frauen sich vom Gebärzwang befreien und – wie die Männer schon je – folgenlose Sexualität verkünden können? Wo wird besprochen, daß die Revolte gegen die eigene Geschöpflichkeit oft nichts anderes als eine Antwort auf die historische Mißachtung der Frau ist?« Einst selbst Mitglied der Würzburger Gesamtsynode, erinnerte Frau Laurien an mehrere mutige Stellungnahmen, denen der Vatikan aber sein Plazet verweigert hat. So wurden bisher schon viele Initiativen und Aktionen auf regionaler Ebene von der obersten Kirchenbehörde vereitelt. Mit Recht verwies Frau Laurien auf die Glaubwürdigkeit der Kirche, die dabei auf dem Spiel stehe, wenn man immer noch nicht bereit sei, aus längst Erkanntem die nötigen Konsequenzen zu ziehen: »Es geht um die Glaubwürdigkeit unserer Vermittlung von der Botschaft des Herrn, um die Glaubwürdigkeit unserer Botschaft von der Gottebenbildlichkeit, die sich nur in Mann und Frau verwirklicht, um die Glaubwürdigkeit der Gleichrangigkeit des Unterschiedlichen.«[18] Die Tatsache, daß Frauen heute noch von leitenden Funktionen in der praktischen Seelsorge wie in der theologischen Wissenschaft ausgeschlossen sind, gereicht der Kirche zu immer größerem Schaden.

Auch im weltlichen Bereich haben die Frauen noch nicht überall die ihnen gebührende Repräsentanz erreicht, sich aber doch, wenigstens in den mitteleuropäischen Ländern, ein gewisses Maß an Gleichberechtigung erkämpft. Der amerikanische Nobelpreisträger *Peter B. Medawar* begrüßte es, »daß eine wachsende Zahl von Frauen in akademische Berufe eintritt, ... nicht so sehr, weil ihnen auf diese Weise ein einträglicher Arbeitsplatz oder die Gelegenheit gegeben wird, ihre Möglichkeiten voll auszuschöpfen, sondern vor allem, weil die Welt von heute anerkanntermaßen so kompliziert ist und sich so schnell verändert, daß sie nicht einmal am Laufen zu halten wäre (von Erleichterungen, die wir wissenschaftlichen Verbesserer für möglich halten, nicht zu reden) ohne die Einbeziehung der Intelligenz und des Könnens von etwa fünfzig Prozent der menschlichen Art.«[19] Diese Feststellung trifft für die Frau in der Kirche genauso zu. Welche Chancen wurden hier schon vertan, wie viele Charismen blieben ungenutzt, nur weil die Frau kein Mann war und deshalb immer nur eines sein sollte: eine gehorsame Dienerin der maskulinen Kirchenautorität. Die Frauen machen mehr als die Hälfte des Kirchenvolkes aus und sind – oder muß man heute sagen: waren – kirchentreuer als die Männer. Trotzdem ist die katholische Kirche immer noch eine von Männern regierte Frauenkirche.

Vielleicht muß man, wie der Fernsehjournalist *Franz Alt*, die Tiefenpsychologie zu Hilfe rufen, um den kirchlichen Obrigkeiten begreiflich zu machen, wie notwendig die Kirche auf die Mitarbeit von Frauen in allen Sparten angewiesen ist. Es könnte sein, daß der eigentliche Grund für die Unbeweglichkeit der Autorität in dieser Sache in den Amtsträgern selbst zu finden ist. Die zölibatären Priester müßten zuerst bei sich selbst in Erfahrung bringen, ob sie das Weibliche nicht nur in den ihnen begegnenden Frauen, sondern vorher schon in ihrem eigenen Denken und Leben bewußt oder unbewußt unterdrücken oder eliminieren. Nach *Carl Gustav Jung* ist der Mensch erst dann ein ganzer Mensch zu nennen, wenn Männliches (animus) und Weibliches (anima) in ihm vereinigt sind. Weil Jesus diese Integration in seinem Leben wie auch in seiner Lehre vollkommen gelungen sei, könne er als das Idealbild des Menschen schlechthin gelten. »Deshalb war Jesus der erste moderne Mensch«, folgerte Franz Alt , »der exemplarische Mann, der ›neue Mensch‹, *das* Vorbild für eine Kirche und Gesellschaft emanzipierter Frauen und Männer.«[20]

Wenn die Kirche nur Männer als Priester akzeptiert und die Ordination für Frauen ablehnt, mit der Begründung, Jesus sei eben ein Mann gewesen, und deshalb dürften auch nur Männer als Priester die Rolle Jesu spielen, dann verteidigt sie mit dieser Einstellung ein einseitig biologistisch geprägtes Priesterbild. Gemäß dem Schöpfungsbericht des Alten Testaments schuf Gott den Menschen zweigeschlechtlich als Mann und Frau. Und allein in dieser Zweigeschlechtlichkeit ist der Mensch auch ein vollkommenes Abbild Gottes, wie es in der vollkommenen Person des menschgewordenen Jesus Wirklichkeit wurde.

Die Frage nach dem Wesen, der Würde und den Rechten der Frau – von der Kirche zu keiner Zeit befriedigend beantwortet – stellt die Kirche heute vor eine neue, entscheidende Prüfung. Es geht dabei um mehr als nur um die Frau und ihre Aufgaben in der Kirche. Von der Antwort der Kirchenautorität auf eine berechtigte Forderung wie die Beteiligung der Frau an kirchlichen Diensten und Ämtern schließt man weit darüber hinaus auf das Verhältnis der Kirche zur Geschlechtlichkeit ganz allgemein und zur Sexualität speziell. Hier zeigt sich, ob sie weiterhin an einem verhängnisvollen Sexualkomplex leidet, der sie unfähig macht, beiden Geschlechtern in der Kirche volles Heimat- und Arbeitsrecht zu geben.

»Ob Religion und Sexualität unvereinbare Gegensätze sind oder bleiben«, entscheidet sich nach Meinung von *Eugen J. Cooper* nicht so sehr im Leben des einzelnen Christen, »wenn es um die persönliche Frage geht, ob persönliches Sexualverhalten und kirchliche Normen auf einen Nenner zu bringen sind. Vielmehr wird sich die Frage nach der Unvereinbarkeit von Religion und Sexualität an der praktischen Frage entscheiden, ob die Frau im kultischen Bereich als Ministrantin, Kommunionausteilerin, Diakonissin oder sogar Priesterin auf Dauer zugelassen oder in absehbarer Zeit wieder einmal aus dem Bereich des ›Heiligen‹ verbannt wird.«[21]

Den Beweis für eine restlose Vereinbarkeit ist die Kirche, wenn wir ihren Umgang mit der Frau durch fast zwei Jahrtausende betrachten, bis heute schuldig geblieben.

Bilanz und Ausblick

Die zweitausendjährige Geschichte der christlichen Sexualmoral, von der wir hier nur wichtige Ausschnitte kennenlernen konnten, gleicht zwar keinem moralischen Scherbenhaufen, sie erscheint uns aber doch, wie es der heutige Präfekt der Kongregation für die Glaubenslehre, Kardinal *Joseph Ratzinger*, vor zwanzig Jahren als Dogmatikprofessor ausgesprochen hat, als »ein besonders tragisches und dunkles Kapitel in der Geschichte des christlichen Denkens«.[1]

Sehr viel schärfer drückte es der Philosoph *Friedrich Nietzsche* († 1900) aus, ein glühender Feind der Kirche und ihres Glaubens, wenn er behauptete, das Christentum habe dem Eros Gift zu trinken gegeben, an dem er zwar nicht gestorben, aber zum Laster entartet sei. Was die schlimmen Auswirkungen im Kirchenvolk betrifft, schrieb Nietzsche nicht ohne Berechtigung: »So ist es dem Christentum gelungen, aus Eros und Aphrodite – großen idealfähigen Mächten – höllische Kobolde und Truggeister zu schaffen, durch die Martern, welche es in dem Gewissen der Gläubigen bei allen geschlechtlichen Erregungen entstehen ließ.«[2]

Niemand kann bestreiten, daß die vielfältigen Lehren und Normen der Kirche über Sexualität und Ehe, vom Verbot der Ehescheidung abgesehen, nicht auf Aussagen Jesu beruhen. Deshalb sollte man auch nicht von einer *christlichen* Sexualmoral sprechen. Die Kirche jedoch verkündet ihre moraltheologischen Anschauungen und Verordnungen stets im Namen Jesu Christi. Ebenso ist der Apostel Paulus nicht für alles verantwortlich, was ihm bis heute an radikaler Leib- und Frauenfeindlichkeit zur Last gelegt wird.

Die Hauptwurzeln der kirchlichen Sexualdoktrin liegen in der Gedankenwelt alttestamentlicher Schriftsteller, antiker Philosophen und persischer Manichäer. Verhängnisvoll mußte sich auswirken, daß die frühe Kirche, einem römisch-rechtlichen Naturverständnis folgend, die Geschlechtlichkeit des Menschen allein dem animalischen Bereich zurechnete. Infolgedessen erschöpfte sich der primäre Zweck der *Ehe* in der Zeugung und Erziehung von Nachkommen. Wie lange sich das kirchliche Lehramt von diesem Konzept leiten ließ, ist noch am Codex Iuris Canonici von 1918 zu ersehen, der die Übertragung des beiderseitigen Rechts auf den Körper des anderen zur Kinderzeugung als das Wesen des Ehekonsenses definierte. Jeglicher Geschlechtsverkehr außerhalb der Ehe war verboten. Da die katholische Kirche bis auf den heutigen Tag an diesem Prinzip festhält, ergab sich für unser Buch von selbst die Einteilung: Sexualität in der Ehe (1. Teil) und Sexualität vor und außerhalb der Ehe (2. Teil).

Diese fundamentale Unterscheidung suggerierte immer schon die Meinung, daß *vor* der Ehe alles verboten und *in* der Ehe alles erlaubt sei. Die Mehrzahl der heutigen Katholiken, insbesondere die Generation zwischen 15 und 45 Jahren, zeigt freilich für eine derart formalrechtliche Grenzziehung kein Verständnis mehr und setzt sich darüber hinweg, ohne deswegen – und das unterscheidet unsere Zeit wesentlich von früheren Zeiten – ein schlechtes Gewissen zu verspüren. Solange die Kirche auf dieser Grundlage beharrt, wird sich die tiefe Kluft zwischen ihren Forderungen und dem Leben vieler ihrer Mitglieder nur noch vergrößern.

Während die Ehe früher in erster Linie als ein rechtlicher Vertrag gedeutet wurde, sieht die Theologie spätestens seit dem II. Vatikanischen Konzil (1962–1965) in ihr vornehmlich eine personale Lebens- und Liebesgemeinschaft von Mann und Frau. Dieser theologische Fortschritt, der gleichzeitig den Bruch mit einer jahrhundertealten Tradition anzeigt, schlug sich im neuen Kirchenrecht von 1983 dadurch nieder, daß es auf die seit Augustinus geltende Ehezwecklehre verzichtete. Wenn vorher eine Ehe für ungültig erklärt werden konnte, weil die Eheleute keine Kinder wollten, dürfte dies jetzt nicht mehr möglich sein.

Über Sinn und Wert sexueller Aktivitäten entscheidet in unserer Zeit vor allem anderen die persönliche Liebe, für die gegenseitige Verantwortung und Verlangen nach fester Bindung wesentlich sind. Ist eine so verstandene Liebesethik nicht auch der Kern jeder christlichen Sexualethik? Moraltheologie und Lehramt der Kirche müßten dabei zeigen, wie individuelle Freiheit und Selbstverantwortung miteinander verbunden werden können.

Nachdem die Kirche im Laufe von Jahrhunderten eine Theologie der Ehe entfaltet hat, sollte sie endlich zu einer *Theologie der Sexualität* kommen und dabei die Resultate der Humanwissenschaften, namentlich der Sexualforschung, nicht außer acht lassen. Dann wird sie nicht mehr nur von Dingen wie Samenvergeudung und Zeugungspflicht, Enthaltsamkeit und Ehehindernis reden, sondern zuerst den gesamtpersönlichen Wert der Sexualität und der Ehe vor Augen stellen. Dann wird auch die geschlechtliche Lust nicht mehr als teuflische List geschmäht, sondern als göttliches Geschenk gerühmt werden.

Erst wenn aus dem kirchlichen Eherecht des 2. Jahrtausends wieder eine Ehedisziplin wie im 1. Jahrtausend geworden ist, können grundsätzliche Fragen (Eheschließung, Ehescheidung, Geburtenregelung) und einzelne Aspekte (Masturbation, Homosexualität, Polygamie) in wahrhaft christlichem Geist neu beantwortet werden.

Da Christen bis in das 16. Jahrhundert hinein ohne Pfarrer kirchlich gültig heiraten konnten, wäre es der Kirchenobrigkeit heute ohne weiteres möglich, die zivile *Eheschließung* als vollgültige Ehe anzuerkennen. Mit dieser Änderung wäre auch das viele Seelsorger bedrückende Problem der kirchlich ungültigen Ehen erledigt. Ehepaare, die über die Zivilehe hinaus eine sakramentale Ehe eingehen wollen, würden damit einen ihrer Glaubensüberzeugung entsprechenden Wunsch bekunden. Erst wenn der Schritt zum Traualtar nicht mehr nur aus Konvention oder Tradition erfolgt, käme die sakramentale Qualität der christlichen Ehe wieder voll zur Geltung. So aber sehen die meisten Heiratswilligen in der kirchlichen Trauung kaum mehr als einen kirchenrechtlichen Zwang zur Unauflöslichkeit ihrer Ehe und eine folkloristische Veranstaltung.

Bis in die jüngste Vergangenheit wurde die Ehe zwischen Personen verschiedener Konfession, gewöhnlich *Mischehe* genannt, als ein glaubensgefährdendes Unternehmen angesehen. Die katholische Kirche verlangte deshalb, auch vom nichtkatholischen Ehepartner, weitreichende Garantieversprechen. Heute ist die Erlaubnis zu einer konfessionell gemischten Ehe nur noch eine Routineangelegenheit. Angesichts einer wachsenden Auszehrung des christlichen Glaubens müßten die Kirchenmänner froh sein, wenn zwei wirklich gläubige Christen, gleichgültig welcher Konfession, zu einer christlichen Ehe entschlossen sind. Aus demselben Grund auch sollten sie aber dort, wo diese Voraussetzungen und Erwartungen nicht gegeben sind, im Interesse des Glaubens von einer kirchlichen Trauung absehen.

Anders als früher, da viele Heiratswillige aus äußeren Gründen nicht heiraten durften, wollen heute immer mehr Katholiken überhaupt nicht offiziell heiraten, sondern ohne Trauschein zusammenleben oder auch nur zusammengehören. Die Zahl letzterer bewegt sich allein in der Bundesrepublik Deutschland um zwei Millionen. In Kreisen der Hierarchie deutet man diesen Umstand schnell als Promiskuität und meint deshalb, solchen »Konkubinariern« oder in »wilder Ehe« lebenden Kirchenmitgliedern den Empfang der Sakramente verweigern zu müssen. Bis vor kurzem gehörten sie noch zu den Exkommunizierten. Mit einer pauschalen Verurteilung wird man den unterschiedlichen Verhältnissen sicher nicht gerecht. Bei diesen Partnerschaften oder nichtehelichen Gemeinschaften (mit oder ohne Kind) wäre von seiten der Kirchen genau zu prüfen, ob Liebe und Treue als verbindlicher Maßstab gelten, ob innere und äußere Normen anerkannt werden oder ob tatsächlich ein leichtfertiger Partnerwechsel in Betracht gezogen und auch praktiziert wird. Es gibt Stufen und Grade der geschlechtlichen Begegnung und Liebe, deren Vollendung sich nicht allein mit der Eheschließungsurkunde anzeigen und garantieren läßt.

Die Ehe ist nicht eine Sache der Natur, sondern der menschlichen Kultur. Die in manchen Kulturkreisen heute noch, wie einst in Israel, übliche Polygamie ist nicht unbedingt als Verstoß gegen die Natur oder gegen ein göttliches Gebot zu verstehen, da Einheit und Unauflöslichkeit der Ehe nicht vom Naturrecht ableitbar sind.

Ob viele Katholiken deswegen nicht mehr heiraten, weil sie das Risiko einer *Scheidung*, die in der Kirche keine Gnade findet, vermeiden wollen? Ohne Zweifel hat Jesus die Unauflöslichkeit zum Ideal jeder christlichen Ehe erhoben; er verfügte aber nichts für den

Fall, daß eine Ehe scheitert. Jedenfalls steht die neutestamentliche Verpflichtung zur Versöhnung höher als die vom Kirchenrecht vorgesehene Trennung von Tisch und Bett.

Gestützt auf sogenannte Privilegien der Apostel Petrus und Paulus entschieden Ehegerichte der katholischen Kirche in ungezählten Fällen für die Auflösung einer gültig geschlossenen Ehe. Die als Annullierung (Ungültigkeitserklärung) bekannte Rechtsprechung führte jedoch zu einer bedenklichen Aushöhlung des Unauflöslichkeitsprinzips. Außerdem verrät manches Scheidungsurteil einen fragwürdigen Ehebegriff. Solange nämlich das petrinische Privileg gilt, demzufolge eine versprochene, aber sexuell nicht vollzogene Ehe getrennt, das heißt für ungültig erklärt werden kann, bleibt die Ehe zu einer biologischen Einrichtung degradiert. Hier müßten pastoral motivierte Lösungen, auch wenn sie auf eine Scheidung hinauslaufen, eindeutig den Vorrang haben vor kanonistischen Spitzfindigkeiten. Es kann und darf keine noch so verfahrene Situation geben, in der nicht Jesus als der von Sünde und Schuld befreiende Erlöser zu erreichen wäre. Dauernder Ausschluß von den Gnadenmitteln der Kirche steht in klarem Widerspruch zur Sendung Jesu, »der gekommen ist, um zu suchen und zu retten, was verloren war« (Lk 19,10).

Seit Papst Paul VI. in der Enzyklika »Humanae vitae« (1968) erklärt hat, daß jeder Geschlechtsakt für die Zeugung neuen Lebens offenbleiben müsse und deshalb jede Form einer künstlichen Empfängnisverhütung unsittlich sei, zählt die Methode der *Geburtenkontrolle* zu den umstrittensten innerkirchlichen Problemen. Selbst einzelne Bischöfe und Bischofskonferenzen verwiesen, um die empörten Gläubigen zu besänftigen, auf die Gewissensentscheidung der Eheleute. Ganz anders der jetzige Papst: Er duldet kein Abweichen von dem Weg, den schon Pius XI. im Rundschreiben »Casti connubii« (1930) gewiesen hat. »Wenn im ersten Augenblick der Veröffentlichung der Enzyklika noch eine gewisse Ratlosigkeit verständlich war, die sich auch in manchen bischöflichen Erklärungen niedergeschlagen hat«, betonte Johannes Paul II. im Juni 1987 vor den zu einem Ad-Limina-Besuch im Vatikan versammelten österreichischen Bischöfen, »so hat der Fortgang der Entwicklung die prophetische Kühnheit der aus der Weisheit des Glaubens geschöpften Weisung Pauls VI. immer eindringlicher bestätigt.«[3]

Da aber weder von der Bibel noch vom Naturgesetz eine konkrete moralische Forderung abgeleitet werden kann, müssen die Ehepartner selbst aufgrund ihrer jeweiligen Lage eine vernünftige und gewissenhafte Entscheidung über die Zeugung neuen Lebens oder die Verhinderung einer Empfängnis fällen. Im übrigen verdient eine Sexualmoral, die das heutige Weltbevölkerungsproblem ignoriert oder bagatellisiert, die Note »unmoralisch«. Die auch von Päpsten vorgebrachte Tröstung mit der göttlichen Vorsehung, die für alle Häslein auch ein Gräslein wachsen lasse, klingt bei der gegenwärtigen Situation der Menschheit wie bitterer Hohn.

Es ist höchste Zeit, daß das Lehramt die Diskussion über die zulässigen Methoden der Empfängnisverhütung ad acta legt und statt dessen um so größere Anstrengungen unternimmt, um den von dieser Problematik betroffenen Menschen zu zeigen, wie sie ein Eheleben in christlicher Verantwortung führen können. Nicht Gewissensentbindung durch autoritäre Weisungen, sondern Gewissensbildung müßte die vordringlichste Aufgabe aller Seelsorger sein. Dazu gehört beispielsweise die Instruktion, daß die Verhütung einer Empfängnis radikal verschieden ist von der Abtreibung einer Leibesfrucht oder, was leichter einsichtig ist, von der Tötung eines neugeborenen Kindes.

Gezeugtes und geborenes Leben unterscheidet sich wesentlich von männlicher Samen- und weiblicher Eizelle, weil erst deren beider Verbindung zum Entstehen eines neuen Lebens führen kann. Unter diesem Aspekt sollten auch alle offiziellen Urteile über Masturbation und Homosexualität revidiert werden.

Unermeßlich viele und schwere Gewissensnöte verursachte die Kirche vor allem bei jungen Katholiken, weil sie *Onanie* in jedem Fall als sündhaftes Tun hinstellte. Zu dieser Beurteilung konnte man nur auf dem Hintergrund einer sakralisierten Samentheorie kommen. Aus der Entwicklungspsychologie ist schon lange bekannt, daß onanistische Handlungen in der Pubertätszeit eine fast unumgängliche Durchgangsphase darstellen. Doch dem wider-

´sprach die Kongregation für die Glaubenslehre in ihrer Erklärung vom 29. Dezember 1975, indem sie die Tradition zu Hilfe rief: »Tatsache ist, daß sowohl das kirchliche Lehramt in seiner langen und stets gleichbleibenden Überlieferung als auch das sittliche Empfinden der Gläubigen niemals gezögert haben, die Masturbation als eine zumindest schwer ordnungswidrige Handlung zu brandmarken.«[4]

Homosexualität galt in den Augen der Kirche schon immer als ein schweres Vergehen. Doppelt schlimm ist es, wenn dies heute noch geschieht, da doch bekannt sein müßte, daß die wenigen Aussagen des Alten und Neuen Testaments in diesem Punkt keineswegs beweiskräftig sind. Trotzdem ist noch in der erwähnten Erklärung der Glaubenskongregation von 1975 zu lesen: »Nach der objektiven sittlichen Ordnung sind homosexuelle Beziehungen Handlungen, die ihrer wesentlichen und unerläßlichen Zuordnung beraubt sind. Sie werden in der Heiligen Schrift als schwere Verirrungen verurteilt und im letzten als die traurige Folge einer Verleugnung Gottes dargestellt.«[5] Homosexualität folgt also aus Atheismus! Solche Verdikte müssen in der gegenwärtigen Auseinandersetzung über die neu aufgetretene und schnell um sich greifende Immunschwächekrankheit (AIDS) – Homosexuelle gelten dafür als Risikogruppe Nr. 1 – verderblich wirken. Glücklicherweise sind nach harten Verurteilungen, die AIDS als eine Strafe, ja, als eine Geißel in der Hand Gottes bezeichneten, jetzt mehr pastorale Sorge und christliche Hilfe für alle mit AIDS infizierten Personen zu registrieren. Der Münchner Moraltheologe *Johannes Gründel* erinnerte in diesem Zusammenhang an des Christen erste Pflicht: »Für uns Christen sollte der Umgang mit AIDS-Kranken beispielhaft dafür sein, wie ernst wir es mit unserer Nächstenliebe meinen.«[6]

Zu den betrüblichsten Kapiteln in der Geschichte der Kirche zählt die seit Jahrhunderten – nicht aber schon in der apostolischen und nachapostolischen Zeit – andauernde Diffamierung und *Diskriminierung der Frau*. Diese Frauenfeindlichkeit, nicht selten bis zum Frauenhaß gesteigert, erwuchs innerhalb der Kirche aus dem Gedanken, daß die verdammenswerte böse Fleischeslust ihren hauptsächlichen Ausdruck im weiblichen Geschlecht finde. Wenn in jüngster Zeit ein Umdenken eingesetzt hat, geschah dies nicht so sehr aus Einsicht in die Verkehrtheit früherer Vorstellungen und Verordnungen, sondern vielmehr wegen des massiven Drucks, den in vorderster Front Frauen selbst auf die männliche Kirchenhierarchie ausüben. Um die vergiftete kirchliche Atmosphäre zu reinigen, müßte die oberste Kirchenautorität ein klares Schuldbekenntnis mit der Bitte um Verzeihung für unbeschreibliches Unrecht ablegen. Diesen Schritt erfordern nicht nur Massenvernichtungen wie zur Zeit der Hexenverfolgung mit ungefähr einer Million unschuldig getöteter Mädchen und Frauen, sondern ganz allgemein eine permanente Zurücksetzung und Unterdrückung der Frau in Gesellschaft und Kirche.

Auch die Vorstellung, daß die verheiratete Frau nicht so hoch zu schätzen sei wie die unverheiratete und diese wiederum niedriger als die gottgeweihte Jungfrau im Ordensstand, müßte schon lange der Vergangenheit angehören.

Erst wenn das Lehramt der Kirche entschieden hat, daß Frauen grundsätzlich zu allen kirchlichen Diensten fähig und auch berechtigt sind, wäre die volle Gleichberechtigung von Mann und Frau innerhalb der Kirche kein leeres Wort mehr. Bevor aber hier eine befriedigende Antwort erwartet werden kann, muß die nicht weniger dringliche Frage nach der Fortdauer des *Pflichtzölibats für Priester* im Sinn der Kirchengemeinden und des Priesterdienstes selbst neu gelöst werden. Solange es nicht wieder, wie im ersten Jahrtausend der Kirche, verheiratete und zölibatäre Priester gibt, hoffen Frauen vergebens, zu allen Stufen der kirchlichen Hierarchie zugelassen zu werden. Als Grundbedingung für viele neue Einsichten und praktische Konsequenzen müßte das Lehramt der Kirche bereit sein, die Sexualität als ein Grundproblem ohne Rücksicht auf bisherige Überlieferungen allein mit den Augen des Glaubens zu sehen. Daß dazu heute wenig Bereitschaft besteht, zeigte sich bei der 1987 stattgefundenen Bischofssynode zum Thema »Die Berufung und Sendung der Laien in Kirche und Welt« deutlich. »Von der Priesterweihe der Frau sprechen, war wie von einer Häresie sprechen«, meinte ein Bischof resigniert.[7]

Aus Meinungsumfragen und Selbstaussagen wissen wir, daß die

Mehrzahl der Katholiken, allen voran die jüngere Generation, von der Sexualmoral der Kirche nichts mehr wissen will. Sie erwartet, daß die Kirchenobrigkeit auf zeitbedingte, unbrauchbare Meinungen und Maßnahmen verzichtet. Daß die Kirche in Einzelfällen dazu fähig war, lehrt ein kurzer Blick in ihre Geschichte.

Als das IV. Laterankonzil im Jahre 1215 die Vielzahl der Verwandtschaftsgrade als Ehehindernis reduzierte, begründete es diesen Beschluß folgendermaßen: »Man darf es nicht als tadelnswert beurteilen, wenn entsprechend den veränderten Zeiten auch die menschlichen Gesetze geändert werden, zumal wenn eine dringende Notwendigkeit oder ein offenkundiger Nutzen das erfordert; denn Gott selbst hat manches von dem, was er im Alten Bund festgesetzt hatte, im Neuen Bund geändert.«[8]

Dasselbe Argument führte Jahrhunderte später Papst *Leo XIII.* in seiner Konstitution »Officiorum ac munerum« vom 15. Januar 1897 an, um die Revision der Index-Praxis einsichtig zu machen: »Da die Verhältnisse und die Menschen sich spürbar veränderten, hat die Kirche mit gewohnter Klugheit jeweils das getan, was den Zeitumständen gemäß für das Heil der Menschen angebracht und nützlich schien. Einige Vorschriften des Index, die inzwischen überholt waren, hat sie durch ein Dekret aufgehoben, andere ließ sie, milde und vorausschauend zugleich, außer Gewohnheit kommen.«[9]

Wenn die Kirche auch auf dem weitaus wichtigeren Sektor der Sexual- und Ehemoral immer dieser pastoralen Maxime gefolgt wäre, dann müßte sie heute nicht unnötige Lasten aufbürden und dann bräuchte sie sich nicht Rückständigkeit vorwerfen zu lassen. So aber schleppt die Kirche am Ende des 2. Jahrtausends einen moralischen Ballast mit sich, der ihr das Gehen schwer und vielen ihrer Mitglieder das Verstehen unmöglich macht. Wann wird sich die katholische Kirche von überholten Traditionen befreien und auf ihre Gläubigen befreiend wirken? Wann endlich?

Anmerkungen

Vorwort

1 *Heinrich Böll:* Querschnitte. Aus Interviews, Aufsätzen und Reden, Köln 1977, S. 190.

2 *Norbert Max Wildiers:* Kirche für eine größere Welt. Analyse – Kritik – Reform, Freiburg 1968, S. 41.

Einführung

1 Vgl. *Eduard Fehrle:* Die kultische Keuschheit im Altertum, Gießen 1910, S. 25–42.

2 *Eduard Meyer:* Geschichte des Altertums, Bd. I/1, Darmstadt [8]1965, S. 96.

3 *Platon:* Meisterdialoge. Phaidon – Symposion – Phaidros. Eingel. von *Otto Gigon,* übertr. von *Rudolf Rufener,* Zürich 1970, S. 44.

4 *Epiktet:* Die Kunst, vernünftig zu leben. Eingel. und übertr. von *W. Capelle,* Zürich 1970, S. 44.

5 *Herbert Haag:* Du hast mich verzaubert. Liebe und Sexualität in der Bibel, Zürich/Einsiedeln/Köln 1980, S. 25.

6 »Nuptiae autem sive matrimonium est viri et mulieris coniunctio, individuam consuetudinem vitae continens« (Institutiones Iustiniani 1,9) in: Corpus Iuris Civilis, Bd. I, Berlin 1882, S. 6.

7 Vgl. *Josef Müller:* Die Ehe im Völkerleben, Nürnberg [3]1925; Ders.: Das sexuelle Leben der Völker, Paderborn [3]1935.

8 *Eduard Meyer:* Geschichte des Altertums, Bd. I/2, S. 404.

9 *Josef Goldbrunner:* Personale Seelsorge. Tiefenpsychologie und Seelsorge, Freiburg 1954, S. 64.

10 *Joachim Illies:* Theologie der Sexualität. Die zweifache Herkunft der Liebe, Zürich [2]1983, S. 28.

11 *Walter Schubart:* Religion und Eros, München 1941, S. 8.

I. TEIL: SEXUALITÄT IN DER EHE

I. Wesen und Zweck der Ehe

1 Die Heilige Schrift des Alten und Neuen Testamentes, nach den Grundtexten übers. und hrsg. von *Vinzenz Hamp/Meinrad Stenzel/ Josef Kürzinger,* Würzburg ²¹1971, S. 795 f.

2 Vgl. *Herbert Haag:* So spricht keine Ehefrau zu ihrem Mann, in: Publik-Forum, 21. Dezember 1983.

3 *Günter Krinetzki:* Das Hohe Lied. Kommentar zu Gestalt und Kerygma eines alttestamentlichen Liebesliedes, Düsseldorf 1964.

4 Vgl. *Günter Krinetzki:* Kommentar zum Hohenlied. Bildsprache und theologische Botschaft, Frankfurt 1981.

5 Ebd., S. 43 f.

6 *Johannes Paul II.:* Die Erlösung des Leibes und die Sakramentalität der Ehe. Katechesen 1981–1984, hrsg. von *Norbert* und *Renate Martin,* Vallendar-Schönstatt 1985, S. 270 f.

7 Vgl. *Alexander Sand:* Der Begriff »Fleisch« in den Paulinischen Hauptbriefen, Regensburg 1967.

8 *Herbert Haag:* Du hast mich verzaubert, S. 26.

9 *Gerhard Friedrich:* Sexualität und Ehe. Rückfragen an das Neue Testament, Stuttgart 1977, S. 34.

10 *Joseph A. Fischer* (Hrsg.): Die Apostolischen Väter, Darmstadt 1970, S. 221.

11 Ebd., S. 255.

12 BKV, Bd. 1, 1871, S. 385.

13 Ebd., S. 279.

14 Ebd., S. 369.

15 Ebd., S. 388.

16 Mit »Fleisch versiegeln« meint Tertullian Ehelosigkeit geloben.

17 Ebd., S. 391 f.

18 BKV, 1875, S. 368, Anm. 1.

19 Ebd., S. 368.

20 Ebd., S. 371 f.

21 BKV, 2. Reihe, Bd. XVII, 1936, S. 254.

22 BKV, 1875, S. 369.

23 CSEL, Bd. 54, S. 174.

24 BKV, Bd. 7, 1882, S. 467 f.

25 Ebd., S. 147.

26 *Augustinus:* Bekenntnisse, übers. von *Joseph Bernhart,* Frankfurt 1987, S. 295.

27 Ebd., S. 419.

28 CSEL, Bd. 28, S. 279 f.

29 Ebd., S. 279 ff.

30 Conciliorum oecumenicorum decreta, Freiburg 1962, S. 643.

31 CSEL, Bd. 89, S. 27.

32 CSEL, Bd. 41, S. 191.

33 Katechismus nach dem Beschlusse des Konzils von Trient für die Pfarrer, Kirchen 1970, S. 320.

34 *Hugo Koch:* Virgo Eva – Virgo Maria, Berlin/Leipzig 1937, S. 67, Anm. 2.

35 *Derrick Sherwin Bailey:* Mann und Frau im christlichen Denken, Stuttgart 1963, S. 45.

36 BKV, Bd. 34, 1918, S. 64.

37 *Karl Baus:* Von der Urgemeinde zur frühchristlichen Großkirche, in: Handbuch der Kirchengeschichte, hrsg. von *Hubert Jedin,* Bd. I, Freiburg/Basel/Wien 1962, S. 339.

38 *Walter Schubart:* Religion und Eros, München 1941, S. 213.

39 Ebd., S. 214 f.

40 *Raymund Kottje:* Ehe und Eheverständnis in den vorgratianischen Bußbüchern, in: *Willy van Hoecke/Andries Welkenhuysen* (Hrsg.): Love and Marriage in the Twelfth Century, Leuven 1981, S. 36.

41 *Raymund Kottje:* Ehe und Eheverständnis, S. 33 f.

42 *Georges Duby:* Ritter, Frau und Priester. Die Ehe im feudalen Frankreich, Frankfurt 1985, S. 81 f.

43 *Cassiodor:* Vom Adel des Menschen. »De anima«, Einsiedeln 1965, S. 46.

44 PL, Bd. 95, S. 65.

45 *Max Scheler:* Wesen und Formen der Sympathie, Frankfurt ⁵1948, S. 127. Vgl. *Norbert Mette:* Kirchliche Sexualethik gegen gesellschaftliche Realität, Mainz 1971, S. 231.

46 Conciliorum oecumenicorum decreta, S. 282.

47 PL, Bd. 183, S. 1091.

48 PL, Bd. 195, S. 28.

49 PL, Bd. 176, S. 859.

50 *Leopold Brandl:* Die Sexualethik des hl. Albert Magnus, Regensburg 1955, S. 175.

51 *Thomas:* Summa theologiae. Supplementum, quaestio 49, articulus 5.

52 Vgl. *Basilius Binder:* Geschichte des feierlichen Ehesegens von der Entstehung der Ritualien bis zur Gegenwart, Metten 1938.

53 Katechismus, S. 254.

54 Vgl. *Iris Origo:* »Im Namen Gottes und des Geschäfts.« Lebensbild eines toskanischen Kaufmanns der Frührenaissance. Francesco di Marco Dantini 1335–1410, München 1985.

55 *Josef Neuner/Heinrich Roos:* Der Glaube der Kirche in den Urkunden der Lehrverkündigung, Regensburg ⁹1971, S. 469, Nr. 730.

56 *Josef Neuner/Heinrich Roos:* Der Glaube der Kirche, S. 472, Nr. 735.

57 Katechismus, S. 321.

58 Ebd., S. 251.

59 Ebd., S. 255–264.

60 *Paolo Segneri:* Beichtunterricht für Erwachsene, Regensburg 1852, S. 127f.

61 *Walter Schubart:* Religion und Eros, S. 253.

62 *Paolo Segneri:* Beichtunterricht, S. 127.

63 *Jean Delumeau:* Vorwort, in: *Th. Rey-Mermet:* Alfons von Liguori. Der Heilige der Aufklärung (1686–1787), Wien/Freiburg/Basel 1987.

64 *Alfons von Liguori:* Praktische Unterweisungen für Beichtväter oder Homo apostolicus, 2 Bde., Regensburg 1854.

65 *Alfons von Liguori:* Praktische Unterweisungen, Bd. I, S. 431.

66 Ebd., S. 432.

67 *Heribert Jone:* Katholische Moraltheologie, Paderborn 1935, ⁹1937.

68 Ebd., S. 184f.

69 Das 56.–62. Tausend der deutschen Ausgabe wurde erst 1986 gedruckt.

70 *Franz von Sales:* Philothea. Einführung in das Leben aus christlichem Glauben, Eichstätt/Wien 1986, S. 265.

71 Ebd., S. 166.

72 *Martin von Cochem:* Goldener Himmel-Schlüssel, oder sehr kräftiges, nützliches und trostreiches Gebet-Buch zur Erlösung der lieben Seelen des Fegfeuers... Zum besondern Gebrauch des andächtigen Weiber-Geschlechts, Augsburg 1804, S. 557f.

73 Ebd., S. 607f.

74 *Johann Diefenbach:* Führer der Jugend. Gebet- und Betrachtungsbuch für die katholische Jugend, München 1908, S. 165.

75 Ebd., S. 166.

76 *Josef Georg Ziegler:* Die Moraltheologie, in: Bilanz der Theologie im

20. Jahrhundert, hrsg. von *H. Vorgrimler/R. Vander Gucht*, Bd. III, Freiburg/Basel/Wien 1970, S. 320.

77 *Urbanus Navarrete:* Structura iuridica matrimonii secundum Concilium Vaticanum II. Momentum iuridicum amoris coniugalis, Rom 1968, ²1980.

78 AAS 22 (1930) 546f.

79 AAS 43 (1951) 845.

80 *Heribert Doms:* Vom Sinn und Zweck der Ehe, Breslau 1935.

81 AAS 34 (1944) 103.

82 AAS 50 (1958) 736.

83 *Ignaz Wrobel:* Von den Kränzen, der Abtreibung und dem Sakrament der Ehe, in: Die Weltbühne 27 (1931), S. 237–241. Tucholsky schrieb hier unter dem Pseudonym Wrobel.

84 *Johannes Paul II.:* Die Erlösung des Leibes und die Sakramentalität der Ehe, S. 297f.

85 *Heinrich Noldin:* Summa theologiae moralis, 3 Bde., Innsbruck 1901–1902. Noch im Jahr 1958 erschien die 33. Auflage.

86 *Josef Georg Ziegler:* Die Moraltheologie (Anm. 76), S. 325.

87 *Heribert Jone:* Katholische Moraltheologie, S. 179–181.

88 LThK. Das Zweite Vatikanische Konzil, Teil III, Freiburg/Basel/Wien 1968, S. 435–443.

89 Vgl. ebd., S. 443, Anm. 14.

90 *Bernhard Häring:* Das Gesetz Christi, Bd. III, München ⁸1967, S. 298.

91 *Bernhard Häring:* Frei in Christus. Moraltheologie für die Praxis des christlichen Lebens, Bd. II, Freiburg/Basel/Wien 1980, S. 524.

92 Gemeinsame Synode der Bistümer in der Bundesrepublik Deutschland. Ergänzungsband: Arbeitspapiere der Sachkommissionen, Bd. II, Freiburg/Basel/Wien 1977, S. 163–183.

93 Herder-Korrespondenz 30 (1976) 82–87.

94 Publik-Forum, 3. Mai 1985.

95 *Günter Amendt:* Normen zur Sexualpädagogik, in: Sexualpädagogik 7 (1979) ¹5.

96 Der Wortlaut ist in keiner offiziellen kirchlichen Dokumentation zu finden.

97 Herder-Korrespondenz 35 (1981) 368.

98 *Kurt Eichner/Werner Habermehl:* Der RALF-Report. Das Sexualverhalten der Deutschen, Hamburg 1978.

99 *Hans-Georg Liegener:* Sexualverhalten und Religiosität. Eine Umfrage unter Mitgliedern verschiedener BDKJ-Verbände, Düsseldorf

1980; *ders.*: Jugend ohne Normen? Eine Untersuchung zum Verhältnis katholischer Jugendlicher zur Sexualität, in: Diakonia 15 (1984) 259–261.

100 *Michael Müller:* Grundlagen der katholischen Sexualethik, Regensburg 1968, S. 47.

101 *Michael Müller:* Die Lehre des hl. Augustinus von der Paradiesesehe und ihre Auswirkung in der Sexualethik des 12. und 13. Jahrhunderts bis Thomas von Aquin, Regensburg 1954, S. 172 f.

102 Acta Synodalia Sacrosancti Concilii Oecumenici, Bd. IV/2, Città del Vaticano 1977, S. 626 f.

103 Katholischer Erwachsenen-Katechismus. Das Glaubensbekenntnis der Kirche, Bonn 1985, S. 133.

104 *Ludwig Kaufmann:* Ein ungelöster Kirchenkonflikt: Der Fall Pfürtner. Dokumente und zeitgeschichtliche Analysen, Freiburg 1987.

105 Niccolò Machiavelli: Der Fürst, Stuttgart 1986, S. 54 f.

II. Eheschließung

1 *J. A. Fischer* (Hrsg.): Die Apostolischen Väter, S. 221.

2 Domitius Ulpianus († 223), einflußreicher Jurist unter Alexander Severus.

3 *J. A. C. Thomas:* The Institutes of Justinian, Amsterdam/Oxford 1975 (Novellae 22,2).

4 Monumenta Germaniae Historica. Epistulae, Bd. VI, Berlin 1912, S. 570; Zitat bei *Lothar Heiser:* Die Responsa ad consulta Bulgarorum des Papstes Nikolaus I. (858–867), Trier 1979, S. 404.

5 PL, Bd. 176, S. 485; vgl. *Hans Zeimentz:* Die Ehe nach der Lehre der Frühscholastik, Düsseldorf 1973, S. 133.

6 PL, Bd. 192, S. 910.

7 *Emil Friedberg:* Corpus Iuris Canonici, Bd. I: Decretum Magistri Gratiani, Leipzig 1879 (Graz 1955), S. 1073.

8 *L. Heiser:* Die Responsa, S. 61.

9 Conciliorum oecumenicorum decreta, S. 234.

10 Vgl. *Rudolf Weigand:* Ehe und Familienrecht in der mittelalterlichen Stadt, in: *Alfred Haverkamp* (Hrsg.): Haus und Familie in der spätmittelalterlichen Stadt, Köln/Wien 1984, S. 173–177.

11 *Berthold von Regensburg:* Vollständige Ausgabe seiner Predigten, Bd. I, Berlin 1965, S. 317 f.

12 Katechismus, S. 252.

13 Conciliorum oecumenicorum decreta, S. 233 f.

14 *Thomas:* Summa theologiae II/II 154, 9.

15 Vgl. *Klaus-Jürgen Matz:* Pauperismus und Bevölkerung. Die gesetzlichen Ehebeschränkungen in den süddeutschen Staaten während des 19. Jahrhunderts, Stuttgart 1980.

16 Ebd., S. 194.

17 ASS 12 (1880) 394.

18 AAS 22 (1930) 544 f., 554 f.

19 *Josef Neuner/Heinrich Roos:* Der Glaube der Kirche, S. 471 f., Nr. 734.

20 Ebd., S. 472, Nr. 735.

21 LThK. Das Zweite Vatikanische Konzil, Bd. III, S. 429–433.

22 *Heinrich Denzinger/Adolf Schönmetzer:* Enchiridion symbolorum, definitionum et declarationum de rebus fidei et morum, Freiburg ^{36}1976, S. 500 f.

23 AAS 62 (1970) 257–263; CIC (1983) can. 1124–1127.

24 *Beate und Jörg Beyer:* Konfessionsverbindende Ehe. Impulse für Paare und Seelsorger, Mainz 1986.

III. Ehescheidung

1 *Herbert Haag/Katharina Elliger:* »Stört nicht die Liebe.« Die Diskriminierung der Sexualität – ein Verrat an der Bibel, Olten/Freiburg 1985, S. 216.

2 GCS, Bd. 42, Leipzig 1935, S. 340.

3 GCS, Bd. 25, Leipzig 1922, S. 368 f.

4 PG, Bd. 57.

5 PG, Bd. 48, S. 552.

6 PG, Bd. 57, S. 260.

7 CSEL, Bd. 41, S. 386.

8 CSEL, Bd. 41, S. 196.

9 *Reinhold Rau* (Hrsg.): Briefe des Bonifatius, Darmstadt 1968, S. 91.

10 Vgl. *Karl August Fink:* Frühe urkundliche Belege für die Auflösung des matrimonium ratum non consumatum durch päpstliche Dispensation, in: Zeitschrift der Savigny-Stiftung für die Rechtsgeschichte, kan. Abt. 77 (1960) 434–442.

11 Magnum Bullarium Romanum, Bd. VI/2, Rom 1760 (Graz 1965), S. 103 f.

12 Vgl. *Leo Weber:* Veit Adam von Gepeckh, Fürstbischof von Freising, 1618 bis 1651, München 1972, S. 504, Anm. 192.

13 *Josef Neuner/Herbert Roos:* Der Glaube der Kirche, S. 469, Nr. 730.

14 Ebd., S. 473, Nr. 741.

15 *Johann Christoph Hampe* (Hrsg.): Die Autorität der Freiheit, Bd. III, München 1967, S. 264–266.

16 *Heinrich Denzinger/Adolf Schönmetzer:* Enchiridion, S. 583, Nr. 2967.

17 *Arthur Utz/Brigitta von Galen:* Die katholische Sozialdoktrin in ihrer geschichtlichen Entfaltung, Bd. II, Aachen 1975, S. 1167.

18 LThK. Das Zweite Vatikanische Konzil, Bd. III, S. 431.

19 *Johannes Paul II.:* Apostolisches Schreiben über die Aufgaben der christlichen Familie in der Welt von heute, Freiburg/Basel/Wien 1982, S. 42.

20 Ebd., S. 156 f.

21 Ebd., S. 157.

22 Herder-Korrespondenz 2 (1949) 507.

23 *Bernhard Häring:* Noch nicht gelöste Probleme in der Mischehenfrage, in: Orientierung 34 (1970) 134.

24 *Matthäus Kaiser:* Geschieden und wieder verheiratet. Beurteilung der Ehen von Geschiedenen, die wieder heiraten, Regensburg 1983, S. 96 f.

25 *Wolfgang Trilling:* Zum Thema: Ehe und Ehescheidung im Neuen Testament, in: Theologie und Glaube 74 (1984) 405.

IV. Geburtenregelung

1 *Hedi Heres:* Kinder kriagn und Kinder wiagn. Brauchtum um Mutter und Kind in Bayern und seinen Nachbarländern, Dachau 1986, S. 18.

2 *John T. Noonan:* Empfängnisverhütung. Geschichte ihrer Beurteilung in der katholischen Theologie und im kanonischen Recht, Mainz 1969, S. 291, Anm. 10.

3 Ebd., S. 174 f.

4 Ebd., S. 238.

5 *Thomas:* Summa theologiae II/II 154, 11.

6 *John T. Noonan:* Empfängnisverhütung, S. 278.

7 Ebd., S. 290.

8 Ebd., S. 331 f.

9 Ebd., S. 333.

10 Katechismus, S. 255 f.

11 *Arthur Utz/Brigitta von Galen:* Die katholische Sozialdoktrin, Bd. II, S. 1233.

12 *Marianne Weber:* Die Ideale der Geschlechtergemeinschaft, Berlin 1929.

13 *Matthias Laros:* Revolutionierung der Ehe, in: Hochland 27 (1930) 193–207.

14 *Max Pribilla:* Zur katholischen Ehemoral, in: Stimmen der Zeit 120 (1931) 261.

15 *Peter Gay:* Erziehung der Sinne. Sexualität im bürgerlichen Zeitalter, München 1985, S. 267.

16 *Pierre de Locht:* Gibt es in der Kirche Freiheit zum Gehorsam gegen den Heiligen Geist? in: Concilium 16 (1980) 632.

17 Glaubensverkündigung für Erwachsene. Deutsche Ausgabe des Holländischen Katechismus, Freiburg/Basel/Wien 1969.

18 Ebd., S. 448–450.

19 Paris 1984; deutsche Übersetzung mit dem Titel: Glaube zum Leben. Die christliche Botschaft, Freiburg/Basel/Wien 1986.

20 »Humanae vitae«. Über die Geburtenregelung. Enzyklika Papst Pauls VI. vom 25. Juli 1968, Recklinghausen 1968, S. 12.

21 Herder-Korrespondenz 22 (1968) 486.

22 *Günther Hunold:* Papst und Pille. Empfängnisregelung im Spiegel von Kirche und Welt, München 1969, S. 145.

23 *Arthur Kaufmann:* Leserbrief, in: Süddeutsche Zeitung, 18./19. August 1984.

24 *Wolfgang Cyran:* Verantwortete Elternschaft. Kritische Anmerkungen zur Enzyklika Humanae vitae, Frankfurt 1981, S. 154.

25 *Ferdinand W. Menne:* Kirchliche Sexualethik gegen gesellschaftliche Realität, München 1971, S. 184.

26 Die Zwölfapostellehre, Freiburg ²1954, S. 19.

27 PG, Bd. 6, S. 969.

29 CSEL, Bd. 69, S. 24.

29 *H. Kraft* (Hrsg.): Texte der Kirchenväter, Bd. III, München 1964, S. 632.

30 Glaube zum Leben. Die christliche Botschaft, Freiburg/Basel/Wien 1986, S. 474.

II. Teil: SEXUALITÄT AUSSERHALB DER EHE

I. Geschlechtsverkehr vor und außerhalb der Ehe

1 Vgl. *Herbert Haag/Katharina Elliger:* »Stört nicht die Liebe«, S. 82–90.
2 PL, Bd. 192, S. 909.
3 *C. Drees:* Der Christenspiegel des Dietrich Kolde von Münster, Werl 1954, S. 14.
4 *Reinhard Sieder:* Ehe, Fortpflanzung und Sexualität, in: *Michael Mitterauer/Reinhard Sieder* (Hrsg.): Vom Patriarchat zur Partnerschaft. Zum Strukturwandel der Familie, München 1977, S. 151.
5 Ebd., S. 154.
6 Vgl. *Bruno Schlegelberger:* Vor- und außerehelicher Geschlechtsverkehr. Die Stellung der katholischen Moraltheologen seit Alfons von Liguori, Remscheid 1970, S. 51.
7 *Bernhard Häring:* Frei in Christus, Bd. II, S. 529.
8 AAS 22 (1930) 546.
9 *B. Schlegelberger:* Vor- und außerehelicher Geschlechtsverkehr, S. 232.
10 *J. D. Mansi:* Sacrorum conciliorum nova et amplissima collectio, Bd. 23, Venedig 1779 (Graz 1961), S. 23 (Synode von Narbonne 1227).
11 *E. M. Löwenstein:* Die Bekämpfung des Konkubinats in der Rechtsentwicklung, Breslau 1919, S. 63.
12 *Sigmund Kripp:* Und Gott lächelt, wenn sie spielen. Sexualität und persönliche Entfaltung – kein Mensch ist zu jung für die Liebe, in: Die Zeit, 12. Mai 1978.
13 ferment (1975) Nr. 5–6: Der werfe den ersten Stein. Sexualität und Toleranz.

II. »Abnormitäten«

1. Onanie

1 *Heinrich Denzinger/Adolf Schönmetzer:* Enchiridion, S. 226, Nr. 688.
2 *Jean-Louis Flandrin:* Späte Heirat und Sexualleben, in: *Claudia Hon-*

egger (Hrsg.): Schrift und Materie der Geschichte. Vorschläge zur systematischen Aneignung historischer Prozesse, Frankfurt 1977, S. 286.

3 Ebd., S. 286.

4 Das zweibändige Opus erschien noch im Jahr 1951 in 17. Auflage.

5 *Eduard Génicot:* Institutiones theologiae moralis, Bd. II, Löwen/ Brüssel 1931, S. 496–501.

6 Decisiones Sanctae Sedis de usu et abusu matrimonii, Rom ²1944, S. 130.

7 *Michael Chinigo* (Hrsg.): Der Papst sagt. Lehren Pius' XII., Frankfurt 1955, S. 97.

8 Herder-Korrespondenz 30 (1976) 84 f.

9 *Sigmund Freud:* Studienausgabe, Bd. IX, Frankfurt 1975, S. 13–32.

2. Kastration

1 PG, Bd. 42, S. 805.

2 Conciliorum oecumenicorum decreta, S. 5.

3 PG, Bd. 58, S. 600.

4 DThA, Bd. 18, S. 183.

5 *Abaelard.* Die Leidensgeschichte und der Briefwechsel mit Heloisa, Heidelberg ⁴1979, S. 31.

6 *Peter Browe:* Zur Geschichte der Entmannung. Eine religions- und rechtsgeschichtliche Studie, Breslau 1936, S. 106, Anm. 8.

7 Vgl. *Gerhard Müller:* Hat Papst Clemens XIV. die Kastration von Sängerknaben verboten?, in: Zeitschrift für Kirchengeschichte 68 (1957) 129–131.

8 *Bernhard Häring:* Das Gesetz Christi, Bd. III, S. 259.

9 *Peter Browe:* Zur Geschichte der Entmannung, S. 101 f.

10 *Bernhard Stasiewski:* Akten deutscher Bischöfe über die Lage der Kirche 1933–1945, Bd. I, Mainz 1968, S. 393.

11 *Josef Mayer:* Gesetzliche Unfruchtbarmachung Geisteskranker, Freiburg 1927, S. 111.

3. Homosexualität

1 *Augustinus.* Bekenntnisse, Frankfurt 1987, S. 120–122.

2 Conciliorum oecumenicorum decreta, S. 193.

3 *Jean-Louis Flandrin:* Späte Heirat, S. 278.

4 *Karl Hefele:* Der hl. Bernhardin von Siena und die franziskanische Wanderpredigt in Italien während des XV. Jahrhunderts, Freiburg 1912, S. 40.

5 *Ernst Piper:* Savonarola. Umtriebe eines Politikers und Puritaners im Florenz der Medici, Berlin 1979, S. 68.

6 *Johann Baptist Hirscher:* Christliche Moral als Lehre von der Verwirklichung des göttlichen Reiches in der Menschheit, Bd. III, Tübingen 1835, S. 541.

7 *Bernhard Häring:* Das Gesetz Christi, Bd. III, S. 311.

8 Herder-Korrespondenz 30 (1976) 84.

9 Verlautbarungen des Apostolischen Stuhls, Nr. 51, Bonn 1984, S. 39.

10 Emanzipation (1976) 5.

11 imprimatur 12 (1979) 155–160.

12 Herder-Korrespondenz 41 (1987) 26.

13 Publik-Forum, 17. April 1981.

14 *Wunibald Müller:* Priester als Seelsorger für Homosexuelle, Düsseldorf 1979, S. 124. Vgl. *ders.:* Homosexualität – eine Herausforderung für Theologie und Seelsorge, Mainz 1986.

15 *Hans Georg Wiedemann:* Schwul und dennoch Christ? Homosexuell liebende Menschen in der katholischen Kirche, in: *Siegfried Rudolf Dunde* (Hrsg.): Katholisch und rebellisch. Ein Wegweiser durch die andere Kirche, Reinbek 1984, S. 164.

16 *Wunibald Müller:* Priester als Seelsorger für Homosexuelle, S. 114.

4. Prostitution

1 *Adolf Köberle:* Partner im Zeugnis der Bibel, Kassel 1979, S. 19.

2 *Herbert Haag/Katharina Elliger:* »Stört nicht die Liebe«, S. 95.

3 *D. S. Baily:* Mann und Frau im christlichen Denken, S. 144.

4 Ebd., S. 144f.

5 *Anette Kuhn* (Hrsg.): Frauen im Mittelalter, Bd. I, Düsseldorf 1983, S. 318.

6 Ebd., S. 324f.

7 Frankfurter Allgemeine Zeitung, 15. März 1986.

5. Illegitimität

1 *Norbert Elias:* Wandlungen des Verhaltens in den weltlichen Oberschichten des Abendlandes, Bd. I, München ²1969, S. 251.
2 *Rolf Sprandel:* Die Diskriminierung der unehelichen Kinder im Mittelalter, in: *Jochen Martin / August Nitschke* (Hrsg.): Zur Sozialgeschichte der Kindheit, Frankfurt / München 1986, S. 487.
3 Ebd., S. 502.
4 *Rudolf Reiser:* Die bewegte Geschichte des Holnstein Palais, in: Süddeutsche Zeitung, 2./3. Mai 1987.
5 Vgl. *Horst Herrmann:* Die Stellung unehelicher Kinder nach kanonischem Recht, Amsterdam 1971.
6 *Michael Mitterauer:* Ledige Mütter. Zur Geschichte unehelicher Geburten in Europa, München 1983, S. 20.
7 Generalien-Sammlung der Erzdiözese München und Freysing, Bd. I, München 1847, S. 88.
8 Pastoral-Blatt für die Erzdiözese Bamberg, Nr. 9, 15. Mai 1859.
9 Ebd., Nr. 21, 31. Juli 1860.
10 Ebd., Nr. 5, 20. Februar 1861; Nr. 7, 10. März 1861.
11 Ebd., Nr. 34, 10. Dezember 1862.

6. Polygamie

1 PG, Bd. 47, S. 495.
2 PG, Bd. 35, S. 122.
3 *Reinhold Rau* (Hrsg.): Briefe des Bonifatius, Darmstadt 1968, S. 101.
4 *Thomas:* Summa theologiae, Suppl. III, art. 65.
5 LThK. Das Zweite Vatikanische Konzil, Bd. III, S. 427.
6 *Walbert Bühlmann:* Wo der Glaube lebt. Einblicke in die Lage der Weltkirche, Freiburg / Basel / Wien 1974, S. 248.

Exkurs: Gefahrenzonen

1. Baden

1 Die Benediktsregel. Eine Anleitung zu christlichem Leben, Zürich / Einsiedeln / Köln 1980, S. 178.

2 *Pericles-Petros Ioannou:* Les canons des synodes particulières, Bd. I/2, Grottaferrata 1962, S. 143.

3 Ebd., S. 214.

4 Auf einem Kalenderblatt (ohne Nachweis).

5 Um Sitte und Sittlichkeit. Ein Kommentar zu den katholischen Leitsätzen und Weisungen zu verschiedenen bestimmten modernen Sittlichkeitsfragen, Düsseldorf 1926, S. 130.

2. Tanz

1 *Carl Andresen:* Altchristliche Kritik am Tanz – ein Ausschnitt aus dem Kampf der alten Kirche gegen heidnische Sitte, in: Zeitschrift für Kirchengeschichte 72 (1961) 253.

2 AAS 13 (1921) 39.

3 AAS 14 (1922) 679.

4 Amtsblatt für die Erzdiözese Bamberg, 18. Februar 1925.

5 *Konrad Preysing:* Gesellschaftssitte und Sittengesetz, München 1927, S. 32.

6 Das Schreiben ging allen Priestern zu, wurde aber nicht im Amtsblatt publiziert.

7 LThK, Bd. IX, 1964, S. 1294.

8 *Bernhard Häring:* Das Gesetz Christi, Bd. III, S. 314.

3. Turnen

1 AAS 22 (1930) 27.

2 Um Sitte und Sittlichkeit, Düsseldorf 1926, S. 137.

III. Teil: SEXUALITÄT DER FRAU

I. Die Frau als Untergebene des Mannes

1 *Erich Fromm:* Märchen, Mythen, Träume, Zürich 1957, S. 197.

2 *Johannes Leipoldt:* Die Frau in der antiken Welt und im Urchristentum, Gütersloh 1962, S. 35.

3 *Ernest Bornemann:* Das Patriarchat. Ursprung und Zukunft unseres Gesellschaftssystems, Frankfurt 1975, S. 198.

4 *Gerda Weiler:* Ich verwerfe im Lande die Kriege. Das verborgene Matriarchat im Alten Testament, München 1985, S. 128.

5 Diese Vorstellung kehrt später bei Theologen der Scholastik wieder.

6 *Johannes Leipoldt:* Die Frau in der antiken Welt, S. 85 f.

7 *Werner Schöllgen:* Die soziologischen Grundlagen der katholischen Sittenlehre, Düsseldorf 1953, S. 141.

8 *Sidney C. Callahan:* The Illusion of Eve, New York 1965, S. 37.

9 Vgl. *Josef Burri:* »als Mann und Frau schuf er sie«. Differenz der Geschlechter aus moral- und praktisch-theologischer Sicht, Zürich 1977, S. 145 f.

10 CSEL, Bd. 50, S. 243; vgl. *Ida Raming:* Der Ausschluß der Frau vom priesterlichen Amt. Gottgewollte Tradition oder Diskriminierung? Köln 1973, S. 52–54.

10a *Ilsemarie Mundle:* Augustinus und Aristoteles und ihr Einfluß auf die Einschätzung der Frau in Antike und Christentum, in: Jahrbuch für Antike und Christentum 22 (1979) 66.

11 *Hildegard von Bingen:* Gott sehen, hrsg. von *Heinrich Schipperges,* München/Zürich 1985, S. 151.

12 St. Teresa of Avila: Way of Perfection, übers. von *E. Allison Peers,* London 1977, S. 13.

13 *Irene Behn:* Spanische Mystik, Düsseldorf 1957, S. 265.

14 *Christine de Pizan:* »Das Buch von der Stadt der Frauen«, Berlin 1986, S. 94.

15 *Elisabeth Gössmann* (Hrsg.): Das wohlgelahrte Frauenzimmer, München 1984, S. 30.

16 *Erasmus von Rotterdam:* Colloquia familiaria. Vertraute Gespräche, hrsg. von *Herbert Rädle,* Stuttgart 1984, S. 17.

17 *Annegret Stopczyk:* Was Philosophen über Frauen denken, München 1980, S. 60–67.

18 *Michael Dallapiazza:* Minne, Hûsêre und das ehlich Leben. Zur Konstitution bürgerlicher Lebensmuster in spätmittelalterlichen und frühhumanistischen Didaktiken, Frankfurt/Bern 1981, S. 97 f.

19 *Dietrich Reichling* (Hrsg.): Juan Luis Vives. Ausgewählte pädagogische Schriften des Desiderius Erasmus. Johannes Ludovicus Vives' pädagogische Schriften, Freiburg 1896, S. 380–409. Die Schrift, 1523 erstmals erschienen, erlebte 40 Auflagen und Übersetzungen.

20 *Friederike Höher:* Hexe, Maria und Hausmutter. Zur Geschichte der Weiblichkeit im Spätmittelalter, in: *Annette Kuhn/Jörn Rüsen* (Hrsg.): Frauen in der Geschichte, Bd. III, Düsseldorf 1983, S. 51.

21 *Martin Luther:* Werke, Bd. 42, Graz 1964, S. 79.

22 *François Fénelon:* Über die Erziehung der Mädchen, Paderborn 1956, S. 112.

23 *Arthur Utz / Brigitta von Galen:* Die katholische Sozialdoktrin, Bd. II, Aalen 1976, S. 1217.

24 Herder-Korrespondenz 17 (1962/63) 479.

25 LThK. Das Zweite Vatikanische Konzil, Bd. III, S. 309.

26 Ebd., S. 369.

27 Gemeinsame Synode der Bistümer in der Bundesrepublik Deutschland. Beschlüsse der Vollversammlung, Bd. I, Freiburg/Basel/Wien 1976, S. 633.

28 *Corinna Reinke:* Sie kämpfen für die Hälfte des Himmels, in: Deutsches Allgemeines Sonntagsblatt, 17. Mai 1987.

29 Ebd.

II. Die Frau als Sünderin oder Heilige

1 *H. Kraft* (Hrsg.): Texte der Kirchenväter, Bd. III, München 1964, S. 614.

2 CCL, Bd. 2, S. 1220.

3 PG, Bd. 26, S. 1058.

4 PL, Bd. 46, S. 937 f.

5 *Heinrich Denzinger / Adolf Schönmetzer:* Enchiridion, S. 427, Nr. 1880.

6 *Josef Neuner / Heinrich Roos:* Der Glaube der Kirche, S. 323, Nr. 470.

7 BKV, Bd. 44, 1923, S. 220 u. S. 223.

8 *Thomas:* Compendium theologiae, Heidelberg 1963, S. 390.

9 Ebd., S. 395.

10 Ebd., S. 408.

11 Katechismus, S. 37 f.

12 Katholischer Erwachsenen-Katechismus, S. 174–178.

13 *Matthias Premm:* Katholische Glaubenskunde. Ein Lehrbuch der Dogmatik, Bd. II, Wien 1952, S. 352–357.

14 *Rudolf Pesch:* Das Markusevangelium, I. Teil, Freiburg 1976, S. 324.

15 In der 1. Auflage hieß es »ist sekundär«.

16 Rudolf Pesch: Das Markusevangelium, I. Teil, Freiburg ²1977, S. 324.

17 *Gerhard Lohfink:* Gehört die Jungfrauengeburt zur biblischen Heilsbotschaft? in: Tübinger Theologische Quartalschrift 159 (1979) 306.

18 Münchner Katholische Kirchenzeitung, 13. Januar 1985.

19 Ulrichsblatt. Kirchenzeitung für die Diözese Augsburg, 7. Dezember 1986.

20 *Georg Söll:* Maria in der Geschichte von Theologie und Frömmigkeit, in: *Wolfgang Beinert / Heinrich Petri* (Hrsg.): Handbuch der Marienkunde, Regensburg 1984, S. 120.

21 Ebd., S. 122.

22 Ebd., S. 170.

23 Ebd., S. 208.

24 Münchner Katholische Kirchenzeitung, 31. Januar 1982. Vgl. auch *Margarete Dotzler:* Ermutigungen – Entmutigungen, in: *Norbert Sommer* (Hrsg.): »Nennt uns nicht Brüder!« Frauen in der Kirche durchbrechen das Schweigen, Stuttgart 1985, S. 260–268.

25 Frankfurter Rundschau, 17. Oktober 1985.

26 Kopie des Schreibens in meinem Privatbesitz.

27 *H. Kraft* (Hrsg.): Texte der Kirchenväter, Bd. III, S. 693.

28 Ebd., S. 683.

29 *Georges Duby:* Ritter, Frau und Priester. Die Ehe im feudalen Frankreich, Frankfurt 1985, S. 67.

30 *Bruno Neundorfer:* Leben und Legende. Die Bildwerke am Grab des Kaiserpaares Heinrich und Kunigunde im Bamberger Dom, Bamberg 1985, S. 32–42.

31 PG, Bd. 30, S. 820.

32 *Hans-Georg Beck:* Byzantinisches Erotikon, München 1984, S. 36.

33 Analecta Praemonstratensia 5 (1929) 10f.

34 *Shulamith Sahar:* Die Frau im Mittelalter, Königstein 1981, S. 39.

35 PL, Bd. 103, S. 1091.

36 *Wolfgang Beinert* (Hrsg.): Frauenbefreiung und Kirche, Regensburg 1987, S. 135.

37 *Franz von Sales:* Werke, Bd. 6, Eichstätt 1966, S. 66.

38 Kopie in meinem Privatbesitz. Die Empfehlungen wurden nicht offiziell publiziert.

39 Die Feier der Abts-, Äbtissinnen- und Jungfrauenweihe in den katholischen Bistümern des deutschen Sprachgebietes, Einsiedeln / Köln 1974, S. 48–67.

40 PL, Bd. 26, S. 566f.

41 *Gregor von Tours:* Zehn Bücher Geschichten, hrsg. von *Rudolf Buchner,* Darmstadt 1964, S. 189.

42 *E. Friedberg:* Corpus Iuris Canonici, Bd. I: Decretum Gratiani, S. 430.

43 DThA, Bd. 7, S. 43.

44 DThA, Bd. 21, S. 384 f.

45 *Gottfried Bachl:* Die Frau zwischen Dämonisierung und Idealisierung, in: Kunst und Kirche (1984) Heft 3, S. 195.

46 PL, Bd. 176, S. 284.

47 Kirchenlied. Eine Auslese geistlicher Lieder, Bd. 1, Freiburg ³1967, S. 114.

III. Die Frau als Hexe

1 *Thomas:* Quaestiones disputatae de malo, q. 16 art. 9 ad 1.

2 *Jakob Sprenger / Heinrich Institoris:* Der Hexenhammer (Malleus maleficarum), München 1982, S. 108.

3 Ebd., S. 98.

4 Ebd., S. 99.

5 Ebd., S. 107.

6 Ebd., S. 106.

7 *Vgl. Friedrich von Spee:* Cauto criminalis, München 1982, S. 45–47.

8 *Erika Wisselinck:* Hexen. Warum wir so wenig von ihrer Geschichte erfahren und was davon auch noch falsch ist, München ²1987, S. 26.

9 *Edward Lucie-Smith:* Johanna von Orleans. Eine Biographie, Düsseldorf 1977, S. 247 f.

10 *Hartmut Steinbach:* Jeanne d'Arc. Wirklichkeit und Legende, Zürich / Frankfurt 1973, S. 64 f.

IV. Die Frau als Liturgin

1 *Christoph Stücklin:* Tertullian. De virginibus velandis. Übersetzung, Einleitung, Kommentar. Ein Beitrag zur altkirchlichen Frauenfrage, Bern / Frankfurt 1974, S. 45.

2 *Franz Xaver Funk:* Didascalia et constitutiones apostolorum, Bd. I, Paderborn 1905, S. 201.

3 PG, Bd. 42, S. 744.

4 PG, Bd. 130, S. 987 f.

5 PL, Bd. 59, S. 55.

6 *Haye van der Meer:* Priestertum der Frau? Eine theologiegeschichtliche Untersuchung, Freiburg 1969, S. 118.

7 DThA, Bd. 32, Graz 1985, S. 311.

8 DThA, Bd. 23, S. 150.

9 AAS 1 (1909) 175.

10 AAS 72 (1980) 338.

10a *Beneden, Pierre van:* Haben Laien die Eucharistie ohne Ordinierte gefeiert? in: Archiv für Liturgiewissenschaft 29 (1987) 31–46.

11 Gemeinsame Synode der Bistümer in der Bundesrepublik Deutschland, Bd. I, Freiburg/Basel/Wien 1976, S. 611.

12 Ulrichsblatt. Kirchenzeitung für die Diözese Augsburg, 13. Dezember 1981. Vgl. neuestens *Ernst Gutting:* Offensive gegen den Patriarchalismus. Für eine menschlichere Welt, Freiburg/Basel/Wien 1987.

13 *Wolfgang Beinert* (Hrsg.): Frauenbefreiung und Kirche. Darstellung – Analyse – Dokumentation, Regensburg 1987, S. 162–170.

14 Ebd., S. 165–166.

15 Ebd., S. 227.

16 Herder-Korrespondenz 25 (1971) 593.

17 *Norbert Sommer* (Hrsg.): »Nennt uns nicht Brüder!« Frauen in der Kirche durchbrechen das Schweigen, Stuttgart 1985.

18 Ebd., S. 78.

19 *Peter B. Medawar:* Ratschläge für einen jungen Wissenschaftler, München/Zürich 1984, S. 46f.

20 Christ in der Gegenwart, 2. März 1986.

21 *Eugen J. Cooper:* Sexualität und Religion – unvereinbare Gegensätze? in: Anzeiger für die Seelsorge 90 (1981) 173.

Bilanz und Ausblick

1 *Gerhard Krems/Reinhard Mumm* (Hrsg.): Theologie der Ehe, Regensburg 1969, S. 93.

2 *Friedrich Nietzsche:* Werke in drei Bänden, Bd. 1, München 1954, S. 1062.

3 Münchner Katholische Kirchenzeitung, 5. Juli 1987.

4 Herder-Korrespondenz 30 (1976) 84.

5 Ebd., S. 84.

6 *August Wilhelm von Eiff/Johannes Gründel:* Von AIDS herausgefordert. Medizinisch-ethische Orientierungen, Freiburg/Basel/Wien 1987, S. 100.

7 *Ludwig Kaufmann*: Verdrängte die Synode die Frauenfrage? in: Orientierung 51 (1987) 227.

8 Conciliorum oecumenicorum decreta, Freiburg 1962, S. 233.

9 *Arthur Utz / Brigitta von Galen*: Die katholische Sozialdoktrin in ihrer geschichtlichen Entfaltung. Bd. II, Aachen 1975, S. 1535.

Abkürzungen

AAS	Acta Apostolicae Sedis
ASS	Acta Sanctae Sedis
BKV	Bibliothek der Kirchenväter
CCL	Corpus Christianorum. Series latina
CIC	Codex Iuris Canonici
CSEL	Corpus Scriptorum Ecclesiasticorum Latinorum
DThA	Die Deutsche Thomas-Ausgabe
GCS	Griechische Christliche Schriftsteller der ersten drei Jahrhunderte
LThK	Lexikon für Theologie und Kirche
PG	Patrologiae cursus completus. Series graeca
PL	Patrologiae cursus completus. Series latina

Literaturverzeichnis

Adam, August: Der Primat der Liebe. Eine Untersuchung über die Einord-
nung der Sexualmoral in das Sittengesetz, Köln/Krefeld 1948.

Ariès, Philippe/Béjin, André (Hrsg.): Die Masken des Begehrens und die
Metamorphosen der Sinnlichkeit. Zur Geschichte der Sexualität im
Abendland, Frankfurt/Main 1984.

Aubert, Jean Marie: La Femme. Antiféminisme et Christianisme, Paris
1975.

Auer, Alfons: Zweierlei Sexualethik. Kritische Bemerkungen zur »Erklärung« der römischen Glaubenskongregation »zu einigen Fragen der Sexualethik«, in: Theologische Quartalschrift 156 (1976) 148–158.

Bailey, Derrick Sherwin: Mann und Frau im christlichen Denken, Stuttgart
1963.

Baltensweiler, Heinrich: Die Ehe im Neuen Testament. Exegetische Untersuchungen über Ehe, Ehelosigkeit und Ehescheidung, Zürich/Stuttgart
1967.

Bartholomäus, Wolfgang: Glut der Begierde. Sprache der Liebe. Unter-
wegs zur ganzen Sexualität, München 1987.

Baumert, Norbert: Ehelosigkeit und Ehe im Herrn. Eine Neuinterpretation
von 1 Kor 7, Würzburg 1984.

Beaupère, René u. a.: Die Ehe. Zur aktuellen theologischen Diskussion,
Freiburg/Basel/Wien 1969.

Beck, Hans-Georg: Byzantinisches Erotikon, München 1984.

Beinert, Wolfgang (Hrsg.): Frauenbefreiung und Kirche. Darstellung –
Analyse – Dokumentation, Regensburg 1987.

Bernos, Marcel u. a.: Le fruit défendu. Les chrétiens et la sexualité de l'anti-
quité à nos jours, Paris 1985.

Bernt, Dietmar: Konfliktfeld Sexualerziehung in der Schule, Frankfurt
1983.

Beuys, Barbara: Familienleben in Deutschland. Neue Bilder aus der deutschen Vergangenheit, Reinbek 1980.

Binder, Basilius: Geschichte des feierlichen Ehesegens von der Entstehung

der Ritualien bis zur Gegenwart mit Berücksichtigung damit zusammen-
hängender Sitten und Bräuche, Metten 1938.

Bleistein, Roman: Sexualerziehung zwischen Tabu und Ideologie, Würzburg 1971.
– Jugendmoral. Tatsachen, Deutungen, Hilfen, Würzburg 1979.

Bleske, Elisabeth: Konfliktfeld Ehe und christliche Ethik, München 1981.

Böckle, Franz (Hrsg.): Menschliche Sexualität und kirchliche Sexualmoral. Ein Dauerkonflikt?, Düsseldorf 1977.

Borst, Arno: Lebensformen im Mittelalter, Berlin 1979.

Borst, Otto: Alltagsleben im Mittelalter, Frankfurt 1983.

Brandl, Leopold: Die Sexualität des heiligen Albert Magnus, Regensburg
1955.

Browe, Peter: Beiträge zur Sexualethik des Mittelalters, Breslau 1932.

Bruns, Bernhard: Ehescheidung und Wiederheirat im Fall von Ehebruch. Eine rechts- und dogmengeschichtliche Untersuchung zu Kanon
7 der 24. Sitzung des Konzils von Trient, München/Paderborn/Wien
1976.

Buri, Josef: Als Mann und Frau erschuf er sie. Differenz der Geschlechter
aus moral- und prakt.-theologischer Sicht, Zürich 1977.

Camenzind-Weber, Hildegard: Die Synode zum Thema Liebe – Sexualität – Ehe, Zürich 1975.

Cole, William Graham: Sexualität in Christentum und Psychoanalyse,
München 1969.

Conciliorum oecumenicorum decreta, Freiburg 1962.

Cooper, Eugen J.: Grundkurs Sexualmoral, 2 Bde., Freiburg 1982–83.

Cyran, Wolfgang: Verantwortete Elternschaft. Kritische Anmerkungen zur
Enzyklika Humanae vitae, Freiburg 1981.

Dallapiazza, Michael: Minne, Hûsêre und das ehlich Leben. Zur Konstitution bürgerlicher Lebensmuster in spätmittelalterlichen und frühhumanistischen Didaktiken, Frankfurt/Bern 1981.

Daly, Mary: Kirche, Frau und Sexus, Olten/Freiburg 1970.

Dautzenberg, Gerhard/Merklein, Helmut/Müller, Karlheinz (Hrsg.): Die
Frau im Urchristentum, Freiburg 1983.

David, Jakob/Schmalz, Franz (Hrsg.): Wie unauflöslich ist die Ehe? Eine
Dokumentation, Aschaffenburg 1969.

Denzler, Georg: Das Papsttum und der Amtszölibat, 2 Teilbände, Stuttgart
1973–1976.

Deschner, Karlheinz: Das Kreuz mit der Kirche. Eine Sexualgeschichte des Christentums, Düsseldorf/Wien 1974.

Doms, Herbert: Vom Sinn und Zweck der Ehe, Breslau 1935.

– Gatteneinheit und Nachkommenschaft, Mainz 1965.

Drewermann, Eugen: Psychoanalyse und Moraltheologie, Bd. 2: Wege und Umwege der Liebe, Mainz 1983.

Duby, Georges: Ritter, Frau und Priester. Die Ehe im feudalen Frankreich, Frankfurt 1985.

Dülmen, Richard van (Hrsg.): Kultur der einfachen Leute. Bayerisches Volksleben vom 16. bis zum 19. Jahrhundert, München 1983.

Eichner, Klaus/Habermehl, Werner: Der RALF-Report. Das Sexualverhalten der Deutschen. Zusammenfassende Darstellung der wichtigsten Ergebnisse aus der ersten Repräsentativen Analyse sexueller Lebensformen (RALF) in Deutschland mit einer Auswahl aus fast 2000 Antworten zur männlichen und weiblichen Sexualität, Hamburg 1978.

Eid, Volker/Vaskovics, Laszlo: Wandel der Familie – Zukunft der Familie, Mainz 1982.

Ell, Ernst: Sexualmoral, voreheliches Geschlechtsleben und Zölibat, Zürich/Einsiedeln/Köln 1970.

– Dynamische Sexualmoral. Psychologische Grundlagen, moral-theologische Folgerungen, praktische Auswirkungen, Zürich 1972.

Ell, Ernst/Klomps, Heinrich: Jugend vor der Ehe. Was Eltern und Erzieher über Geschlechtserziehung, Partnerschaft und Sexualethik wissen müssen, Limburg 1968.

Enichlmayr, Johann: Wieder verheiratet nach Scheidung. Kirche im Dilemma. Versuch einer pastoralen Aufarbeitung, Wien/Freiburg/Basel 1986.

Ennen, Edith: Frauen im Mittelalter, München 1984.

Erharter, Helmut/Schwarzenberger, Rudolf (Hrsg.): Frau – Partnerin in der Kirche. Perspektiven einer zeitgemäßen Frauen-Seelsorge, Wien/Freiburg/Basel 1985.

Eser, Albin: Die nichteheliche Lebensgemeinschaft, Paderborn 1985.

Faxon, Alicia Craig: Frauen im Neuen Testament. Vom Umgang Jesu mit Frauen, München 1979.

Fehrle, Eugen: Die kultische Keuschheit im Altertum, Berlin 1966.

Flandrin, Jean-Louis: Familien. Soziologie – Ökonomie – Sexualität, Frankfurt 1976.

Foucault, Michel: Sexualität und Wahrheit, 3 Bde., Frankfurt 1986.

French, Marilyn: Jenseits der Macht. Frauen, Männer und Moral, Reinbek 1985.

Friedrich, Gerhard: Sexualität und Ehe. Rückfragen an das Neue Testament, Stuttgart 1977.

Fuchs, Eric: Le désir et la tendresse. Sources et histoire d'une éthique chrétienne de la sexualité et du mariage, Genf 1979.

Fuchs, Josef: Die Sexualethik des hl. Thomas von Aquin, Köln 1949.

Gansewinkel, Albert von: Katholische Sexualethik im Wandel, Zürich / Einsiedeln / Köln 1971.

Gay, Peter: Erziehung der Sinne. Sexualität im bürgerlichen Zeitalter, München 1986.

Geiger, Thomas: Bruchstück einer Geschichte der katholischen Moral. Die katholische Sittenlehre und ihre Anwendung auf die Jugenderziehung, an Quellen aus der Zeit um die Jahrhundertwende untersucht und dargestellt an der Jugendbewegung und an den Anfängen der Psychoanalyse, Zürich 1980.

Gerstenberger, Erhard / Schrage, Wolfgang: Frau und Mann, Stuttgart 1980.

Giese, Hans / Schmidt, Gunter: Studenten-Sexualität. Verhalten und Einstellung. Eine Umfrage an 12 westdeutschen Universitäten, Reinbek 1968.

Giesen, D.: Grundlagen und Entwicklung des Eherechts in der Neuzeit bis zum Beginn des 19. Jahrhunderts, Bielefeld 1973.

Gnüg Hiltrud / Möhrmann Renate (Hrsg.): Frauen – Literatur – Geschichte. Schreibende Frauen vom Mittelalter bis zur Gegenwart, Stuttgart 1985.

Görres, Albert (Hrsg.): Ehe in Gewissensfreiheit, Mainz 1969.

– Versteht die Kirche die Sexualität, in: *ders.*: Kennt die Religion den Menschen? Erfahrungen zwischen Psychologie und Glauben, München / Zürich 1983, S. 100–121.

Gössmann, Elisabeth: Die streitbaren Schwestern. Was will die Feministische Theologie?, Freiburg 1981.

– Archiv für philosophie- und theologiegeschichtliche Frauenforschung, 3 Bde., München 1984 ff.

Goody, Jack: Die Entwicklung von Ehe und Familie in Europa, Berlin 1986.

Greeven, Heinrich u. a.: Theologie der Ehe, Regensburg / Göttingen ²1972.

Gründel, Johannes: Das neue Bild der Ehe in der katholischen Theologie,

in: Das neue Bild der Ehe, hrsg. von *Helmut Harsch,* München 1969,
S. 37–73.
– Aktuelle Themen der Moraltheologie, München 1971.
– Die Zukunft der christlichen Ehe. Erwartungen – Konflikte – Orientie-
rungshilfen, München 1978.
– (Hrsg.): AIDS – Herausforderung an Gesellschaft und Moral, Düssel-
dorf 1987.
Gubalke, Wolfgang: Die Hebamme im Wandel der Zeiten. Ein Beitrag zur
Geschichte des Hebammenwesens, bearb. v. *Ruth Kölle,* Hannover
²1985.
Gutting, Ernst: Offensive gegen den Patriarchalismus. Für eine mensch-
lichere Welt, Freiburg 1987.

Haag, Herbert: Du hast mich verzaubert. Liebe und Sexualität in der Bibel,
Einsiedeln 1980.
Haag, Herbert/Elliger, Katharina: »Stört nicht die Liebe.« Die Diskrimi-
nierung der Sexualität. Ein Verrat an der Bibel, Olten/Freiburg 1986.
Häring, Bernhard: Das Gesetz Christi, 3 Bde., München 1966, ⁸1967.
– Frei in Christus. Moraltheologie für die Praxis des christlichen Lebens,
3 Bde., Freiburg 1979–81.
Halkes, Catharina J. M.: Gott hat nicht nur starke Söhne. Grundzüge einer
feministischen Theologie, Gütersloh 1980.
– Suchen, was verloren ging. Beiträge zur feministischen Theologie, Gü-
tersloh 1985.
Harsch, Helmut (Hrsg.): Das neue Bild der Ehe, München 1969.
Hauke, Manfred: Die Problematik um das Frauenpriestertum vor dem
Hintergrund der Schöpfungs- und Erlösungsordnung, Paderborn 1982.
Haverkamp, Alfred (Hrsg.): Haus und Familie in der spätmittelalterlichen
Stadt, Köln/Wien 1984.
Heigert, Hans: Jugend ohne Normen? Eine Generation auf der Suche, Düs-
seldorf 1978.
Heiler, Friedrich: Die Frau in den Religionen der Menschheit, Berlin 1977.
Heine, Susanne: Frauen der frühen Christenheit. Zur historischen Kritik
einer feministischen Theologie, Göttingen 1986,² 1987.
– Wiederbelebung der Göttinnen? Zur systematischen Kritik einer femini-
stischen Theologie, Göttingen 1987.
Heinemann, Evelyn: Hexen und Hexenglauben. Eine historisch-sozialpsy-
chologische Studie über den europäischen Hexenwahn des 16. und
17. Jahrhunderts, Frankfurt 1986.

Heinzelmann, Gertrud: Die geheiligte Diskriminierung. Beiträge zum kirchlichen Feminismus, Bonstetten 1986.

Heister, Maria-Sybilla: Frauen in der biblischen Glaubensgeschichte, Göttingen 1984, ²1986.

Henrich, Franz/Eid, Volker (Hrsg.): Ehe und Ehescheidung. Diskussion unter Christen, München 1972.

Herrmann, Horst: Ehe und Recht. Versuch einer kritischen Darstellung, Freiburg 1972.

Hoffmann, Paul/Eid, Volker: Jesus von Nazareth und eine christliche Moral, Freiburg 1975.

Hopfenbeck, Albert: Privilegium Paulinum. Eine rechtssprachliche Untersuchung, St. Ottilien 1976.

Huizing, Peter (Hrsg.): Für eine neue kirchliche Eheordnung, Düsseldorf 1975.

Hunold, Günther: Papst und Pille. Empfängnisregelung im Spiegel von Kirche und Welt. Eine Dokumentation. Mit den Gutachten der Päpstlichen Ehekommission und dem vollständigen Wortlaut der Enzyklika »Humanae vitae«, München 1969.

Jone, Heribert: Katholische Moraltheologie. Unter besonderer Berücksichtigung des Codex Iuris Canonici sowie des deutschen, österreichischen und schweizerischen Rechtes, Paderborn ⁹1937.

Kahl, Susanne (Hrsg.): Die Zeit des Schweigens ist vorbei. Zur Lage der Frau in der Kirche, Gütersloh 1979.

Kaiser, Matthäus: Geschieden und wieder verheiratet. Beurteilung der Ehen von Geschiedenen, die wieder heiraten, Regensburg 1983.

Kaiser, Robert Blair: The Politics of Sex and Religion. A Case History in the Development of Doctrine, 1962–1984, Kansas City 1985.

Kasper, Walter: Zur Theologie der christlichen Ehe, Mainz 1977.

Keil, Ernst Wolfgang: Deutsche Sitte und Sittlichkeit im 13. Jahrhundert nach den damaligen deutschen Predigern, Dresden 1931.

Kellner, Erich (Hrsg.): Sexualität ohne Tabu und christliche Moral, München/Mainz 1970.

Kerscher, Ignatz (Hrsg.): Konfliktfeld Sexualität, Darmstadt 1977.

Kottje, Raymund: Studien zum Einfluß des Alten Testamentes auf Recht und Liturgie des frühen Mittelalters (6.–8. Jahrhundert), Bonn ²1970.

Kraus, Antje: »Antizipierter Ehesegen« im 19. Jahrhundert. Zur Beurteilung der Illegitimität unter sozialgeschichtlichen Aspekten, in: Vierteljahresschrift für Sozial- und Wirtschaftsgeschichte 66 (1979) 174–215.

Krems, Gerhard/Mumm, Reinhard (Hrsg.): Theologie der Ehe, Regensburg/Göttingen 1969.

Küchler, Max: Schweigen, Schmuck und Schleier. Drei neutestamentliche Vorschriften zur Verdrängung der Frauen auf dem Hintergrund einer frauenfeindlichen Exegese des Alten Testaments im antiken Judentum, Freiburg/Göttingen 1986.

Küsters, Urban: Der verschlossene Garten. Hohelied-Auslegung im 12. Jahrhundert, Düsseldorf 1985.

Kuhn, Annette (Hrsg.): Frauen im Mittelalter, 2 Bde., Düsseldorf 1983–85.

Kuhn, Annette/Rüsen, Jörn (Hrsg.): Frauen in der Geschichte III. Fachwissenschaftliche und fachdidaktische Beiträge zur Geschichte der Weiblichkeit vom frühen Mittelalter bis zur Gegenwart mit geeigneten Materialien für den Unterricht, Düsseldorf 1983.

Landwehr, Götz (Hrsg.): Die nichteheliche Lebensgemeinschaft, Göttingen 1978.

Lange Josef: Ehe- und Familienpastoral heute. Situationsanalyse, Impulse, Konzepte, Wien/Freiburg/Basel 1977.

Langer, Michael: Katholische Sexualpädagogik im 20. Jahrhundert. Zur Geschichte eines religionspädagogischen Problems, München 1986.

Lapide, Pinchas: War Eva an allem schuld? Gespräch über die Schöpfung, Mainz 1985.

Leibbrand, Annemarie und Werner: Formen des Eros. Kultur- und Geistesgeschichte der Liebe, 2 Bde., Freiburg/München 1972.

Leipoldt, Johannes: Die Frau in der antiken Welt und im Urchristentum, Gütersloh 1962.

Leisching, Peter: Beiträge zur Geschichte des mittelalterlichen Eherechts, Innsbruck 1978.

Leist, Fritz: Der sexuelle Notstand und die Kirchen, Freiburg 1972.

Lettmann, Reinhard: Die Diskussion über die klandestinen Ehen und die Einführung einer zur Gültigkeit verpflichtenden Eheschließungsform auf dem Konzil von Trient. Eine kanonistische Untersuchung, Münster 1967.

Liegener, Hans-Georg: Sexualverhalten und Religiosität. Eine Umfrage unter Mitgliedern verschiedener BDKJ-Verbände, Düsseldorf 1980.

Lindner, Dominikus: Der usus matrimonii. Eine Untersuchung über seine sittliche Bewertung in der katholischen Moraltheologie alter und neuer Zeit, München 1929.

Löbmann, Benno: Zweite Ehe und Ehescheidung bei den Griechen und Lateinern bis zum Ende des 5. Jahrhunderts, Leipzig 1980.

Lohse, Bernhard: Askese und Mönchtum in der Antike und in der alten Kirche, München 1969.

Looser, Gabriel: Homosexualität – menschlich, christlich, moralisch. Das Problem sittlich verantworteter Homotropie als Anfrage an die normative Ethik, Bern/Frankfurt 1980.

Lüthi, Kurt: Feminismus und Romantik. Sprache, Gesellschaft, Symbole, Religion, Wien/Köln/Graz 1985.

Martin, Jochen/Nitschke, August (Hrsg.): Zur Sozialgeschichte der Kindheit, Freiburg 1986.

Martin, Norbert: Familie und Religion. Ergebnisse einer EMNID-Spezialbefragung, Paderborn 1981.

Martin, Renate und Norbert: Brenn-Punkt Ehe und Familie. Berichte und Reflexionen eines Auditoren-Ehepaares im Anschluß an die Römische Bischofssynode 1980, Vallendar-Schönstatt 1981.

Matz, Klaus-Jürgen: Pauperismus und Bevölkerung. Die gesetzlichen Ehebeschränkungen in den süddeutschen Staaten während des 19. Jahrhunderts, Stuttgart 1980.

Meer, Haye van der: Priestertum der Frau? Eine theologie-geschichtliche Untersuchung, Freiburg 1969.

Menne, Ferdinand W.: Kirchliche Sexualethik gegen gesellschaftliche Realität. Zu einer soziologischen Anthropologie menschlicher Fruchtbarkeit, München 1971.

Métral, Marie-Odile: Die Ehe. Analyse einer Institution, Frankfurt 1981.

Mieth, Dietmar: Ehe als Entwurf. Zur Lebensform der Liebe, Mainz 1984.

Mikat, Paul: Dotierte Ehe – rechte Ehe. Zur Entwicklung des Ehescheidungsrechts in fränkischer Zeit, Opladen 1978.

– Ethische Strukturen der Ehe in unserer Zeit. Zur Nominierungsfrage im Kontext des abendländischen Eheverständnisses, Paderborn 1987.

Mitterauer, Michael: Ledige Mütter. Zur Geschichte unehelicher Geburten in Europa, München 1983.

Mitterauer, Michael/Sieder, Reinhard: Vom Patriarchat zur Partnerschaft. Zum Strukturwandel der Familie, München 1977.

Molinski, Waldemar: Theologie der Ehe in der Geschichte. Berlin 1976.

Mollenkott, Virginia R.: Gott eine Frau? Vergessene Gottesbilder der Bibel. Mit einem Nachwort von Moltmann-Wendel, München 1985.

Moltmann-Wendel, Elisabeth (Hrsg.): Menschenrechte für die Frau, München/Mainz 1974; 2. veränderte Auflage u. d. T.: Frauenbefreiung. Biblische und theologische Argumente, München/Mainz 1978, ⁴1986.

– Das Land, wo Milch und Honig fließt. Perspektiven einer feministischen Theologie, Gütersloh 1985.

Müller, Michael: Die Lehre des hl. Augustinus von der Paradiesesehe und ihre Auswirkung in der Sexualethik des 12. und 13. Jahrhunderts bis Thomas von Aquin, Regensburg 1954.

– Grundlagen der katholischen Sexualethik, Regensburg 1968.

Müller, Wunibald: Priester als Seelsorger für Homosexuelle. Eine pastoraltheologische und psychologische Untersuchung, Düsseldorf 1979.

– Homosexualität – eine Herausforderung für Theologie und Seelsorge, Mainz 1986.

Müller-Staats, Dagmar: Klagen über Dienstboten. Eine Untersuchung über Dienstboten und ihre Herrschaften, Frankfurt 1987.

Mulack, Christa: Jesus – der Gesalbte der Frauen. Weiblichkeit als Grundlage christlicher Ethik, Stuttgart 1987.

Neumann, Johannes: »Mischehe« und Kirchenrecht. Das kanonische Eherecht: Trennende Kluft oder Anlaß zur Besinnung, Würzburg 1967.

Niederwinner, Kurt: Askese und Mysterium. Über Ehe, Ehescheidung und Eheverzicht in den Anfängen des christlichen Glaubens, Göttingen 1975.

Noldin, Hieronymus: Summa Theologiae Moralis, 3 Bde., Innsbruck 1901–1902, ³³1961.

– De sexto praecepto et de usu matrimonii, Innsbruck 1902, 37. Auflage u. d. T.: De castitate, hrsg. v. *G. Heinzel*, Innsbruck 1961.

Noonan, John T.: Empfängnisverhütung. Geschichte ihrer Beurteilung in der katholischen Theologie und im kanonischen Recht, Mainz 1969.

– Power to Dissolve. Lawyers and Marriages in the Courts of the Roman Curia, Cambridge 1972.

Oertel, Ferdinand: Lieben vor der Ehe. Beiträge zur Diskussion über voreheliche Geschlechtsbeziehungen, Essen 1969.

Ohler, Annemarie: Frauengestalten der Bibel, Würzburg 1987.

Payer, Pierre J.: Sex and the Penitentials. The Development of a Sexual Code 550–1150, Toronto/Buffalo/London 1984.

Pesch, Otto Hermann: Ehe, in: Enzyklopädische Bibliothek, hrsg. v. *Franz Böckle* u. a., Teilband 7: Christlicher Glaube in moderner Gesellschaft, Freiburg/Basel/Wien 1981, 8–43, 76–86.

Pesch, Rudolf: Freie Treue. Die Christen und die Ehescheidung, Freiburg/Basel/Wien 1971.

369

Pfürtner, Stephan H.: Kirche und Sexualität, Reinbek 1972.
– Macht, Recht, Gewissen in Kirche und Gesellschaft, Zürich/Einsiedeln/
Köln 1972.
Phayer, Fintan Michael: Religion und das Gewöhnliche Volk in Bayern in
der Zeit von 1750–1850, München 1970.
Pizan, Christine de: »Das Buch von der Stadt der Frauen« übers. und erl. v.
Margarete Zimmermann, Berlin 1986.

Raming, Ida: Der Ausschluß der Frau vom priesterlichen Amt. Gottge-
wollte Tradition oder Diskriminierung?, Köln 1973.
Reinhardt, Klaus/Jedin, Hubert: Ehe, Sakrament in der Kirche des Herrn,
Berlin 1971.
Renker, Josef: Christliche Ehe im Wandel der Zeit. Zur Ehelehre der Mo-
raltheologen im deutschsprachigen Raum in der ersten Hälfte des
19. Jahrhunderts, Regensburg 1977.
Reuß, Josef Maria: Geschlechtlichkeit und Liebe. Sexualpädagogische
Richtlinien und Hinweise, Mainz 1961.
– Familienplanung und Empfängnisverhütung, Mainz 1975.
Ringel, Erwin/Kirchmayr, Alfred: Religionsverlust durch religiöse Erzie-
hung. Tiefenpsychologische Ursachen und Folgerungen, Wien 1985.
Ritzer, Korbinian: Formen, Riten und religiöses Brauchtum der Eheschlie-
ßung in den christlichen Kirchen des ersten Jahrtausends, Münster
1962, ²1982.
Roberts, Thomas (Hrsg.): Empfängnisverhütung in der christlichen Ehe,
Mainz 1966.
Rohde-Dachser, Christa: Struktur und Methode der katholischen Se-
xualerziehung. Dargestellt am Beispiel katholischer Kleinschriften,
Stuttgart 1970.
Ross, Werner: Tod der Erotik. Versuch einer Bilanz der sexuellen Revolu-
tion, Graz/Wien/Köln 1986.
Ruether, Rosemary Radford: Sexismus und die Rede von Gott. Schritte zu
einer anderen Theologie, Gütersloh 1985.
Ruf, Ambros Karl: Grundkurs Moraltheologie, 2 Bde., Freiburg 1975/77.

Sahar, Sulamith: Die Frau im Mittelalter, Königstein 1981.
Saramis, Demosthenes: Religion und Sexualität, München 1972.
Sartory, Thomas und Gertrude: Strukturkrise einer Kirche. Vor und nach
der Enzyklika »Humanae vitae«, München 1969.
Scharffenorth, Gerta/Thraede, Klaus: »Freunde in Christus werden«. Die

Beziehung von Mann und Frau als Frage an Theologie und Kirche, Geln-
hausen/Berlin 1977.

Schaumberger, Christine/Maaßen, Monika (Hrsg.): Handbuch Feministische Theologie, Münster 1986.

Schelsky, Helmut: Soziologie der Sexualität, Hamburg 1955.

Schermann, Rudolf: Woran die Kirche krankt. Kritische Betrachtungen
eines engagierten Priesters, Düsseldorf/Wien 1981.

Schirmer, Eva: Mystik und Minne. Frauen im Mittelalter, Berlin 1984.

Schlegelberger, Bruno: Vor- und außerehelicher Geschlechtsverkehr. Die
Stellung der katholischen Moraltheologen seit Alfons von Liguori, Remscheid 1970.

Schmitz, Hermann Josef: Die Bußbücher und die Bußdisziplin der Kirche
nach handschriftlichen Quellen dargestellt, Mainz 1883.

– Die Bußbücher und das kanonische Bußverfahren nach handschriftlichen Quellen dargestellt, Düsseldorf 1898.

Schröter, Michael: »Wo zwei zusammenkommen in rechter Ehe...« Sozio-
und psychogenetische Studien über Eheschließungsvorgänge vom 12. bis
15. Jahrhundert. Mit einem Vorwort von Norbert Elias, Frankfurt 1985.

Schubart, Walter: Religion und Eros, München 1941.

Schwab, Dieter: Grundlagen und Gestalt der staatlichen Ehegesetzgebung
in der Neuzeit bis zum Beginn des 19. Jahrhunderts, Bielefeld 1967.

Siegmund, Georg: Die Natur der menschlichen Sexualität, Würzburg
⁴1981.

Sommer, Norbert (Hrsg.): Nennt uns nicht Brüder! Frauen in der Kirche
durchbrechen das Schweigen, Stuttgart 1985.

Sorge, Elge: Religion und Frau – weibliche Spiritualität im Christentum,
Stuttgart 1987.

Stelzenberger, Johannes: Die Beziehung der früh-christlichen Sittenlehre
zur Ethik der Stoa, München 1933.

Stoeckle, Bernhard: Die Lehre von der erbsündlichen Konkupiszenz in ihrer Bedeutung für das christliche Leibethos, Ettal 1954.

Ussel, Jan van: Sexualunterdrückung. Geschichte der Sexualfeindschaft,
Hamburg 1970.

Utz, Arthur/von Galen, Brigitta: Die katholische Sozialdoktrin in ihrer
geschichtlichen Entfaltung, 4 Bde., Aachen 1975.

Wachinger, Lorenz: Ehe. Einander lieben – einander lassen, München
1986.

Walter, Karin (Hrsg.): Frauen entdecken die Bibel, Freiburg 1986.

Weber, Leonhard Maria: Mysterium magnum. Zur innerkirchlichen Diskussion um Ehe, Geschlecht und Jungfräulichkeit, Freiburg/Basel/Wien 1964.

Wegan, Martha: Ehescheidung. Auswege mit der Kirche, Graz 1982.

Weil, Norman u. a.: Zum Thema Ehescheidung, Stuttgart 1970.

Weiler, Gerda: Ich verwerfe im Lande die Kriege. Das verborgene Matriarchat im Alten Testament, München 1985.

Weinzierl, Erika (Hrsg.): Emanzipation der Frau. Zwischen Biologie und Ideologie, Düsseldorf 1980.

Wetzel, Norbert (Hrsg.): Die öffentlichen Sünder oder Soll die Kirche Ehen scheiden?, Mainz 1970.

Wingen, Max: Nichteheliche Lebensgemeinschaften. Formen, Motive, Folgen, Osnabrück/Zürich 1984.

Winterer, Hermann: Die rechtliche Stellung der Bastarde in Italien von 800 bis 1500, München 1978.

– Die rechtliche Stellung der Bastarde in Spanien im Mittelalter, München 1981.

Wulf, Christoph (Hrsg.): Lust und Liebe. Wandlungen der Sexualität, München 1985.

Zapperi, Roberto: Der schwangere Mann. Männer, Frauen und die Macht, München 1984.

Zeimentz, Hans: Ehe nach der Lehre der Frühscholastik, Düsseldorf 1973.

Ziegler, Josef Georg: Die Ehelehre der Pönitentialsummen von 1200–1350. Eine Untersuchung zur Geschichte der Moral- und Pastoraltheologie, Regensburg 1956.

Zirkel, Adam: Schließt das Kirchenrecht alle wiederverheirateten Geschiedenen von den Sakramenten aus?, Mainz 1977.

Zirkel, Adam/Limbeck, Meinrad: Kirchliche Ehegerichtsbarkeit und biblisches Rechtsverständnis, Mainz 1981.

Personenregister

Hans Küng

Christ sein
676 Seiten. Geb.

Ewiges Leben?
327 Seiten. Serie Piper 364

Existiert Gott?
Antwort auf die Gottesfrage der Neuzeit. 878 Seiten. Geb.

Freud und die Zukunft der Religion
160 Seiten. Serie Piper 709

Die Kirche
605 Seiten. Serie Piper 161

Rechtfertigung
Die Lehre Karl Barths und eine katholische Besinnung.
Geleitbrief von Karl Barth. 393 Seiten. Serie Piper 674

Strukturen der Kirche
Mit einem Vorwort zur Taschenbuchausgabe und einem Epilog.
369 Seiten. Serie Piper 762

Theologie im Aufbruch
Eine ökumenische Grundlegung. 320 Seiten. Geb.

24 Thesen zur Gottesfrage
134 Seiten. Serie Piper 171

20 Thesen zum Christsein
75 Seiten. Serie Piper 100

Katholische Kirche – wohin?
Wider den Verrat am Konzil. Herausgegeben von Norbert Greinacher und Hans Küng.
467 Seiten. Serie Piper 488

**Hans Küng/Josef van Ess/
Heinrich von Stietencron/Heinz Bechert
Christentum und Weltreligionen**
Hinführung zum Dialog mit Islam, Hinduismus und Buddhismus.
631 Seiten. Geb.

**Hans Küng/Julia Ching
Christentum und Chinesische Religion**
319 Seiten. Geb.

PIPER

Heinz Zahrnt

Jesus aus Nazareth
Ein Leben
320 Seiten. Geb.

Heinz Zahrnt hat *sein* Jesus-Buch geschrieben: keine Biographie, keine Christologie,
sondern »ein Lebensbild, geformt aus den verschiedenen Aspekten seiner
Erscheinung und so lebendig und anschaulich erzählt, wie Stoff und Autor es
hergeben«.
»Von Jesus aus Nazareth muß man erzählen – um seinetwillen, weil er ein
leibhaftiger Mensch war, und um der Zeitgenossen willen, damit sie ihn gleichfalls
leibhaftig sehen. Dazu muß man unten einsetzen, auf der Erde, nicht im Himmel, in
Raum und Zeit, nicht in der Ewigkeit, bei Jesu Geschick, bei seinen Worten und
Taten, bei seinem Glauben, Verkündigen und Verhalten, bei seinem Leiden, Sterben
und Auferstehen.« So umreißt Heinz Zahrnt die Intention seines Jesus-Buches.
Zahrnt teilt seinen Stoff in vier Teile: Im ersten – »Zwischen den Zeiten« – schildert er
die weltgeschichtliche Bühne, auf der Jesus von Nazareth auftreten wird: Palästina
unter römischer Herrschaft, die Welt des zeitgenössischen Judentums und der
römisch-hellenistische Kulturkreis.
Im zweiten, umfangreichsten Teil geht es um Jesus selbst als den »Anfänger des
Glaubens«: Das Auftreten des Mannes aus Nazareth, seine Lehre und ihre Wirkung
auf seine Zeitgenossen, aber auch ihre Bedeutung für unsere Zeit. Hier werden Leben
und Glauben Jesu erzählt, zugleich aber auch zahlreiche »theologische« Fragen
gestellt und beantwortet.
Im dritten Teil, »Der Vollender des Glaubens«, wird der Konflikt geschildert, der zu
Ende und neuem Anfang geführt hat: Kreuzigung, Tod und Auferstehung Jesu.
Im letzten Kapitel schildert Zahrnt die Entstehung des Christentums, wie aus dem
Glauben und Verkündigen Jesu die Kirche aus Juden und Heiden wurde und warum
gerade sie sich gegenüber den vielen Religionen der antiken Welt durchgesetzt hat.

Martin Luther
Reformator wider Willen. 264 Seiten mit 7 Abbildungen.
Serie Piper 5246

Westlich von Eden
Zwölf Reden an die Verehrer und die Verächter der christlichen Religion.
238 Seiten. Kt.

Wie kann Gott das zulassen?
Hiob – Der Mensch im Leid. 96 Seiten. Serie Piper 453

PIPER

Theologie bei Piper

PIPER

Theologie bei Piper

Karl Jaspers
Die maßgebenden Menschen
Sokrates – Buddha – Konfuzius – Jesus. 210 Seiten. Serie Piper 126

Leszek Kolakowski
Falls es keinen Gott gibt
Aus dem Engl. von Friedrich Griese. 220 Seiten. Geb.

Wilhelm Korff
Wie kann der Mensch glücken?
Perspektiven der Ethik. 388 Seiten. Serie Piper 394

Lust an der Erkenntnis
Die Theologie des 20. Jahrhunderts
Ein Lesebuch. Herausgegeben und eingeleitet von Karl-Josef Kuschel.
506 Seiten. Serie Piper 646

Willard G. Oxtoby
Offenes Christentum
Ein Plädoyer für mehr Toleranz zwischen den Religionen.
Mit einem Geleitwort von Hans Küng. Aus dem Amerik. von Bernd Rullkötter.
124 Seiten. Serie Piper 435

Helmut Thielicke
Mensch sein – Mensch werden
Entwurf einer christlichen Anthropologie.
526 Seiten. Kt.

Paul Tillich
Auf der Grenze
Eine Auswahl aus dem Lebenswerk.
Mit einem Vorwort von Heinz Zahrnt zur Taschenbuchausgabe.
240 Seiten. Serie Piper 593

PIPER